초보자라면, 이 책으로 시작해 삽질 예방 주사를 맞으세요!

캐드를 처음 배울 때 든 습관은 실무에서 계속됩니다. 그만큼 첫 단추가 중요하죠!
이 책은 처음부터 무턱대고 무언가 그리는 다른 책과 달리, 첫걸음을 잘 뗄 수 있도록 도와줍니다.
간단한 도면을 놓고 '쉽지만 해서는 안 되는 방법'과 '작업 시간을 줄이는 정도(正導)'를 체험해 보죠.
이것만 보더라도 저자가 알려 주는 대로 잘 따라한다면 오토캐드 초보자도 '캐드 고수'가
될 날이 머지않습니다.

— 독일 베를린, ㅣ6...........................축사

설계자의 ....을 줄이는 고마운 책!

학교에서 오토캐드를 대충 배웠다면 실무에서 '이런 단순 작업 때문에 밤을 새다니!' 하며
발목 잡히기 일쑤입니다. 이런 도면쟁이들을 위해 저자는 누구나 겪을 상황에 어떻게 대처해야 하는지
차근차근 알려 줍니다. '중심선을 빠르게 정리하는 팁'부터 '자주 발생하는 19가지 오류 메시지'까지
가려웠던 부분을 긁어 주니 실무자라면 누구나 두 손 들고 환영할 것 같네요!

— 독일 슈투트가르트, andOFFICE 설계 사무소 **손준호**

이런 책이 나오길 기다렸습니다!

구조 분야는 작업 특성상 어떤 특정 작업을 반복해서 하는 경우가 많습니다.
정해진 규격의 부재를 일정한 간격으로 수백 개 배열하곤 하죠. 이럴 땐 이 책에서 소개한 것처럼
'리습(LISP)'을 쓰거나 명령을 아이콘으로 만들어 두면 편리합니다.
이처럼 구조 분야에서 필요한 기능은 정해져 있습니다. 백과사전처럼 모든 기능을 배울 필요가 없죠.
실무에서 맞닥뜨리는 상황별로 해결책을 제시해 주는 이 책이 딱입니다!

— (주)이건구조기술사사무소 **전용률** 과장

정말 '고수의 비밀'을 엿본 것 같아요!

이 책에서 제시한 '캐드 고수의 비밀'은 대형 프로젝트일수록 빛을 발합니다.
워낙 도면이 많아서 중심선을 살짝 오른쪽으로 옮기는 간단한 일도 일일이 클릭해야 한다면
어마어마한 작업량이 되기 때문입니다. 저 역시 그렇게 단순 노동으로 철야 작업했던 때가 있었습니다.
그때를 떠올리며 지금도 현장에서 고생하는 후배들에게 필독을 권합니다.

— (주)해안종합건축사사무소 **김양규** 선임

오토캐드가 처음인 당신을 위해 탄탄한 기본기부터 시작!

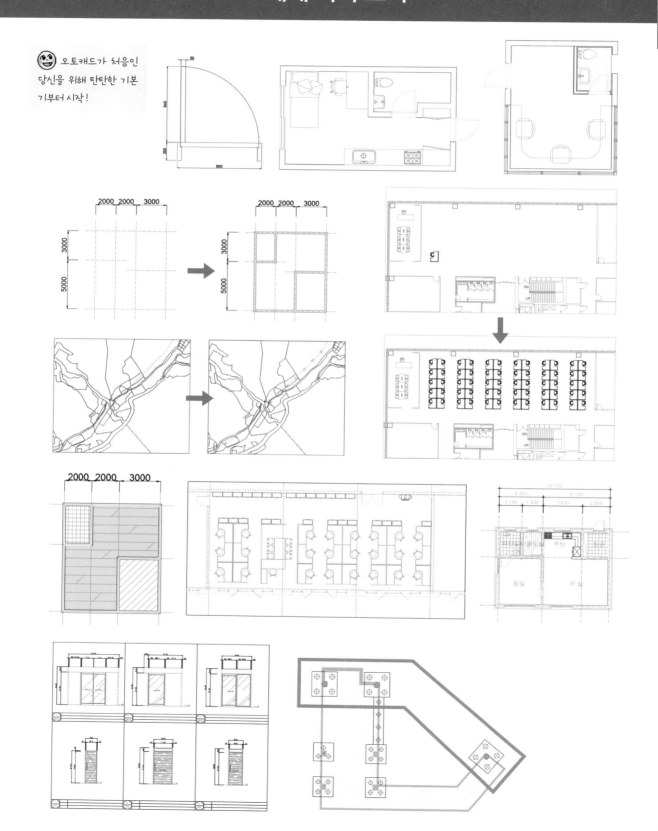

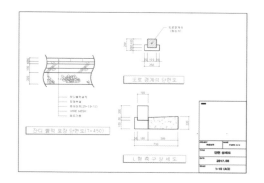

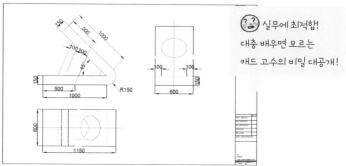

실무에 최적합!
대충 배우면 모르는
캐드 고수의 비밀 대공개!

 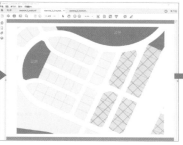 

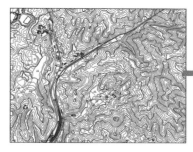  

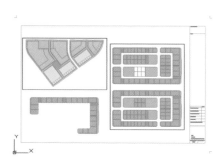 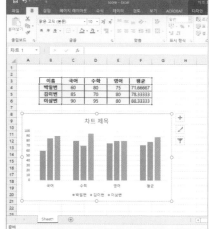 

• 모든 예제 파일은 이지스퍼블리싱 홈페이지(www.easyspub.co.kr)의 [자료실]에서 받을 수 있습니다.

이 책의
동영상 강의 110강
보러 가기

세상의 속도를
따라잡고 싶다면

Do it!

초보자도 **6일**이면 **설계 도면** 그린다!

오토캐드
2025

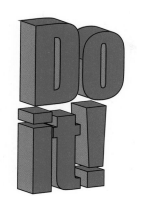

모든 버전 가능!

2010부터
2025까지

건축, 인테리어, 기계 실무에 최적화된 입문서

박한울 지음

#평면도 #도면층 #좌표 #치수 문제 해결 #NCS 모듈

이지스 퍼블리싱

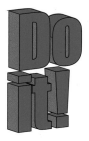

세상의 속도를 따라잡고 싶다면 **Do it!**
변화의 속도를 즐기게 됩니다.

Do it! 오토캐드 2025

개정 7판 발행 • 2024년 6월 17일
개정 7판 2쇄 • 2024년 11월 19일

지은이 • 박한울
펴낸이 • 이지연
펴낸곳 • 이지스퍼블리싱(주)
출판사 등록번호 • 제313-2010-123호
주소 • 서울시 마포구 잔다리로 109 이지스빌딩 3층
대표 전화 • 02-325-1722 | **팩스** • 02-326-1723
홈페이지 • www.easyspub.co.kr | **페이스북** • www.facebook.com/easyspub
Do it! **스터디룸 카페** • cafe.naver.com/doitstudyroom | **인스타그램** • instagram.com/easyspub_it

총괄 • 최윤미 | **기획 및 책임편집** • 이수진, 이수경 | **기획편집 1팀** • 임승빈, 이수경, 지수민
표지 디자인 • 박세진 | **본문 디자인** • 트인글터 | **교정교열** • 안종군, 유신미 | **베타테스터** • 김민종, 황구
마케팅 • 권정하 | **인쇄 및 제본** • 보광문화사 | **독자지원** • 박애림, 김수경
영업 및 교재 문의 • 이주동, 김요한(support@easyspub.co.kr)

- '세상의 속도를 따라잡고 싶다면 Do it!'은 출원 중인 상표명입니다.
- 잘못된 책은 구입한 서점에서 바꿔 드립니다.
- 이 책에 실린 모든 내용, 디자인, 이미지, 편집 구성의 저작권은 이지스퍼블리싱(주)와 지은이에게 있습니다.
- 이 책은 2017년 11월에 출간된 분야 1위 도서 《Do it! 오토캐드 2018》의 개정 7판입니다.

ISBN 979-11-6303-605-0 13000
가격 28,000원

7년 연속 베스트셀러!
초보자도 6일이면 설계 도면 그린다!

건축, 인테리어, 기계, 토목, 전기 등 도면을 그리는 모든 분야에서 기초 프로그램인 오토캐드!
실무자에게 "당신은 오토캐드를 잘 사용하나요?"라고 묻는다면 대부분 자신감에 차서 대답할 것
입니다. "오토캐드요? 당연히 잘 사용하죠!"

주먹구구식으로 배운 사소한 습관이 '삽질'을 낳습니다

오토캐드를 웬만큼 쓰는 건 쉽습니다. 손에 꼽히는 필수 명령어만 알면 도면을 그리는 데 아무
런 지장이 없기 때문입니다. 하지만 처음부터 제대로 배워야 '삽질'을 막을 수 있습니다. 습관을
잘못 들이면 간단한 작업도 시간을 잡아먹는 일이 되기 때문입니다. 이 책의 첫째마당에서는 오
토캐드를 처음 배우는 사람들을 위해 선 그리기부터 인쇄까지 도면을 그리는 전 과정을 다룹니
다. 여기까지만 배워도 오토캐드를 쓰는 데 아무런 문제가 없지요.

오토데스크 기술지원사에서의 경험을 살려 '밤샘 탈출 비법'을 공개합니다!

분명 오토캐드를 자유롭게 쓰는데, 많은 실무자들이 밤새 도면을 그리는 이
유는 뭘까요? 필수 명령어를 뛰어넘는 숨은 명령어를 모르기 때문입니다.
캐드 초보와 고수는 한 끗 차이입니다. 무심코 써왔던 명령어 속의 유용한
기능, 상황에 따라 잘 활용하면 속도가 2배로 빨라지는 기능 등 24가지 상
황별 '캐드 고수의 비밀'이 이 책에 한가득 실려 있습니다. 이 비밀을 알게
되는 순간, 당신의 오토캐드 작업에 새로운 문이 열릴 것입니다.

당신을 설계 회사의 컴퓨터 앞에 앉혀 드립니다

이 책의 모든 내용은 설계 회사와 기술 지원팀에서 일하면서 축적한 실무 도면 자료를 직접 따
라 하면서 배웁니다. 무턱대고 기능을 사전순으로 암기하는 대신 '어떤 도면에서 어떤 기능이
유용한지'를 체험해야 오래도록 기억할 수 있기 때문입니다. 복습 문제 역시 마찬가지입니다.
실무에서 겪을 상황을 문제로 제시하니 미리 훈련하는 게 되겠죠?
혼자 공부하는 분, 그리고 더 많은 노하우가 궁금한 분을 위해 유튜브(www.youtube.com/
Trusteddwg)와 블로그(blog.naver.com/trusted_dwg)도 운영하고 있습니다. 공부하다가 또는 일하
다가 막히는 부분이 있으면 이메일, 유튜브, 블로그로 연락을 주세요!

끝으로 책을 출판할 수 있도록 도와주신 이지연 대표님, 제가 쓴 글을 글답게 정리해 주신 이수진 편집자
님께 감사드립니다.
박한울 드림

차례

첫째
마당

선 그리기부터 인쇄까지, 오토캐드의 A~Z를 파헤친다!

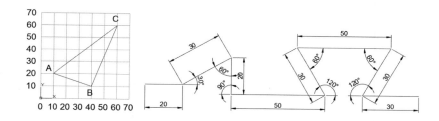

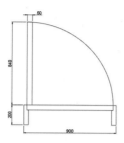

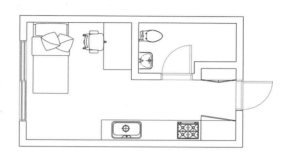

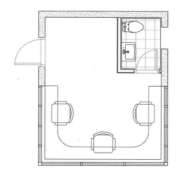

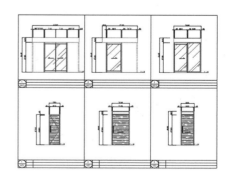

차례

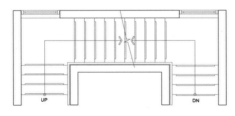 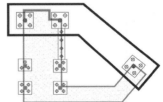

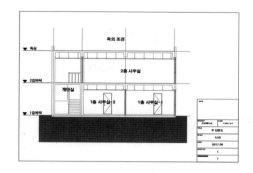

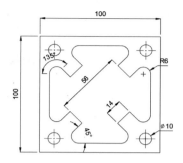

둘째 마당

단 하나의 명령어에 당신의 밤샘이 걸려 있다!

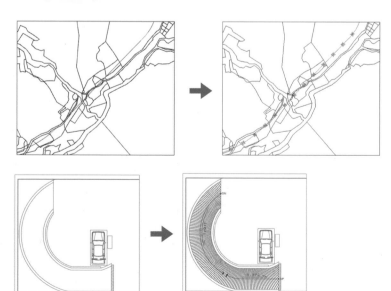

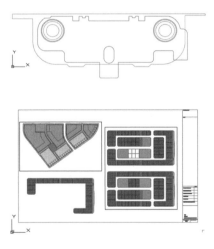

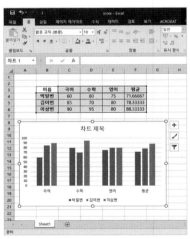

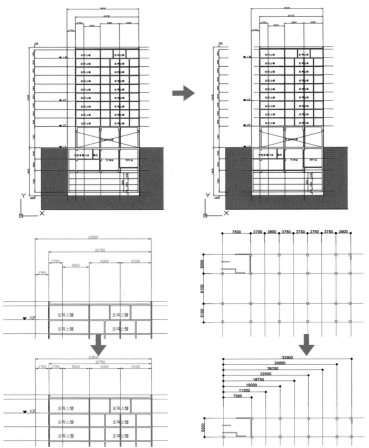

캐드 고수의
비밀

이럴 땐 이렇게! — 기술 지원 편

캐드 고수의 실무 팁 BEST 20

하나. 모든 버전에서 가능해요!

이 책은 최신 **2025 버전**을 기준으로 하지만
2000 버전 예제 파일을 제공해 **모든 버전**에서 학습할 수 있습니다.

둘. 예제 파일을 받으세요

이지스퍼블리싱 홈페이지의 [자료실]에서 'Do it! 오토캐드'를 검색해 예제 파일을 내려받으세요.

> • 이지스퍼블리싱 홈페이지:
>   www.easyspub.co.kr → [자료실]에서 'Do it! 오토캐드' 검색

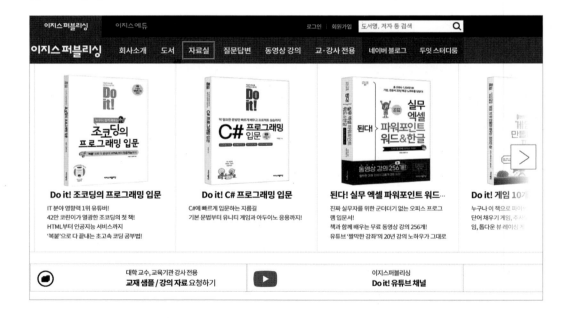

셋. 동영상 강의 110강과 함께 공부하세요!

유튜브에 올라와 있는 풍부한 동영상 강의와 함께 보세요!
초보자는 물론 독학하는 분들도 문제 없습니다.

- 유튜브:
  www.youtube.com/@Trusted_dwg → [재생목록] → [Do it! 오토캐드 동영상 강의]

넷. 복습 문제, 고수의 비법으로 작업 속도를 올리세요!

캐드 고수의
비밀

기능 실습 후에는 [기능 복습]으로, 장 마무리 부분에는 배운 기능을 응용하는 [**연습만이 살길!**]로 연습합니다.

독자에게 극찬받은 다른 책에는 없는 비법, [**캐드 고수의 비밀**]도 놓치지 마세요!

★ 독자 공감 BEST 6 ★
- 닫히지 않은 객체에 해치 넣기
- 확대해도 깨지지 않는 고화질 JPG로 출력하기
- Ctrl + C, Ctrl + V에 숨겨진 비밀!
- 지워지지 않는 [도면층] 삭제 방법
- 물음표로 뜬 문자, [문자 스타일]로 나타내기
- 도면 용량을 다이어트하는 방법

저자의 노하우가 집약된 블로그에 방문해 보세요!

저자의 블로그에서도 예제 파일, 동영상 강의 목록을 볼 수 있습니다.
리습 등 책에 다 담지 못한 저자의 노하우와 독자분께 받은 질문에 대한 답변도 꾸준히 올라오니
심화된 내용이 궁금한 분들은 이곳을 방문해 보세요!

예제 파일 다운로드

- blog.naver.com/trusted_dwg → [Do it! 오토캐드] → [예제파일]

질문/답변

방법 1 • blog.naver.com/trusted_dwg → [안부] 게시판
방법 2 • trusted_dwg@naver.com로 메일 발송

신기능 PDF

- blog.naver.com/trusted_dwg → [Do it! 오토캐드] → [신기능]

학교/학원 교재로 활용해 보세요!

이 책을 16주 안에 완벽히 소화해 보세요! 기본 사용법부터 시공 도면 완성까지 혼자서도 거뜬히 해낼 수 있답니다. **국가직무능력표준 NCS의 [2D 도면 작성] 모듈도 충족**해 교재로도 손색없습니다.

16주 진도표

주	장	핵심 내용	날짜
1주차	01 기본 사용법	• 명령어 실행하기 • 윈도우 선택, 걸치기 선택	/
2주차	02 도면층, 좌표	• 특성 패널, 특성 팔레트 • 선 가중치, 선 종류 바꾸기 • 도면층 특성 관리자 • 절대 좌표, 상대 좌표, 극 좌표	/
3주차	03 필수 명령어	• 선 [LINE], 사각형 [REC], 회전 [ROTATE], 대칭 [MIRROR], 호 [ARC]	/
4주차		• 간격 띄우기 [OFFSET], 자르기 [TRIM], 지우기 [ERASE], 복사 [COPY], 모깎기 [FILLET], 이동 [MOVE]	/
5주차	04 블록, 해치	• 블록 만들고 삽입하기 • 정확한 치수로 해치 만들기	/
6주차	05 도면 수정하기	• [그립], [신축]으로 수정하기 • [블록] 수정하기 • 구름형 수정 기호 남기기	/
7주차	06 글자, 치수 넣기	• 도면에 [글자], [치수] 넣기 • 용지에 맞게 인쇄하기	/
8주차	07 아는 만큼 빨라지는 비법	• 선 2개를 동시에 그리는 방법	/
9주차		• [배열], [정렬], [분할], [끊기]	/
10주차	08 외부 참조	• [외부 참조]로 도면의 틀 넣기 • 참조된 도면 수정하기	/
11주차		• [CLIP]로 도면의 일부분만 보여 주기 • 외부 참조 문제 해결법	/
12주차	09 도면층 관리	• 도면층 특성 관리자	/
13주차		• 도면층 끄기, 켜기, 동결, 삭제 • 도면층 일치, 현재 도면층으로 설정	/
14주차	10 치수, 문자 문제 해결	• 물음표로 뜬 글자 나타내기 • 일람표 속 문자 정렬하기	/
15주차		• 치수 스타일 • 실무 맞춤 치수 정리 방법	/
16주차	보충 수업		/

일러두기

01 이 책은 **오토캐드 2025**를 기준으로 설명합니다. 하지만 버전별로 버튼의 위치나 기능이 조금 다를 뿐 기본 기능은 같으므로 **오토캐드 2010~2024**를 쓰는 분도 이 책으로 충분히 공부할 수 있습니다.

02 **프로그램 설치 방법**은 571쪽 [부록 01]을 참조하세요.

03 **예제 파일**은 이지스퍼블리싱 홈페이지의 [자료실]에서 받으세요.
[홈페이지] www.easyspub.co.kr → [자료실]

04 **오토캐드 2017~2025 버전의 신기능**이 궁금하다면 예제 파일과 함께 제공되는 [특별판] PDF 파일을 참고하세요.

05 책을 보다가 궁금한 점이 생기면 다음 중에서 선택해 질문하세요. 저자가 직접 답변해 드립니다.
[이메일] trusted_dwg@naver.com
[블로그] blog.naver.com/trusted_dwg → [안부] 게시판

06 책의 QR 코드를 스마트폰으로 스캔하면 동영상 강의를 시청할 수 있습니다. 다음 유튜브 채널의 재생 목록으로도 올라와 있습니다.
[유튜브] www.youtube.com/@Trusted_dwg

선 그리기부터 인쇄까지, 오토캐드의 A~Z를 파헤친다!

오토캐드가 처음인가요? 지금 당장 오토캐드로 뭔가를 만들어야 하나요? 첫째마당에서는 오토캐드를 처음 실행해서 도면을 인쇄하는 방법까지 전 과정을 배워 보겠습니다. 이 정도만 알아도 실무에서 오토캐드를 사용하는 데는 아무런 문제가 없습니다. 오토캐드의 수많은 기능 중에서 먼저 알아야 하는 것만 골랐을 뿐만 아니라 오토캐드 기술 지원을 담당하면서 느꼈던 '실무자가 의외로 모르는 부분'까지 구석구석 알차게 채워 넣었기 때문입니다!

01 • 오토캐드와 친해지기

02 • 처음부터 제대로 배워야 '삽질'을 예방한다!

03 • 원룸 그리며 필수 명령어 12가지 익히기

04 • 사무실 도면 그리며 블록, 해치 다루기

05 • 건물 기초와 계단 수정 시간 1/2로 줄이기

06 • 바로 시공할 수 있게 도면 완성하기

오토캐드가 처음이라도 괜찮아요!

오토캐드와 친해지기

오토캐드와 만나는 첫 시간입니다! 오토캐드가 어떤 프로그램인지 살펴보고 기초 사용법을 가볍게 알아보겠습니다. 화면은 어떻게 생겼는지, 선이나 도면은 어떻게 선택하는지, 명령어는 어떻게 입력하는지 등을 배울 것이므로 이 내용만 알아도 남이 그린 도면을 충분히 확인할 수 있습니다.

오토캐드를 설치하는 방법은 571쪽 [부록 이]을 참조하세요!

01-1 가는 길은 달라도 출발은 오토캐드!

오토캐드는 도면을 그리는 프로그램입니다. 예전에는 관련 분야 사람들만 사용하는 전문 프로그램이었지만 오토캐드의 사용 영역이 확장되면서 도면 외에도 간단한 문서, 콘셉트 스케치 등에도 사용되고 있습니다. 이렇게 광범위하게 활용되는 오토캐드를 처음부터 끝까지 확실히 알아보겠습니다.

도면계의 구구단, 오토캐드!

오토캐드는 건축, 토목, 제조 등 다양한 산업 분야에서 공통으로 사용하는 제도 전문 프로그램으로, '도면 그리기에 최적화된 그림판'이라고 할 수 있습니다. 빈 바탕에 다양한 도면을 그릴 수 있는데, 이렇게 그려진 도면을 바탕으로 실제 건물과 물건이 만들어집니다.

건축 분야 도면

설비 분야 도면

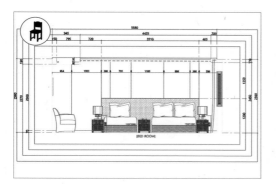

인테리어 분야 도면

토목 분야 도면

오토캐드에는 공간이 무한정 있다!

오토캐드에서 도면을 그릴 때에는 실제 치수 그대로 사용합니다. 그래야만 실제 길이와 면적을 쉽게 잴 수 있기 때문입니다. 이를 위해 오토캐드의 작업 공간에는 크기 제약이 없습니다. 무한정한 공간에서 화면을 자유자재로 확대, 축소하면서 원하는 형태를 그려 넣을수 있죠. 하지만 종이로 출력할 때는 크기를 조절해야 합니다. 실제 건물만큼 큰 종이에 인쇄할 수는 없으니까요. 같은 도면이라도 어떤 배율로 인쇄하느냐에 따라 다음과 같이 다른도면이 나올 수 있습니다.

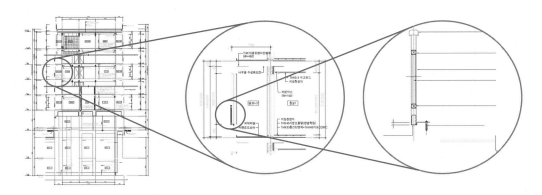

A4 용지에 1:150 축척으로 출력한 건물의 전체 단면도

A4 용지에 1:30 축척으로 출력한 건물의 부분 단면도

A4 용지에 1:10 축척으로 출력한 상세 단면도

◐ 전체 단면에 난간과 같이 작은 부분을 상세하게 그리면, 많은 선이 겹쳐서 검은색으로 뭉쳐 인쇄됩니다. 그러므로 도면을 그리는 디테일도 축척에 따라 조금씩 달라야 합니다.

3D 모델링을 위한 기본 스케치

오토캐드는 주로 2D 도면을 그릴 때 사용합니다. 이렇게 그린 도면은 다양한 3D 모델링의바탕이 되죠. 오토캐드로도 3D 모델링을 할 수 있지만, 실무에서는 오토캐드를 주로 2D도면을 그릴 때만 사용하고 3D 모델링은 분야별로 다른 프로그램을 사용합니다. 따라서오토캐드로 모델링하는 방법은 이 책에서 다루지 않습니다.

실무에서는 오토캐드와 3D 프로그램을 자유롭게 넘나들면서 작업합니다.

2D 도면을 그리고 3D 모델링하는 순서를 뒤바꿔 3D 모델링에서 2D 도면을 뽑아내기도 합니다. 대부분의 3D 모델링 프로그램에는 자체적으로 도면을 추출하는 기능이 있어서 3D 모델링을 2D 도면으로 만들 수 있습니다. 하지만 치수와 주석을 넣기엔 부족한 면이 있어서 3D 모델링에서 추출한 도면을 다시 오토캐드로 가져와 디테일한 치수를 추가하기도 합니다.

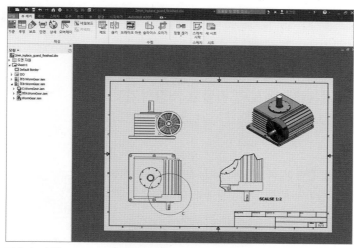

▶ 치수를 넣는 부분만 자세히 알고 싶다면 10장을 참조하세요.

기계 제조 분야 3D 소프트웨어인 '인벤터'에서 3D 모델링을 2D 도면으로 추출하는 과정

그러면 이제부터 오토캐드를 실행해 파일을 열고 저장하는 방법, 명령어를 입력하는 방법 등과 같은 기본 기능을 배우면서 오토캐드와 만나 보겠습니다. 이후에는 이미 오토캐드를 능숙하게 사용하는 사람을 위한 유용한 팁, 반복 작업을 더 쉽게 하는 방법도 배워 보겠습니다.

오토캐드 2025 버전에서 달라진 점은 다음과 같습니다.

01. 도면에 반복 사용된 객체들을 각각의 블록으로 만드는 기능이 추가되었습니다.

02. 해치를 작성하는 기능이 개선되었습니다.

자세한 내용이 궁금하다면 QR코드를 스캔해 보세요.

▶ 오토캐드 2017~2025 버전의 주요 신기능을 배우고 싶다면 이지스퍼블리싱 홈페이지의 [자료실]이나 저자의 블로그에서 [특별판] PDF를 내려받으세요.
▶ https://blog.naver.com/trusted_dwg/223403580189

01-2 실행하기, 도면 열기, 저장하기

오토캐드를 처음 사용하더라도 두려워할 필요가 없습니다. 오토캐드도 일반적으로 사용하는 워드, 엑셀, 그림판 등과 같은 프로그램과 크게 다르지 않기 때문입니다. 오토캐드를 실행해서 새 파일을 만들고 저장하면서 기초 사용 방법을 익혀 보겠습니다.

▶ 오토캐드는 오토데스크의 공식 홈페이지(http://autodesk.co.kr)에서 다운로드할 수 있습니다. 설치하는 방법은 571쪽 [부록 01]을 참조하세요.

직접 해보세요! 오토캐드 실행해 새 도면 만들고 저장하기

준비 파일 · 새 파일에서 시작합니다.

오토캐드를 실행하고, 새로운 도면을 만들어 파일로 저장하는 연습을 해보겠습니다. 다른 프로그램을 사용할 때와 마찬가지로 Ctrl + N을 눌러 새 파일을 만든 후 Ctrl + S를 눌러 파일을 저장합니다.

01. 새 도면 만들기 ─ Ctrl + N

오토캐드를 설치하면 바탕화면에 바로 가기 아이콘이 자동으로 만들어집니다. 이 아이콘을 마우스로 더블 클릭해 오토캐드를 실행하면 다음과 같은 화면이 나타납니다. 새 도면을 그리기 위해 [새로 만들기]를 클릭하세요.

▶ Ctrl + N을 눌러도 새 도면을 만들 수 있습니다.

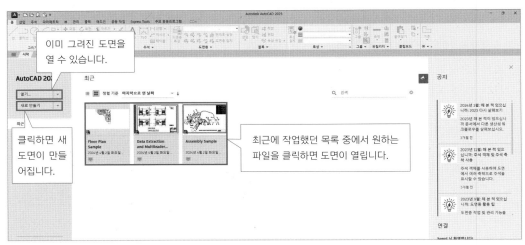

오토캐드를 처음 실행하면 작업 공간의 기본 설정이 검은색으로 되어 있습니다.

새 도면을 만드는 다른 방법

오토캐드 화면 왼쪽 위에 있는 오토캐드 로고를 클릭하면 새로운 도면을 만들거나, 열거나, 저장할 수 있습니다. 여기에서 [새로 만들기]를 누르면 단위, 그리드 크기 등이 설정된 도면 템플릿을 선택할 수 있습니다. 일반적으로 기본값인 [acadiso]를 많이 선택합니다.

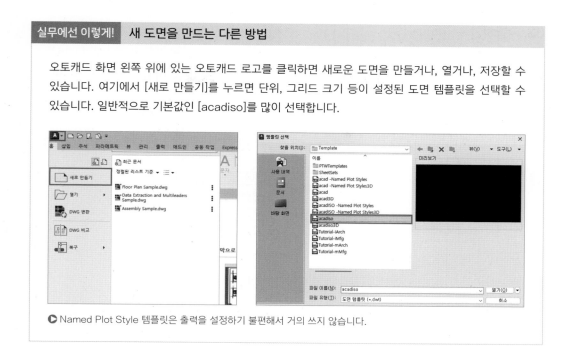

◐ Named Plot Style 템플릿은 출력을 설정하기 불편해서 거의 쓰지 않습니다.

02. 새 도면이 열렸습니다. 앞으로 이 화면에 도면을 그릴 것입니다.

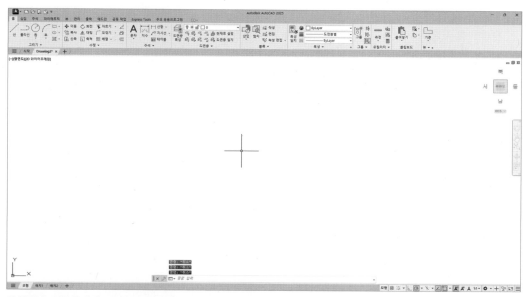

이 책에서는 내용을 알아보기 쉽도록 배경색을 흰색으로 바꿨습니다. 배경색을 바꾸는 방법은 525쪽 [기술 지원 편 05]를 참조하세요.

화면 살펴보기
동영상 강의

03. 저장하기 — Ctrl + S

이번에는 도면을 저장해 보겠습니다. ❶ 왼쪽 오토캐드 로고를 클릭하고 ❷ [저장] 버튼을 클릭하면 팝업 창이 나타납니다. ❸ 저장 위치를 지정하고 ❹ 파일 이름을 입력한 후 ❺ [저장] 버튼을 클릭하면 dwg 파일로 저장됩니다.

▷ 다른 컴퓨터 프로그램과 마찬가지로 Ctrl + S 를 눌러 저장해도 됩니다.
▷ dwg란 'drawing'의 줄임말로, 보편적으로 사용하는 도면 파일의 확장자입니다.

실무에선 이렇게! **다른 사람과 공유할 때는 낮은 버전으로 저장하세요!**

오토캐드에 버전이 있듯이 dwg 파일에도 버전이 있습니다. 높은 버전에서 저장한 dwg 파일일수록 많은 정보를 저장할 수 있죠. 이때 주의할 점은 높은 버전에서 저장한 dwg 파일은 낮은 버전에서 열 수 없다는 것입니다. 예를 들어 파일 유형을 [AutoCAD 2018 도면(*.dwg)]으로 지정해 저장한 도면은 오토캐드 2017에서 열 수 없습니다. 따라서 파일을 다른 사람과 공유할 때는 상대방이 사용하는 버전보다 낮은 버전의 dwg 파일로 저장해야 합니다.

▷ 버전을 매번 지정해야 한다면 불편하겠죠? 저장할 때 기본값으로 특정 버전으로만 저장되도록 하는 방법은 [기술 지원 편 03]을 참조하세요.

그렇다고 해서 일부러 낮은 버전인 [AutoCAD 2000 도면(*.dwg)]으로 저장하면 신기능으로 작업한 정보를 저장할 수 없습니다. 따라서 다른 사람과 파일을 공유할 때는 상대방의 오토캐드 버전을 확인하고, 상대방이 열 수 있는 버전 중에서 최대한 높은 버전으로 저장하는 것이 좋습니다.

직접 해보세요! **이미 그려진 도면을 열고 다른 이름으로 저장하기**

준비 파일 • 01/open.dwg

이번에는 이미 그려진 도면을 열어 저장하는 연습을 해보겠습니다. 실무에서는 새 도면을 만드는 것보다 다른 사람이 작업한 내용을 확인하고 수정하는 작업을 더 자주하기 때문에 반드시 알아 두 어야 합니다. 물론 새 도면을 만드는 것처럼 매우 쉽습니다.

◉ 예제 파일은 저자의 블로그(blog.naver.com/trusted_dwg)나 이지스퍼블리싱 홈페이지의 [자료실]에서 다운로드하세요.

01. 도면 열기 ─ Ctrl + O

도면을 새로 만들 때와 마찬가지로 ❶ 왼쪽 상단의 오토캐드 로고를 클릭하면 나타나는 창 에서 ❷ [열기]를 클릭하면 이미 그려진 도면을 열 수 있습니다. ❸ 팝업 창에서 예제 파일 중 [open.dwg] 파일을 클릭한 후 ❹ [열기] 버튼을 누르면 도면이 열립니다.

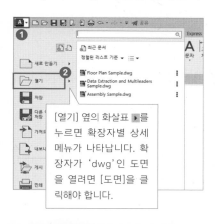

[열기] 옆의 화살표 ▶를 누르면 확장자별 상세 메뉴가 나타납니다. 확 장자가 'dwg'인 도면 을 열려면 [도면]을 클 릭해야 합니다.

도면을 선택하면 화면에 미리 보기가 나타나 어떤 파일인지 간략하게 확인할 수 있습니다.

실무에선 이렇게! **실무에선 파일을 이렇게 열어요!**

실무에서는 [열기] 기능 대신 파일을 더블 클릭해 엽니다. 이때 알아 두면 좋은 팁이 있습니다. 파일 이 름만으로는 어떤 내용이 저장돼 있는지 알기 어려운 경우가 많은데, 윈도우 탐색기에서 [보기 → 미리 보기 창]을 클릭하면 선택한 도면의 내용을 미리 확인할 수 있습니다.

더블 클릭

02. 다른 이름으로 저장하기 — Ctrl + Shift + S

이 상태에서 도면을 저장하면 이미 있는 파일을 덮어씁니다. 만약 다른 사람과 공유한 파일 인데 덮어썼다면 원본 파일이 사라지기 때문에 곤란한 상황이 발생할 수 있죠. 그래서 파일 을 열었을 때는 다른 이름으로 저장하는 습관을 가져야 합니다. ❶ 오토캐드 로고를 눌러 나 타난 창에서 ❷ [다른 이름으로 저장]을 클릭하세요.

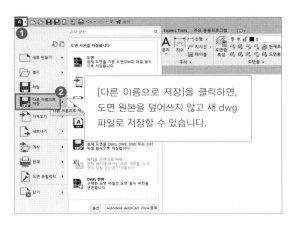

[다른 이름으로 저장]을 클릭하면, 도면 원본을 덮어쓰지 않고 새 dwg 파일로 저장할 수 있습니다.

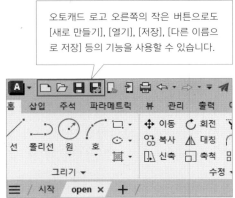

오토캐드 로고 오른쪽의 작은 버튼으로도 [새로 만들기], [열기], [저장], [다른 이름으로 저장] 등의 기능을 사용할 수 있습니다.

03. 팝업 창에서 파일명을 'open_v.2'라고 수정한 후에 저장하면 원본 파일은 유지하면서 새로운 도면으로 저장할 수 있습니다.

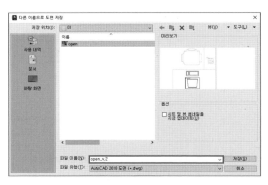

▶ 파일명에 도면 버전을 적어 두면 파일 버전을 관리하기가 좋습니다. 또한 여러 사람이 함께 작업한다면 작업자 이름, 날짜 등을 함께 적어 두는 것도 좋습니다.

도면 파일을 연 상태에서 Ctrl + S를 누르면 기존 파일에 바로 저장됩니다. 저장하기 전 원본 파일을 다시 불러오고 싶을 때는 어떻게 해야 할까요? 파일이 저장된 폴더를 확인해 보면 'bak'라는 확장자의 파일이 추가된 것을 확인할 수 있습니다.

> 원본 도면은 bak 확장자로 생성되고, 저장한 도면은 dwg 확장자로 저장됩니다.

원본 도면을 다시 사용하려면 파일명에서 확장자인 'bak'를 'dwg'로 수정하면 됩니다. 이때 [open.dwg]는 이미 있으므로 파일 이름까지 수정해 [open_original.dwg]와 같은 식으로 수정해야겠죠? 그런 다음 파일을 열면 원본 파일이 열리는 것을 확인할 수 있습니다.

▶ 확장자가 표시되지 않는다면 [탐색기]의 설정을 바꿔 보세요.

프로젝트를 진행하다 보면 자주 사용하는 폴더가 생기기 마련이죠. 매번 폴더를 옮겨 다니지 말고 [즐겨찾기]로 추가해 두면 훨씬 편하게 사용할 수 있습니다. [사용 내역]을 클릭하면 최근에 열었던 도면을 다시 열어 볼 수도 있어요.

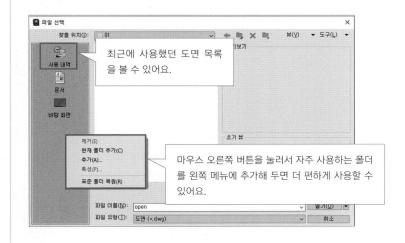

> 최근에 사용했던 도면 목록을 볼 수 있어요.

> 마우스 오른쪽 버튼을 눌러서 자주 사용하는 폴더를 왼쪽 메뉴에 추가해 두면 더 편하게 사용할 수 있어요.

[새로 만들기], [열기], [저장] 기능이 '신속 접근 도구 막대'에 모여 있어요!

도면을 새로 만들고, 열고, 저장하고, 다른 이름으로 저장하는 기능이 오토캐드 로고 오른쪽에 모여 있습니다. 이를 '신속 접근 도구 막대'라고 합니다.

이 버튼은 매우 작아서 클릭하기 힘든데, 마우스 대신 키보드를 사용하면 좀 더 편리하게 사용할 수 있습니다. Alt를 한 번 누르면 오른쪽 그림과 같이 단축키가 화면에 표시되고, 연이어 표시된 알파벳이나 숫자를 누르면 해당 기능이 실행됩니다. 예를 들어 Alt를 누른 후 3을 누르면 작업 중인 도면이 저장됩니다. 이때 주의할 점은 Ctrl + S처럼 2개의 키를 동시에 누르면 안 된다는 것입니다. 반드시 Alt를 누른 후에 3을 눌러야 합니다.

신속 접근 도구 막대의 아이콘을 마우스 오른쪽 버튼으로 누르면 아이콘을 추가하거나 제거할 수 있습니다. 자주 사용하는 기능을 모아 놓으면 더욱 편리하게 사용할 수 있습니다.

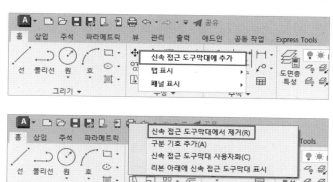

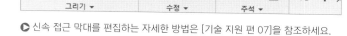

▶ 신속 접근 막대를 편집하는 자세한 방법은 [기술 지원 편 07]을 참조하세요.

이 책에서는 내용 전달을 위해 작업 화면의 배경색을 흰색으로 설정하고, 화면의 격자무늬(그리드)도 보이지 않도록 꺼둔 상태에서 진행합니다. 설정을 바꾸고 싶다면 525쪽의 [이럴 땐 이렇게! — 기술 지원 편 05]에서 자세한 설명을 확인해 보세요.

01-3 작업 화면 살펴보고 이리저리 움직이기

지금까지 도면을 새로 만들고 열고 저장하는 방법을 간단하게 알아봤습니다. 이번에는 오토캐드의 작업 화면을 살펴보고 마음대로 움직여 보겠습니다. 마우스 휠을 이용하면 화면을 자유롭게 조작할 수 있습니다.

작업 화면 살펴보기

자, 이곳이 오토캐드에서 도면이 만들어지는 곳입니다. 도면을 열거나 새 도면을 만들면 이 공간이 나타나죠. 여러 가지 중에서 꼭 알아야 하는 4가지 메뉴만 살펴보겠습니다. 오토캐드가 처음이라면 메뉴 이름만 가볍게 알고 넘어가도 좋습니다.

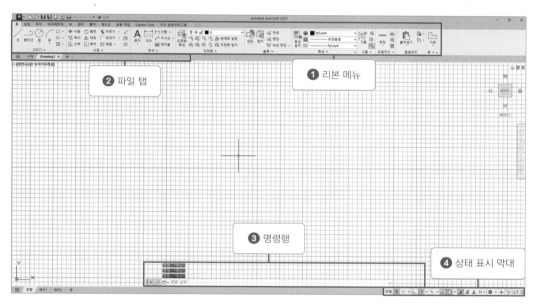

▶ 작업 화면의 배경색은 어둡게 기본 설정되어 있지만, 이 책에서는 내용을 보기 쉽도록 흰색으로 수정했습니다.

❶ **리본 메뉴** - [홈] 탭에 대부분의 기능이 모여 있습니다. ▼를 클릭하면 숨어 있는 버튼이 나타납니다.

❷ **파일 탭** - 열려 있는 모든 도면이 작은 탭으로 표시되며, 밝은 색 탭이 현재 작업 중인 도면입니다. 마우스로 클릭하면 각 도면을 넘나들 수 있으며, [Ctrl] + [Tab]과 [Ctrl] + [Shift] + [Tab]을 누르면 작업 중인 도면을 차례로 바꿀 수 있습니다.

❸ **명령행** - 화면 맨 아래에 한 줄로 표시되는 부분으로, 명령어를 사용하면 모든 기능이 이곳에 기록되고 그중에서 사용할 수 있는 세부 옵션이 나타납니다. 오토캐드에 익숙해질 때까지 명령행을 보는 습관을 가져야만 합니다.

보충 내용을 확인해 보세요!

❹ **상태 표시 막대** - 환경 설정이 표시됩니다. 아이콘이 파랗게 빛나고 있다면 활성화, 회색이면 비활성화된 상태입니다. Ⓐ 그리드, Ⓑ 직교 모드, Ⓒ 객체 스냅을 자주 사용합니다. 알아 두면 유용한 아이콘에는 Ⓓ 주석 감시, Ⓔ 객체 분리가 있습니다. Ⓕ 사용자화 아이콘을 클릭하면 더 많은 아이콘을 꺼낼 수 있는데, 추가할 만한 아이콘에는 좌표와 선 가중치 등이 있습니다.

▶ Ⓐ [그리드 모드]를 누르면 화면의 격자무늬가 사라집니다. 이 책에서는 내용을 알아보기 쉽도록 그리드를 비활성화한 상태에서 진행합니다.

직접 해보세요! 작업 화면 움직이기

준비 파일 • 01/open.dwg

앞에서 사용해 봤던 [open.dwg] 파일을 연이어 사용하겠습니다. 마우스를 사용해 원하는 부분을 확대하거나 축소하고 화면을 왼쪽, 오른쪽으로 움직여 보겠습니다.

01. 작업 화면 확대, 축소하기

먼저 [open.dwg] 파일을 열어 작업 화면을 확대해 보겠습니다. 적당한 곳에 마우스 커서를 올려놓고 마우스 휠 버튼을 위로 올려 보세요. 화면이 마우스 커서를 중심으로 확대됩니다.

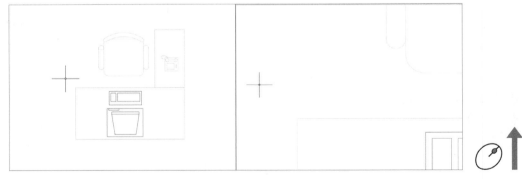

▶ 화면에 표시되는 격자무늬를 끄고 싶다면, 상태 표시 막대의 [그리드 모드]를 클릭하거나 F7 을 누르세요.

02. 이와 반대로 마우스 휠 버튼을 아래로 내리면 작업 화면이 마우스 커서를 중심으로 축소됩니다.

03. 작업 화면 이동하기

마우스 휠 버튼을 누르고 있으면 마우스 커서가 손바닥 모양 🖐으로 바뀝니다. 이 상태에서 마우스를 움직이면, 그에 따라 작업 화면이 이동합니다.

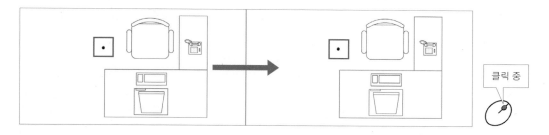

04. 마우스 휠 버튼에서 손을 떼면 커서가 다시 십자가 모양으로 바뀌고, 마우스를 움직여도 작업 화면이 움직이지 않습니다. 이렇게 작업 화면을 이동하는 기능은 도면을 바라보는 카메라가 이동하는 기능이라고 생각하면 됩니다. 객체의 좌표나 크기는 변경되지 않은 상태에서 모니터에 표시되는 화면만 변경되는 것이죠.

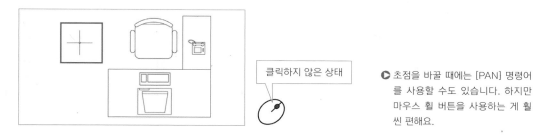

▶ 초점을 바꿀 때에는 [PAN] 명령어를 사용할 수도 있습니다. 하지만 마우스 휠 버튼을 사용하는 게 훨씬 편해요.

05. 도면 전체를 한눈에 보기

도면을 그리다가 전체 형태를 확인하고 싶을 때 마우스 휠 버튼을 더블 클릭하면 도면 전체가 한눈에 보이도록 화면을 조절할 수 있습니다.

▶ 다른 기능을 사용하다가 마우스 휠 버튼을 더블 클릭해도 도면을 한눈에 볼 수 있습니다.

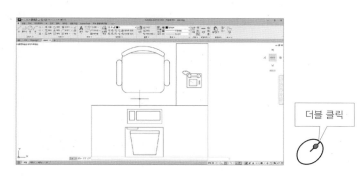

▶ [ZOOM] 명령어를 사용해도 확대됩니다. 마우스 휠 버튼을 더블 클릭하면 [ZOOM] 기능의 [범위(E)] 옵션이 실행되는 거예요.

1. 마우스 휠의 회전 방향을 바꾸는 [ZOOMWHEEL] 환경 변수

제조 분야에서 사용하는 3D 프로그램 중 인벤터(Inventor), 솔리드웍스(Solidworks) 등과 같은 일부 프로그램에서는 마우스 휠을 아래로 내리면 화면이 확대되고, 위로 올리면 축소됩니다. 즉, 오토캐드의 마우스 휠 방향과 반대입니다. 물론 이와 같은 프로그램에서 휠의 방향 설정을 바꿀 수도 있지만, 오토 캐드에서도 휠의 방향을 바꿀 수 있습니다.

명령행이 공백으로 표시되는 상태, 즉 아무런 기능이 실행되지 않은 상태에서 키보드로 [ZOOMWHEEL] 을 입력하고 Enter 를 누르면 변숫값을 변경할 수 있습니다. 기본값이 [0]으로 설정돼 있는데, 이 값을 [1]로 변경하면 마우스 휠을 위로 올릴 때 축소되고, 아래로 내릴 때 확대됩니다. 즉, 방향이 반대로 바 뀝니다.

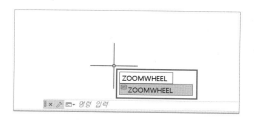
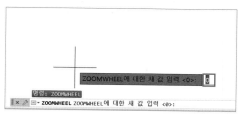

2. 마우스 휠로 확대·축소되는 배율을 바꾸는 [ZOOMFACTOR] 환경 변수

마우스 휠을 위로 올리거나 아래로 내릴 때 더 많이 또는 더 조금 확대·축소되도록 설정할 수 있습니 다. 한번에 얼마나 많이 확대·축소할지는 환경 변수인 [ZOOMFACTOR]에 저장돼 있습니다. 기본값 은 [60]이며 [3]부터 [100]까지의 자연수로 바꿔서 설정할 수 있습니다. 값이 커질수록 한번에 더 많이 확대·축소되고, 작아질수록 조금 확대·축소됩니다.

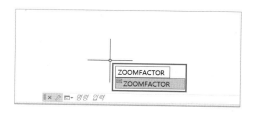

3. 화면 전환 시간을 조절하는 [VTDURATION] 환경 변수

화면을 전환하는 데 걸리는 시간은 [VTDURATION] 환경 변수로 설정할 수 있습니다. 단위는 밀리 초(1초=1,000밀리초)이고, 기본값은 [750]입니다. 다시 말해 화면 전환에 0.75초가 걸립니다. [0]부터 [5000]까지의 자연수로 설정할 수 있으니, 조금씩 바꿔 보면서 자신에게 맞는 적절한 값을 찾아보세요.

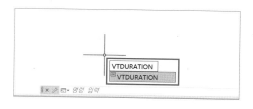
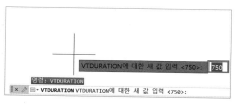

01-4 명령어로 오토캐드에게 말 걸기

오토캐드에 익숙해질수록 버튼보다 키보드를 자주 사용하게 됩니다. 일반적으로 오른손은 마우스를 잡고, 왼손은 키보드 위에 올려놓은 상태에서 명령이나 단축키를 입력하죠. 이렇게 양손으로 마우스와 키보드를 모두 사용하면 작업 속도가 점점 빨라지고, 속도가 붙으면 리듬을 타면서 작업할 수도 있습니다.

명령어를 직접 입력하면 기능을 더 빨리 사용할 수 있습니다

오토캐드의 버튼을 클릭하면 기능이 실행됩니다. 예를 들어 [선] 버튼을 클릭하면 선을 그리는 기능이 바로 실행됩니다. 그리고 명령행에 '어떤 기능이 실행되고 있는지' 표시됩니다. 이때 다른 버튼을 클릭하면 사용하던 기능이 자동으로 종료되고 클릭한 기능이 새로 실행됩니다. 예를 들어 [선] 기능을 사용하고 있더라도 [원] 버튼을 클릭하면 [원] 기능이 실행됩니다.

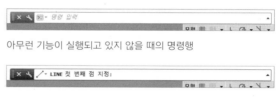

아무런 기능이 실행되고 있지 않을 때의 명령행

[선] 기능이 실행되고 있을 때의 명령행

이렇게 버튼을 클릭해도 도면을 충분히 그릴 수 있지만, 사용할 버튼을 일일이 찾아 누르려면 팔도 아프고 시간도 오래 걸립니다. 따라서 작업을 빨리 끝내려면 키보드로 명령어를 입력하는 것이 좋습니다.

직접 해보세요! 명령어로 기능 실행하기

준비 파일 • 새 파일에서 시작합니다.

이번에는 키보드로 명령어를 입력해서 기능을 실행해 보겠습니다. 처음에는 마우스를 사용하는 것이 쉽지만, 오토캐드에 익숙해지면 키보드를 사용하는 것이 더 쉽다는 것을 알 수 있습니다.

01. 명령어 확인하기

어떤 기능에 어떤 명령어를 사용하는지 알아야 입력할 수 있겠죠? 명령어를 확인하는 방법은 간단합니다. 리본 메뉴의 버튼에 마우스를 잠깐 올려 두면 쉽게 확인할 수 있습니다. ❶ [선] 버튼에 마우스를 잠시 올려놓으면 화면에 명령어와 간단한 설명이 표시되는데 ❷ 굵은 알파벳으로 적혀 있는 것이 [선] 기능을 사용하는 명령어입니다. ❸ 마우스 커서를 좀 더 오래 올려 두면 간략한 이미지와 설명이 나타납니다.

◐ 오토캐드의 기능에 익숙해지기 전까지는 이 간단한 설명을 확인해 보는 것도 좋은 방법입니다.

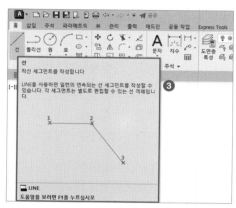

02. 대기 상태 만들기

[선] 기능을 [LINE] 명령어로도 사용할 수 있다는 것을 알았습니다. 그럼 사용해 봐야겠죠? 명령어를 입력할 땐 아무런 기능이 실행되고 있지 않은 대기 상태여야 합니다. 다음 그림처럼 명령행에 '명령 입력'이라는 메시지가 나타난 상태를 말해요. 만약 명령행에 다른 글자가 써 있다면 Esc를 2~3회 눌러 실행되고 있는 기능을 모두 취소하세요.

명령어는 아무런 기능이 실행되고 있지 않은 상태에서 입력해야 합니다.

실무에선 이렇게! **명령어를 실행하기 전에 Esc를 2~3회 누르세요!**

명령어를 입력하기 전에 대기 상태인지 매번 확인하려면 무척 번거롭습니다. 그래서 실무에서는 대부분 명령어를 입력하기 전에 습관적으로 Esc를 2~3회 누릅니다. Esc를 누르면 실행 중인 기능이 취소되는데, 혹시 다른 기능이 실행되고 있을 경우를 대비해서 이를 취소하기 위한 것이죠.

03. 명령어로 기능 실행하기

❶ 이제 키보드로 명령어인 [LINE]을 입력합니다. 글자를 입력하면 글자가 포함된 모든 명령어가 마우스 커서 옆에 목록으로 표시됩니다. 이렇게 [LINE]만 입력하면 컴퓨터가 [LINE]을 사용할지, [LINETYPE]을 사용할지 판단할 수 없습니다. ❷ 명령어를 모두 입력했다는 신호로 (Enter)를 누르면 기능이 실행됩니다.

◐ 기본 설정에서는 입력한 명령어가 명령행에 표시되지 않고 마우스 커서의 오른쪽에 나타납니다. 작업 화면을 가려 불편하다면 (F12)를 눌러 명령어가 명령행에 표시되도록 할 수 있습니다. 이 책에서는 기본 설정 그대로 두고 진행하겠습니다.

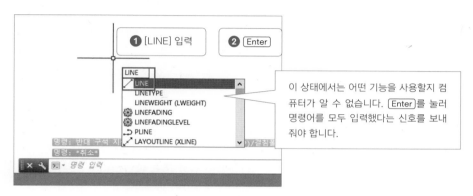

❶ [LINE] 입력 ❷ (Enter)

이 상태에서는 어떤 기능을 사용할지 컴퓨터가 알 수 없습니다. (Enter)를 눌러 명령어를 모두 입력했다는 신호를 보내줘야 합니다.

🙁 삽질 금지 　명령어를 입력했는데 실행되지 않아요!

명령어를 입력해도 기능이 실행되지 않나요? 혹시 화면을 한 번 클릭한 상태에서 명령어를 입력하지 않았나요? 작업 화면의 빈 부분을 마우스로 클릭하면 객체를 선택하는 [SELECT] 기능이 자동으로 실행됩니다. 이 상태에서 명령어를 입력하면 기능이 실행되지 않습니다. 따라서 명령어는 반드시 기능이 실행되고 있지 않은 대기 상태에서 입력해야 합니다.

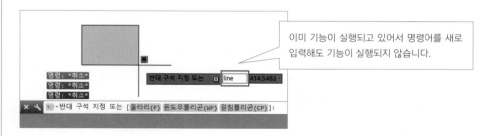

이미 기능이 실행되고 있어서 명령어를 새로 입력해도 기능이 실행되지 않습니다.

이 부분이 불편하다는 사용자 의견이 많아 오토캐드 2016 버전 이상에서는 [SELECT] 기능을 사용하고 있을 때도 명령어를 입력할 수 있도록 기능이 수정됐습니다. 하지만 오토캐드 2015 버전 이하를 사용한다면 반드시 (Esc)를 눌러 실행되고 있는 기능을 취소한 후에 명령어를 입력해야 합니다.

04. 선 그리기

[선] 기능을 실행했다면 ❶ 마우스로 아무 지점이나 클릭해 보세요. 그런 다음 마우스를 움직이면 그려질 선이 화면에 표시되는데 이때 마우스 왼쪽 버튼을 클릭하면 선이 그려집 니다. ❷ 화면을 계속 클릭하면서 자유롭게 선을 그려 보세요. 치수와 방향을 고려해 도면 을 그리려면 좀 더 배워야 하지만 임의의 선은 마음대로 그릴 수 있습니다.

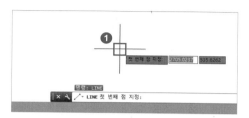
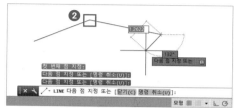

05. 사용 중인 명령을 끝낼 때는 [Enter]

선 그리기를 중지하려면 어떻게 해야 할까요? '기능을 모두 사용했다'는 신호로 [Enter]를 사용합니다. 기능을 사용하던 도중에 [Enter]를 누르면 기능이 종료됩니다.

◐ [선] 기능은 02장에서 배우겠습니다.

[Esc]나 [Spacebar]를 눌러도 명령이 종료됩니다.

😣 삽질 금지   선을 그릴 때 마우스가 끊기면서 움직여요!

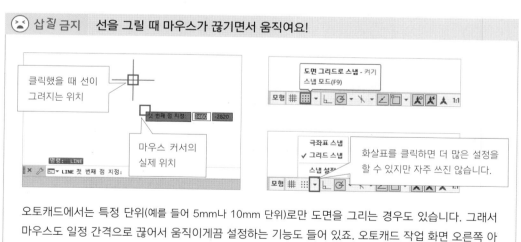

클릭했을 때 선이 그려지는 위치

마우스 커서의 실제 위치

도면 그리드로 스냅 - 커기
스냅 모드(F9)

극좌표 스냅
✓ 그리드 스냅
스냅 설정

화살표를 클릭하면 더 많은 설정을 할 수 있지만 자주 쓰진 않습니다.

오토캐드에서는 특정 단위(예를 들어 5mm나 10mm 단위)로만 도면을 그리는 경우도 있습니다. 그래서 마우스도 일정 간격으로 끊어서 움직이게끔 설정하는 기능도 들어 있죠. 오토캐드 작업 화면 오른쪽 아래의 [상태 표시 막대]에 있는 [도면 그리드로 스냅]을 클릭하거나 단축키 [F9]로 켜고 끌 수 있습니다.

오른손으로 마우스를 잡은 상태에서 키보드의 [Enter]를 누르려면 불편합니다. 왼손이나 오른손을 옮겨 [Enter]를 누른 후 다시 원래의 위치로 옮겨야 하기 때문이죠. 게다가 [Enter]는 한두 번 누르는 것이 아니라 자주 눌러야 해서 작업 흐름이 끊길 수도 있습니다.

그래서 실무에서는 누르기 힘든 [Enter] 대신 [Spacebar]를 사용합니다. [Spacebar]는 왼손을 키보드에 올린 상태에서도 엄지손가락으로 누르기 편하고 크기도 훨씬 크기 때문입니다. 명령어를 입력하거나 마칠 때 [Spacebar]를 사용하는 습관을 들이면 좋습니다.

06. 마지막에 사용한 기능을 자동으로 실행시키는 [Enter]

도면을 그리는 것은 반복된 작업의 연속입니다. 치수를 계속 집어넣고, 선을 반복해서 그려야

합니다. 그래서 [Enter]에는 또 다른 기능이 들어 있는데, 대기 상태에서 [Enter]를 누르면 '마지막에 사용한 기능이 자동으로 실행'됩니다. 다시 [Enter]를 눌러 [선] 기능이 실행되는지 확인해 보세요.

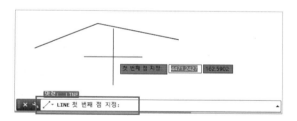

◐ 물론 [Enter] 대신 [Spacebar]를 눌러도 됩니다.

두 단계, 세 단계 전에 사용했던 명령어를 다시 쓰고 싶을 땐 어떻게 해야 할까요? 키보드의 [↑], [↓]를 누르면 됩니다. [↑]를 한 번 누르면 한 단계 이전에 사용했던 명령어가 마우스 커서 옆에 표시되고, 한 번 더 누르면 두 단계 이전에 사용했던 명령어가 표시됩니다. 이렇게 사용할 명령어를 띄우고 [Enter]나 [Spacebar]를 눌러 실행하면 두 단계, 세 단계 전에 사용했던 기능을 다시 쓸 수 있습니다.

◐ 마우스 오른쪽 버튼을 누르면 나타나는 [바로 가기 메뉴(Shortcut menu)]로도 이전 명령어를 쓸 수 있어요!

01-5 필요한 것만 쏙쏙 골라 선택하기

객체를 복사, 이동, 수정하려면 먼저 객체를 선택해야 합니다. 여러 객체를 한번에 선택해야 할 경우도 있고, 선택해 둔 객체 중에서 몇 개만 제외해야 할 경우도 있습니다. 객체를 선택하는 다양한 방법을 연습해 보겠습니다.

 직접 해보세요! **원하는 객체만 선택하기**

준비 파일 · 01/open.dwg

어떤 기능을 사용하려면, 먼저 기능을 적용할 대상을 선택해야 합니다. 예를 들어 책상과 의자가 있는데 의자만 옮기려면 먼저 선택해야겠죠. 마우스를 활용해 의자만 선택하는 방법을 알아보겠습니다.

▶ 특정한 규칙을 가진 객체만 골라 선택하는 [유사 선택]이나 [신속 선택] 등의 기능을 사용할 수 있습니다. 이 방법은 [캐드 고수의 비밀 04]에서 다루겠습니다.

01. 객체 하나씩 선택하기

객체를 선택하는 가장 쉬운 방법은 마우스로 클릭하는 것입니다. ❶ 마우스 커서를 의자 위에 올려놓으면 선이 두껍게 강조되는데 ❷ 이때 마우스 왼쪽 버튼을 클릭하면 두껍게 강조된 선이 선택됩니다. 연이어 다른 객체에 마우스 커서를 올려놓고 클릭하면 추가로 선택됩니다. ❸ 이렇게 의자를 구성하는 모든 객체를 하나씩 클릭해 선택합니다.

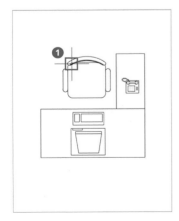
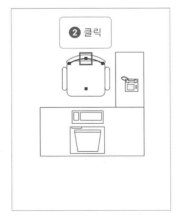
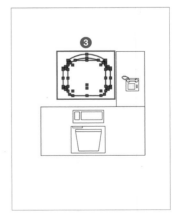

▶ 객체를 추가로 클릭해 선택했는데 먼저 선택한 객체가 취소된다면 [기술 지원 편 01]의 '자주 발생하는 19가지 오류와 해결법 총망라!'를 확인하세요!

02. 선택을 한번에 모두 취소하려면? — Esc

선택된 객체를 취소하는 방법은 매우 간단합니다. 기능을 취소할 때 사용하는 Esc를 누르면 모든 객체 선택이 한번에 취소됩니다.

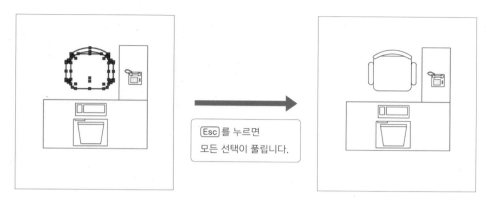

Esc를 누르면
모든 선택이 풀립니다.

03. 특정 영역에 모두 포함된 객체 선택하기 — 윈도우 선택

앞에서 배운 방법으로 객체를 100개 선택하려면 100번 클릭해야 하므로 무척 번거롭고 시간도 오래 걸려 불편합니다. 이번에는 의자를 한번에 선택하는 방법을 알아보겠습니다. ❶ 작업 화면의 빈 공간을 마우스 왼쪽 버튼으로 클릭합니다. 그런 다음 마우스 커서를 오른쪽으로 옮겨 보세요. 화면에 파란색 사각형 영역이 표시되는데, 이 사각형에 '모두 포함된 객체'만 골라 선택됩니다. ❷ 파란색 사각형에 의자가 모두 들어오도록 마우스 커서를 옮긴 후에 클릭하면 의자가 한번에 선택됩니다.

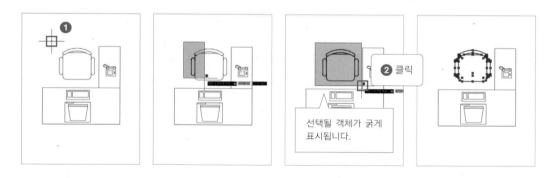

❷ 클릭

선택될 객체가 굵게
표시됩니다.

이렇게 마우스 커서로 영역을 선택할 때, 왼쪽을 먼저 클릭한 후 오른쪽을 클릭해서 선택하는 방법을 '윈도우 선택'이라고 합니다.

▶ 객체가 선택하기 힘들 정도로 가까이 붙어 있다면 선택하고 싶은 객체가 포함되도록 영역을 넓게 클릭해서 지정한 후 일부만 선택 해제해도 됩니다. 선택 해제하는 방법은 41쪽에서 설명합니다.

04. 특정 영역에 조금이라도 포함된 객체 모두 선택하기 — 걸치기 선택

이번에는 방향을 바꿔 오른쪽을 먼저 클릭하고 왼쪽으로 옮겨 클릭해 보겠습니다. 이 방법을 '걸치기 선택'이라고 하며, 초록색 사각형에 '조금이라도 포함된 객체'가 선택됩니다.
❶ Esc를 눌러 선택을 모두 취소한 후 ❷ 의자 오른쪽의 빈 공간을 마우스 왼쪽 버튼으로 클릭합니다. 마우스 커서를 왼쪽으로 옮기면 화면에 녹색 사각형의 영역이 표시되는데 ❸ 마우스로 적당한 곳을 클릭하면 굵게 표시된 객체가 모두 선택됩니다.

   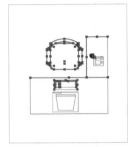

😣 삽질 금지 윈도우 선택과 걸치기 선택이 헷갈려요!

윈도우 선택과 걸치기 선택은 마우스를 2번 클릭해서 사각형 영역을 지정해 객체를 선택하는 방법입니다. 이 두 방법의 차이점은 왼쪽과 오른쪽 중에서 어느 쪽을 먼저 클릭하느냐에 있는데, 왼쪽을 먼저 클릭하는 방법을 '윈도우 선택'이라 하고 '영역에 모두 들어가 있는 객체'만 선택됩니다.
반대로 오른쪽을 먼저 클릭하는 방법을 '걸치기 선택'이라 하고 '영역에 조금이라도 들어가 있는 객체'가 모두 선택됩니다.

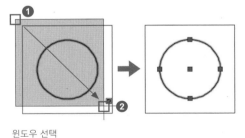 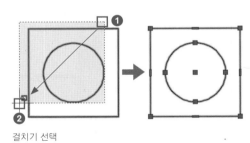

윈도우 선택   걸치기 선택

같은 영역을 선택하더라도 왼쪽을 먼저 클릭했을 때와 오른쪽을 먼저 클릭했을 때 선택되는 객체가 다르다는 것만 기억해 두세요!

05. 선택한 객체에서 일부만 해제하기 — Shift

걸치기 선택으로 의자를 선택했더니 필요 없는 책상과 키보드, 전화기까지 함께 선택됐습니다. 이제 불필요한 부분을 제외해야 합니다. Shift를 누른 상태에서 책상의 불필요한 선을 클릭하면 선택에서 제외됩니다.

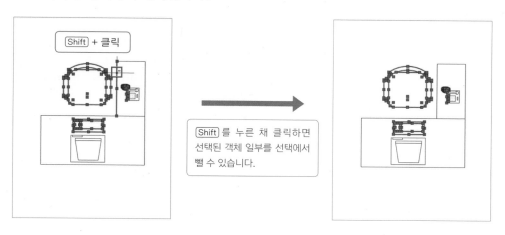

06. 이렇게 하나씩 선택하려니까 귀찮죠? 선택을 해제할 때도 '윈도우 선택'이나 '걸치기 선택'을 사용할 수 있습니다. 먼저 도면 속 키보드를 선택 해제하기 위해 ❶ Shift를 누른 상태에서 빈 공간을 클릭하세요. 마우스 커서를 오른쪽으로 옮겨 ❷ 다시 클릭하면 '윈도우 선택'으로 선택 해제됩니다. 다음으로 전화기를 선택 해제하기 위해 ❸ Shift를 누른 상태에서 빈 공간을 클릭합니다. 마우스 커서를 왼쪽으로 옮겨 ❹ 다시 클릭하면 '걸치기 선택'으로 선택 해제됩니다.

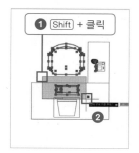
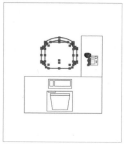
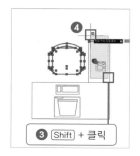

07. 불특정 영역의 객체 선택하기 — 올가미 선택

그렇다면 꼭 사각형 영역으로만 객체를 선택해야 할까요? 오토캐드 2015 버전에 추가된 '올가미 선택'이라는 방법도 있습니다. [Esc]를 눌러 선택을 해제한 후 마우스로 '드래그'해 모양을 자유롭게 그려 보세요. 마우스가 움직이는 대로 자유로운 형태로 선택 영역이 화면에 표시되는데, 이 기능을 '올가미 선택'이라고 합니다.

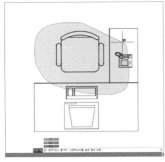

마우스를 드래그한 모습

[Spacebar]를 사용해 '울타리 선택'으로 변경된 모습

▶ '올가미 선택'은 2015 버전부터 추가된 기능입니다.
▶ '올가미 선택'에 익숙해지면 객체를 골라서 선택하기 쉬워집니다.

올가미 선택으로 객체를 선택할 때 [Spacebar]를 누르면 선택된 영역이 초록색 → 파란색 → 투명한 색으로 변하면서 선택 방법이 [걸치기 선택 - 윈도우 선택 - 울타리 선택 - 걸치기 선택] 순으로 순환하면서 변경됩니다.

▶ '울타리 선택'으로 선택하면 선이 지나가는 객체만 선택됩니다.

실무에선 이렇게! **올가미 선택 기능을 끄고 객체를 사각형 영역으로만 선택하려면?**

엑셀, 워드 등의 프로그램에서는 영역을 선택할 때 마우스 왼쪽 버튼을 누른 상태에서 드래그해 움직입니다. 이러한 습관 때문에 오토캐드에서도 마우스를 드래그하면 실행되는 '올가미 선택'이 오히려 거추장스러울 수도 있습니다. 그럴 때 [옵션(OPTIONS, OP)]에서 [올가미의 누른 채 끌기 허용]의 옵션을 선택 해제하면 '올가미 선택' 기능이 꺼집니다.

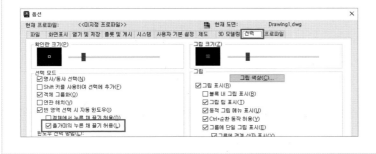

08. 한번에 모든 객체 선택하기 — Ctrl + A

Ctrl + A 를 누르면 현재 작업 중인 도면의 모든 객체를 한번에 선택할 수 있습니다. 단, 이미 실행했던 기능은 취소되므로 주의해야 합니다.

객체를 선택하는 방법은 이렇게 다양합니다. 여러분은 어떤 방법이 가장 편한가요? 상황에 따라, 사용할 기능에 따라 '윈도우 선택'이 편리할 수도 있고, '걸치기 선택'이 편리할 수도 있습니다. 이제부터 이어지는 오토캐드의 다양한 기능을 사용해 보면서 객체 선택 방법이 기억나지 않을 때 돌아와서 다시 읽어 보면 점점 익숙해질 것입니다.

실무에선 이렇게! **오토캐드에서도 기본 단축키는 모두 사용할 수 있어요!**

오토캐드에서도 윈도우 작업 환경에서 사용하는 기본 단축키를 쓸 수 있습니다.

Ctrl + S	도면 저장	Ctrl + Shift + S	도면을 다른 이름으로 저장
Ctrl + C	선택한 객체 복사	Ctrl + V	복사한 객체 붙여넣기
Ctrl + Z	실행 취소	Ctrl + Y	취소한 내용 복구
Ctrl + A	도면의 모든 객체 선택	Ctrl + P	출력

실무에선 이렇게! **기본 설정은 [옵션(OPTIONS, OP)]과 [제도 설정(DSETTINGS, DS)]에서!**

오토캐드에서 기본 환경 설정은 [옵션(OPTIONS, OP)]과 [제도 설정(DSETTINGS, DS)]에서 할 수 있습니다.

▶ 오토캐드에서는 이 밖에도 많은 부분을 설정할 수 있습니다. 메뉴의 버튼을 새로 만들거나 없앨 수도 있고, 리습이나 매크로를 사용해서 복합적인 기능을 만들 수도 있습니다. [캐드 고수의 비밀 이럴 땐 이렇게! - 기술 지원 편 07]과 저자 블로그, 유튜브 채널에서 내용을 확인해 보세요!

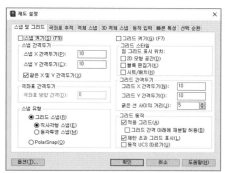

처음부터 제대로 배워야 '삽질'을 예방한다!

도면을 그리고 수정하는 일은 반복 작업의 연속입니다. 여러 명령어로 도면을 그려도 시간이 오래 걸렸다면 허울만 좋은 비효율적인 결과물이겠죠? 실제로 실무에서는 귀찮아서, 깜박해서, 당장 급해서 혹은 몰라서 이 내용을 무시하고 도면을 그리는 일이 빈번하게 발생합니다. 하지만 이 장에서 배울 오토캐드 시스템을 알아 두면, 반복되는 지루한 작업 시간을 확실히 줄일 수 있습니다. 처음부터 제대로 배워 남들이 쉽게 범하는 '삽질'을 예방해 봅시다.

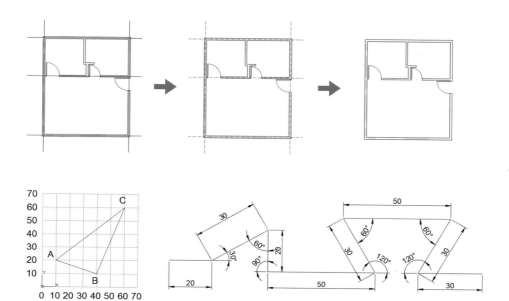

02-1 무턱대고 그리기 전에 '특성'을 정하자!

02-2 이미 도면을 그렸다면 [특성] 팔레트를 이용하자!

02-3 진정한 고수는 도면층부터 만든다!

02-4 반드시 알아야 할 좌표 친구들!

연습만이 살길! 좌표를 응용해 간단한 도형 그리기

02-1 무턱대고 그리기 전에 '특성'을 정하자!

종이에 도면을 그릴 때 어떤 굵기의 펜으로, 어떤 선을 그릴지 정하고 그리듯, 오토캐드에서도 뭔가를 그리기 전에 '어떤 색, 어떤 선으로 그리겠다'라는 것을 정해 줘야 합니다. 나중에 바꿀 수도 있지만, 수많은 복잡한 선 중에서 수정할 것만 선택하고 바꾸는 일은 매우 번거롭습니다. 그렇기 때문에 뭔가를 그리기 전엔 반드시 '특성'을 정해야 합니다.

특성이란?

리본 메뉴 [홈] 탭의 오른쪽을 보면 [특성]이라는 패널이 있습니다. 이 [특성] 패널에서 앞으로 그릴 객체의 색상, 선 가중치, 선 종류를 선택할 수 있습니다. 직접 설정을 바꿔 가며 선을 그려 보겠습니다.

◑ '도면층별'과 'ByLayer'는 같은 의미로, 뒤에서 배울 '레이어(Layer)에서 지정한 특성을 따른다'는 뜻입니다.

직접 해보세요! 자유롭게 선 그리고 색상 바꾸기

준비 파일 • 새 파일에서 시작합니다.

특성을 연습하기 위해 오토캐드의 가장 기본적인 기능이며, 리본 메뉴에서도 맨 앞에 위치해 있는 [선(LINE)] 기능을 사용해 보겠습니다.

01. 새 도면 만들기

오토캐드를 실행한 후 [새로 만들기]를 클릭해 새 도면을 엽니다. 이 도면에 임의의 선을 그려 보겠습니다. ⏵ [F7]을 한 번 누르면 그리드가 꺼집니다.

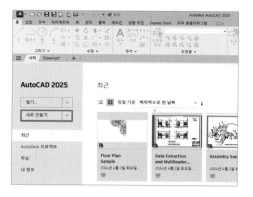 

02. 선 그리기

선을 그리는 방법에는 여러 가지가 있지만, 이 책에서는 명령어를 직접 입력하겠습니다. ❶ [LINE]을 입력한 후 [Enter]를 누르면 기능이 실행됩니다. ❷ 임의로 아무 지점을 클릭해 보세요. 첫 지점을 클릭하면, 선이 마우스 커서를 따라다니면서 미리 보기로 보입니다. ❸ 이 상태에서 마우스로 또 다른 지점을 클릭해 선을 그립니다.

⏵ 리본 메뉴의 [선] 버튼을 마우스로 클릭하거나 단축 명령어인 [L]을 입력한 후 [Enter]를 눌러도 됩니다.

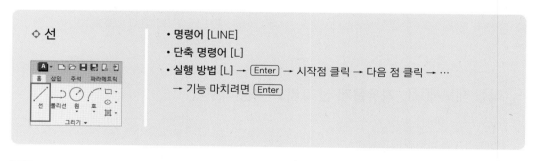

◈ 선

- **명령어** [LINE]
- **단축 명령어** [L]
- **실행 방법** [L] → [Enter] → 시작점 클릭 → 다음 점 클릭 → ⋯
  → 기능 마치려면 [Enter]

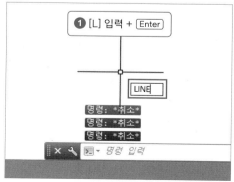 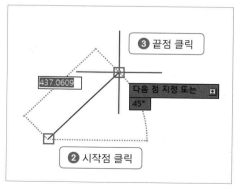

03. 지그재그로 선 그리기

기능을 종료하지 않았으므로 연속해서 선을 그릴 수 있습니다. ❶ 아래 그림을 참조해 선을 자유롭게 그려 보세요. ❷ 다 그렸으면 [Enter]를 눌러 기능을 종료합니다. 지금은 [특성] 패널에 기본으로 설정돼 있는 값인 [도면층별]로 그렸기 때문에 화면에 얇은 검은색 실선이 그려졌습니다. 이렇게 객체는 리본 메뉴의 [특성] 패널에 지정돼 있는 값으로 그려집니다.

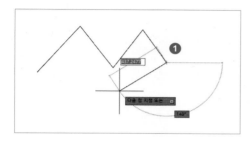
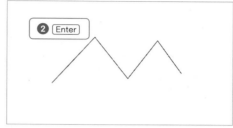

ⓒ [Enter] 대신 [Esc]나 [Spacebar]를 눌러도 기능을 종료할 수 있습니다.
ⓒ 검은색 바탕의 작업 환경에선 흰색 실선으로 그려집니다.

04. 객체 색상을 바꿔 그려 보기

이번에는 객체 색상을 바꿔 그려 보겠습니다. ❶ [특성] 패널의 [객체 색상] 항목을 마우스로 클릭하면 색상을 바꾸는 메뉴가 나타납니다. 여기서 색상을 선택할 수 있습니다. ❷ [빨간색]을 클릭하고 ❸ 임의의 선을 그려 봅니다. 선택한 색상인 빨간색 선으로 그려집니다.

ⓒ [Enter]를 누르면 따로 명령어를 입력하지 않아도 앞서 실행했던 기능이 실행됩니다.

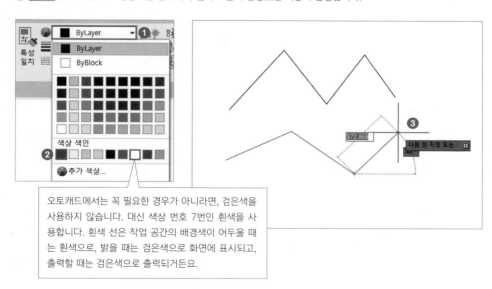

오토캐드에서는 꼭 필요한 경우가 아니라면, 검은색을 사용하지 않습니다. 대신 색상 번호 7번인 흰색을 사용합니다. 흰색 선은 작업 공간의 배경색이 어두울 때는 흰색으로, 밝을 때는 검은색으로 화면에 표시되고, 출력할 때는 검은색으로 출력되거든요.

마음에 드는 색상이 없어요!

❶ [추가 색상] 버튼을 클릭하면 더 많은 색상을 볼 수 있는 창이 나타납니다. ❷ 임의로 [빨간색]을 클릭해 보면 ❸ 오른쪽 아래에 선택한 색상이 표시됩니다. ❹ [확인] 버튼을 클릭해 창을 닫으면 ❺ 리본 메뉴에서도 색상이 바뀌어 있습니다.

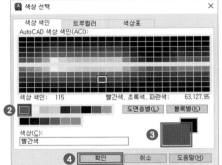

▶ [색상 선택] 창에는 [색상 색인], [트루 컬러], [색상표]의 세 가지 탭이 있어서 원하는 색상을 선택할 수 있습니다. 하지만 출력할 때 색상별 선 굵기 등을 쉽게 조절하기 위해서는 [색상 색인]에 있는 색상을 사용하는 게 좋습니다.

화면이 도화지라고 생각하고 좋아하는 색을 선택해 자유롭게 그려 보세요. 이렇게 미리 [객체 색상]을 선택한 후에 그리는 습관을 가지면 복잡한 도면에서 수정할 객체만 골라 색상을 바꾸는 시간을 아낄 수 있습니다.

직접 해보세요! 선 가중치 바꾸기

준비 파일 · 이어서 그립니다.

이번에는 [특성] 패널의 두 번째 항목인 [선 가중치]를 바꿔 선을 그려 보겠습니다. 이때 '선 가중치'란, 선의 두께를 의미합니다. 실무에선 동선을 표시하거나 경계를 표시하는 등의 작업을 할 때 선 두께를 바꿔 가며 그리죠.

01. 선 가중치 바꾸기

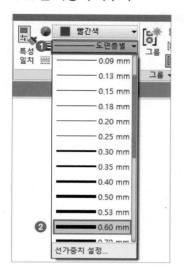

선 가중치도 선 색상과 마찬가지로 미리 설정해 놓고 그리는 게 좋습니다. ❶ [특성] 패널에서 [선 가중치] 항목을 클릭하면 선 두께를 선택할 수 있습니다. 기본값은 [0.25mm]인데, ❷ 앞에서 그렸던 선과 두께 차이를 알아보기 위해 [0.60mm]로 설정해 봅니다.

실무에선 이렇게! | **선 가중치는 어떻게 사용하나요?**

도면에서 모든 선의 두께가 다 똑같다면, 중요한 부분이나 강조하고 싶은 부분을 표시하기가 힘들겠죠. 선 두께를 조절하는 방법에는 [폴리선(POLYLINE)]을 사용하는 방법과 [선 가중치]를 사용하는 방법이 있습니다. 그 중에서 [폴리선]을 사용하는 방법은 객체를 폴리선으로 변환해야 하기 때문에 번거롭고 형태에도 한계가 있습니다. 하지만 [선 가중치]를 사용하면 훨씬 쉽게 두꺼운 선을 만들 수 있습니다. [특성] 팔레트에서 원하는 두께를 입력하기만 하면 되니까요.

▶ 폴리선을 그리는 방법은 05-4에서 다룹니다.

02. 선 그리기

앞서 그렸던 것과 같은 방법으로 선을 그립니다. 그런데 [선 가중치]를 두껍게 바꿨지만, 선이 앞서 그렸던 것과 동일한 두께로 그려지네요! 그 이유는 [특성] 패널에서 두께로 설정한 [0.60mm]는 객체 자체의 두께가 아니라 '출력할 때 0.60mm로 인쇄되도록' 설정한 것이기 때문입니다. 따라서 화면에서는 두껍게 표시되지 않죠.

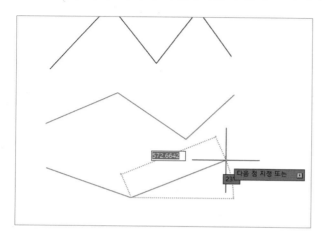

03. 선 가중치 나타내기

화면에도 선 두께를 나타낼 수 있습니다. 여러 가지 방법이 있는데, 상태 표시 막대의 버튼을 클릭하는 것이 가장 편리합니다. ❶ 화면 오른쪽 아래에 있는 상태 표시 막대에서 가장 오른쪽에 있는 ☰ 버튼을 클릭하고 ❷ [선 가중치]를 선택해 버튼을 추가하세요. ❸ 추가된 ☰ 버튼을 클릭해 선 가중치를 켜면 ❹ 선 가중치가 적용돼 보입니다.

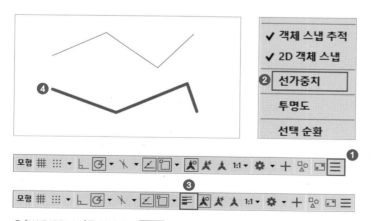

○ [LWDISPLAY]를 입력하고 (Enter)를 누른 후 [ON]이나 [1]을 입력하면 선 가중치가 화면에 표시되고, [OFF]나 [0]을 입력하면 선 가중치가 화면에 표시되지 않습니다.

○ [LWDISPLAY]처럼 오토캐드의 설정을 바꾸는 명령어를 '환경 변수'라고 합니다. 자주 사용하는 환경 변수는 기억해 두면 좋아요!

선 가중치는 인쇄할 때의 두께이기 때문에 화면을 확대, 축소해도 일정한 두께로 화면에 표시됩니다. 일정한 선 두께로 종이에 출력할 수 있기 때문에 인쇄할 때 편하지만, 화면에서 볼 때 선이 뭉개져 보여서 불편할 수도 있어요. 이럴 때는 상태 표시 막대의 [선 가중치 ▤]를 클릭해서 끄고 사용하면 됩니다.

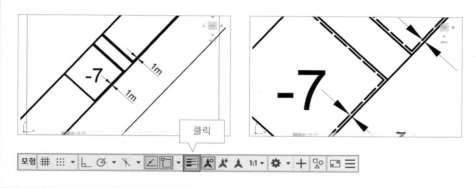

🔦직접 해보세요! 선 종류 바꾸기

준비 파일 • 이어서 그립니다.

지금까지는 계속 실선으로만 선을 그렸는데 중심선을 표시하거나 실제 경계선이 아닌 가상의 선을 표시할 때는 점선이나 일점쇄선 등으로 표시해야 합니다. [특성] 패널의 마지막 항목인 선 종류를 바꿔 가며 선을 그려 봅시다.

01. 선 종류 선택하기

❶ [특성] 패널의 가장 아래에 있는 [선 종류] 항목을 마우스로 클릭하면 현재 도면에서 사용 중인 선 종류만 나타나고, 그중에서 선택할 수 있습니다. 지금은 실선인 [Continuous]만 보이는군요. ❷ 다른 종류의 선을 선택하기 위해 [기타]를 클릭하세요. ❸ [선 종류 관리자] 창에서 선 종류를 불러오기 위해 [로드] 버튼을 클릭합니다.

◖ [ByLayer]는 '도면층 설정을 사용한다'는 뜻이고, [ByBlock]은 '블록의 특성을 사용한다'는 뜻입니다. 둘 다 기본적으로 들어 있는 설정입니다.

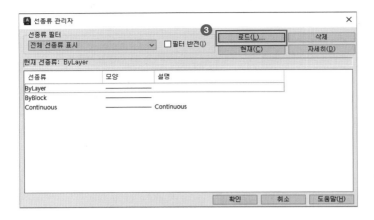

02. 중심선 불러오기

일반적인 선 종류는 미터법의 기본값인 [acadiso.lin]에 저장돼 있습니다. ❶ 사용 가능한 선 종류 중 [CENTER]를 선택하고 ❷ [확인] 버튼을 클릭해 선 종류를 불러옵니다. ❸ [선 종류 관리자] 창에 [CENTER]가 추가됐습니다. ❹ [확인] 버튼을 클릭해 창을 닫습니다.

선 종류는 확장자가 'lin'인 파일에 저장 돼 있습니다. 만약 다른 업체에서 받은 파일이 있다면 [파일] 버튼을 클릭해 전 달 받은 파일을 불러오면 됩니다.

○ CENTER2, CENTERX2처럼 약간 변형된 이름의 선 종류는 기본 간격에 배율이 적용된 것입니다.

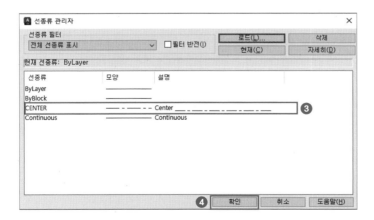

03. 중심선으로 선 그리기

이제 [특성] 패널에서 [선 종류]를 클릭해 보면 [CENTER]를 선택할 수 있습니다. ❶ [선 종류]를 [CENTER]로 변경한 후 ❷ [LINE] 명령어를 이용해 임의의 선을 그려 보세요. 그런데 선 종류가 적용되지 않은 것처럼 실선으로 표시되네요! 그 이유는 아주 작은 단위로 일점쇄선이 그려졌기 때문입니다. 화면을 확대해 보면 일점쇄선으로 그려진 것을 확인할 수 있습니다.

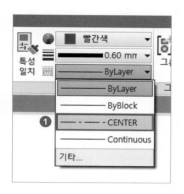
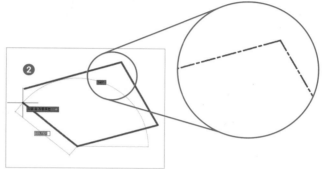

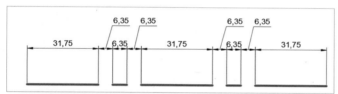

◐ acadiso.lin에 저장돼 있는 [CENTER]는 [31.75mm]의 실선과 [6.35mm]의 공백으로 구성돼 있습니다. 선의 길이가 [10m] 정도 된다면 너무 조밀해서 보이지 않는 것이 정상이겠죠?

실무에선 이렇게! 내 마음대로 점선을 만드는 방법

선 종류에는 도형도 들어갈 수 있고, 글자도 들어갈 수 있지만 만들기 조금 복잡합니다. 하지만 점선은 누구나 쉽게 만들 수 있어요. 미터법에서 사용하는 [acadiso.lin] 파일을 메모장으로 열어 보면, 쉽게 확인할 수 있죠. 자세한 내용은 QR 코드를 스캔해서 알아 보세요!

[acadiso.lin] 파일의 위치는 [선 종류 로드 또는 다시 로드] 창에서 [파일] 버튼을 클릭하면 쉽게 확인할 수 있어요.

04. 선 축적 변경하기

확대하지 않고도 화면에서 일점쇄선이 보이게 하려면 어떻게 해야 할까요? 이럴 때는 [LTSCALE]라는 환경 변수를 이용합니다. ❶ [LTSCALE]을 입력한 후 Enter를 누르면 기본값인 [1]로 설정돼 있습니다. 이 값을 [1]보다 작은 값으로 바꾸면 점선의 간격이 조밀해지고, [1]보다 큰 값으로 바꾸면 점선의 간격이 커져 눈에 보이게 됩니다. ❷ 여기서는 [1]보다 큰 값으로 바꾸면 되겠네요. 알아보기 좋도록 값을 수정해 보세요.

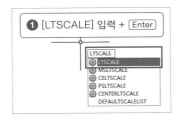

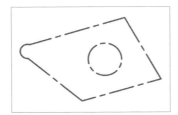

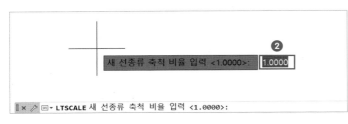

◐ [LTSCALE]은 작업 중인 도면 전체에 영향을 주는 환경 변수입니다. 따라서 값을 바꾸면 파일 안 모든 선의 간격이 바뀝니다!

실무에선 이렇게! **점선을 점선으로 보이게 하려면?**

앞에서 배운 것처럼 선의 축척을 조절할 때는 환경 변수 [LTSCALE]을 이용합니다. 그런데 이 값을 조절하면 도면의 모든 선 축척이 변경됩니다. 만약, 객체마다 다른 축척을 지정하려면 [특성] 팔레트의 [선 종류 축척]을 이용하면 됩니다.

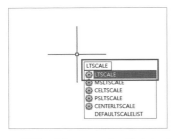

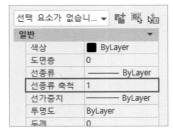

◐ Ctrl + 1을 누르면 [특성] 팔레트가 나타납니다. 이 팔레트에는 선택한 객체의 특성이 표시됩니다.

[선 종류 축척]과 [LTSCALE] 모두 초깃값은 [1]로 설정돼 있는데, 이 값을 [1]보다 작은 값으로 바꾸면 점선의 간격이 조밀해지고, [1]보다 큰 값으로 바꾸면 점선의 간격이 커져서 눈에 보이게 됩니다.

◐ 점선의 간격은 [선 종류 축척]과 [LTSCALE] 값이 곱해진 값으로 설정돼 화면에 표시됩니다.

02-2 이미 도면을 그렸다면 [특성] 팔레트를 이용하자!

실수로 특성을 설정하지 않고 도면을 그렸다면 어떻게 해야 할까요? 모두 지우고 다시 그리면 너무 많은 시간이 걸립니다. 이럴 때 [특성] 팔레트를 사용하면 특성을 훨씬 편리하게 바꿀 수 있습니다.

▶ [CHANGE]라는 명령어도 있는데, 이 명령어는 많은 옵션을 사용해야 하므로 조금 번거롭습니다. 초보자라면 [특성] 팔레트를 사용하길 권장합니다.

 직접 해보세요! [특성] 팔레트를 사용해 객체 특성 바꾸기

준비 파일 · 02/properties.dwg
완성 파일 · 02/properties_fin.dwg

[특성] 팔레트는 매우 유용하고 자주 사용하는 기능입니다. 단축키인 Ctrl + 1 하나만 알아 두면 특성 팔레트를 편리하게 열고 닫을 수 있습니다. [특성] 팔레트를 이용해 이미 그려진 도면에서 벽체 중심선의 색상과 선 종류를 바꿔 보겠습니다.

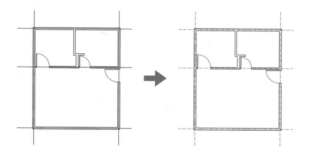

01. 준비 파일 살펴보기

준비 파일을 더블 클릭해 열어 보면 간단한 방이 그려져 있습니다. 문은 분홍색, 창문은 하늘색으로 그려져 있고, 벽의 중심선이 실선으로 돼 있네요. 보통 실무에서 중심선은 빨간색의 일점쇄선으로 표현합니다. [특성] 팔레트를 열어 벽의 중심선을 빨간색 일점쇄선으로 바꿔 보겠습니다.

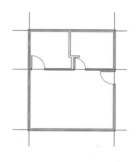

02. [특성] 팔레트 열기

❶ 먼저 수정하려고 하는 벽의 중심선 5개를 각각 클릭해 선택합니다. ❷ 그리고 [Ctrl]과 [1]을 동시에 눌러 [특성] 팔레트 창을 띄웁니다. ❸ 이 팔레트에는 선택한 객체의 색상, 선 종류 등의 정보가 표시됩니다.

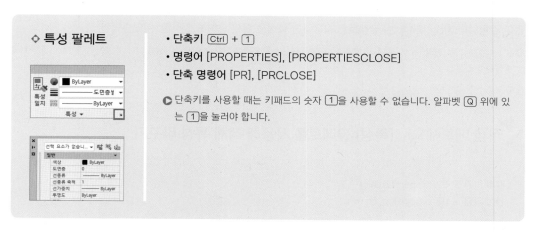

5개의 중심선을 하나씩 클릭해서 선택해도 되지만, 도면의 빈 공간을 클릭해서 [선택 (SELECT)] 기능을 실행한 후에 [울타리(F)] 옵션을 사용하면 조금 더 쉽게 선택할 수 있습니다. [01-5 필요한 것만 쏙쏙 골라 선택하기]에서 배운 방법을 사용해도 되겠죠?

[특성] 팔레트에는 선택한 객체 정보가 나타납니다. 만약 아무것도 선택하지 않거나 여러 종류의 객체를 선택하면 다음과 같이 나타납니다.

1. 아무것도 선택하지 않았을 경우

아무것도 선택하지 않은 상태에서 [특성] 팔레트를 열면, 맨 위에 '선택 요소가 없습니다'라는 메시지가 나타납니다. 그 밑의 [일반] 항목에는 [현재값]으로 설정되어 있는 [도면층]과 [특성]이 표시됩니다. 즉, 이 곳에 표시되는 특성으로 객체가 만들어진다는 뜻이죠. 그 외의 항목은 현재 사용 중인 DWG 파일에 저장돼 있는 설정값으로 표시됩니다.

● 리본 메뉴와 특성 팔레트는 연결돼 있기 때문에 하나만 변경해도 함께 변경됩니다.
● [ByLayer]와 [도면층별]은 같은 의미입니다.

2. 여러 종류의 다른 객체를 선택했을 경우

여러 종류의 다른 객체를 한 번에 선택해 [특성] 팔레트를 열면, 일단 [일반] 항목만 표시됩니다. 그리고 선택된 객체들 중 동일하게 설정된 항목에는 그 항목의 이름이 표시되며, 객체마다 다를 경우에는 [*다양함*]으로 표시됩니다. 예를 들어, 아래 그림에서는 [선 종류] 값이 [ByLayer]로 동일하게 설정돼 있어 [ByLayer]가 표시되지만, 다른 값이 섞여 있는 [도면층]은 [*다양함*]으로 표시됩니다.

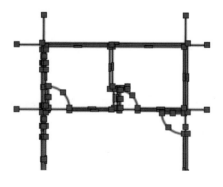

03. 색상 수정하기

색상부터 수정해 보겠습니다. ❶ 색상 항목의 [ByLayer]를 클릭하면 색상 목록이 나타납니다. 이 목록에 마우스 커서를 올려놓으면 색상이 변하는 것을 미리 확인할 수 있습니다. ❷ [빨간색]을 클릭해 선 색상을 바꿉니다.

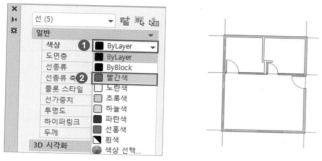

▶ 오토캐드 2013 이상의 버전에서만 바뀔 색상을 미리 확인할 수 있습니다.

04. 선 종류 수정하기

이번에는 선 종류를 일점쇄선으로 바꿔 보겠습니다. ❶ [특성] 팔레트에서 [선 종류] 항목의 [ByLayer]를 클릭하면 사용할 수 있는 선 종류가 나타납니다. 그런데 도면에 저장돼 있는 선 종류는 [Continuous]밖에 없네요! 그 이유는 도면에서 [Continuous]만 사용했기 때문입니다. 하지만 [특성] 팔레트에서는 선 종류를 추가할 수 없습니다. 앞에서 배웠던 것처럼 리본 메뉴의 [특성] 패널에서 추가해야죠. ❷ [특성] 패널에서 [CENTER] 선을 추가하세요. 그리고 ❸ 다시 중심선 5개를 선택하고 ❹ [특성] 팔레트의 선 종류로 [CENTER] 선을 선택합니다.

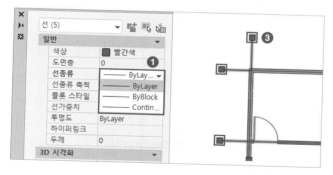

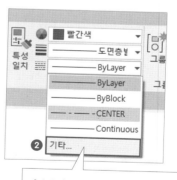

[기타...] 버튼을 눌러 [CENTER] 선을 불러와야 합니다. 선 종류를 추가하는 방법이 기억나지 않으면 51쪽을 참조하세요.

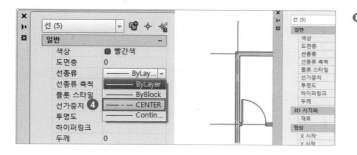

▶ [특성] 팔레트가 아닌 리본 메뉴의 [특성]
 패널에서 선 종류를 바꿔도 됩니다. 여러
 분이 편한 방법으로 작업하세요.

05. 선 종류 축척 수정하기

선 종류가 바뀌었지만, 너무 조밀해서 실선처럼 보이네요. 선 종류의 축척을 조절해 일점
쇄선으로 보이도록 수정해 보겠습니다. ❶ 중심선 5개를 선택한 후 다시 [특성] 팔레트를
열고 ❷ [선 종류 축척]에 [10]을 입력합니다. ❸ Esc 를 눌러 선택을 해제하면 중심선의 축
척이 조정돼 일점쇄선의 모습이 제대로 보입니다.

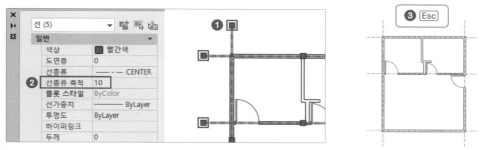

▶ 54쪽에서 배운 [LTSCALE]을 사용하면 도면 전체에 축척이 적용되지만, [특성] 팔레트에서 조절하면 선택한 객체에
 만 축척이 적용됩니다.

⊘ 기능 복습 연습 도면의 [특성]을 바꿔 보세요

준비 파일 • 02/exercise_1.dwg
완성 파일 • 02/exercise_1_fin.dwg

연습 도면에는 간단한 부품이 그려져 있습니다. 중심선을 표시하는 3개의 선을 빨간색으로 바꾸
고, [선 종류]를 [CENTER]로 바꿔 보세요. 선 간격도 조절해 봐야겠죠? [LTSCALE] 환경 변수의
값도 [0.1]로 바꿔 보세요.

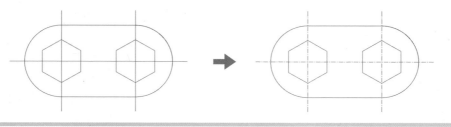

02-3 진정한 고수는 도면층부터 만든다!

지금까지 오토캐드에서 그리는 객체의 특성을 알아봤습니다. 앞서 살펴봤던 것처럼 [특성]을 이용해 하나씩 조절할 수도 있지만, 이번에 배울 '도면층'을 이용해 한 번에 관리할 수도 있습니다.

도면층이란 무엇인가요?

도면을 손으로 그리던 시절에는 속이 비치는 투명한 종이에 재질별, 부품별 등의 도면을 그려 겹쳐 보곤 했습니다. 이 방법이 디지털화된 개념이 바로 '도면층(Layer)'입니다. 이렇게 도면층 을 나눠 작업하면 객체를 한꺼번에 수정할 수 있습니다. 예를 들어, Layer 1에 포함된 객체를 화면에서 보이지 않도록 숨기거나 색상을 한 번에 바꾸는 등과 같은 작업을 할 수 있죠.

 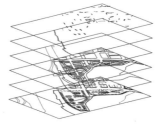

◯ 하나의 도면은 사실 여러 도면을 겹쳐 놓은 모습과 같습니다.

[도면층별], [ByLayer]의 의미

도면층은 리본 메뉴의 [도면층] 패널에서 설정합니다. 뭔가를 그리기 전에 도면층을 먼저 설정하면 앞으로 그리는 모든 객체가 해당 도면층에 그려지죠. 아래 그림에서는 [0] 도면 층으로 설정돼 있네요. 그리고 오른쪽 [특성] 패널을 보면 [도면층별]과 [ByLayer]로 설정 돼 있습니다. 이렇게 설정하면 앞으로 그릴 객체의 색상, 선 가중치, 선 종류는 [0] 도면층 에서 설정한 대로 그려집니다. 이렇게 도면층을 사용하면 객체의 특성을 한 번만 지정해도 해당하는 특성의 객체를 계속 그릴 수 있어 편리합니다.

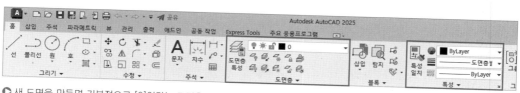

◯ 새 도면을 만들면 기본적으로 [0]이라는 도면층 하나밖에는 만들어지지 않습니다. 따라서 어떤 객체를 그리든 [0]이라는 도면 층에 그려지죠.

◯ [도면층] 패널에는 10개가 넘는 많은 버튼과 기능이 담겨 있습니다. 자세한 내용은 09장에서 알아보겠습니다.

직접 해보세요! 도면층 만들기

준비 파일 · 02/layer.dwg
완성 파일 · 02/layer_fin.dwg

앞에서 익혔듯이 객체마다 저장되는 값인 [특성]으로 중심선을 수정할 수 있습니다. 하지만 다시
수정하려면 '중심선'만 일일이 골라 다시 선택해야 하므로 번거롭죠. 이럴 때 공통되는 물성이나
특징이 있는 객체들을 하나의 도면층으로 묶으면 다시 편집하기가 쉬워집니다.

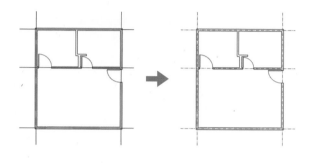

01. [도면층 특성 관리자] 팔레트 열기

준비 파일을 더블 클릭해 열어 보면 앞에서 실습했던 도면이
똑같이 그려져 있습니다. ❶ 리본 메뉴의 [도면층] 패널을 보
니 기본 도면층인 [0]으로 설정돼 있습니다. 이 [0] 도면층에
는 어떤 특성이 저장돼 있는지 먼저 확인해 볼까요? ❷ [도면
층] 패널에서 왼쪽의 [도면층 특성] 아이콘을 클릭하면 [도
면층 특성 관리자] 팔레트가 열립니다.

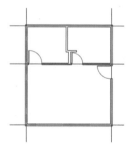

**◇ [도면층 특성 관리자]
팔레트**

- **명령어 [LAYER], [LAYERCLOSE]**
- **단축 명령어 [LA]**

🔘 팔레트를 닫는 단축 명령어는 없습니다.

🔘 [부록 03 단축 명령어 추가/수정하기 — PGP 편집] 내용을 참고해 팔레트를 여는 단
축 명령어로 만들어 두면 한결 편하게 쓸 수 있습니다. [LLA]나 [LAA] 등으로 단축
명령어를 만들어 두면 편하겠죠?

02. 새 도면층 만들기

[도면층 특성 관리자] 팔레트를 보니 기본으로 설정된 [0] 도면층 외에도 [Door], [Walls], [Windows] 도면층이 있네요. ❶ 또한 각 도면층마다 색상, 선 종류, 선 가중치 등이 설정되어 있습니다. 앞서 [특성] 패널에서 설정했던 세 가지라는 걸 기억하지요? 그럼 중심선만 넣을 도면층을 새로 만들어 보겠습니다. ❷ 도면층을 새로 만드는 버튼인 [새 도면층] 버튼 을 클릭합니다.

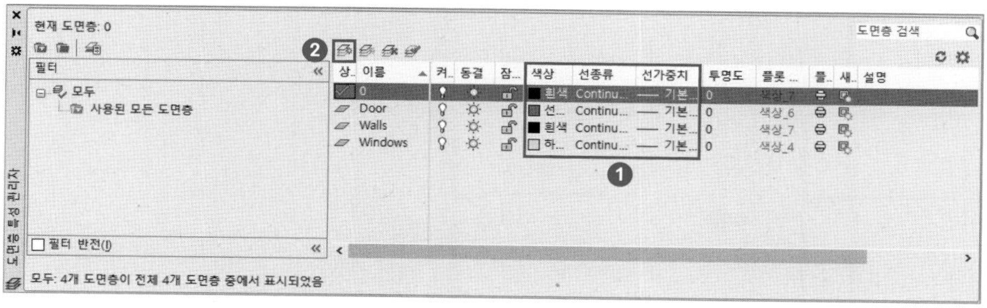

▶ 선택되어 있는 도면층과 모든 특성이 같은 새로운 도면층이 생성됩니다.
▶ 색상, 선 종류, 선 가중치를 제외한 다른 항목들은 09장에서 자세히 다룹니다.

03. 도면층 이름 수정하기

❶ [도면층1]이라는 이름의 도면층이 새로 생겼습니다. 새로운 도면층을 만들 때마다 이와 같이 자동으로 숫자가 붙은 도면층이 만들어집니다. ❷ 중심선을 그린 도면층이라는 것을 알아보기 쉽도록 도면층의 이름을 [Center]로 바꿉니다. 도면층의 이름을 바꿀 때는 이름이 표시되고 있는 [도면층1] 부분을 마우스로 한 번 클릭해서 파란색으로 표시되게 한 후 이름을 수정하고 다시 한 번 클릭하면 됩니다. 빠르게 더블 클릭하면 선택한 도면층이 현재 도면층으로 설정됩니다. 현재 도면층으로 설정하면 [상태]에 녹색 체크가 표시됩니다.

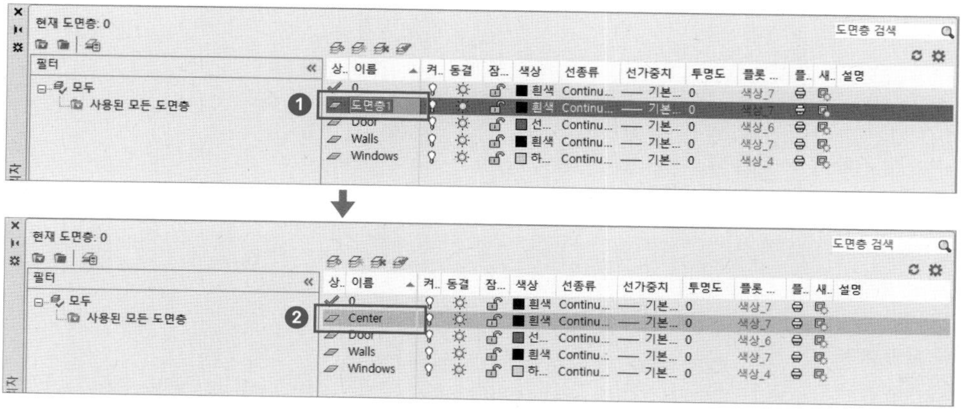

▶ 윈도우 탐색기에서 파일이나 폴더의 이름을 바꿀 때 사용하는 단축키인 F2를 사용해도 됩니다. 도면층을 선택한 다음 F2를 누르고 수정할 이름을 입력하면 되죠.

04. 도면층 색상, 선 종류 지정하기

이번에는 색상과 선 종류를 지정해 보겠습니다. 먼저 ❶ [Center] 도면층의 [색상] 항목에서 [흰색]을 클릭해 ❷ 팝업 창이 나타나면 [빨간색]을 클릭하고 ❸ [확인] 버튼을 클릭해 색상을 빨간색으로 정합니다. ❹ 그런 다음, [선 종류] 항목의 [Continuous]를 클릭해 팝업 창이 나타나면 ❺ [CENTER] 선을 불러와 선택하고 ❻ [확인] 버튼을 클릭합니다.

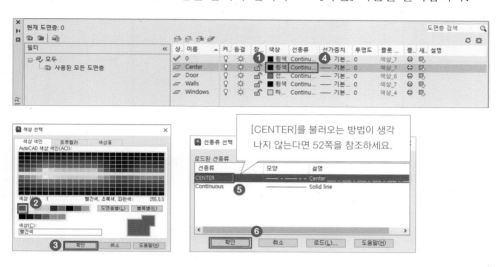

[CENTER]를 불러오는 방법이 생각 나지 않는다면 52쪽을 참조하세요.

05. 새로운 [Center] 도면층이 완성됐습니다. 팔레트 왼쪽 윗부분의 ☒를 눌러 팔레트를 닫으세요.

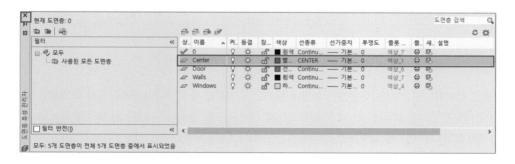

> 😣 삽질 금지   ☒를 눌러서 닫기 불편해요!
>
> [도면층 특성 관리자] 팔레트를 열 때는 [LA]라는 단축 명령어가 있어서 편했는데, 닫을 때는 ☒를 눌러야 해서 불편합니다. [LAYERCLOSE]라는 명령어로 닫을 수도 있는데, 명령어가 너무 길어서 불편합니다. [부록 03]의 내용을 참고해 [LLA] 등의 사용하기 편한 단축 명령어를 만들어 두면 더 쉽게 사용할 수 있습니다!

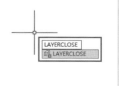

06. 도면층 적용하기

5개의 선을 [Center] 도면층으로 변경해 보겠습니다. ❶ 먼저 [Center] 도면층으로 바꿀 객체인 중심선 5개를 선택합니다. ❷ 그리고 리본 메뉴의 [도면층] 패널에서 [Center]를 선택하면 ❸ 선택한 선들이 [Center] 도면층에서 설정한 대로 바뀝니다.

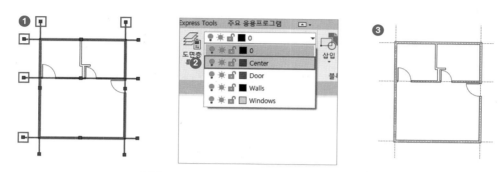

▷ 객체를 선택한 후 [특성] 팔레트([Ctrl] + [1])에서 [도면층] 값을 바꿔도 도면층이 바뀝니다.

이렇게 도면층이 정리돼 있으면 도면층에 설정했던 색상, 선 종류 등을 한 번에 바꿀 수 있습니다. 객체의 특성을 제어하는 것 말고도 도면층에서 활용할 수 있는 기능이 많습니다. 이번에는 대표적인 활용 방법인 특정 도면층을 끄는 방법을 알아보겠습니다.

직접 해보세요! 도면층 끄기

준비 파일 • 02/layoff.dwg
완성 파일 • 02/layoff_fin.dwg

도면층을 정리했다면 원하는 도면층만 화면에 남기고 나머지를 숨길 수 있습니다. 특정 도면층을 화면에서 보이지 않게 끄려면 [켜기] 항목에 표시돼 있는 전구를 클릭하거나 [동결] 항목에 표시돼 있는 태양 모양의 아이콘을 클릭하면 됩니다.

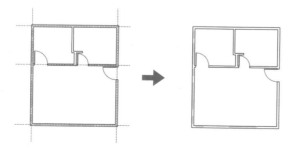

01. [Center] 도면층 끄기

이번엔 [Center] 도면층을 꺼 보겠습니다. ❶ [도면층] 패널의 [도면층 특성] 아이콘을 클릭해 [도면층 특성 관리자] 팔레트를 연 후 ❷ [Center] 도면층의 전구를 클릭합니다. 전구 버튼을 클릭하자마자 작업 공간에 표시돼 있던 중심선이 화면에서 사라졌습니다. 그리고 전구 모양의 아이콘도 불이 꺼진 모양으로 바뀝니다. ❸ ✕ 를 눌러 팔레트를 닫습니다.

02. [Center] 도면층 켜기

다시 켜려면 불이 꺼진 전구 아이콘을 클릭해야 합니다. 이번에는 리본 메뉴에서 바로 클릭해 보겠습니다. ❶ 도면층 부분을 클릭해 도면층 목록이 나타나면 ❷ 꺼져 있는 [Center] 도면층의 전구를 클릭합니다. 그러면 사라졌던 중심선이 다시 나타납니다. 이렇게 도면층이 잘 정리돼 있으면 불필요한 도면층을 화면에서 쉽게 숨길 수 있습니다.

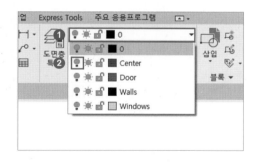

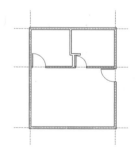

도면층을 만드는 과정은 처음에는 귀찮게 느껴질 수 있습니다. 하지만 한 장의 도면을 몇 시간, 며칠 동안 계속 사용해야만 하는 실무에서는 도면층을 잘 정리해 둘수록 시간을 아낄 수 있습니다.

앞서 실습에서 클릭했던 [켜기] 아이콘의 오른쪽에는 태양 모양의 [동결] 아이콘이 있습니다. 둘 다 화면에서 특정 도면층을 숨기는 기능이죠. 이렇게 비슷한 두 기능을 굳이 나눈 이유는 컴퓨터가 무엇을 인식할 것인지 차이를 두기 위해서입니다. 아주 간단한 테스트로 두 기능의 차이점을 알아보겠습니다.

아래와 같이 [켜기] 아이콘을 이용해 [Center] 도면층이 꺼져 있는 상태에서 도면 내의 객체를 모두 선택하는 단축키인 Ctrl + A를 눌러 봅니다. 분명히 중심선은 꺼져 있는 상태인데, 중심선의 그립이 선택된 것처럼 표시됩니다. [켜기]를 눌러 객체를 보이지 않게 하더라도 컴퓨터는 객체를 인식하고 있음을 뜻합니다.

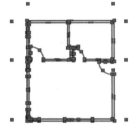

[켜기]로 꺼둔 중심선은 눈에 보이지 않지만 컴퓨터는 인식합니다.

반면, [동결] 아이콘으로 숨긴 상태에서 Ctrl + A를 누르면 이번에는 중심선의 그립이 화면에 표시되지 않습니다. [켜기]를 사용했을 때와 달리 [동결]을 사용하면 컴퓨터는 객체를 메모리에서 잠시 빼 두기 때문입니다.

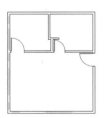

[동결]로 중심선을 꺼두면 컴퓨터도 인식하지 않습니다.

▶ 이 상태에서 [동결]을 해제해도 중심선은 선택돼 있지 않습니다.

ⓒ [동결] 아이콘을 클릭하면 아이콘이 태양에서 눈꽃 모양으로 바뀝니다.

정리하면 [켜기]로 꺼둔 객체는 사람의 눈에만 보이지 않을 뿐 컴퓨터는 인식합니다. 반면, [동결]시켜 둔 객체는 사람의 눈에도 보이지 않고 컴퓨터도 인식하지 않습니다.

이런 특성을 반영해 실무에서는 장기간 사용하지 않을 도면층을 [동결]로 꺼 둬 컴퓨터가 조금이라도 빠르게 작동하도록 할 수 있습니다. 이렇게 잠깐 보지 않을 도면층은 [켜기/끄기], 장기간 꺼 둘 도면층은 [동결]을 사용하면 업무 효율이 훨씬 높아집니다.

⊘ 기능 복습 연습 도면에 [도면층]을 만들어 [특성]을 바꿔 보세요

준비 파일 • 02/exercise_2.dwg
완성 파일 • 02/exercise_2_fin.dwg

이번에는 연습 도면에 [빨간색], [CENTER]의 선 종류로 설정된 [Center] 도면층을 만들어 중심선을 표시해 보세요.

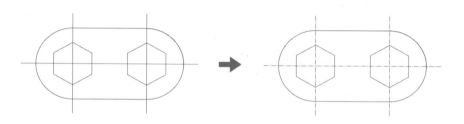

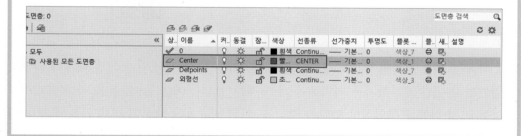

상	이름	켜	동결	잠	색상	선종류	선가중치	투명도	플롯	플	새	설명
✓	0	♀	☀	☞	■ 흰색	Continu...	—— 기본	0	색상_7	🖨	🖪	
⟋	Center	♀	☀	☞	■ 빨...	CENTER	—— 기본	0	색상_1	🖨	🖪	
⟋	Defpoints	♀	☀	☞	■ 흰색	Continu...	—— 기본	0	색상_7	🖨	🖪	
⟋	외형선	♀	☀	☞	□ 초...	Continu...	—— 기본	0	색상_3	🖨	🖪	

02-4 반드시 알아야 할 좌표 친구들!

무한한 공간인 오토캐드에는 '좌표'가 들어 있습니다. 좌표는 크게 절대 좌표, 상대 좌표, 극 좌표가 있죠. 하지만 좌표에 대한 모든 내용을 알 필요는 없습니다. 실무에서는 좌표계라는 개념보다 길이와 각도를 더 많이 사용하니까요. 세 가지 대표 좌표계의 핵심만 빠르게 이해하고 넘어가겠습니다.

절대 좌표? [0, 0]이 기준!

오토캐드에서 화면을 축소해 보면 X축과 Y축 그리고 원점이 보일 것입니다. 절대 좌표는 바로 이 원점을 기준으로 X 값과 Y 값으로 이루어진 좌표입니다. 예를 들어, 아래의 이미지에서 A점의 절대 좌표는 [XA, YA]이고, B점의 절대 좌표는 [XA+XB, YA+YB]입니다. 원점인 [0, 0]을 기준으로 각 지점에 대한 값이 모두 정해져 있고 변하지 않습니다.

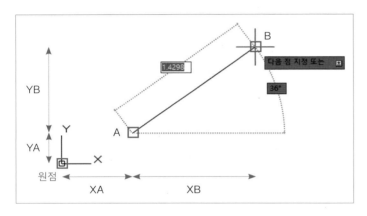

◑ 절대 좌표는 모든 점의 좌표를 다 알고 있어야만 사용할 수 있기 때문에 실무에서는 거의 사용하지 않습니다.

절대 좌표는 가장 정확하지만 아쉽게도 사용하기가 어렵습니다. 뭔가 그릴 때마다 좌푯값이 얼마인지 매번 계산하거나 기억해야 하기 때문입니다. 예를 들어, 선을 하나 그리려고 해도 두 점의 좌표를 확인해야 한다는 말이죠. 이런 비효율성 때문에 절대 좌표는 첫 번째 점을 정할 때를 제외하곤 거의 사용하지 않습니다.

상대 좌표? 마지막으로 입력한 점이 기준!

상대 좌표는 마지막에 입력한 점을 임시 원점으로 가정해 좌푯값을 계산하는 좌표계입니다. 예를 들어, 아래와 같이 A점을 선택한 후부터 B점을 입력할 때까지, A점의 좌표를 잠시 동안 [0, 0]으로 가정합니다. 그리고 B점의 좌표를 [XB, YB]로 인식합니다.

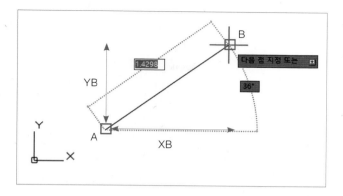

상대 좌표로는 정확한 길이의 선을 그리기 쉽지 않기 때문에 [사각형(RECTANG, REC)] 등의 일부 기능을 사용할 때 외에는 거의 사용하지 않습니다.

이처럼 상대 좌표는 절대 좌표보다 사용하기가 한결 쉽습니다. 모든 점의 좌표를 알 필요 없이 B점이 A점보다 얼마나 오른쪽에 있고, 얼마나 위에 있는지만 알면 그릴 수 있기 때문입니다.

하지만 상대 좌표로도 '45도의 각도로 길이가 10인 선'과 같이 특정 길이의 사선을 쉽게 그릴 수 없습니다. 그래서 절대 좌표와 상대 좌표 모두 실무에서는 자주 사용하지 않아요. 그렇지만 좌표계를 활용하기 위해서 기본적인 내용은 이해하고 있어야 합니다.

직접 해보세요! 절대 좌표와 상대 좌표로 간단한 삼각형 그리기

준비 파일 · 새 파일에서 시작합니다.
완성 파일 · 02/coordinate_fin.dwg

[선] 기능을 사용해 간단한 삼각형을 그려 보겠습니다. 처음 점은 절대 좌표로 입력하고, 그 뒤는 상대 좌표로 입력하면 간단히 그릴 수 있습니다. 좌표계를 연습할 겸 간단히 그려 보세요.

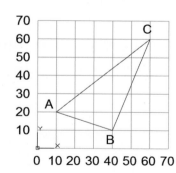

혹시 책과 다르게 그려지나요? 상대 좌표가 아니라 절대 좌표로 입력되고 있을 수 있습니다. F12를 한 번 눌러 [동적 입력] 기능을 켜 보세요.

01. A점을 절대 좌표로 입력하기

❶ 먼저 [선(LINE)] 기능을 실행합니다. 기능을 실행했다면 첫 번째 점을 입력해야 합니다. 완성 이미지를 보니 A점의 좌표는 [10, 20]입니다. ❷ 좌표를 입력할 때는 X축 좌표와 Y축 좌표를 순서대로 입력하므로 X축 좌표인 [10]을 먼저 입력합니다. Y축 좌표인 [20]을 입력할 때는 X축 좌표의 입력이 끝났다는 신호를 줘야 합니다. 신호로는 쉼표를 입력하거나 Tab을 사용할 수 있는데, 여기서는 쉼표를 입력해 보겠습니다. ❸ 쉼표를 입력하면 Y축 좌표를 입력할 수 있도록 마우스 커서 옆의 글이 바뀝니다. ❹ [20]을 입력합니다. ❺ '모든 좌표의 입력이 끝났다'는 신호로 Enter를 누르면 A점은 고정되고 마우스 커서를 따라다니면서 [선]의 미리 보기가 화면에 표시됩니다.

▶ 좌표를 잘못 입력했다면 Tab을 눌러 보세요. 입력할 항목을 바꿔가면서 수정할 수 있어요.

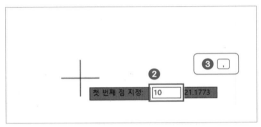

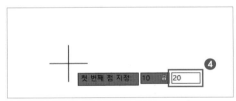

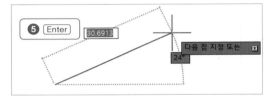

02. B점 상대 좌표로 입력하기

첫 번째 점은 기준이 없기 때문에 입력하는 좌표가 자동으로 절대 좌표가 되지만, 두 번째 점부터는 상대 좌표로 인식합니다. B점은 A점보다 오른쪽으로 30, 아래로 10만큼 떨어져 있습니다. A점을 [0, 0]으로 생각하면 [30, -10]이 B점의 좌표가 되겠지요. ❶ 순서대로 [30], 쉼표, [-10]을 입력하고 ❷ Enter를 누르면 A점과 B점을 잇는 선이 그려집니다.

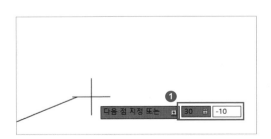

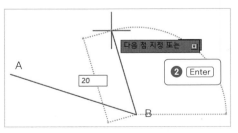

03. C점 상대 좌표로 입력하기

이제 B점이 임시 원점인 [0, 0]이 됐습니다. C점은 B점보다 오른쪽으로 20, 위로 50만큼 떨어져 있습니다. ❶ 순서대로 [20], 쉼표, [50]을 입력하고 ❷ Enter 를 누르면 B점과 C점을 잇는 선이 그려집니다.

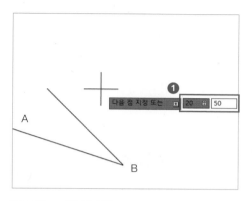

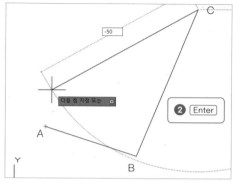

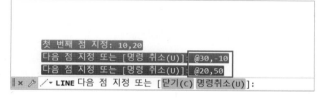

◐ 오토캐드의 초기 설정에서 첫 번째 점 이후의 좌표는 상대 좌표로 입력됩니다. 그래서 좌표를 입력하면, 상대 좌표를 의미하는 @가 자동으로 입력되죠.

04. 절대 좌표로 C점과 A점을 잇는 선 그리기

마지막 선도 상대 좌표로 입력할 수 있습니다. 하지만 그러려면 C점을 기준으로 A점의 위치를 파악해야 하므로 번거롭습니다. 이때는 A점의 절대 좌표를 입력하는 방법을 사용합니다. ❶ 절대 좌표라는 신호로 [#]을 입력합니다. ❷ 이제 입력하는 좌표는 절대 좌표로 입력됩니다. A점의 좌표인 [10, 20]을 입력합니다. ❸ Enter 를 누르면 C점과 A점을 잇는 선이 그려집니다. ❹ Enter 를 한 번 더 눌러 [선] 기능을 끝냅니다.

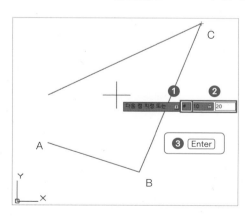

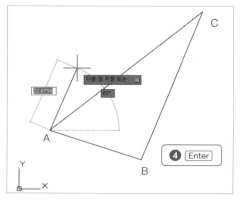

극 좌표? 거리와 방향을 사용!

극 좌표는 실질적으로 가장 많이 사용하는 좌표계이자 가장 직관적이고 사용하기 편리한 좌표계입니다. 극 좌표로는 '특정 길이를 가진 사선'을 그릴 수 있습니다. 예를 들어, 그림과 같이 A점에서 45도 방향으로 길이가 50인 선은 절대 좌표, 상대 좌표로 그릴 수 없습니다. X, Y축 좌표를 입력하기가 사실상 불가능하기 때문이지요. 이런 사선은 극 좌표를 사용해야만 그릴 수 있습니다.

극 좌표에는 X, Y축 좌표가 필요하지 않습니다. 기준점에서 방향과 거리가 있으면 뭐든 그릴 수 있습니다. 즉, 어느 방향으로든 특정한 길이를 갖는 객체를 그릴 수 있습니다.

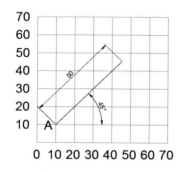

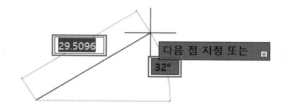

◐ 선형 객체를 그릴 때는 길이와 각도가 화면에 표시됩니다. 키보드의 [Tab]을 눌러가면서 입력하면 정확한 길이와 각도로 입력할 수 있어요. 이렇게 거리와 각도를 입력하는 좌표계를 '극 좌표'라고 합니다.

직접 극 좌표를 사용하기 전, 각도를 입력하는 방법을 알아야 합니다. 오토캐드에서 각도는 X축을 0도로 생각하고 반시계 방향으로 측정합니다. 다시 말해, 시계 방향으로 각도를 입력하려면 음수로 입력해야 합니다. 자, 그럼 그려 볼까요?

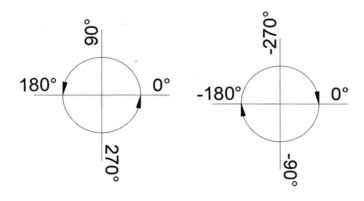

직접 해보세요! **극 좌표 사용하기**

준비 파일 • 새 파일에서 시작합니다.
완성 파일 • 02/polar_coordinate_fin.dwg

거리와 각도를 입력하는 극 좌표가
사용하기도 쉽고 직관적이라서 실제
로 도면을 그릴 때 많이 사용됩니다.
간단한 도형을 그려 보면서 극 좌표
를 익혀보겠습니다.

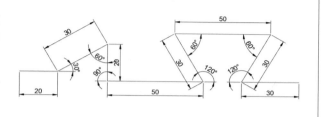

01. 임의의 첫 번째 점 클릭하기

길이와 각도를 입력해 선을 그려 보겠습니다. ❶ 가장 먼저 [선(LINE)] 기능을 실행합니다.
❷ 첫 번째 점을 지정해야 하는데, 화면의 빈 공간을 마우스 왼쪽 버튼으로 클릭하면 클릭
한 위치의 좌표가 자동으로 입력돼 선이 그려지기 시작합니다. ❸ 마우스를 움직여 보면 첫
번째 점에서 마우스 커서까지의 대략적인 길이와 각도가 나타납니다.

◐ 뭔가를 그릴 때 정확한 위치가 필요치 않을 경우, 마우스로 임의의 위치를 클릭하면 클릭한 지점의 좌표가 저절로 입력됩니다.

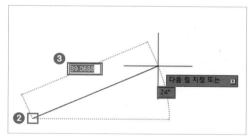

😣 삽질 금지 각도와 길이가 표시되지 않아요!

마우스 커서 옆에 명령어나 좌표, 길이, 각도 등을 표시해
주는 기능을 [동적 입력]이라고 합니다. [동적 입력]의 세
부 설정은 [제도 설정(DSETTINGS, DS)] 대화 상자의 [동
적 입력] 탭에서 할 수 있지만, 보통은 모든 옵션이 다 체
크되어 있는 초깃값을 그대로 사용합니다. [동적 입력]을
끄고 켜는 단축키는 F12로 설정되어 있어요. 각도와 길이
가 마우스 커서 옆에 표시되지 않는다면 F12를 한 번 눌
러 보세요!

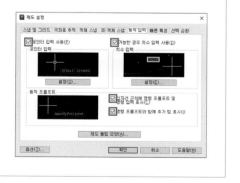

객체를 그릴 때 마우스 커서 옆에 거리와 각도가 표시됩니다. 하지만 이 수치는 정확하지 않기 때문에
절대로 믿어서는 안 됩니다. 이는 적당히 맞는 위치라고 착각해 클릭하면 안 된다는 말입니다. 화면에
나타나는 각도와 거리는 참조를 위한 대략적인 수치일 뿐, 정확한 수치는 아니기 때문입니다.

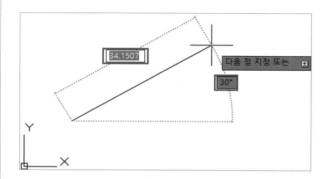

◉ 마우스 커서를 미세하게 움직여도 마
우스 커서 옆에 나타난 각도는 변하지
않습니다. 절대 이 수치를 믿어선 안
돼요!

이때 거리는 소수점 넷째 자리까지, 각도는 정수로 표기하도록 기본 설정돼 있습니다. 이 설정을 변경
하려면 [단위(UNITS)] 기능을 사용해 [도면 단위] 설정 화면에서 단위와 정밀도를 변경하면 됩니다.

◉ 신속 접근 도구 막대 옆의 오토캐드 로고를 누른 후 [도면 유틸리티 → 단위]를 눌러도 [도면 단위] 설정 화면을 열 수
있습니다.

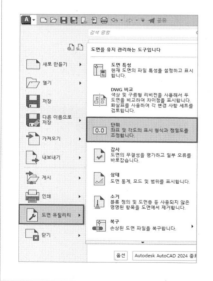

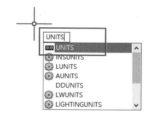

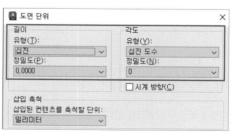

02. 거리와 각도 입력해 극 좌표 사용하기

이제 거리와 각도를 입력하면 선이 그려집니다. X축과 평행하고 길이가 [20]인 선을 그리기 위해서는 [거리〈각도]를 입력하면 됩니다. 오른쪽으로 X축과 평행한 선의 각도는 [0]도입니다. 그러면 어떻게 입력해야 하는지 대충 감이 잡히나요?

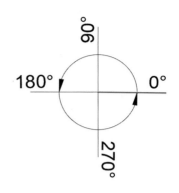

▶ 절대 좌표와 상대 좌표는 [X축 좌표, Y축 좌표]의 규칙으로 입력했습니다. 절대 좌표와 상대 좌표에서 쉼표 대신 [Tab]을 사용했듯이, 극 좌표에서도 각도를 표현하는 〈 대신 [Tab]을 사용할 수 있습니다.

▶ 실수로 거리를 잘못 입력했다고 해서 [Esc]를 눌러 취소할 필요는 없습니다. 키보드의 [Tab]을 누르면 거리와 각도를 번갈아 수정할 수 있거든요.

03. ❶ 먼저 선의 길이인 [20]을 입력합니다. ❷ 거리를 입력했으면 '이제부터 입력할 값은 각도'라는 의미로 〈를 입력합니다. 기호를 입력하자마자 화면에 각도라는 표시가 나타나네요. ❸ 오른쪽으로 평행한 선을 그리기 위해 [0]을 입력합니다. ❹ 거리와 각도의 입력이 끝났다는 신호로 [Enter]를 누르면 짧은 선이 그려집니다.

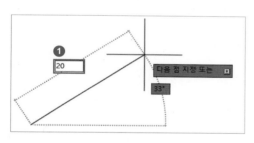

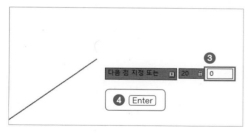

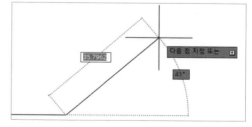

04. 기능을 설명하려고 잘게 나누다 보니 내용이 길어졌는데, 사실 실제로 입력한 값은 [20〈0〉와 Enter 입니다. 자, 이번에는 길이가 [30]이고, 각도가 [30]인 두 번째 선을 이어서 그려 보겠습니다. 앞에서와 마찬가지로 [거리〈각도〉를 입력합니다. [30〈30〉을 입력하고 Enter 를 누르면 두 번째 선이 그려집니다.

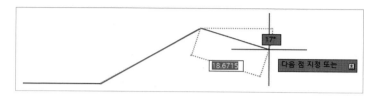

05. 자주 사용하는 0, 90, 180, 270도는 [직교 모드]를 사용하기

예제의 세 번째 선을 그리려고 보니 [270]도의 각도로 그려야 하네요. [20〈270〉을 입력해도 그릴 수 있지만, [직교 모드]를 사용해 보겠습니다. [직교 모드]는 단축키 F8 로 끄거나 켤 수 있으며, 매우 자주 사용하는 기능입니다. F8 을 눌러 [직교 모드]를 켜면, 그려질 선의 미리 보기가 X축이나 Y축에 평행한 방향으로 고정돼 버립니다.

▶ [직교 모드]는 상태 표시 막대에서 클릭해서 켤 수도 있지만, 단축키인 F8 을 더 많이 사용합니다.

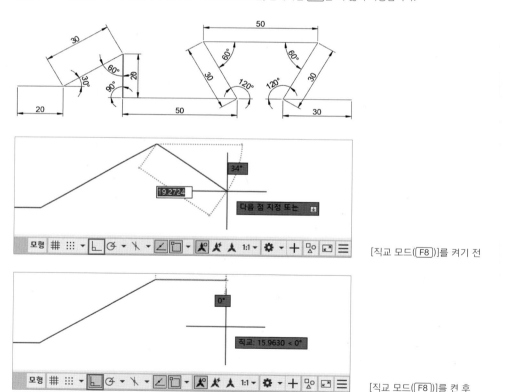

[직교 모드(F8)]를 켜기 전

[직교 모드(F8)]를 켠 후

06. 각도를 고정시켰으면 ❶ 마우스 커서를 아래쪽으로 내려 방향을 아래쪽으로 설정합니다. 거리값인 [20]을 입력하고 ❷ Enter 를 누르면 선이 아래쪽으로 그려집니다.

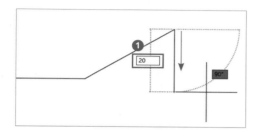
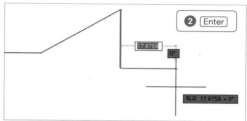

07. 이어서 다음 선도 그려 볼까요? ❶ 마우스 커서를 오른쪽으로 옮겨 방향을 설정한 후 거리값인 [50]을 입력하고 ❷ Enter 를 누르면 선이 그려집니다. [직교 모드]로 방향을 고정하니 각도를 입력할 필요가 없어서 훨씬 빠르게 그릴 수 있네요. ❸ [직교 모드]를 모두 썼다면 다시 한 번 F8 을 눌러 해제합니다.

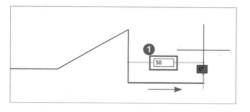
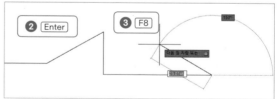

08. 이런 방법으로 처음에는 복잡해 보였던 여러 각도의 선을 쉽게 그릴 수 있습니다. 나머지 부분도 한번 그려 보세요.

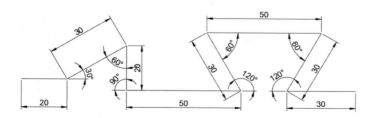

설정해 둔 각도로 마우스를 잠시 멈추게 해 주는 극 좌표 추적 ─ F10

[극 좌표 추적] 기능은 [직교 모드]처럼 강하게 마우스의 움직임을 구속하지는 않습니다. 대신 마우스 커서가 미리 설정되어 있는 각도 근처로 왔을 때에 움직임을 살짝 고정해 줍니다. 기본 각도는 90도 단위로 설정되어 있는데, 원하는 단위를 선택해서 사용할 수 있습니다. 만약 원하는 각도가 없다면 [제도 설정(DSETTINGS, DS)]의 [극 좌표 추적] 탭에서 원하는 각도를 직접 추가할 수도 있습니다.

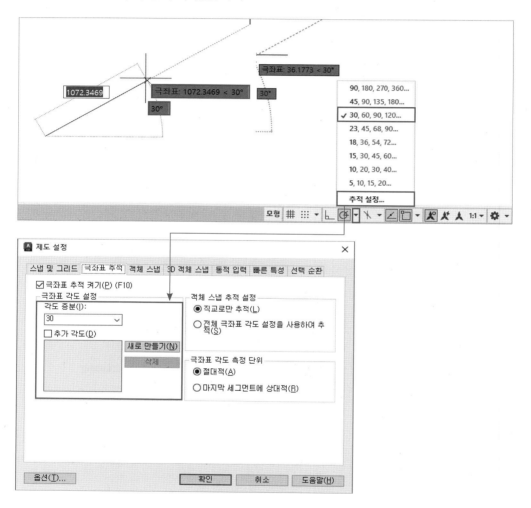

오토캐드에는 **마우스의 움직임을 제어**하는 여러 기능이 있습니다. 처음 배울 때엔 다소 어려울 수 있지만, 적절하게 사용하면 작업 시간을 줄일 수 있어요!
자세한 내용이 궁금하다면 QR코드를 스캔해 보세요.

간단한 도형 그리기

연습만이 살길!

난이도 ★☆☆

[선(L)] 기능으로 간단한 도형을 그려 보면서 좌표계를 연습해 보세요. 예제와 같이 간단한 도형은 극 좌표만 사용해도 금방 그릴 수 있습니다.

준비 파일 • 새 파일에서 시작합니다.
완성 파일 • 02/연습문제_01_fin.dwg, 연습문제_02_fin.dwg

동영상 강의를
확인해 보세요!

동영상 강의를
확인해 보세요!

힌트 • [선(L)]과 상대 좌표
[극 좌표 추적 F10] 기능을 활용해 [45]도 단위로 조절하면 한결 편리하게 그릴 수 있습니다.

원룸 그리며 필수 명령어 12가지 익히기

03장에서는 도면을 그릴 때 사용하는 수많은 기능들 중 기본이 되는 기능을 다뤄 보겠습니다. 물론 오토캐드의 모든 기능을 익혀 두면 좋지만, 가장 기본인 기능 몇 가지만 알아 둬도 현업에서 충분히 활용할 수 있습니다.

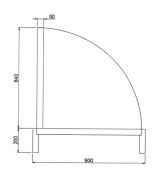

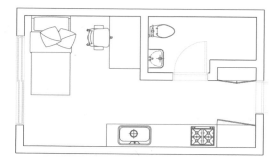

03-1 '문'만 그려도 기본 명령어 OK!

기본적인 명령어 몇 가지를 사용해 문을 그려 보겠습니다. 도면을 그리는 방법에는 정답이 없습니다. 같은 도면이라도 다양한 방법으로 그릴 수 있고, 기능을 많이 알수록 더 쉽게 그릴 수 있습니다. 지금은 많은 기능을 알지 못하지만 이 문만 그려 보아도 오토캐드에서 반드시 알아야 하는 명령어의 절반은 알게 될 것입니다.

직접 해보세요!   기본 명령어로 문 그리기

준비 파일 · 새 도면에서 시작합니다.
완성 파일 · 03/door_fin.dwg

이제부터 새 도면에서 문을 그려 보겠습니다. 도면층을 새로 만들고 [선], [폴리선], [사각형], [호], [자르기] 등 자주 사용하는 기능을 한 번씩 사용해 보면서 기본 기능을 익혀 보겠습니다.

01. 새 도면 만들기
오토캐드를 실행하여 [새로 만들기] 버튼을 클릭하면 새 도면이 열립니다.

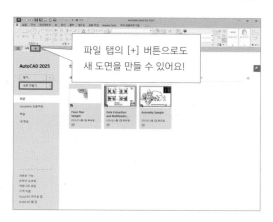

파일 탭의 [+] 버튼으로도 새 도면을 만들 수 있어요!

ⓒ F7 을 한 번 누르면 그리드가 사라집니다.

02. 새 도면층 만들기

새 도면을 만든 후 가장 먼저 해야 할 일은 문을 그릴 도면층을 만드는 것입니다. 앞서 배웠던 방법대로 [도면층 특성]을 클릭하거나 명령어인 [LAYER(LA)]를 입력해 [도면층 특성 관리자]를 엽니다.

03. 아직 기본 설정인 [0] 도면층만 있네요. ❶ [새 도면층] 버튼을 클릭해 새로운 도면층을 만드는데 ❷ [이름]은 'DOOR'로, [색상]은 [하늘색]으로 설정합니다. ❸ 도면층을 모두 만들었다면, ✖ 버튼을 클릭해 창을 닫습니다.

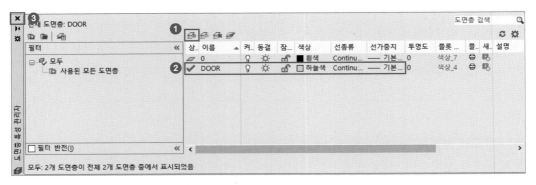

◐ 도면층을 만드는 방법은 61쪽을 참조하세요.

04. 현재 도면층을 방금 만든 [DOOR]로 바꿉니다. 이제 객체를 그리면 [DOOR] 도면층으로 그려집니다.

05. 선 그리기

먼저 가장 간단한 방법으로 문틀을 그려 보겠습니다. ❶ [LINE]을 입력한 후 [Enter]를 누르세요. ❷ 문틀을 그릴 첫 번째 지점으로 아무 곳이나 클릭하고 ❸ [F8]을 눌러 직교 모드를 켭니다. 마우스를 위쪽으로 향하게 한 후 ❹ 길이에 [200]을 입력하고 [Enter]를 눌러 선을 그립니다.

▶ 리본 메뉴의 [선] 버튼을 마우스로 클릭하거나 명령행에 단축 명령어 [L]을 입력한 후 [Enter]를 눌러도 됩니다.

  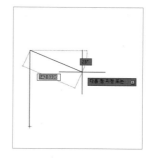

06. 연속한 선으로 문틀 그리기

아직 명령을 종료하지 않았기 때문에 마우스 커서를 따라 선이 따라다닙니다. ❶ 이번에는 마우스 커서를 오른쪽으로 옮긴 후 직각이 됐을 때 [30]을 입력하고 [Enter]를 누릅니다. ❷ 그 다음엔 마우스 커서를 아래로 옮긴 후 직각이 됐을 때 [50]을 입력하고 [Enter]를 누릅니다. 오른쪽 치수를 참조해 이와 같은 방법으로 문틀을 그려 보세요.

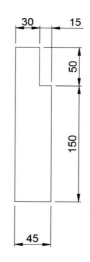

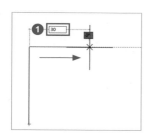 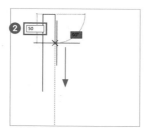

▶ 치수는 06-2에서 넣어 보겠습니다. 지금은 문틀의 형태만 그려 봅니다.

07. [객체 스냅]으로 문틀 완성하기

마지막 지점은 따로 수치를 입력하지 않고 처음 시작했던 점을 클릭하면 됩니다. ❶ 마우스 커서를 처음 시작했던 점 근처로 가져갔을 때 녹색 정사각형 모양이 마우스 커서에 표시되는 게 보이나요? ❷ 이 정사각형이 표시될 때 마우스 왼쪽 버튼을 클릭하면 처음 선을 그리기 시작했던 점까지 선이 그려집니다. ❸ Enter 를 한 번 눌러 기능을 종료합니다.

▷ 기능을 끝낼 때는 Enter 대신 Spacebar 나 Esc 를 눌러도 됩니다.

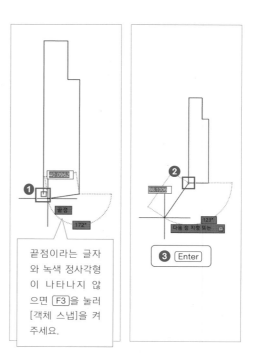

끝점이라는 글자와 녹색 정사각형이 나타나지 않으면 F3 을 눌러 [객체 스냅]을 켜 주세요.

실무에선 이렇게! [직교 모드 F8]와 함께 기억해야 할 [객체 스냅 F3]

마우스 커서를 이미 그려진 선 근처로 가져가서 클릭하기만 했는데, 정확하게 선이 그려졌습니다. 이렇게 '이미 그려진 객체의 특정 지점을 쉽게 클릭하도록 하는 기능'이 [객체 스냅]입니다. [객체 스냅]은 [직교 모드]와 마찬가지로 상태 표시 막대의 아이콘을 클릭해서 끄고 켤 수 있습니다.

▷ 상태 표시 막대의 아이콘이 파랗게 빛나고 있으면 사용 중이라는 의미입니다. 단축키인 F3 을 눌러도 끄고 켤 수 있습니다.

모형 ┼ ⫶⫶⫶ ▾ ⌐ ↺ ▾ ⅄ ▾ ∠ ▭ ▾ ⋎ ⋏ ⋏ 1:1 ▾ ⚙ ▾ ┼ ⬚ ⬚ ≡

- ⸬ 노드
- ◇ 사분점
- ✓ ╳ 교차점
- ✓ --- 연장선
- ⛌ 삽입
- ⊥ 직교
- ⟳ 접점
- ⤣ 근처점
- ╳ 가상 교차점
- ∥ 평행

객체 스냅 설정...

▭ ▾ ⋎ ⋏ ⋏ 1

그런데 '이미 그려진 객체의 어떤 점을 클릭하도록 만들지'를 추가로 선택할 수 있습니다. ▼ 버튼을 클릭하면 4개의 점만 기본 설정으로 활성화돼 있습니다. 원하는 설정을 클릭해서 활성화 혹은 비활성화할 수 있습니다.

▷ 기본 설정일 때는 [끝점], [중심점], [교차점], [연장선]만 활성화돼 있습니다.

여러 설정을 한 번에 활성화할 때 여러 번 클릭해야 해서 불편하다면 가장 아래쪽의 [객체 스냅 설정] 버튼을 클릭하면 나타나는 [제도 설정] 창에서 한 번에 활성화할 수도 있습니다.

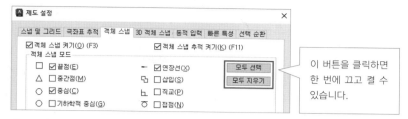

○ 명령어인 [OSNAP]이나 단축 명령어인 [OS]를 사용해도 이 창을 열 수 있습니다.

[객체 스냅]은 필요에 따라 조절해 사용할 수 있지만, 대부분의 사용자는 모두 켜서 사용하다가 불편할 때만 일부를 끄고 사용합니다. 책의 예제를 따라 하면서 자신에게 편한 설정을 찾아보세요.

실무에선 이렇게! **실수 없이 완벽히 닫힌 객체 만들기**

오토캐드에서 객체는 완전히 닫혀 있는 형태로 만들어야 합니다. 그래야만 색상이나 패턴을 오류 없이 넣을 수 있기 때문입니다. 실습에서는 시작했던 지점을 직접 클릭했지만, 작업을 빨리 하다 보면 마우스로 클릭하는 순간, 조금 흔들릴 수 있습니다. 0.001mm의 오차도 없이 완벽한 폐곡선을 만들려면 다음 과정을 기억해 두는 것이 좋습니다.

문틀을 그리던 마지막 과정으로 되돌아가 볼까요? 마지막 지점을 클릭하기 전에 명령행 부분을 보면 [닫기(C)]가 있는 것을 알 수 있습니다. 명령행의 [닫기(C)]를 클릭하거나 [C]를 누르고 Enter를 누르면 처음 선택한 지점까지 자동으로 이어져 완벽히 닫힌 객체가 됩니다.

○ 오토캐드 2013 버전 이상에서는 명령행을 클릭해 사용할 수 있습니다.
○ [닫기] 옵션은 [선(LINE)] 명령어뿐만 아니라 앞으로 배울 [폴리선], [스플라인] 명령어에서도 사용됩니다.

---

08. 사각형으로 문짝 그리기

이번에는 문짝을 그려 보겠습니다. 문짝은 2개를 그려야 합니다. 단순한 사각형을 2개 그려서 만들 수도 있지만, 하나를 그린 후에 회전해 만들 수도 있습니다. [사각형] 기능으로 간단하게 그려 봅시다.

◇ **사각형**

선 폴리선 원 호
그리기 ▼

- **명령어** [RECTANG]
- **단축 명령어** [REC]
- **실행 방법** [REC] → Enter → 기준점 클릭 → 가로 치수 입력 → ⌐⌐ → 세로 치수 입력 → Enter

❶ [사각형] 명령어인 [RECTANG]이나 단축 명령어인 [REC]를 입력한 후 (Enter)를 누릅니다. ❷ 이제 사각형이 그려질 점을 마우스로 클릭해야 합니다. 문틀에 딱 맞게 그리면 편하겠죠? 문틀 가장 위의 오른쪽 점을 클릭합니다. ❸ 이제 마우스 커서를 움직이면 사각형이 미리 보기로 화면에 표시됩니다. 두 번째 지점을 클릭하면 사각형이 그려지는데, 문짝에 맞는 크기로 그리려면 치수를 입력해야 합니다.

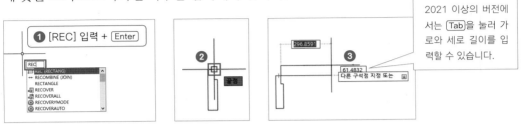

▶ 치수에 관계 없이 마우스로 클릭해서 임의의 사각형을 그릴 수도 있어요.

▶ 2020 이하의 버전에서는 (Tab)을 사용해도 좌표만 입력할 수 있습니다. 그래서 양수/음수로 사각형의 방향을 지정해야 하죠. 2021 이상의 버전에서는 좌표를 입력해도 되고, 길이를 입력해도 됩니다.

09. [상대 좌표]를 아직 기억하죠? 첫 번째 점으로 클릭한 지점이 임시 원점 [0, 0]입니다. 이 지점을 기준으로 사각형을 오른쪽 위에 그려야 합니다. [50, 840]을 입력하고 (Enter)를 누르면 사각형이 그려집니다.

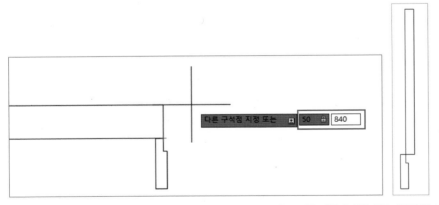

▶ 사각형이 그려지는 방향은 입력하는 값에 따라 달라집니다. 처음 클릭한 점에서 왼쪽 위로 사각형을 그리고 싶다면 [-100, 100]처럼 X축의 값을 음의 값으로 입력해야 합니다. 상대 좌표가 기억나지 않는다면 68쪽을 참조하세요.

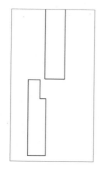

[객체 스냅]을 사용했더라도 마우스로 클릭할 때 조금 흔들리거나 화면을 움직이다가 사각형을 드래그해서 위치가 조금 흔들릴 수도 있습니다. 이때 애써 그린 사각형을 지우고 다시 그려야 할까요? 객체를 움직이는 [이동(M)] 기능을 사용하면 정확한 위치로 옮길 수 있습니다.

❶ 이동의 명령어인 [MOVE]나 단축 명령어인 [M]을 입력한 후 [Enter]를 누릅니다. ❷ 이제 움직일 객체로 잘못 그린 사각형을 선택합니다. 객체 선택이 끝났다는 신호로 [Enter]를 한 번 누릅니다. 이제 옮기면 되는데, 규칙은 '처음 클릭한 점이 두 번째 점에 붙는다'라고 기억하면 됩니다. ❸ 기준점을 클릭하라는 메시지가 나타나면, 사각형의 왼쪽 아래 점을 [객체 스냅]을 사용해 클릭합니다. ❹ 이제 사각형이 마우스 커서를 따라다닙니다. 문틀 왼쪽 위의 점을 클릭합니다.

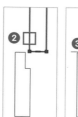
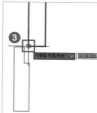
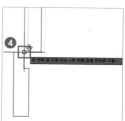

이렇게 잘못 그렸더라도 지우거나 [Ctrl] + [Z]로 실행을 취소할 필요가 없습니다. 책을 따라 연습하면서 계속 익혀 보세요.

10. 문짝 회전하기

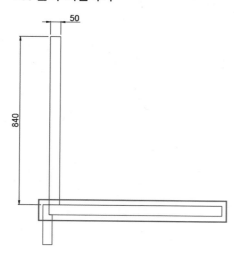

도면에서는 문이 열리기 전과 후를 모두 보여 줘야 합니다. 따라서 문짝도 열린 문짝과 닫힌 문짝이 있어야 하죠. [사각형]을 사용해 그릴 수도 있지만, [회전] 기능을 활용해 그려 보겠습니다.

❶ 회전 명령어인 [ROTATE]나 단축 명령어인 [RO]를 입력하고 (Enter)를 누릅니다. ❷ 그런 다음 회전할 객체를 선택해야 하는데, 방금 그린 사각형 문짝을 클릭하고 (Enter)를 누릅니다. ❸ 회전의 기준점을 마우스로 클릭합니다. ❹ 마우스를 이리저리 움직여 보면 움직임을 따라 회전될 객체가 화면에 미리 보기로 표시됩니다.

❖ 회전

• 명령어 [ROTATE]
• 단축 명령어 [RO]
• 실행 방법 [RO] → (Enter) → 객체 선택 → (Enter) → 회전의 기준점 클릭
  → 각도 입력 → (Enter)

◐ 기준점을 클릭한 후 마우스 커서를 움직이면 화면에 미리 보기가 표시됩니다.
  원하는 각도일 때 마우스 왼쪽 버튼을 클릭해 회전할 수도 있습니다.

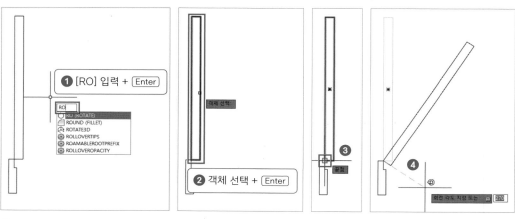

◐ 회전할 객체를 여러 개 선택할 수도 있습니다.

😣 삽질 금지   기준점을 잘 정해야 해요!

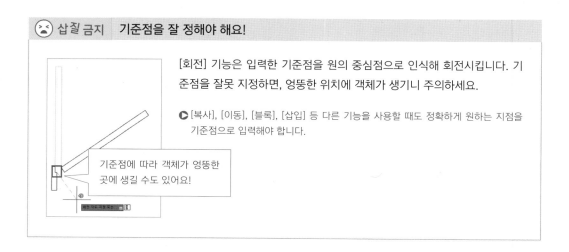

[회전] 기능은 입력한 기준점을 원의 중심점으로 인식해 회전시킵니다. 기준점을 잘못 지정하면, 엉뚱한 위치에 객체가 생기니 주의하세요.

◐ [복사], [이동], [블록], [삽입] 등 다른 기능을 사용할 때도 정확하게 원하는 지점을 기준점으로 입력해야 합니다.

기준점에 따라 객체가 엉뚱한 곳에 생길 수도 있어요!

11. 문짝 복사하며 회전하기

이 상태에서 각도를 입력하거나 원하는 각도에서 마우스 커서를 클릭하면 원본 객체는 지워지고 회전한 객체만 남습니다. 원본을 남기려면, [회전]의 옵션인 [복사(C)]를 사용해야 합니다. ❶ 명령행에서 [복사(C)]를 클릭하거나 [C]를 입력한 후 [Enter]를 누릅니다. ❷ 시계 방향으로 90도 회전하기 위해 [-90]을 입력한 후 [Enter]를 누릅니다. 회전된 문짝이 완성됐습니다.

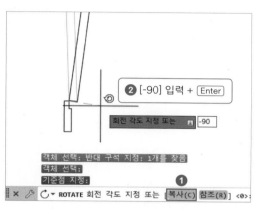
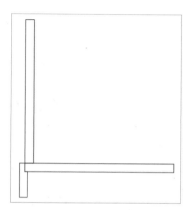

◐ 만약 90도 단위로만 미리 보기 회전이 실행된다면 [F8]을 눌러 직교 모드를 해제하세요.
◐ 각도를 입력하는 대신 마우스 커서로 클릭할 수도 있습니다.

😫 삽질 금지   복사하지 않고 회전하면 이렇게 돼요!

[복사(C)] 옵션을 사용하지 않으면, 원본 객체가 사라져 버립니다. 도면에 처음 그렸던 문짝도 남아 있어야 하니 꼭 [복사(C)] 옵션을 사용하세요.

12. 오른쪽 문틀 그리기

이제 오른쪽 문틀을 그릴 차례입니다. 앞에서 그린 것처럼 선과 사각형으로도 그릴 수 있지만, 왼쪽 문틀을 대칭하면 빠르게 그릴 수 있습니다.

❶ [대칭]의 명령어인 [MIRROR]나 단축 명령어인 [MI]를 입력한 후 Enter 를 누르세요. ❷ 그런 다음, 대칭할 객체인 문틀을 [윈도우 선택]으로 모두 선택하고, 선택이 끝났다는 신호로 Enter 를 누릅니다.

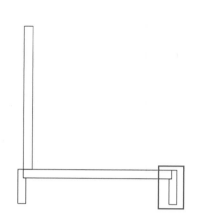

◇ 대칭

- **명령어** [MIRROR]
- **단축 명령어** [MI]
- **실행 방법** [MI] → Enter → 대칭시킬 객체 선택 → Enter → 대칭축의 첫 번째 점 클릭 → 대칭축의 두 번째 점 클릭 → 원본을 지울지 선택 [Y/N] → Enter

▶ 원본 삭제에 대한 기본 설정은 [N]입니다. 원본을 지우지 않을 경우, 대칭축의 두 번째 점을 클릭한 후에 Enter 를 두 번 누르면 빠르게 작업할 수 있습니다.

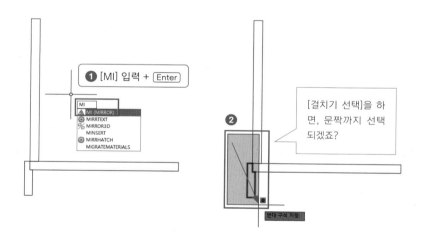

❶ [MI] 입력 + Enter

MI
MI (MIRROR)
MIRRTEXT
MIRROR3D
MINSERT
MIRRHATCH
MIGRATEMATERIALS

❷

[걸치기 선택]을 하면, 문짝까지 선택되겠죠?

반대 구석 지정

13. 대칭축 설정하기

대칭축을 설정할 때 선을 그릴 때와 같이 두 점을 마우스로 클릭하면 쉽게 설정할 수 있습니다. 가로로 긴 문짝의 중간을 대칭축으로 삼으면 딱 맞게 그려지겠네요. 그런데 문짝의 중간점이 정확하게 클릭되나요? 클릭되지 않는다면 [객체 스냅]의 설정을 추가해야 합니다. 상태 표시 막대에서 [객체 스냅]의 [중간점]을 클릭해 활성화하면 문짝의 중간점에 세모 모양이 나타나며 선택할 수 있습니다.

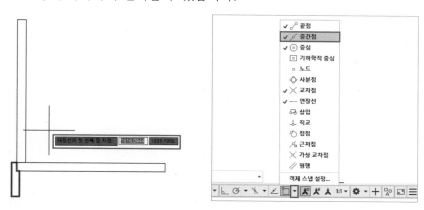

14. ❶ 문짝의 위쪽 중간점을 클릭하고 ❷ 다시 아래쪽 중간점을 클릭합니다. ❸ 원본 객체 삭제 여부를 선택하는 메시지가 나타나는데, [예(Y)]를 선택하면 왼쪽 문틀이 지워지기 때문에 [아니오(N)]를 선택합니다. 문틀이 완성됐습니다.

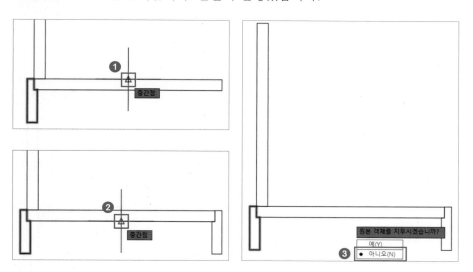

▶ 원본 삭제 메시지의 기본 설정은 [아니오(N)]이기 때문에 아무 값도 입력하지 않고 [Enter]를 눌러도 [N]이 선택됩니다.

15. 문 열리는 궤도 그리기

마지막으로 문짝이 열리는 궤도를 그려 완성해 보겠습니다. 궤도는 문이 고정돼 있는 지점을 중심점으로 하는 [호]로 그릴 수 있습니다. [호(A)] 기능을 명령어로 사용하면 '호가 지나갈 세 점'을 입력해 그릴 수 있습니다. 하지만 '길이가 10인 호', '30도 만큼만 그려진 호' 등의 특정 상황에 맞게 그리는 일이 더 잦습니다. 리본 메뉴에는 다양한 상황에 맞도록 기능이 구성돼 있어서 명령어보다 편하게 사용할 수 있습니다.

◐ [호]는 [원]에서 일부분을 잘라 낸 객체입니다.

◇ 호

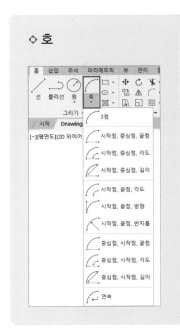

- **명령어** [ARC]
- **단축 명령어** [A]
- **실행 방법** [A] → [Enter] → 호가 지나갈 세 점 클릭

◐ [호]를 명령어로 사용하면, '세 점을 지나는 호'가 그려집니다. 다른 방법으로 그리려면 [옵션]을 사용해야 합니다.

◐ 리본 메뉴에서 [▼]를 클릭하면 옵션 버튼이 나타납니다.

◐ 명령어를 사용하려면 복잡한 옵션을 여러 번 사용해야 합니다. 리본 메뉴에서 상황별 아이콘을 클릭하는 것을 추천합니다.

실무에선 이렇게! **호를 그릴 때는 버튼을 사용하세요!**

[호] 기능에서 사용하는 옵션이 복잡해서 명령어만으로는 사용하기 힘듭니다. 그래서 보통 실무에서는 원을 그린 다음, 뒤에 배울 [자르기(TRIM, TR)] 기능으로 불필요한 부분을 지워서 호를 그립니다.

하지만 이런 방법으로는 다양한 상황에서 정교하게 호를 그릴 수가 없어요. 미리 옵션을 적절하게 조합해서 만들어 둔 리본 메뉴의 버튼을 사용하면 편하고 정교하게 호를 그릴 수 있습니다!

---

16. 첫 번째 지점 클릭하기

❶ [호]의 명령어인 [ARC]나 단축 명령어인 [A]를 입력하고 [Enter]를 누릅니다. ❷ [호]가 시작될 지점을 클릭하라는 메시지가 나타나네요. 문짝의 왼쪽 위 꼭지점을 클릭합니다.

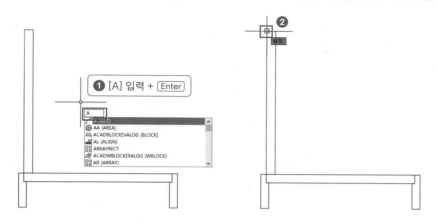

17. 옵션 바꿔 호의 중심 클릭하기

두 번째 점을 입력하라고 하는데, 지금은 중간에 어디를 지나야 하는지 알 수 없어서 난감하네요. 명령행의 옵션을 보니 [중심(C)]이나 [끝(E)]으로 입력 값을 바꿀 수 있는 옵션이 있습니다. ❶ [명령행]의 [중심(C)]을 클릭하거나 [C]를 입력하고 [Enter]를 누릅니다. ❷ 호의 중심점이 될 지점을 마우스로 클릭해야 하는데, 왼쪽 문틀의 오른쪽 위의 꼭지점을 마우스로 클릭합니다. ❸ 이제 마우스 커서를 따라 [호]의 미리 보기가 화면에 표시됩니다.

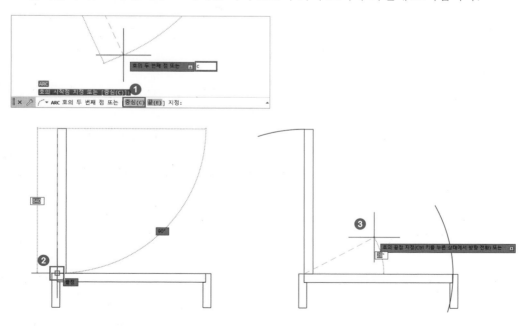

18. Ctrl을 눌러 호의 방향 바꾸기

그런데 호가 그리려고 하는 반대쪽에 표시되네요. 오토캐드는 각도를 시계 반대 방향으로 측정하기 때문에 발생하는 현상입니다. 호를 시계 방향으로 그리려면 어떻게 해야 할까요? Ctrl을 누른 상태에서 마우스를 조금 움직여 보면, 이제서야 원하는 방향으로 화면에 나타납니다. Ctrl을 누른 상태에서 가로로 긴 문짝의 오른쪽 위 꼭지점을 클릭합니다.

◐ Ctrl에서 손을 떼면 다시 시계 반대 방향으로 변경되기 때문에 계속 누른 상태에서 [호]가 끝날 지점을 마우스로 클릭해야 합니다.

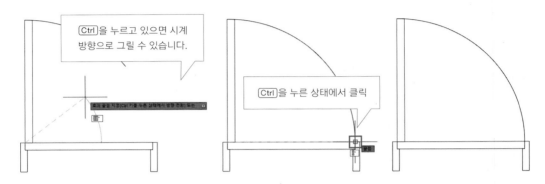

지금까지 [선(LINE, L)], [사각형(RECTANG, REC)], [회전(ROTATE, RO)], [대칭(MIRROR, MI)], [호(ARC, A)]를 사용해 문을 그려 봤습니다. 이 복잡한 과정을 다시 되풀이하지 않으려면, 중간에 저장하는 습관을 들여야 합니다. 간단한 단축키인 Ctrl + S를 눌러 도면을 저장하는 습관을 들이세요. 그린 도면을 [door.dwg]로 저장하고, 다음 장으로 넘어갑시다.

◐ 특히 뒤에서 배울 [경계(BOUNDARY, BO)]나 [해치(HATCH, H)] 등 무거운 그래픽 작업을 하는 기능을 사용하기 전에는 꼭 저장하는 습관을 들여야 합니다.

치수만 보고 창문 도면 그리기

난이도 ★☆☆

하늘색의 [Window] 도면층으로 다음 창문을 그려 [window.dwg] 파일로 저장해 봅시다.

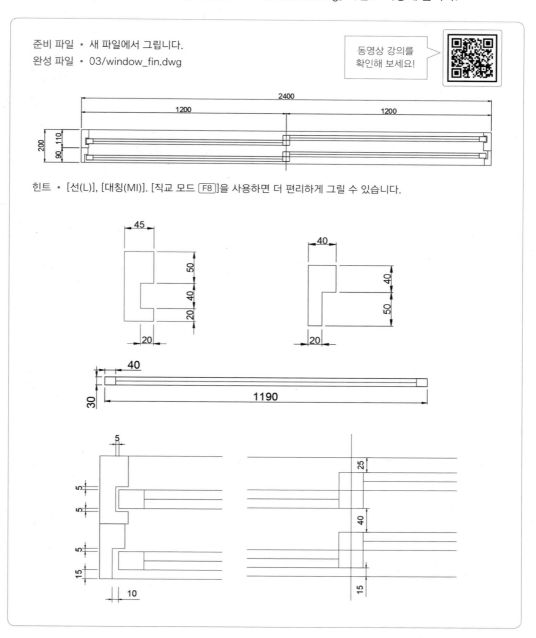

준비 파일 • 새 파일에서 그립니다.
완성 파일 • 03/window_fin.dwg

동영상 강의를
확인해 보세요!

힌트 • [선(L)], [대칭(MI)], [직교 모드 F8]을 사용하면 더 편리하게 그릴 수 있습니다.

03-2 '벽'을 그려 공간 만들기

지금까지 도면에서 사용할 소스인 문과 창문을 그려 봤습니다. 몇 가지 아직 사용해 보지 않은 기본 기능까지 사용해 간단한 원룸을 그려 보겠습니다.

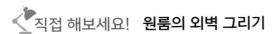 직접 해보세요! **원룸의 외벽 그리기**

준비 파일 • 03/room_start.dwg
완성 파일 • 03/room_start_fin.dwg

원룸의 외벽을 먼저 그려 보겠습니다. 앞에서 사용해 봤던 [선(LINE)]만으로도 충분히 그려 낼 수 있지만, 무작정 선으로 그리기보다 더 편한 방법을 알아보겠습니다.

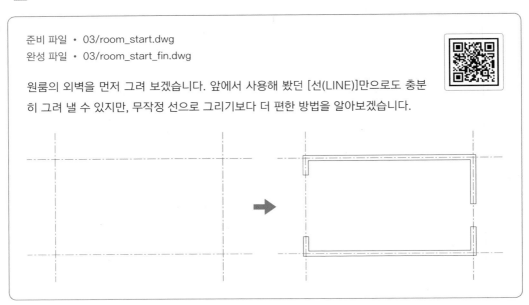

01. 도면층 먼저 만들기

준비 파일을 열면 빨간색 중심선이 보일 것입니다. 이 중심선을 따라 외벽을 그려 보겠습니다. 도면 작업할 때 가장 먼저 할 일은 도면층을 만드는 것입니다. ❶ 리본 메뉴의 [도면층 특성] 버튼을 클릭하거나 명령어인 [LAYER(LA)]를 입력해 팔레트를 열고 ❷ [새 도면층] 버튼을 클릭해 ❸ [WALL]이라는 노란색의 도면층을 새로 만듭니다. ❹ 그리고 [WALL] 앞의 [상태] 부분을 더블 클릭해 현재 도면층으로 설정합니다.

◐ 현재 도면층으로 설정되면 [상태] 부분이 체크 표시로 바뀝니다. 리본 메뉴에서 [도면층] 부분을 클릭해 바꿀 수도 있습니다.

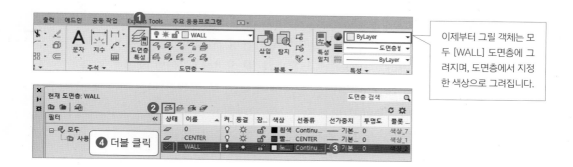

이제부터 그릴 객체는 모두 [WALL] 도면층에 그려지며, 도면층에서 지정한 색상으로 그려집니다.

02. [간격 띄우기]로 외벽 그리기

외벽은 [선(L)]이나 [사각형(REC)]으로도 그릴 수 있습니다. 하지만 중심선을 활용하면 더 쉽게 그릴 수 있습니다. 중심선과 평행하면서 양쪽으로 정확히 '100'만큼 떨어져 있는 외벽 선을 그릴 때 [간격 띄우기]라는 기능을 사용하면 편리합니다. 이는 '선택한 객체와 일정 간격을 두고 평행한 객체를 만드는 기능'으로, 오토캐드에서 자주 사용하는 주요 기능 중 하나입니다.

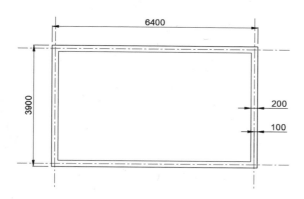

◇ 간격 띄우기

수정 ▾

- 명령어 [OFFSET]
- 단축 명령어 [O]
- 실행 방법 [O] → Enter → 거리 입력 후 Enter → 원본 객체 선택 → 간격 띄울 방향으로 마우스를 옮긴 후 클릭 → (연속해서 다른 객체에도 계속 사용) → 기능 마치려면 Enter

▶ [간격 띄우기]는 설정한 거리로만 계속 사용할 수 있습니다. 중간에 설정한 거리를 변경할 수는 없지만, 다른 거리로 띄우기 위해 특정 거리를 한 번 입력할 수는 있습니다.

▶ [다중(M)] 옵션을 사용하면 일정한 간격으로 여러 번 [간격 띄우기] 기능을 사용할 수 있어요.

03. ❶ 간격 띄우기의 명령어인 [OFFSET]이나 단축 명령어인 [O]를 입력한 후 (Enter)를 누릅니다. ❷ '간격을 얼마나 띄울지'를 설정해야 하는데, 외벽이 중심선에서 '100'만큼 떨어져 있으니 [100]을 입력하고 (Enter)를 누릅니다. ❸ 이번에는 '어떤 객체를 띄울지'를 선택합니다. 왼쪽의 세로로 그려진 중심선을 클릭해 보세요. ❹ '간격을 어느 쪽으로 띄울지'를 정해야 합니다. 중심선의 왼쪽인지 오른쪽인지를 선택해야 하는데, 마우스 커서가 위치한 쪽으로 만들어집니다. 마우스 커서를 중심선의 왼쪽으로 옮긴 후 클릭해 보세요.

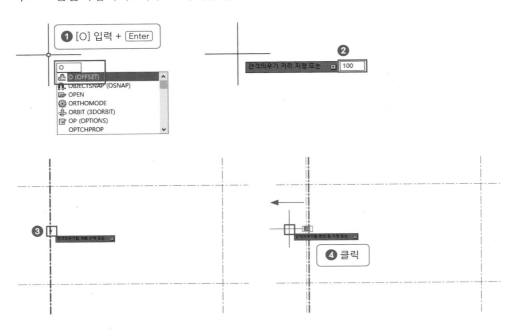

04. 연이어서 [간격 띄우기] 사용하기

[간격 띄우기]는 설정한 간격으로 연이어서 다른 객체에도 사용할 수 있습니다. ❶ 나머지 중심선 간격을 모두 바깥쪽으로 띄웁니다. 즉 오른쪽 선은 오른쪽, 위쪽 선은 위쪽, 아래쪽 선은 아래쪽으로 모두 간격을 띄웁니다. ❷ 기능을 마치려면 (Enter)를 누릅니다.

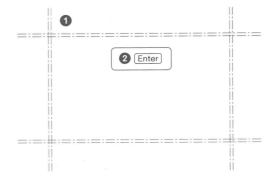

05. [특성] 팔레트로 외벽선의 도면층 바꾸기

노란색 선으로 벽체를 그리려고 [WALL] 도면층까지 만들었는데 빨간색 점선으로 그려졌네요. 그 이유는 [간격 띄우기]로 그려진 객체는 원본과 같은 도면층으로 그려지기 때문입니다. [특성] 팔레트로 도면층을 바꾸겠습니다. ❶ [간격 띄우기]로 만든 4개의 선을 선택합니다. ❷ Ctrl + 1을 눌러 [특성] 팔레트를 여니 총 4개의 선이 선택돼 있고, [CENTER] 도면층으로 설정돼 있네요. ❸ [CENTER]를 눌러 [WALL]로 바꿔 주면 빨간색 점선이 노란색 실선으로 바뀝니다.

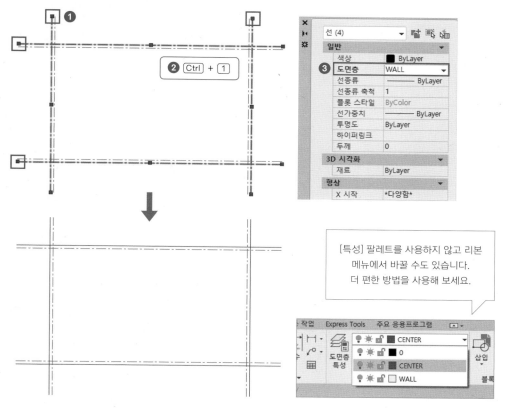

[특성] 팔레트를 사용하지 않고 리본 메뉴에서 바꿀 수도 있습니다. 더 편한 방법을 사용해 보세요.

◐ [도면층(L)] 옵션을 사용하면 [현재 도면층]으로 작성되도록 설정할 수 있어요. 자세한 내용은 09-1을 참조하세요.

자주 사용하는 [특성] 팔레트 화면에 고정하기

[특성] 팔레트는 객체의 도면층, 색상, 선 종류뿐만 아니라 문자의 크기, 글꼴, 치수의 화살표 크기 등 객체의 정보를 고칠 때도 쓰입니다. 이렇게 자주 쓰이기 때문에 사용자 대부분은 팔레트를 화면에 고정해 두고 사용합니다.

모든 팔레트는 이름이 써 있는 부분을 마우스로 누른 채 드래그해서 위치를 옮길 수 있습니다. [특성] 팔레트는 화면의 왼쪽이나 오른쪽에 고정할 수 있는데, 화면의 왼쪽 끝으로 드래그해 고정할 수 있습니다.

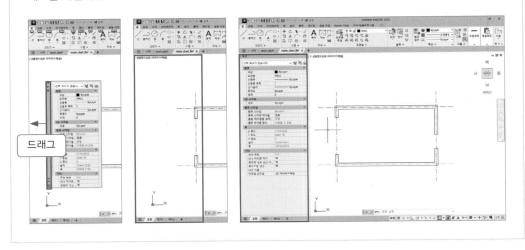

06. [자르기]로 사용하지 않는 외벽 선 잘라 내기

[간격 띄우기]로 선을 복사하니 외벽 선이 중심선과 동일한 길이로 만들어졌네요. 불필요하게 삐죽 삐죽 튀어나와 있는 외벽 선을 지워 보겠습니다. [자르기] 기능을 사용하면 쉽게 정리할 수 있어요.

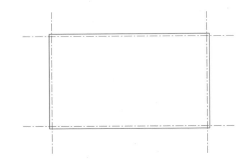

😫 **삽질 금지** **예전 버전처럼 [자르기(TRIM, TR)]와 [연장(EXTEND, EX)]을 사용하려면?**

예전 버전처럼 [자르기(TRIM, TR)]와 [연장(EXTEND, EX)] 기능을 사용하고 싶나요? [모드(O)] 옵션의 [표준(S)]으로 바꾸면 예전 버전처럼 사용할 수 있습니다.

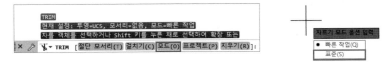

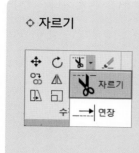

◇ 자르기

- **명령어** [TRIM]
- **단축 명령어** [TR]
- **실행 방법** [TR] → Enter → 자를 부분 선택

▷ 자를 부분을 선택할 때 객체를 직접 하나하나 클릭할 수도 있지만, 드래그해서 마우스 커서의 궤적과 교차하는 부분을 한 번에 잘라 낼 수도 있습니다.

▷ 2021 버전부터 사용법이 바뀌었습니다. 2020 이하 버전 사용자는 QR 코드를 스캔해 내용을 확인하세요.

07. 자를 객체 선택하기 — 직접 클릭하기

❶ [자르기]의 명령어인 [TRIM]이나 단축 명령어인 [TR]을 입력한 후 Enter 를 누릅니다. ❷ 마우스 커서의 모양이 작은 사각형으로 바뀔 거예요. ❸ 이 사각형을 객체 위에 올리면 클릭했을 때 어떻게 잘릴지가 화면에 나타납니다. ❹ 원하는 상태로 잘리는 모습이 화면에 표시될 때 마우스 왼쪽 버튼을 클릭하면 불필요한 부분이 지워집니다.

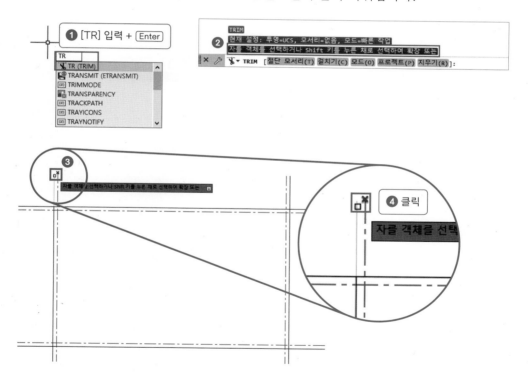

08. Enter 를 누르기 전까지 다른 곳을 클릭해서 자를 수 있어요. ❶ 왼쪽에 튀어나온 부분도 클릭해서 잘라 주세요. ❷ Enter 를 눌러 [자르기]를 종료합니다.

09. 여러 객체를 한 번에 자르기 — 가상의 직선과 교차하는 것만 자르기

이번에는 오른쪽 아래의 튀어나온 부분을 정리해 보겠습니다. ❶ 다시 한 번 [자르기(TR)]을 실행합니다. ❷ 이번에는 도면의 비어 있는 부분을 마우스로 클릭해 보세요. ❸ 마우스 커서를 옮기면 가상의 점선이 마우스 커서를 따라다닐 거예요. 이 가상의 점선과 교차하는 선들이 모두 회색으로 변하면서 어느 부분이 잘릴지 화면에 표시해 줍니다. ❹ 중심선이 잘리지 않도록 조심하면서 마우스 커서를 옮긴 후 클릭하면 외벽 선을 잘라 낼 수 있습니다. ❺ 다른 외벽 선도 같은 방법으로 자른 다음 Enter 를 눌러서 기능을 마치세요.

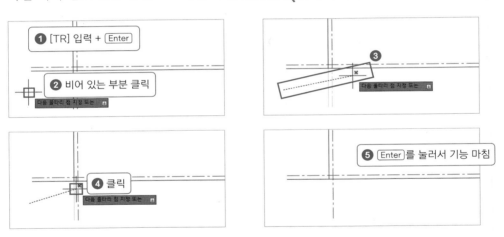

10. 여러 객체를 한 번에 자르기 — 가상의 곡선과 교차하는 것만 자르기

가상선을 곡선으로도 사용할 수 있습니다. ❶ 다시 한 번 [자르기] 기능을 실행합니다. ❷ 이번에는 도면의 비어 있는 부분을 마우스 왼쪽 버튼으로 클릭한 후 버튼을 떼지 말고 마우스를 움직여 보세요. 마우스 커서를 따라 가상의 곡선이 점선으로 표시됩니다. 마우스 버튼을 손에서 떼면 곡선과 교차된 부분이 잘립니다. ❸ 불필요한 외벽 선을 모두 정리하세요.

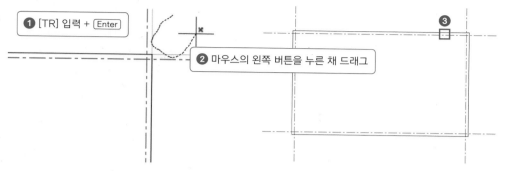

1 [TR] 입력 + Enter

2 마우스의 왼쪽 버튼을 누른 채 드래그

3

▶ 자르면 안 되는 부분까지 실수로 잘랐다면 Ctrl + Z를 눌러 실행 취소하세요.

자르고 싶은 부분을 잘 확대한 다음 드래그해서 잘라 내면 원하는 부분만 쉽게 잘라 낼 수 있겠죠?

11. [간격 띄우기]로 내벽 그리기

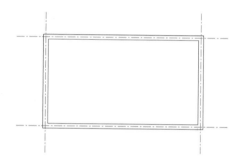

위와 동일한 방법으로 중심선에서 '100'만큼 안쪽으로 떨어진 외벽도 그려 보세요. 중심선을 안으로 '100'만큼 [간격 띄우기(O)]할 수도 있지만, 방금 그린 외벽 선을 '200'만큼 [간격 띄우기(O)] 해도 동일하게 그려지겠죠?

실무에선 이렇게! **같은 도면도 여러 방법으로 그릴 수 있습니다**

예제에서 그린 도면은 다음의 세 가지 방법으로도 그릴 수 있습니다.

1. [사각형(REC)]을 그려 [이동(M)]하는 방법

이 도면은 형태가 간단한 사각형이라서 앞에서 배운 기능만으로도 충분히 그릴 수 있습니다. 하지만 이 방법은 형태가 복잡할 때는 사용하기 힘듭니다.

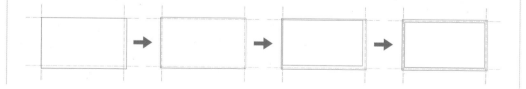

2. [사각형(REC)]을 그려 [간격 띄우기(O)]하는 방법

예제에서는 [선(L)]을 사용했기 때문에 [간격 띄우기(O)]를 여러 번 해야 했고, 모서리까지 지저분하게 남았습니다. 하지만 [폴리선(PL)]을 사용하면 꺾인 부분이 한 번에 적용돼 모서리를 정리할 필요가 없습니다. [사각형(REC)]이나 [폴리선(PL)]으로 중심을 먼저 그리고 양쪽으로 [간격 띄우기(O)]를 하면 더 쉽게 그릴 수 있습니다.

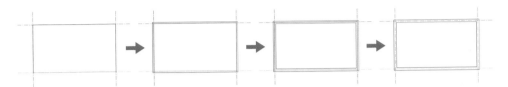

◖ [폴리선(PL)] 기능을 사용하는 방법은 05-4를 참조하세요.

3. [선(L)]을 [폴리선(PL)]으로 만들어 [간격 띄우기(O)]하는 방법

위에서 설명한 것처럼 폴리선에 [간격 띄우기(O)] 기능을 사용하면 복잡하게 생긴 형태도 한 번에 평행선을 그릴 수 있습니다. 이때 [간격 띄우기] 기능을 사용하기 전에 여러 선을 하나의 폴리선으로 만들 수 있다면 훨씬 더 편하게 사용할 수 있겠죠?

크게 두 가지 방법이 있습니다. 닫힌 영역의 외곽선을 새로운 폴리선으로 따 주는 [경계(BO)] 기능을 사용하는 방법과 [폴리선 편집(PE)] 기능이나 [결합(J)] 기능을 사용해 이미 그려진 선과 호를 하나의 폴리선으로 엮는 방법. 새로운 폴리선을 그릴 것이냐, 이미 있는 선을 엮을 것이냐가 차이점이죠. 상황에 맞게 편한 기능을 사용하면 됩니다.

 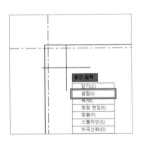 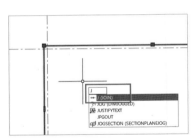

◖ [경계(BO)] 기능을 사용하는 방법은 [캐드 고수의 비밀 08]을 참조하세요.

이렇게 한 가지 도면을 그리더라도 정답이 없습니다. 같은 작업이라도 여러 가지 방법으로 그릴 수 있죠. 기능과 각 기능의 옵션을 잘 알고 있으면 도면을 훨씬 빠르고 편리하게 그릴 수 있습니다.

12. 개구부 자를 보조선 그리기

마지막으로 창문과 문이 들어갈 자리에 개구부를 만들어야 하는데, 앞에서 사용했던 [자르기(TR)]를 한 번 더 사용하겠습니다. 앞에서 사용해 봐서 알겠지만, [자르기]는 '가장 가까운 교차점까지' 잘라 줍니다. 그래서 어디부터 어디까지 자를지 기준이 되는 보조선이 필요합니다. [WALL] 도면층으로 그린 외벽 선을 [간격 띄우기(O)]해 다음 치수와 같이 보조선을 만들어 보세요.

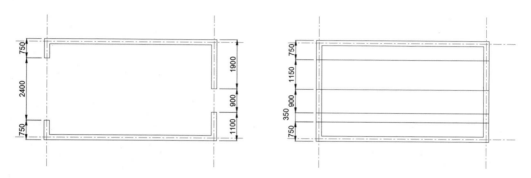

▶ 보조선을 만들 때 [CENTER] 도면층으로 만든 중심선을 사용하면 도면층을 [WALL]로 다시 바꿔야 하므로 번거롭겠죠?

13. '절단 모서리' 옵션을 사용해서 필요한 부분만 자르기

이제 사용하지 않을 부분을 정리하면 끝입니다. ❶ [자르기(TR)] 기능을 실행합니다. 그런데 외벽선과 중심선이 너무 가까워서 자를 부분을 선택하기가 쉽지 않죠? 이럴 때는 '어디부터 어디까지' 자를지를 설정하는 [절단 모서리(T)] 옵션을 사용하면 됩니다. ❷ 명령행의 [절단 모서리(T)]를 클릭하거나 [T]를 입력하고 (Enter)를 누르세요. ❸ 왼쪽의 개구부의 맨위의 보조선과 맨 아래의 보조선을 차례대로 클릭해 주세요. ❹ 절단 모서리의 선택이 끝났다는 의미로 (Enter)를 한 번 눌러 주세요. ❺ 불필요한 외벽선을 차례대로 클릭해서 자르고 ❻ (Enter)를 눌러서 기능을 종료합니다.

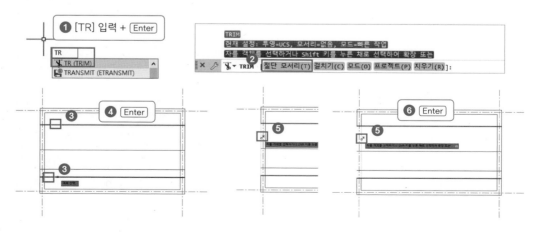

오토캐드에서 몇몇 기능을 사용하면 명령행과 마우스 커서 옆에 어떤 기능이 사용 중인지, 어떤 옵션을
사용할 수 있는지가 표시됩니다. 그런데 '< >'로 묶인 메시지가 표시될 때도 있어요. 예를 들어 [자르기
(TR)] 기능의 [표준(S)] 모드에서 [절단 모서리]를 선택해야 하는데, 명령행과 마우스 커서 옆에 '<모두
선택>'이라는 메시지가 표시되죠. 이게 어떤 의미일까요? 이건 아무 값도 입력하지 않고 Enter 를 누
르면 '< >' 안에 써 있는 값을 사용한다는 뜻입니다.

⋮ ✕ 🔧 ⌁▾ **OFFSET** 간격띄우기 거리 지정 또는 [통과점(T) 지우기(E) 도면층(L)] <통과점>:

⋮ ✕ 🔧 ⊢▾ **DIMLINEAR** 첫 번째 치수보조선 원점 지정 또는 <객체 선택>:

14. '걸치기' 옵션을 사용해서 필요한 부분만 자르기

다른 방법으로도 한번 잘라 볼까요? ❶ Ctrl + Z 를 눌러서 다시 보조선이 그려져 있는 상
태로 돌아가세요. ❷ [자르기(TR)] 기능을 실행합니다. ❸ 이번에는 명령행의 [걸치기(C)]를
클릭하거나 [C]를 입력하고 Enter 를 누릅니다. ❹ 도면의 빈 공간을 한 번 클릭하고 마우
스 커서를 움직이면 초록색 사각형 영역이 화면에 표시됩니다. 이 영역에 조금이라도 걸친
부분이 잘립니다. ❺ 왼쪽 외벽의 필요 없는 부분을 클릭해서 잘라 줍니다.

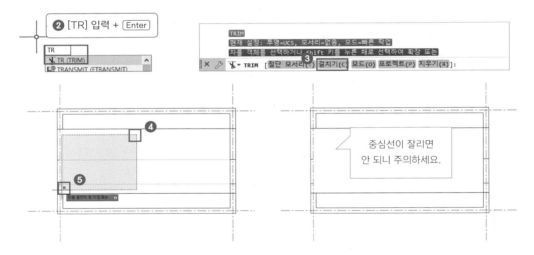

15. 나머지 부분 지우기 — [자르기]의 [지우기(R)] 옵션

[자르기(TR)]로 자르다 보면 오른쪽 개구부의 외벽 사이에 남은 짧은 선처럼 클릭하기 어려
운 부분이 생깁니다. 이럴 때 [자르기(TR)] 기능을 아직 끝내지 않았다면 [지우기(R)] 옵션
을 사용해서 지우면 됩니다. ❶ [자르기] 기능에서 명령행의 [지우기(R)]를 클릭하거나 [R]
을 입력하고 Enter 를 누릅니다. ❷ 지울 객체를 선택하고 ❸ Enter 를 누르면 객체가 지워
집니다.

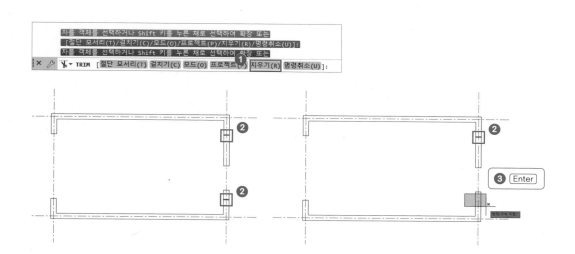

16. 혹시 2020 이전 버전을 사용하거나 [자르기(TR)] 기능을 [표준(S)] 모드로 사용하고 있나요? 객체를 선택하고 [Delete]를 누르거나 [지우기(ERASE, E)] 기능을 사용해 지우세요.

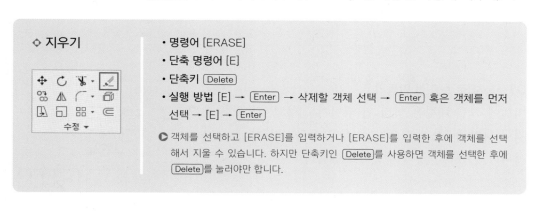

◇ **지우기**

- **명령어** [ERASE]
- **단축 명령어** [E]
- **단축키** [Delete]
- **실행 방법** [E] → [Enter] → 삭제할 객체 선택 → [Enter] 혹은 객체를 먼저 선택 → [E] → [Enter]

⊙ 객체를 선택하고 [ERASE]를 입력하거나 [ERASE]를 입력한 후에 객체를 선택해서 지울 수 있습니다. 하지만 단축키인 [Delete]를 사용하면 객체를 선택한 후에 [Delete]를 눌러야만 합니다.

실무에선 이렇게! | **[지우기(ERASE, E)]를 쓸 때는 [Spacebar]를 사용하세요**

[지우기] 기능의 단축 명령어인 [E]를 사용하면 손가락이 [Delete]까지 움직일 필요가 없습니다. 사용 방법은 똑같습니다. 지울 객체를 선택한 후 [Delete] 대신 [E]를 누르고 [Enter]를 누르면 됩니다. [Enter] 대신 [Spacebar]를 누르면 훨씬 편리하게 지울 수 있습니다.

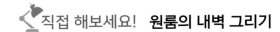 직접 해보세요! **원룸의 내벽 그리기**

준비 파일 • 03/room_exwall.dwg
완성 파일 • 03/room_exwall_fin.dwg

방 안에 화장실을 만들기 위해 내벽을 그려 보겠습니다. 앞에서 익힌 [간격 띄우기
(O)]와 [자르기(TR)]을 사용해 그릴 수도 있지만, 이렇게 간격이 계속 다를 때는 [복사(CO, CP)]가
더 편리합니다.

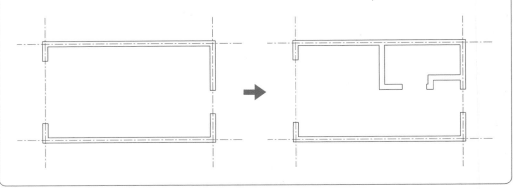

01. [복사]로 보조선 만들기

이번에 그릴 내벽은 여러 번 꺾이기도 하고, 간
격이 다양해 [간격 띄우기(O)]를 사용하기가 힘
듭니다. [복사] 기능을 사용해 보겠습니다.

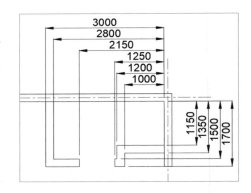

 ◇ **복사**

• **명령어** [COPY]
• **단축 명령어** [CO], [CP]
• **실행 방법** [CO] → Enter → 객체 선택 → Enter → 기준점 클릭 → 이동
할 위치 클릭 → (계속 클릭해 복사) → 기능 마치려면 Enter

◉ 복사할 위치를 마우스로 클릭할 수도 있고, 선을 그릴 때처럼 방향과 거리를 입력할
수도 있습니다.

◉ Ctrl + C, Ctrl + V와 다른 기능입니다.

02. ❶ [복사] 명령어인 [COPY]나 단축 명령어인 [CO], [CP]를 입력하고 (Enter)를 누릅니다. ❷ 먼저 복사할 객체로 가로로 그려진 외벽 하나를 선택한 후 (Enter)를 누르세요. ❸ [복사]의 사용 방법은 [이동(M)]과 같습니다. 기준점을 선택하기 위해 모서리의 [끝점]을 클릭합니다. ❹ [이동]을 사용할 때와 마찬가지로 마우스 커서를 따라다니면서 객체가 미리 보기로 나타납니다.

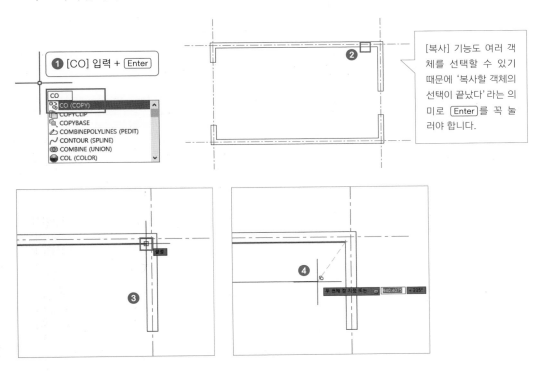

[복사] 기능도 여러 객체를 선택할 수 있기 때문에 '복사할 객체의 선택이 끝났다'라는 의미로 (Enter)를 꼭 눌러야 합니다.

03. [복사] 기능을 편리하게 사용하는 요령

[복사] 기능을 더 편리하게 사용하는 요령을 알려드리겠습니다. 마우스 커서 옆을 보면 입력할 값이 파랗게 체크돼 있습니다. 키보드로 뭔가를 입력하면 이 부분에 입력되는데, 잘 살펴보니 [극 좌표]로 입력되고 있습니다. 즉, 길이를 입력하면 마우스 커서의 방향이나 설정돼 있는 각도로 객체가 복사됩니다.

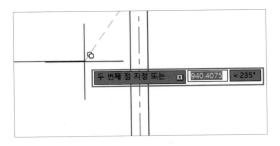

04. ❶ 방향을 아래쪽으로 고정하기 위해 [F8]을 눌러 직교 모드를 켜 주세요. ❷ 복사될 방향인 아래쪽으로 마우스 커서를 아래로 옮긴 후 ❸ 복사돼야 할 곳까지의 거리인 [1150]을 입력하고 [Enter]를 누릅니다. ❹ 객체가 복사되고 [복사] 기능은 끝나지 않았습니다.

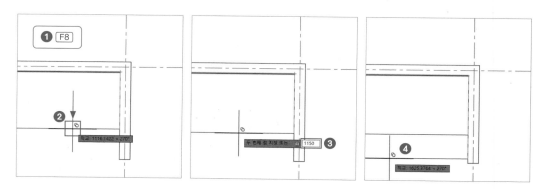

05. 이제 빠르게 써 볼까요? ❶ [1350] → [Enter] → [1500] → [Enter] → [1700] → [Enter] 순서대로 입력해서 빠르게 보조선을 모두 그려 봅니다. ❷ [Enter]를 눌러 [복사] 기능을 마칩니다.

◐ 극 좌표를 사용할 때 각도를 생략하고 길이만 입력하면, 마우스 커서의 방향을 각도로 사용합니다. [직교 모드]로 마우스 커서의 방향이 고정되어 있어서 입력한 간격으로 객체가 복사되는 거죠.

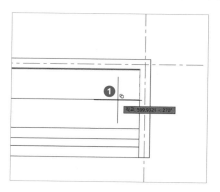
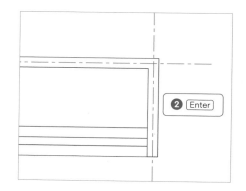

06. 세로 보조선 그리기

세로로 그려진 외벽선도 같은 방법으로 보조선을 만듭니다. ❶ 방금 [복사]를 사용했으니 Enter를 한 번 누르면 [복사]가 바로 실행됩니다. ❷ 세로로 그려진 외벽 선을 선택한 후 Enter를 누릅니다. ❸ 기준점으로 앞에서 선택했던 모서리의 [끝점]을 클릭합니다. 아직 [직교 모드]가 켜져 있는 상태입니다. 마우스 커서를 왼쪽으로 옮깁니다. ❹ [1000]을 입력한 후 Enter를 누르면 보조선이 생깁니다.

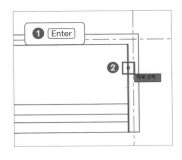
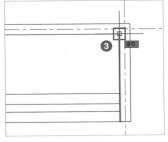
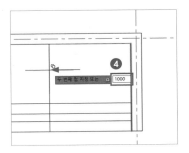

07. [1200] → Enter → [1250] → Enter → [2150] → Enter → [2800] → Enter → [3000] → Enter → Enter 순서대로 입력해 빠르게 모든 보조선을 그리고 [복사] 기능도 끝냅니다.

08. [모깎기]로 보조선 정리하기

[복사(CO)]로 보조선을 만들었으니 보조선을 정리해 내벽처럼 보이게 만들어야 합니다. [자르기(TR)]로 정리할 수도 있지만 [모깎기(F)]를 사용하면 더 쉽게 정리할 수 있습니다.

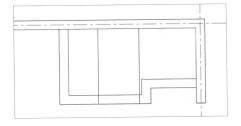

◇ 모깎기

수정 ▾

- **명령어** [FILLET]
- **단축 명령어** [F]
- **실행 방법** [F] → Enter → 첫 번째 객체 선택 → 두 번째 객체 선택

◉ 반지름을 [0]으로 설정하면 뾰족하게 만나도록 사용할 수 있습니다.
◉ 반지름은 옵션인 [반지름(R)]으로 설정할 수 있습니다.

09. ❶ [모깎기] 명령어인 [FILLET]이나 단축 명령어인 [F]를 입력하고 Enter를 누릅니다. ❷ 명령행을 잠시 살펴보면 [반지름]의 기본값인 [0]으로 설정돼 있네요. 변경하지 않고 바로 Enter를 눌러 사용하겠습니다. 그런 다음, 정리할 두 선을 순서대로 클릭하면 됩니다. ❸ 가장 왼쪽의 세로 선을 클릭하고 ❹ 가장 아래쪽의 선을 클릭합니다. ❺ 클릭하자마자 두 선이 정확하게 만나도록 길이가 조절됩니다. 즉 부족한 부분은 늘어나고 넘치는 부분은 지워집니다.

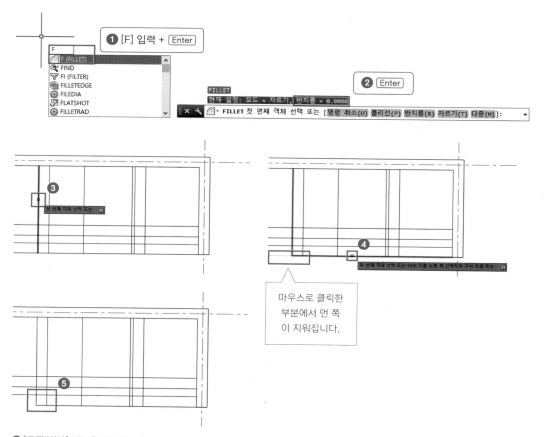

❶ [F] 입력 + Enter

❷ Enter

마우스로 클릭한 부분에서 먼 쪽 이 지워집니다.

▶ [모깎기(F)] 기능은 두 선을 선택하자마자 선이 정리되고 동시에 기능도 종료됩니다.

😫 **삽질 금지**   Shift를 사용하면 반지름을 [0]으로 수정하지 않아도 됩니다!

첫 번째 객체를 선택하면 마우스 커서 옆과 명령행에 'Shift 키를 누른 채 선택하여 구석 적용'이라는 설명이 나옵니다. 즉 Shift를 누른 상태에서 두 번째 객체를 선택하면 설정된 반지름을 무시하고 [0]인 상태로 모깎기 기능을 사용한다는 뜻이에요. 매번 반지름을 [0]으로 수정할 필요가 없는 거죠!

모서리에선 [모깎기(F)]를 [자르기(TR)]처럼 사용하세요!

[모깎기(F)]는 두 선이 둥글게 만나도록 넘치는 거리는 짧게 만들고, 부족한 거리는 늘리는 기능입니다. 하지만 '얼마나 둥글게 만들 것인지'에 대한 반지름 설정값을 [0]으로 하면 뾰족하게 만납니다. 예제에서처럼 벽체의 모서리 선을 정리할 때 활용하면 편하겠죠?

설정된 [반지름]의 호로 두 선이 이어집니다.

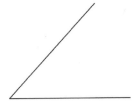

[반지름]의 값이 [0]이면 뾰족하게 이어집니다.

10. 아직 정리할 선이 많이 남았는데요. 다시 [모깎기]를 사용하려면 Enter 나 Spacebar 를 한 번 눌러 주면 됩니다. ❶ 왼쪽에서 두 번째 선과 아래에서 ❷ 두 번째 선을 순서대로 클릭해 정리합니다. ❸ 동일한 방법으로 사용하지 않을 선을 정리합니다.

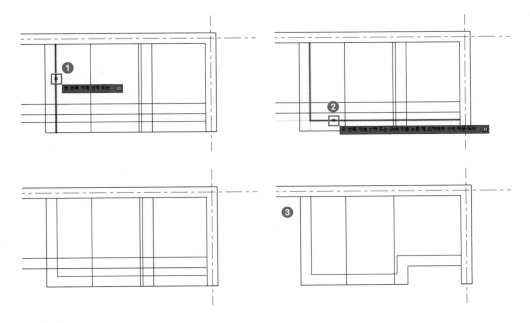

11. [자르기]로 개구부 만들기

[모깎기(F)] 기능만으로 정리하지 못하는 부분이 있는데, 그곳은 바로 개구부입니다. [모깎기]를 사용하면 필요한 부분까지 없어지기 때문에 이 부분은 [자르기(TR)]를 사용해야 합니다. 자를 선이 많지 않은데 경계가 모두 달라 [자르기(TR)]를 사용하기가 조금 귀찮은가요? 잊지는 않았죠? '절단 모서리'를 설정하지 않고 Enter 를 누르면 클릭하는 구간만 잘립니다.

❶ [자르기]의 단축 명령어인 [TR]을 입력하고 Enter 를 누릅니다. ❷ 2020 이하 버전 사용자라면 '절단 모서리'로 도면의 모든 객체를 선택하기 위해 Enter 를 한 번 더 누릅니다. ❸ 이제 자를 부분을 선택하거나 드래그하면 됩니다. ❹ 모두 자른 후 Enter 를 눌러 기능을 마칩니다.

◑ [자르기]는 '기능을 모두 사용했다'는 신호로 Enter 를 누르기 전까지 끝나지 않습니다.

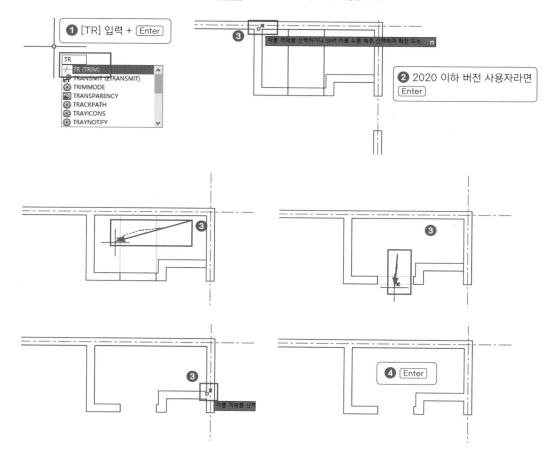

원룸의 벽을 다 그렸습니다. 뭔가 허전하고 아직 원룸 같지 않죠? 이어서 실습하면서 문, 창문, 가구를 추가하면 간단한 원룸 평면도가 될 것입니다. 이렇게 힘들게 그린 내용은 꼭 저장해야 합니다. 지금까지 그린 내용을 저장하세요. 이어서 가구를 집어넣어 보겠습니다.

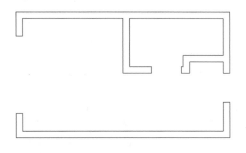

파일을 저장했는지 확인하는 방법

오토캐드는 도면에서 변경된 내용이 있는지 실시간으로 표시해 줍니다. 리본 메뉴의 아래, 작업 공간의 위의 파일 탭에 어떤 도면을 열어서 작업하고 있는지가 나타납니다. 그런데 여기에 도면에 저장되지 않은 정보가 있는지도 항상 표시해 준답니다. 파일 이름 옆에 [*] 기호가 나타나 있는 도면은 저장되지 않은 정보가 있는 도면입니다. 파일을 닫기 전, 파일 탭을 확인해 저장 여부를 꼭 확인하세요!

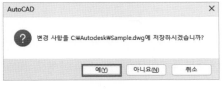

◗ 저장되지 않은 내용이 있다면 도면을 닫을 때 경고 메시지가 나타납니다.

03-3 벽에 문과 창문을 넣어 '원룸' 완성하기

지금까지 그린 문과 원룸 도면을 하나의 도면으로 합쳐 보겠습니다. 흩어져 있는 도면을 하나로 모을 때 사용하는 기능에는 여러 가지가 있지만, 실무에서는 Ctrl + C와 Ctrl + V를 가장 많이 사용합니다.

직접 해보세요! 벽체에 문과 창문 넣기

준비 파일 • 03/room.dwg, door.dwg, window.dwg
완성 파일 • 03/room_fin.dwg

3개의 도면을 하나로 모아 적절한 위치에 배치해 보겠습니다. 다른 프로그램에서도 이미 익숙하게 사용하는 Ctrl + C와 Ctrl + V를 사용하면 됩니다.

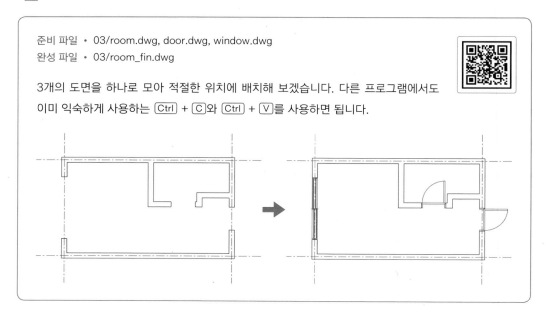

01. 준비 파일 열기

뿔뿔이 흩어져 있는 도면 요소들을 하나의 도면으로 모아 볼까요? 먼저 3개 도면의 준비 파일을 모두 열어 주세요. [열기] 기능의 단축키인 Ctrl + O를 사용해 열 수도 있고 도면 파일을 더블 클릭해 열 수도 있습니다. 각자 편한 방법으로 3개의 도면을 모두 열어 주세요.

02. Ctrl + C로 문 복사하기

먼저 [door.dwg] 파일에 그려 둔 문을 [room.dwg]로
옮기겠습니다. ❶ [door.dwg]에서 문을 모두 선택한 후
Ctrl + C를 누릅니다. ❷ 명령행에 객체를 찾았다는 메
시지가 나타나면 성공입니다.

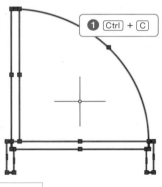

▶ Ctrl + C는 [클립 복사(COPYCLIP)] 기능의 단축키이며, Ctrl + V는 [붙
여 넣기(PASTECLIP)] 기능의 단축키입니다. 각자의 명령어도 있지만, 단축
키를 주로 사용합니다.

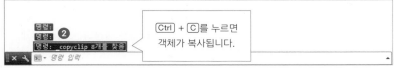

03. Ctrl + V로 문, 창문 붙여 넣기

복사한 문을 붙여 넣을 차례입니다. ❶ [파일] 탭에서 [room.dwg]를 마우스로 클릭해 작업
도면을 바꿉니다. ❷ Ctrl + V를 누르면 복사했던 문이 마우스 커서를 따라다니며 미리
보기로 표시됩니다. ❸ 일단 원룸과 조금 떨어진 위치를 클릭해 붙여 넣습니다. 위치를 잡
기 위해 [회전], [대칭] 등의 기능을 사용해야 하기 때문에 작업하기 편리한 위치에 붙여 넣
은 것입니다. ❹ 동일한 방법으로 [window.dwg]에서 창문을 붙여 넣습니다.

▶ Ctrl + Tab , Ctrl + Shift + Tab 을 눌러도 작업 중인 도면을 바꿀 수 있습니다.

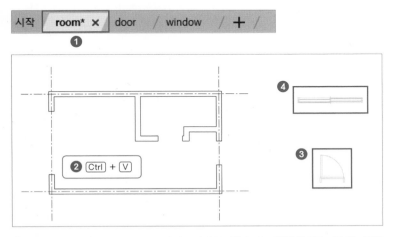

▶ 붙여 넣는 객체와 마우스 커서가 떨어져 있어서 불편한가요? 정확한 위치를 지정하는 방법
은 [캐드 고수의 비밀 09]를 참조하세요.

실무에선 이렇게! Ctrl + C 를 사용하면 특성까지 복사됩니다

Ctrl + C , Ctrl + V 를 사용해 객체를 붙여 넣으면 객체만 복사되지 않고 설정도 함께 넘어옵니다.
예를 들어 [room.dwg]에 문과 창문을 붙여 넣은 후 [도면층 특성 관리자(LA)] 창을 열면 문과 창문을
붙여 넣을 때 들어온 [DOOR] 도면층과 [WINDOW] 도면층이 생긴 것을 확인할 수 있습니다.

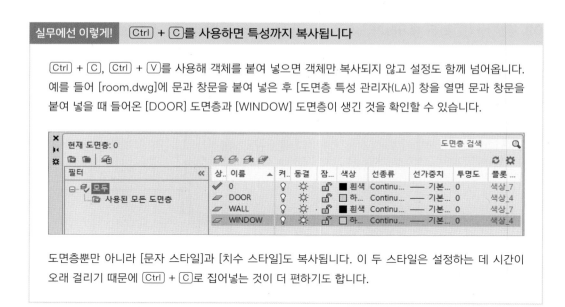

도면층뿐만 아니라 [문자 스타일]과 [치수 스타일]도 복사됩니다. 이 두 스타일은 설정하는 데 시간이
오래 걸리기 때문에 Ctrl + C 로 집어넣는 것이 더 편하기도 합니다.

04. 적절한 방향으로 회전, 반전, 이동하기

이제 배치하는 일만 남았습니다. 먼저 창문의 방향을 확인해 보니 90도로 회전하면 적절할
것 같네요. 앞에서 사용해 봤던 [회전(RO)] 기능을 사용해 회전합니다.

▶ [회전(RO)] 기능을 사용하는 방법은 88쪽을 참조하세요.

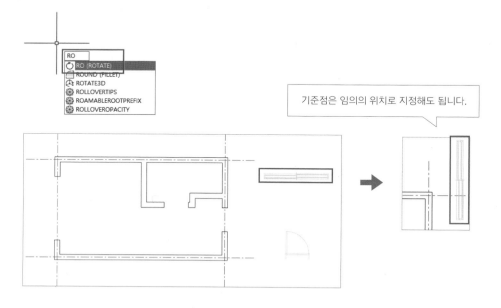

기준점은 임의의 위치로 지정해도 됩니다.

05. 회전시킨 창문을 왼쪽의 개구부로 이동하겠습니다. ❶ [이동]의 명령어인 [MOVE]나 단축 명령어인 [M]을 입력한 후 (Enter)를 누릅니다. ❷ 창문을 모두 선택하고 객체 선택이 끝났다는 신호로 (Enter)를 누릅니다. ❸ 기준점을 클릭합니다. 기준점으로는 창문의 가장 왼쪽 아래 지점을 사용하겠습니다. ❹ 개구부의 왼쪽 아래 꼭지점을 클릭하면 창문이 개구부에 꼭 맞게 이동합니다.

◇ **이동**

- **명령어** [MOVE]
- **단축 명령어** [M]
- **실행 방법** [M] → (Enter) → 객체 선택 → (Enter) → 기준점 클릭 → 이동할 위치 클릭

수정 ▾

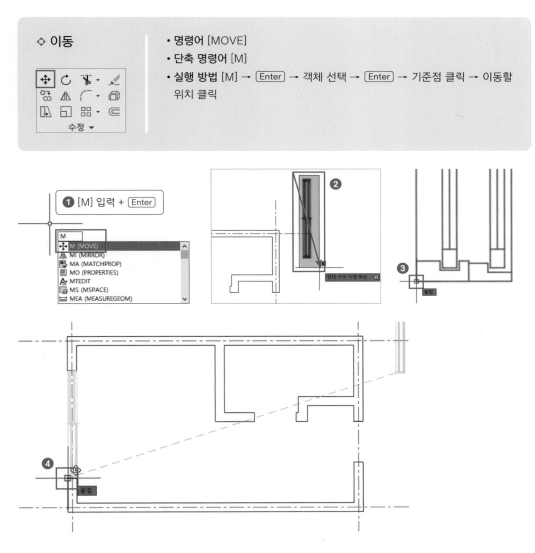

06. 문도 [대칭(MI)], [회전(RO)], [복사(CO)], [이동(M)] 기능을 사용해 아래와 같은 위치에
배치해 보세요.

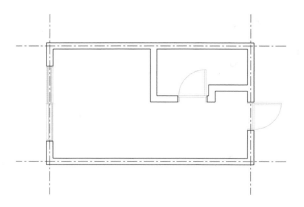

😣 삽질 금지　　**마우스로 드래그해 [이동]하면 위험합니다!**

객체를 선택한 후 마우스로 누른 상태에서 커서를 움직이면 [이동(M)] 기능이 실행됩니다.

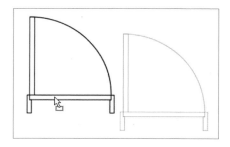

하지만 이렇게 움직이면 두 가지 측면에서 위험합니다.

첫째, 오토캐드가 멈출 수 있습니다. 드래그해 이동하면 선택한 객체에 포함된 모든 좌표를 실시간으로
계산합니다. 간단한 객체라면 큰 문제는 없지만, 선택한 객체가 많거나 컴퓨터 사양이 부족하거나 도면
에 오류가 많아 필요 이상의 메모리를 사용해야 한다면 멈출 수도 있습니다.

둘째, 정확한 위치로 옮길 수 없습니다. 마우스 커서의 이동으로는 정확한 거리와 방향을 입력할 수 없
습니다. 즉, 임의의 지점으로 객체를 여백으로 옮기는 것은 별 상관이 없지만, 오차 없이 정확한 위치로
옮기는 작업은 불가능합니다.

원룸에 내 마음대로 가구 배치하기

난이도 ★☆☆

[furniture.dwg] 파일에는 창문과 문 이외에도 침대, 책상 등의 객체가 그려져 있습니다. 지금까지 사용한 기능을 활용해 적절히 배치해 보세요.

준비 파일 • 03/furniture.dwg
완성 파일 • 03/furniture_fin.dwg

동영상 강의를
확인해 보세요!

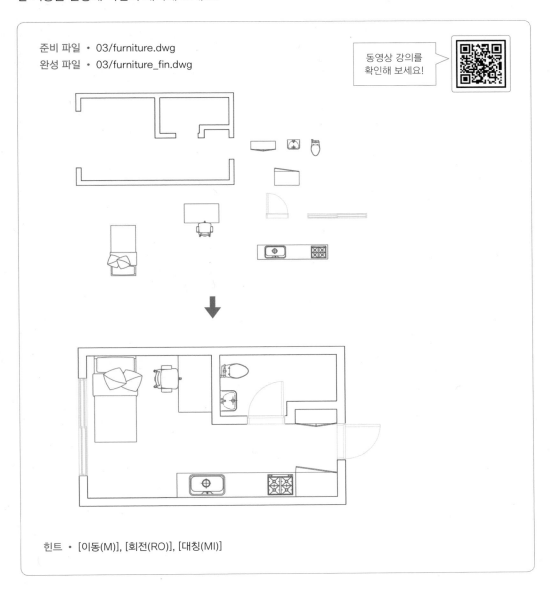

힌트 • [이동(M)], [회전(RO)], [대칭(MI)]

캐드 고수의 비밀 01

중심선 빨리 정리하는 꿀팁!
— 끊김 없이 [연장], [자르기]

[자르기(TR)]와 [연장(EX)]도 **빼놓**을 수 없는 단골 기능입니다. 그런데 이 두 기능은 사실 하나의 기능이란 것, 알고 있나요? [자르기]를 사용하다가 [연장]을 사용하기 위해 Esc를 누르고 [EX]를 다시 입력할 필요가 없다는 의미입니다.

> 준비 파일 • 캐드 고수의 비밀 01/extend_trim.dwg
> 완성 파일 • 캐드 고수의 비밀 01/extend_trim_fin.dwg
>
> 보통 중심선을 그릴 때 직선을 그린 다음 간격을 띄워 준비 파일처럼 만듭니다. 그리고 주로 [자르기] 와 [연장]을 사용해 정리하죠. 이때 두 기능이 사실 하나의 기능이라는 작은 팁만 알고 있으면 더 편리하게 수정할 수 있습니다.
>
>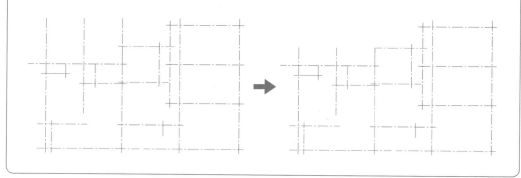

01. 선 정리 계획하기

왼쪽 위 3개의 중심선을 오른쪽 선의 길이에 맞게 잘라 내고자 합니다. 2개의 선이 교차하고 있지 않기 때문에 [연장] 기능을 사용해 오른쪽 선을 늘린 다음, [자르기] 기능으로 잘라 내겠습니다.

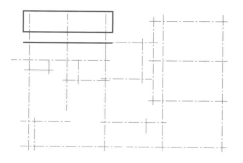

02. [연장] 기능 사용하기

계획을 세웠으니 [연장] 기능을 사용해 보겠습니다. ❶ [EX]를 입력한 후 Enter 를 눌러 기능을 실행합니다. 2021 버전부터는 [연장(EX)] 기능의 [빠른 작업(Q)] 옵션이 기본으로 설정되어 있어서 객체를 선택하면 바로 연장됩니다.

❷ 하지만 [표준(S)] 모드를 사용하거나 2020 이하 버전을 사용한다면 '도면의 모든 객체를 경계선으로 사용하기 위해' Enter 를 한 번 더 눌러야 합니다. ❸ 가로로 길이가 좀 짧은 선을 클릭해 연장합니다. 두 번 클릭해 필요한 위치까지 길어지게 만듭니다. 아직 Enter 를 눌러 기능을 마치지 마세요!

◇ 연장

- 명령어 [EXTEND]
- 단축 명령어 [EX]
- 실행 방법 [EX] → 연장할 객체 선택 → Enter

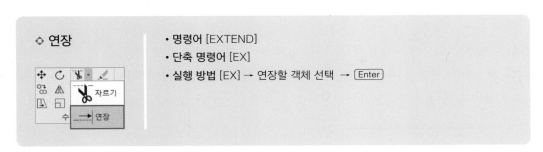

❶ [EX] 입력 + Enter

❷ 2020 이하 버전을 사용한다면 Enter 를 한 번 더 누르세요.

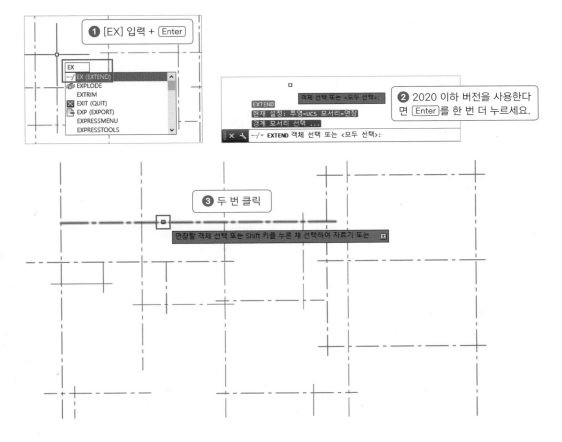

❸ 두 번 클릭

연장할 객체 선택 또는 Shift 키를 누른 채 선택하여 자르기 또는

03. [연장]으로 [자르기] 기능 사용하기

이번에는 잘라 낼 차례입니다. 이 책을 읽지 않았다면 Esc나 Enter를 눌러 [연장]을 끝내고 다시 [자르기]를 실행했겠죠. 대부분의 사람들도 습관적으로 기능을 쓰는 바람에 놓치고 있는 내용인데 마우스 커서 옆에 'Shift를 누른 채 선택하여 자르기'라고 써 있습니다. [연장]을 사용하고 있지만 Shift를 활용하면 [자르기] 기능을 사용할 수 있다는 거죠.

04. 오토캐드가 시키는 대로 ❶ Shift를 누른 채 '걸치기 선택'으로 세 선을 한 번에 선택합니다. ❷ [연장] 기능을 사용하고 있지만, 객체가 잘려 나갔습니다. ❸ 가로 선도 Shift를 누른 채 클릭해 잘라 낼 수 있습니다. ❹ 다 잘랐으면 Enter를 눌러 기능을 종료합니다.

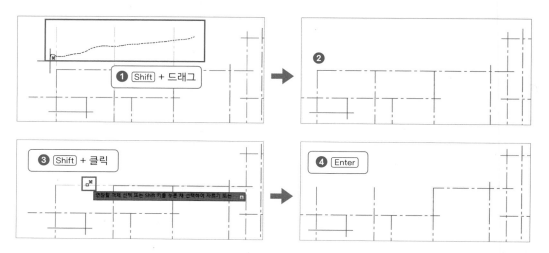

별 것 아닌 것 같지만, 화면과 명령행에 표시되는 내용에는 이처럼 유용한 기능이 많이 숨어 있습니다. 기능에 익숙해지기 전까지 가끔씩 오토캐드의 화면과 명령행에 표시되는 옵션을 읽어 보세요. 작업 시간을 현저히 줄이는 팁을 얻을 수 있습니다.

가상의 연장선까지 '경계선'으로 인식하게 하려면? EDGEMODE

[자르기(TR)]와 [연장(EX)]은 '경계선'과 직접 교차하는 지점이 있어야만 사용할 수 있는 기능입니다. 방금 편집한 부분도 가로의 선이 교차하고 있지 않아 연장한 후에야 잘라 낼 수

있었죠. 하지만 환경 변수를 수정하면 '객체의 가상 연장선까지 경계'로 사용할 수 있습니다. 환경 변수 ❶ [EDGEMODE]를 입력한 후 Enter 를 누르고 ❷ 값을 [1]로 설정한 다음 Enter 를 눌러 보세요. 경계선과 객체가 직접 교차하지 않더라도 잘라 낼 수 있습니다.

▶ 환경 변수인 [EDGEMODE]의 초깃값은 [0]입니다.
▶ 2021 이상의 버전에서는 [표준(S)] 모드를 사용해야만 이 환경 변수를 사용할 수 있습니다.

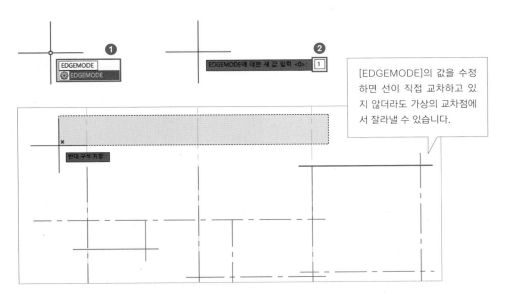

[EDGEMODE]의 값을 수정하면 선이 직접 교차하고 있지 않더라도 가상의 교차점에서 잘라낼 수 있습니다.

이때 사용자의 현재 화면에 표시되는 객체만 가상의 경계선으로 인식합니다. 다른 선의 연장선이 화면에 보이면 이 또한 경계선으로 인식해 짧은 선들이 남을 수도 있습니다.

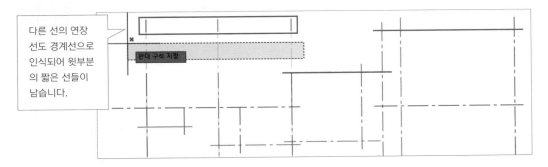

다른 선의 연장선도 경계선으로 인식되어 윗부분의 짧은 선들이 남습니다.

따라서 [EDGEMODE]를 [1]로 바꿨다면, [자르기(TR)]와 [연장(EX)] 기능에서 경계선을 '모든 객체'로 선택하기보다 '특정 객체를 직접 선택'해 사용해야 필요한 부분을 한 번에 잘라 내고 연장할 수 있습니다.

사무실 도면 그리며 블록, 해치 다루기

앞에서 배운 기본 기능만 활용해도 도면을 충분히 그릴 수 있습니다. 하지만 이번에 다루는 기능을 알아 두면 같은 작업을 더 편리하게 할 수 있습니다. 반복해 사용하는 객체를 [블록]으로 만들면 더 빨리 넣어 수정할 수 있고, [해치] 기능을 사용하면 사선, 빗금, 격자 모양의 패턴을 한 번에 넣을 수 있기 때문입니다.

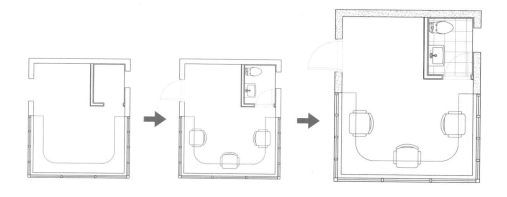

04-1 자주 쓰는 문, 창문, 가구를 [블록]으로 만들기

앞에서 문과 창문 등을 하나하나 그려 봤지만, 실무에서는 이것들을 [블록]으로 만들어 사용합니다. 블록이란, 도면에서 자주 사용하는 요소들을 하나의 객체로 묶어 놓은 것을 말하지요. 이렇게 블록으로 만들면 객체를 클릭하기도 쉽고, 일괄 수정하기도 쉽습니다.

블록을 왜 사용하나요?

블록이란, 도면에서 자주 사용하는 기호, 부품, 도면 소스 등을 하나의 객체로 묶어 놓은 객체의 집합입니다. 블록은 왜 사용할까요? 오른쪽 예시를 보면 도면에 여러 개의 문과 기둥들이 보일 것입니다. 이런 도면을 그릴 때 앞에서 문을 그렸던 것처럼 하나하나 그리면 시간이 엄청 걸립니다. 물론 [복사(CO)] 기능을 사용할 수 있겠지요. 하지만 갑자기 문 사이즈가 바뀌어 수정해야 할 때는 어떻게 해야 할까요? 하나씩 선택해 일일이 수정해야 할까요? 반복해서 사용하는 객체를 [블록]으로 넣었다면 한 번에 쉽게 수정할 수 있습니다.

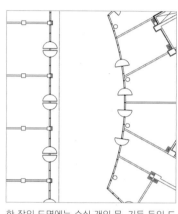

한 장의 도면에는 수십 개의 문, 기둥 등의 도면 요소가 사용됩니다.

또 다른 예를 들어 보겠습니다. 주차장에는 공간 표시를 위한 주차 선이 그려져 있는데, 이 주차 선에 사선을 추가하려면 어떻게 해야 할까요? [블록]을 사용하면 이런 편집 작업을 순식간에 마칠 수 있습니다.

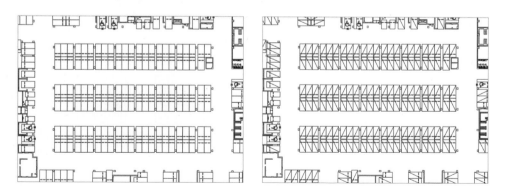

이런 경우도 있습니다. 다음 도면에서 문을 삭제해 보겠습니다. [윈도우 선택]으로 문을 선택하고 [Delete]를 눌렀습니다. 그런데 벽까지 함께 지워졌네요. 문만 선택해 지우려고 했는데, 한 번에 선택하다 보니 벽까지 지워져 버린 것입니다. 이럴 때 블록으로 묶어 두면 선택하기도 훨씬 쉬워집니다.

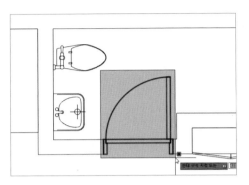 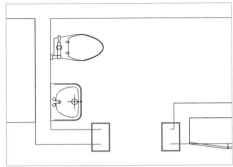

블록은 이렇게 '한 번에 선택되면 좋겠다'는 부분에 사용하면 좋습니다. 직접 실습하면서 블록을 어떻게 설정하고 수정하는지 살펴보겠습니다.

직접 해보세요! 화장실 가구를 블록으로 만들기

준비 파일 • 04/화장실.dwg
완성 파일 • 04/화장실_fin.dwg

블록은 반복해 사용할 도면 소스인 문, 창문, 가구 등에 주로 사용합니다. 화장실 도면에서는 무엇을 블록으로 만들면 좋을까요? 문, 세면대, 창문, 대변기를 블록으로 만들면 좋겠군요. 이렇게 블록으로 만들면 반복해서 사용하거나 편집하기 쉬워질 뿐만 아니라 객체를 선택하기도 쉬워집니다.

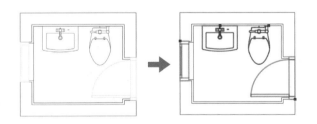

블록 만들기

블록 수정하기

01. 준비 파일 열기

준비 파일에는 화장실 도면이 그려져 있습니다. 도면의 대변기, 세면대, 창문, 문 등을 클릭해 보면 선, 호 등의 객체들이 각각 선택됩니다. 이 객체들을 블록으로 묶어 선택하기 쉽게 만들어 보겠습니다.

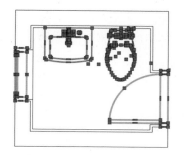

ⓒ 실무에서는 Ctrl + Shift + V 를 사용해 블록을 만들기도 합니다([캐드 고수의 비밀 09] 참고). 하지만 이 방법을 사용하면 블록의 이름이 무작위로 만들어지기 때문에 활용도가 떨어집니다. 오래 사용할 블록이라면 여기서 설명하는 정석대로 만드는 게 좋습니다.

02. 블록 명령어 실행하기

먼저 블록을 만들어 보겠습니다. ❶ 블록 명령어인 [BLOCK]을 입력한 후 Enter 를 누르면 ❷ [블록 정의] 팝업 창이 화면에 나타납니다. 이 창에서 블록에 저장될 정보를 입력합니다.

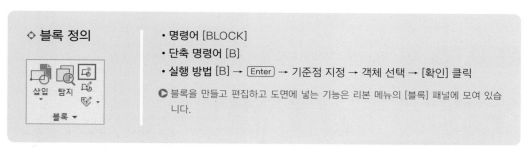

◈ **블록 정의**

- **명령어** [BLOCK]
- **단축 명령어** [B]
- **실행 방법** [B] → Enter → 기준점 지정 → 객체 선택 → [확인] 클릭

ⓒ 블록을 만들고 편집하고 도면에 넣는 기능은 리본 메뉴의 [블록] 패널에 모여 있습니다.

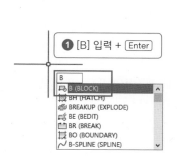

❶ [B] 입력 + Enter

03. 블록 이름과 기준점 지정하기

❶ 먼저 블록 이름에 [문]을 입력합니다. 그런 다음 기준점을 지정해야 합니다. 여기서 기준점이란, 블록이 도면에 삽입되는 기준 지점이자 마우스 커서를 따라 움직이는 지점입니다. ❷ [선택점] 아이콘을 클릭합니다. ❸ 팝업 창이 잠시 사라지면 기준점을 클릭해 지정할 수 있습니다. 문틀의 오른쪽 아래 끝 지점을 클릭합니다. ❹ 클릭한 기준점의 좌표가 [블록 정의] 팝업 창에 입력됩니다.

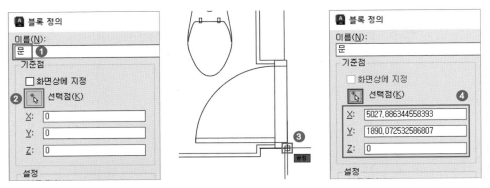

▶ 기준점은 [COPY], [MOVE] 기능을 사용할 때 마우스 커서를 따라 돌아다니는 기준이 됐던 지점을 떠올리면 쉽습니다.
▶ [선택점] 아이콘을 클릭하는 대신 직접 좌표를 입력해도 됩니다.

실무에선 이렇게! **블록 이름은 가급적 알아보기 쉽게, 자세하게 적어 주세요**

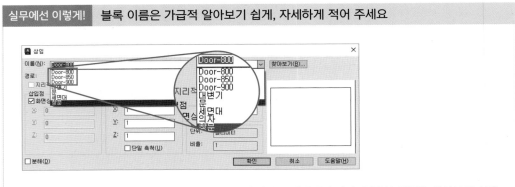

블록의 이름은 자세히, 가급적이면 규격을 포함해 정하는 것이 좋습니다. 블록의 이름을 알아보기 쉽게 지정해 놓으면 여러 블록들 가운데에서 찾기 쉬워 도면에 배치할 때 편리하기 때문입니다. 도면을 함께 그리는 사람들이 쉽게 알아보도록 약속한 특정 양식으로 지정하는 것도 좋습니다.

04. 블록으로 만들 객체 선택하기

이번에는 블록으로 만들 객체를 선택하겠습니다. ❶ [객체 선택] 버튼을 클릭합니다. ❷ [문]
이라는 블록으로 합칠 객체를 귀찮더라도 직접 선택합니다. 객체를 모두 선택했다면 [Enter]
를 누릅니다. ❸ 선택한 객체의 [미리 보기]가 이름 옆에 작게 나타납니다. 이제 최소한으로
필요한 정보는 모두 입력했습니다. ❹ [확인] 버튼을 클릭하면 블록이 만들어집니다.

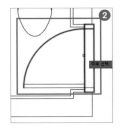

◖ 계속 사용할 블록을 만들 때 불필요한 객체가 선택되지 않도록 주의하세요. 블록을 사용할 때마다 불필요한 객체가 계속 함께
나타나면 안 되니까요.
◖ 객체를 선택할 때 선이 일부 겹쳐 있을 수도 있기 때문에 영역을 선택하기보다 하나씩 객체를 직접 선택해 블록을 만드는 것이
좋습니다.

◖ 객체를 먼저 선택하고 기능을
실행해도 돼요.

😫 삽질 금지   [기준점]을 꼭 지정하세요!

블록을 만들 때는 반드시 기준점을 정해야 합니다. 가급적 객체의 특정 지점으로 지정하는 것이 좋고,
더 신경을 쓴다면 블록을 배치할 때를 생각해 적절한 위치로 정해야 합니다.

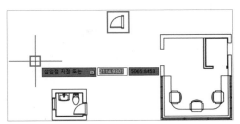

기준점을 지정하지 않으면 원점인 [0, 0, 0]으로 지정됩니다.

원점이나 객체와 멀리 떨어진 점을 기준점으로 지정하면 블록을 도면에 집어넣을 때 오른쪽 그림과
같이 마우스 커서와 동떨어진 지점에 들어갑니다. 즉, 기준점을 지정하지 않으면 블록을 넣을 때마다
[MOVE] 명령어로 이동해야 합니다. 이왕 블록으로 만든다면 반드시 기준점을 설정하세요.

05. [문] 블록을 마우스로 클릭해 보면 블록으로 만든 모든 객체가 한 번에 선택됩니다. [특성] 팔레트에서 정보를 확인해 보세요.

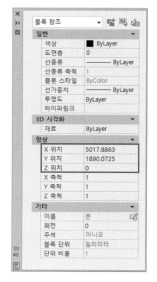
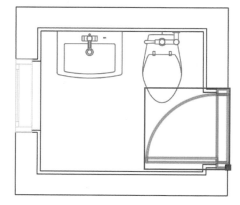

◐ 블록의 [특성] 팔레트에 표시되는 좌표는 기준점의 좌표입니다.

06. [블록] 활용하기

도면을 확대해 보면, 문이 바깥쪽으로 조금 튀어나가 있습니다. 이 부분을 수정하면서 블록의 장점을 느껴 보겠습니다. [MOVE]를 입력한 후 (Enter)를 누릅니다. 옮길 객체인 [문] 블록을 클릭하고 기준점과 대상점을 차례대로 클릭해서 문을 옆으로 조금 옮기세요.

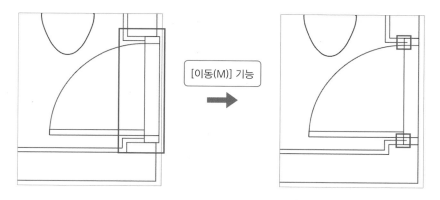

그런데 양쪽 문틀에 조금씩 선이 겹쳐 버렸네요. 이 부분을 잘라 내야 합니다.

07. 2021 버전부터는 [자르기(TR)]를 실행한 다음, 튀어나온 부분을 클릭해서 자르면 됩니다. 하지만 2020 이하의 버전에서는 경계선을 선택해야 합니다.

❶ [TRIM] 명령어를 입력한 후 [Enter]를 누르고 경계선으로 문의 선을 선택하려고 하면 블록이기 때문에 [문] 블록의 전체가 선택되는 것처럼 미리 보기가 나타납니다. ❷ 하지만 마우스로 클릭해 보면 블록의 일부만 선택됩니다. [자르기] 기능을 사용하기 위해 블록을 분해할 필요가 없다는 뜻입니다. [블록]을 사용하면 이렇게 객체를 옮기거나 불필요한 선을 정리할 때 편리합니다.

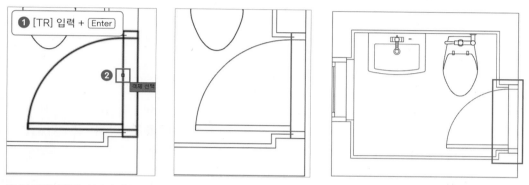

▷ [자르기], [연장]의 [경계선]을 지정할 때는 블록의 모든 객체가 선택되지 않고 마우스로 클릭하는 객체만 선택됩니다.
▷ 2020 이하 버전 사용자라면 [Enter]를 한 번 더 눌러서 모든 객체가 경계선이 되도록 하면 더 편하게 잘라 낼 수 있겠죠?

다른 요소도 블록으로 만들어 보세요

창문, 세면대, 대변기도 블록으로 만들어 연습해 보세요. 블록으로 만들 때는 [이름]과 [기준점]이 중요합니다. 블록 이름은 각각 [창문], [세면대], [대변기]로, 기준점은 아래에 표시한 부분으로 만들어 보세요.

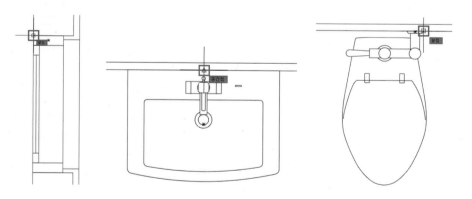

04-2 소형 사무실 도면에 블록 [삽입]하기

블록을 만들었으니 도면에 넣어 써먹어야겠죠? 오토캐드에서는 다른 dwg 파일을 통째로 블록으로 만들어 넣을 수도 있고, 현재 사용 중인 도면에 저장된 블록을 넣을 수도 있습니다. 도면에서 자주 사용할 소스만 따로따로 dwg 파일로 저장해 두면 두고두고 활용하기가 편리합니다.

직접 해보세요! 도면에 블록 삽입하기

준비 파일 • 04/insert.dwg
완성 파일 • 04/insert_fin.dwg

블록을 도면에 넣으려면 어떻게 해야 할까요? 도면에서 블록을 직접 클릭한 후 Ctrl + C, Ctrl + V로 넣을 수 있습니다. 하지만 그러려면 복잡한 도면에서 원하는 블록을 찾아야 하므로 번거롭습니다. 대신 더 쉬운 방법이 있습니다. 앞에서 만들었던 화장실 블록을 사무실 도면에 집어넣으면서 블록을 넣는 가장 쉬운 방법을 알아보겠습니다.

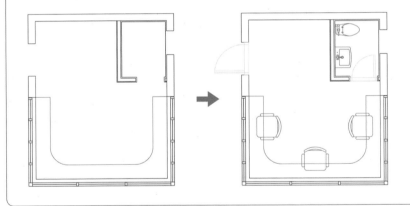

01. 리본 메뉴로 [문] 집어넣기

준비 파일을 열면 오른쪽에 벽체만 그려진 빈 도면이 보일 것입니다. 이 도면에 블록을 삽입해 보겠습니다. 문을 2개 넣어야 하는데, 먼저 왼쪽 벽면에 문을 넣겠습니다. ❶ 리본 메뉴의 [삽입] 버튼을 클릭하면 도면에 저장돼 있는 블록이 미리 보기 형태로 표시됩니다. ❷ 그중 [문] 블록을 클릭하면 마우스 커서를 따라다니며 화면에 표시됩니다. ❸ 벽체 개구부의 오른쪽 아래에 있는 꼭지점을 클릭해 배치합니다.

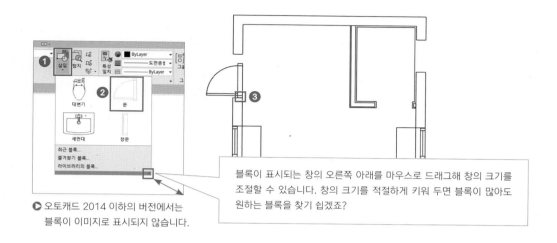

블록이 표시되는 창의 오른쪽 아래를 마우스로 드래그해 창의 크기를 조절할 수 있습니다. 창의 크기를 적절하게 키워 두면 블록이 많아도 원하는 블록을 찾기 쉽겠죠?

▷ 오토캐드 2014 이하의 버전에서는 블록이 이미지로 표시되지 않습니다.

02. 축척 조절하기

문을 넣었는데 아직 문의 크기가 작아 개구부가 비어 있네요. [축척] 기능을 사용해 문의 크기를 키워 보겠습니다. ❶ 축척 기능의 명령어인 [SCALE]나 단축 명령어인 [SC]를 입력하고 Enter 를 누릅니다. ❷ 크기를 바꿀 객체로 [문] 블록을 클릭하고 선택을 끝내기 위해 Enter 를 누릅니다. 블록으로 묶어 두니 한결 선택하기 쉽죠? ❸ 마우스 커서에 기준점을 지정하라는 글씨가 나타나면 문틀의 끝을 클릭합니다.

◇ **축척**

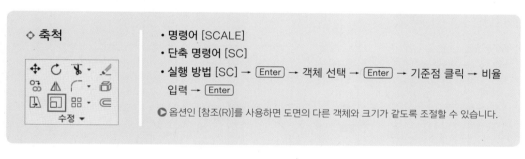

- **명령어** [SCALE]
- **단축 명령어** [SC]
- **실행 방법** [SC] → Enter → 객체 선택 → Enter → 기준점 클릭 → 비율 입력 → Enter

▷ 옵션인 [참조(R)]를 사용하면 도면의 다른 객체와 크기가 같도록 조절할 수 있습니다.

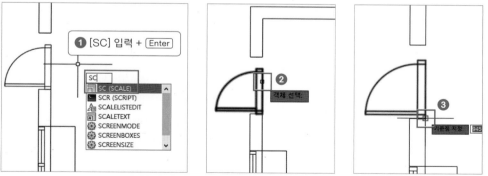

❶ [SC] 입력 + Enter

▷ 기준점은 [축척] 기능을 사용해도 변함 없이 지점을 클릭하는 것이 편리합니다. 여기서는 벽과 맞닿은 문틀을 클릭하는 게 좋겠지요.

03. 축척의 [참조] 옵션 이용하기

축척 비율을 입력해야 합니다. 이때 비율이 1.2, 1.5, 3 등으로 정해져 있다면, 숫자를 입력한 후 (Enter)를 누르면 됩니다. 하지만 정확한 비율을 알지 못할 때는 어떻게 해야 할까요? 이때는 기준이 되는 한쪽 선을 선택한 후 이 선이 늘어나거나 줄어들 지점을 클릭하면 됩니다. 앞에서 기준점까지 지정했다면 명령행에서 [참조(R)]를 클릭하거나 단축 명령어인 [R]을 입력하고 (Enter)를 누릅니다.

◐ [참조(R)]를 누르지 않고 바로 클릭하면 기준점부터 클릭한 지점까지의 길이를 축척 비율이라고 인식해 엉뚱한 결과가 나옵니다.

04. [참조] 길이 지정하기

참조 길이를 지정하라는 메시지가 나타나면 ❶ [축척]의 기준점으로 지정했던 점을 다시 한 번 클릭합니다. ❷ 두 번째 점을 지정하라고 하면 문의 반대쪽 끝을 클릭합니다. 마우스를 움직여 보면 크기가 마우스를 따라 수정되는 것을 미리 보기로 확인할 수 있습니다. ❸ 개구부의 반대쪽 끝을 클릭합니다. [문] 블록이 개구부의 크기에 정확히 일치하도록 수정됐습니다.

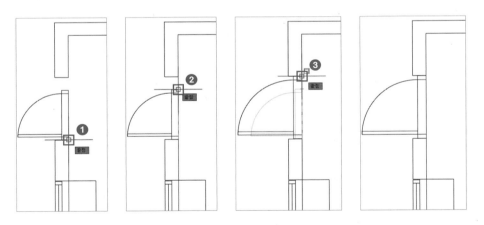

05. [블록] 팔레트로 문 집어넣기

이번에는 2020 버전에서 새로 추가된 [블록] 팔레트로 오른쪽의 개구부에 문을 넣어 보겠습니다. 예전에는 [삽입(INSERT)] 기능을 사용해 별도의 창이 나타나서 블록을 선택하기 불편했지만, [블록] 팔레트를 사용하면 훨씬 편하게 사용할 수 있습니다.

◈ [블록] 팔레트

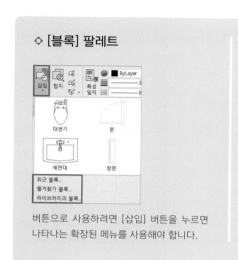

버튼으로 사용하려면 [삽입] 버튼을 누르면
나타나는 확장된 메뉴를 사용해야 합니다.

- 명령어 [INSERT], [BLOCKSPALETTE],
  [BLOCKSPALETTECLOSE]
- 단축 명령어 [I]

- 이전 버전의 [삽입] 기능을 사용하려면 [CLASSICINSERT] 명령어를 사용하세요.
- 팔레트를 닫는 단축 명령어가 없습니다. 단축키나 단축 명령어를 추가로 설정하면 훨씬 더 편하게 사용할 수 있습니다.

06. ❶ [블록] 팔레트를 여는 명령어인 [INSERT]나 [BLOCKSPALETTE]를 입력하거나, 단축 명령어인 [I]를 입력한 후 Enter 를 누르면 [블록] 팔레트가 화면에 표시됩니다. ❷ 팔레트에는 3개의 탭이 있는데 [현재 도면] 탭을 클릭하면 지금 사용 중인 도면에 저장된 모든 블록을 쉽게 확인할 수 있습니다. ❸ [문] 블록을 클릭합니다.

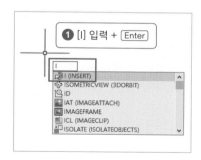

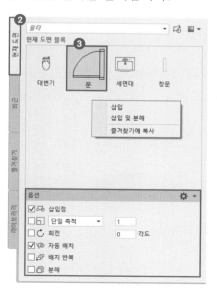

- 블록을 어떤 상태로 도면에 삽입할 것인지는 [옵션]에서 설정할 수 있습니다. 그런데 블록을 드래그해서 삽입하면, 옵션들 중 일부가 무시돼요. 예를 들어 [분해]에 체크하고 블록을 클릭해서 삽입하면 분해된 상태로 삽입되지만, 드래그하면 분해되지 않죠.

- 마우스 오른쪽 버튼으로 클릭하면 자주 사용하는 블록을 즐겨찾기 탭에 추가할 수 있어요.
- 2020 버전에서는 1개의 다른 도면에서 블록을 가져올 수 있고, 2021 버전에서는 특정 폴더 안의 모든 도면에서 블록을 가져올 수 있어요. 그리고 2022 버전에서는 즐겨찾기를 구성해서 나만의 블록 라이브러리를 쉽게 만들 수 있어요.

07. ❶ 마우스 커서를 팔레트 밖으로 옮겨 보세요. 마우스 커서를 따라 미리 보기가 표시됩니다. 문의 크기, 각도, 방향을 바꿔야겠네요. 일단 방해되는 객체가 없는 곳을 클릭해서 블록을 도면에 집어넣습니다. 꼭 이미지처럼 방의 가운데에 넣을 필요는 없어요. 방향을 조절한 다음에 다시 옮길 거니까요. ❷ [회전(RO)] 기능과 [직교 모드(F8)]를 활용해서 문을 -90도 회전시킵니다. ❸ 이제 정확한 위치로 옮겨 보세요. [이동(M)] 기능을 사용해서 개구부의 한 모서리에 딱 맞도록 문을 옮깁니다. 왼쪽 모서리에 맞춰서 이동시켰더니, 문이 조금 작아서 오른쪽 모서리가 조금 벌어져 있네요.

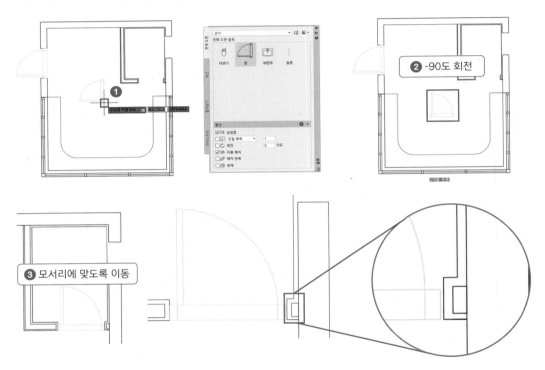

08. 앞에서와 마찬가지로 [축척(SC)], [반전(MI)] 등을 사용해 적절하게 정리합니다.

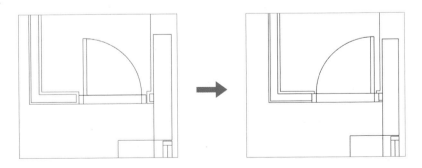

2019 이하 버전에서는 [삽입] 기능의 사용법이 조금 달라요!

2020 이상의 버전부터는 [INSERT] 명령어를 사용하면 [블록] 팔레트가 열립니다. 하지만 2019 버전까지는 [INSERT] 명령어를 사용하면 [삽입]이라는 별도의 창이 나타났지요. 2020 이상의 버전에서도 [삽입] 창을 열고 싶다면 [CLASSICINSERT]라는 명령어를 사용하면 됩니다.

◐ 이 기능은 개별 블록을 넣을 때는 불편하지만, 다른 DWG 파일을 통째로 블록으로 넣을 때는 편합니다.

2019 이하 버전에서의 [삽입] 기능 사용 방법은 오른쪽 QR 코드를 스캔해 PDF로 다운로드해 보세요.

[대변기], [세면대], [창문] 블록도 넣어 보세요

[대변기], [세면대], [창문] 블록도 배치해 보세요. 대변기와 세면대는 벽에 고정된 형태로 적절한 위치에 배치해 봅니다.

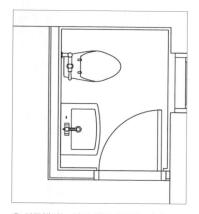

◐ 실무에서는 벽과 변기 사이의 거리 등이 정확하게 정해져 있겠지만, 이번 연습에서는 치수와 무관하게 적당히 배치해 보세요.

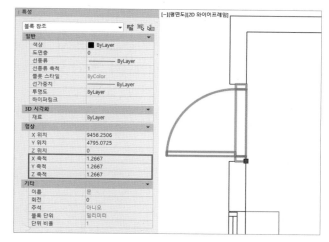

◐ 블록의 축척은 [특성] 팔레트에서도 수정할 수 있어요. [축척(SC)]을 사용하면 가로와 세로가 같은 비율로 조절되지만, [특성] 팔레트에서는 비율을 다르게 조절할 수도 있어요.

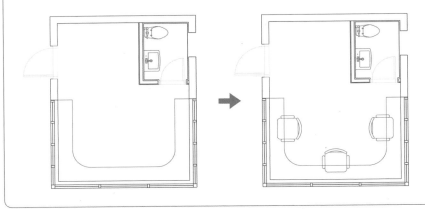

직접 해보세요! dwg 파일 불러와 의자 넣기

준비 파일 • 04/chair.dwg, insert_chair.dwg
완성 파일 • 04/insert_chair_fin.dwg

이번에는 독립 dwg 파일로 저장된 의자를 도면에 불러와 넣어 보겠습니다. 이때 다른 파일로 저장된 도면은 도면의 원점이 삽입의 기준점으로 사용됩니다. 그렇기 때문에 다른 파일에 불러올 도면 소스를 만들 때는 [원점]을 잘 지정해야 합니다.

01. chair.dwg 삽입하기

책상만 있는 사무실 도면 [insert_chair.dwg]에 의자를 넣어 보겠습니다. 다른 도면을 블록으로 삽입할 때도 사용하는 기능은 같습니다. ❶ 리본 메뉴에서 [삽입] 버튼을 클릭한 후 ❷ [라이브러리의 블록]을 클릭합니다. ❸ [chair.dwg]를 선택하고 ❹ [열기] 버튼을 클릭하면 ❺ [블록] 팔레트의 [라이브러리] 탭에 의자 블록이 표시됩니다.

▶ [라이브러리]를 사용한 적이 있다면 [블록] 팔레트가 바로 화면에 표시되지만, 한 번도 사용하지 않았다면 폴더나 도면을 지정하라는 [블록 라이브러리의 폴더 또는 파일 선택] 대화 상자가 화면에 표시될 거예요.

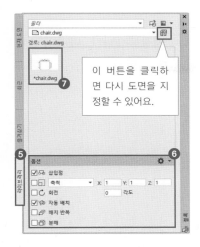

이 버튼을 클릭하면 다시 도면을 지정할 수 있어요. ❼

[chair.dwg] 파일을 불러왔으니 어떻게 집어넣을지 설정해야 합니다. 가장 간단한 설정은 '마우스로 클릭해 배치하되, 각도와 축척은 변하지 않는' 설정입니다. 이 설정이 기본 설정으로 되어 있습니다. ❻ [삽입점]에만 체크되어 있는 상태에서 ❼ [*chair.dwg]를 클릭합니다.

◐ [*chair.dwg]처럼 파일 이름과 확장자가 모두 표시되는 블록은 선택한 파일 전체가 블록으로 삽입된다는 뜻입니다. 만약 불러온 파일에 블록이 들어 있다면 그 블록들이 표시됩니다.

◐ 2021 이하의 버전에는 [즐겨찾기] 탭이 없습니다. 자주 사용하는 블록을 모아두려면 [도구 팔레트(TOOLPALETTE, TP)]를 사용하세요!

◐ 블록을 마우스 오른쪽 버튼으로 클릭하면 [즐겨찾기에 복사]를 사용할 수 있어요. 이 기능을 사용하면 선택한 블록이 [즐겨찾기] 탭에 추가됩니다. 자주 사용할 블록을 추가해 두면 쉽게 사용할 수 있겠죠?

02. 마우스 커서를 [블록] 팔레트 밖으로 옮기면, 마우스 커서를 따라 의자가 미리 보기로 나타납니다. 의자는 움직이는 가구이기 때문에 정확한 위치에 배치할 필요가 없죠. 적절한 위치를 클릭해 배치합니다.

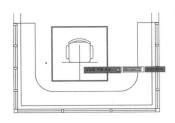
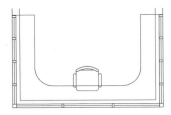

03. 다른 의자 배치하기

[chair.dwg]는 도면에 블록으로 [삽입]돼 [chair]라는 블록으로 저장됐습니다. 따라서 리본 메뉴나 [삽입] 기능으로 도면에 반복해서 사용할 수 있습니다. 다른 의자도 적절히 배치해 보세요.

 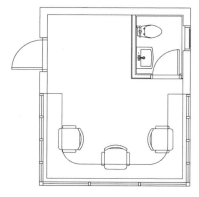

dwg 파일을 블록으로 집어넣을 때 적용되는 규칙

다른 dwg 파일을 블록으로 넣을 때는 몇 가지 규칙이 적용됩니다.

첫째, dwg 파일의 원점(절대 좌표가 [0, 0]인 점)이 블록의 기준점으로 설정됩니다. 아래 예시에서는 의자 한쪽 변의 중간점을 원점으로 맞춰 놓았기 때문에 이 점이 기준점으로 사용되고, 도면에 삽입될 때 삽입점으로 사용됩니다.

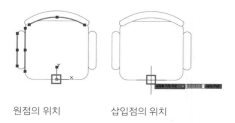

원점의 위치   삽입점의 위치

◑ [INSBASE]로 기준점을 제어할 수 있지만 외부 참조로 활용할 때 오류가 생기기 때문에 추천하지 않습니다.

둘째, 블록의 이름은 dwg 파일 이름으로 지정됩니다. 예를 들어 [chair.dwg] 파일을 불러오면 [chair]라는 이름으로 블록이 생깁니다.

셋째, 블록의 이름이 같으면 불러올 수 없습니다. [chair]라는 블록이 이미 있는 상태에서 [chair.dwg] 파일을 불러올 수 없습니다. 만약, 오른쪽 경고 창에서 [블록 재정의] 버튼을 누르면 이미 도면에 들어가 있는 [chair] 블록이 [chair.dwg] 파일의 내용으로 교체됩니다. 따라서 블록의 이름이 같을 경우, dwg 파일의 이름을 바꾼 후에 불러오세요.

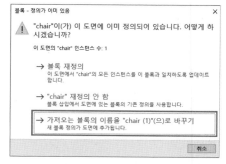

◑ 2023부터는 중복된 이름의 블록을 [삽입(INSERT)] 할 때 이름을 바꾸는 옵션이 추가되었습니다.

04-3 콘크리트 재질, 정확한 치수의 타일 표현하기

다시 화장실 도면으로 돌아가서 바닥에 타일을 표시하고 기타 필요한 부분에 재질을 표시하겠습니다. 선으로 하나씩 타일을 그리거나 복사해 붙여 넣을 수도 있지만 [해치] 기능을 사용하면 정해진 패턴을 도면에 쉽게 넣을 수 있습니다.

일정 영역에 패턴을 집어넣는 [해치]

도면에는 재질이나 영역을 표시하기 위해 일정 영역에 사선을 그리거나, 색을 입히거나, 특정 패턴을 집어넣는 경우가 많습니다. 여러 부재를 섞어 사용하는 경우에는 각각을 표시해야 하죠. 도면의 특별한 영역을 강조할 때도 자주 사용합니다. 이렇게 도면에 패턴을 집어넣을 때 [해치(HATCH)] 기능을 사용하면 편리하게 작업할 수 있습니다.

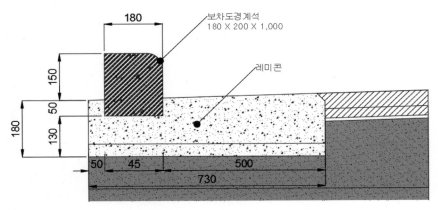

◐ 도면에는 물성을 표시하거나 영역을 표시하기 위해 다양한 패턴이 필요합니다.

직접 해보세요! **[해치]로 화장실 벽에 콘크리트 재질 표시하기**

준비 파일 · 04/화장실_콘크리트.dwg
완성 파일 · 04/화장실_콘크리트_fin.dwg

[해치] 기능으로 도면에 패턴을 넣을 때는 몇 가지를 정해야 합니다. 일반적인 특성인 도면층, 색 상뿐만 아니라 '어떤 패턴을 넣을 것인지', '얼마나 조밀하게 넣을 것인지'도 정해야 하죠. 그리고 '어디에 넣을 것인지'도 정해야 합니다.

재질을 표시할 때는 패턴의 크기가 중요하지 않습니다. 정확한 실제 크기가 아니더라도 보기 좋은 크기면 되죠. 화장실 도면의 벽에 콘크리트를 표시하며 배워 보겠습니다.

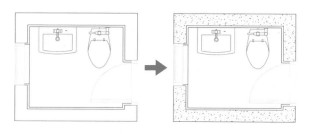

01. [해치] 기능 실행하기

뭔가를 그리기 전엔 도면층을 먼저 설정해야겠죠? ❶ 먼저 도면층을 [hatch]로 바꿔 주세 요. ❷ 해치의 명령어인 [HATCH]나 단축 명령어인 [H]를 입력하고 Enter를 누릅니다.

◇ **해치**

- **명령어** [HATCH]
- **단축 명령어** [H]
- **실행 방법** [H] → Enter → 패턴 선택 → 영역 지정 → Enter
- ▶ 패턴의 종류, 각도, 축척, 색상 등은 언제든 바꿀 수 있습니다.

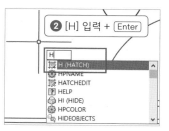

❷ [H] 입력 + Enter

02. [해치] 패턴 지정하기

[해치] 기능을 실행하면 리본 메뉴가 바뀝니다. 이 리본 메뉴에서 해치와 관련된 모든 설정을 해야 합니다. 먼저 패턴을 바꾸겠습니다. 기본 설정인 [ANGLE]을 콘크리트 무늬인 [AR-CONC]로 바꿉니다.

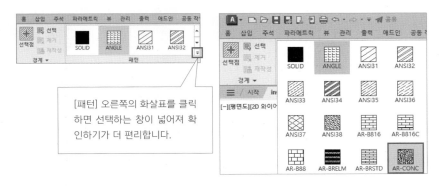

[패턴] 오른쪽의 화살표를 클릭하면 선택하는 창이 넓어져 확인하기가 더 편리합니다.

03. [해치] 넣을 부분 지정하기

이번에는 해치 넣을 부분을 도면에서 정할 차례입니다. 마우스 커서를 도면에 올려놓으면 '클릭하면 이 부분에 이런 패턴이 만들어집니다'라는 미리 보기가 표시됩니다. ❶ 패턴을 넣을 벽 부분을 마우스 왼쪽 버튼으로 클릭하면 [해치]가 입혀집니다. ❷ 이어서 다른 부분을 클릭하면 같은 패턴을 계속 적용할 수 있습니다. 위 아래 벽에 패턴을 입힌 후 ❸ Enter 를 누르거나 리본 메뉴의 가장 오른쪽에 위치한 [닫기 해치 작성] 버튼을 클릭합니다.

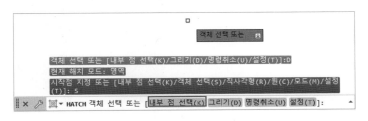

�‣ 복잡한 도면에서는 미리 보기가 표시될 때 컴퓨터가 멈출 수도 있으니 주의해야 합니다. 혹시 모르니 저장한 후 기능을 실행하세요.

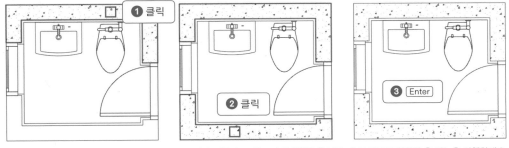

�‣ 해치를 작성할 때, 닫힌 영역 내부를 클릭하는 [내부 점 선택(K)], 경계 객체를 직접 선택하는 [객체 선택(S)] 그리고 2025 버전부터 추가된 다각형이나 원을 직접 그리는 [그리기(D)], 이렇게 세 가지 방법을 사용할 수 있으며, 보편적으로 [내부 점 선택(K)]을 많이 사용합니다.

04. 패턴 수정하기

콘크리트 패턴을 넣긴 했는데 패턴이 조금 조밀하면 좋겠네요. ❶ 방금 넣은 패턴을 선택하면 해치를 넣을 때처럼 리본 메뉴가 바뀌는데, 여기서 패턴을 수정할 수 있습니다. 대표적으로 자주 수정하는 부분은 '축척'인데, '패턴이 얼마나 조밀할지'를 지정하는 값입니다. 더 조밀하게 하려면 작은 숫자를 입력하고, 크게 하려면 큰 숫자를 입력합니다. ❷ 조금 더 조밀하게 만들기 위해 '0.5'로 설정합니다. ❸ 리본 메뉴의 [닫기]를 클릭하거나 [Esc]를 눌러 종료합니다.

▶ 해치를 그릴 때 축척을 미리 설정해 두고 그릴 수도 있고, 실습처럼 해치를 다 그려 두고 수정할 수도 있습니다.

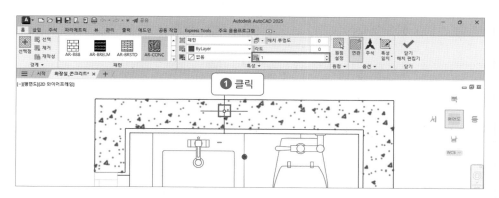

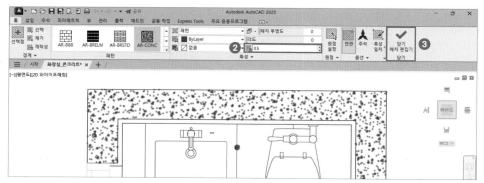

패턴에서 수정할 수 있는 것들!

리본 메뉴에서는 축척 말고도 패턴을 회전하거나, 색상을 바꾸거나, 패턴의 배경에 색상을 넣거나, 패턴의 투명도를 조절할 수도 있습니다.

▶ 패턴의 색상과 배경색 옵션을 사용하는 방법은 09-1을 참조하세요.

해치 전용 도면층 지정하기

뭔가를 그리기 전, 항상 [도면층]을 지
정해야 한다는 것을 잊지 않았죠? 하
지만 [해치(H)] 기능에서는 '해치를 넣
을 때는 무조건 이 도면층으로만 그
려'라고 설정할 수 있습니다.

[해치(H)]를 실행하면 나타나는 리본
메뉴에서 [특성] 패널을 확장하면 도
면층을 지정할 수 있는 공간이 나타납

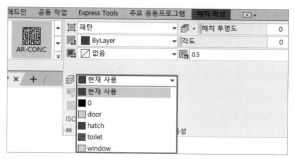

니다. 여기에서 [hatch] 도면층으로 지정해 두면 현재 도면이 [0] 도면층인 상태에서 [해치(H)] 명령
어를 사용해도 [hatch] 도면층으로 그려지죠.

▶ 이 기능은 환경 변수인 [HPLAYER]로도 사용할 수 있으며, 환경 변수로 입력한 도면층이 아직 없는 경우에는 오토캐드
가 새 도면층을 만듭니다.

하나의 객체로 그려진 패턴을 나누고 싶어요!

[해치] 기능으로 패턴을 넣으면 '기능이 종료될 때까지 만든 해치'를 1개의 객체로 만듭니다. 예제에서
처럼 화장실 벽에 넣은 해치를 클릭하면, 한 번에 모든 해치가 선택되죠. 그런데 도면을 그리다 보면 같
은 패턴을 각 영역별로 따로 만들어야 할 경우도 생깁니다. 이럴 때는 어떻게 해야 할까요?

해치의 옵션 중 하나인 [개별 해치]를 사용해 보세요. 이 옵션을 사용하면 각 구간별로 나눠 패턴을 넣
습니다. [해치] 기능을 사용할 때 설정할 수도 있고, 해치를 다 넣고 나서 편집할 때 설정할 수도 있습니
다. 단, 한 번 나눈 해치를 다시 하나로 합칠 수는 없으니 주의하세요.

해치를 나누고 싶다고 해서 [분해(EXPLODE, X)]를 사용하면 큰일납니다. 구간별로 나뉘는 게 아니라
해치가 객체로 바뀌어 버리니까요. 하나의 해치가 수백 개, 수천 개의 선으로 바뀌어 버리니 도면이 엄
청나게 무거워집니다. 해치는 절대 분해하지 마세요.

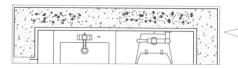

해치를 [분해]하면 콘크리트 해치 모양
대로 선들이 생깁니다.

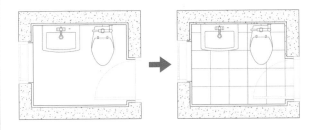

직접 해보세요! [USER] 패턴 활용해 격자 패턴 그리기

준비 파일 • 04/화장실_타일.dwg
완성 파일 • 04/화장실_타일_fin.dwg

해치는 보기 좋게 적당히 표시할 수도 있지만, 특정 치수로 정확히 그려야 할 경우도 있습니다. 화장실의 타일 같은 경우는 가로와 세로로 정확한 치수가 있어서 그 치수대로 패턴을 그려야 하죠. 이번에는 화장실 바닥에 가로와 세로가 300인 타일을 표시해 보겠습니다.

01. 가로 패턴 그리기

패턴 리스트의 마지막에는 [USER]라는 패턴이 있는데, 이 패턴을 사용하면 정사각형의 해치를 쉽게 만들 수 있습니다. ❶ [해치(H)] 기능을 실행합니다. ❷ 패턴을 [USER]로 바꿉니다. ❸ 해치를 집어넣을 영역을 클릭합니다. 너무 조밀해 마치 [SOLID]로 그려진 것처럼 가득 차 보이네요. ❹ 축척을 [300]으로 변경하면 패턴이 실선으로 나타납니다. ❺ Esc를 눌러 명령을 종료합니다.

▶ [USER]의 평행선 기본 간격은 [1]입니다. 축척을 '300' 배했기 때문에 각 선의 간격이 [300]으로 설정됩니다.

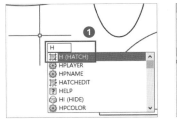

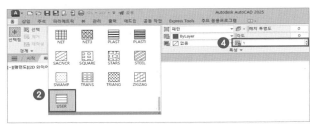

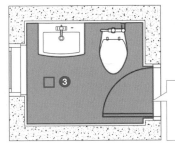

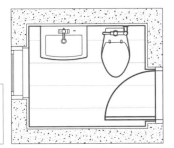

화장실 바닥이 가득 차도록 문의 궤도 안쪽도 클릭해 영역에 포함시킵니다.

02. 세로 패턴 그리기

격자 무늬를 만들려면 패턴이 세로로도 그려져야 합니다. 직사각형으로 그리길 원한다면 패턴을 다시 한 번 겹쳐 넣어야 하지만, 정사각형은 한 번에 만들 수 있는 옵션이 있습니다. ❶ 앞에서 그린 가로 패턴을 클릭한 후 ❷ 리본 메뉴의 [특성]을 클릭해 메뉴를 확장하고 ❸ [이중]을 클릭합니다. ❹ (Esc)를 눌러 기능을 마치면 격자 무늬가 완성됩니다.

  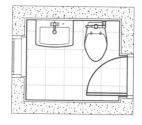

03. 시공을 고려해 해치 수정하기

지금과 같은 형태로 실제로 타일을 시공하면 벽과 만나는 부분에 한 장이 온전하게 들어가지 않아 타일을 많이 잘라야 합니다. 잘리지 않은 온전한 타일이 많이 들어가도록 '패턴이 만들어진 시작점'을 옮겨 봅시다. ❶ 격자 무늬 패턴을 클릭한 후 ❷ 리본 메뉴에서 [원점 설정]을 클릭합니다. 이 기능은 패턴의 시작점인 원점을 임의의 지점으로 재지정하는 기능입니다. ❸ 화장실의 왼쪽 아래 구석점을 클릭합니다. 패턴이 움직이면서 화장실의 왼쪽 아랫부분에서부터 300×300의 패턴이 만들어지도록 전체적인 형태가 조정됐습니다.

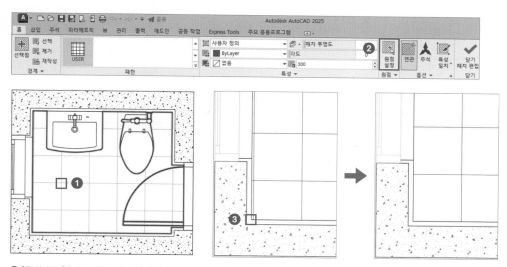

▶ [원점 설정]을 하지 않으면 모든 패턴이 경계의 원점부터 그려집니다.

직접 해보세요! **패턴 실제 치수 확인하기**

준비 파일 • 04/osnaphatch.dwg

앞에서 그린 격자 패턴이 과연 300 X 300 크기로 그려졌을까요? 일반적인 객체라면 바로 거리를 재는 기능을 사용하면 되지만, 아쉽게도 [해치]로 만든 객체는 하나로 묶여 있습니다. 그렇기 때문에 [객체 스냅]을 사용할 수 없죠. 패턴 객체 스냅을 켜고 실제 패턴 간격을 측정해 보겠습니다.

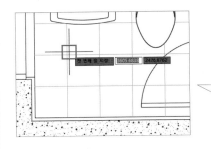

[선] 기능을 사용한 후에 마우스 커서를 패턴 근처에 올려놓아도 [교차점]이 잡히지 않습니다.

01. 해치의 객체 스냅 켜기

거리를 측정하기 위해선 먼저 패턴에 포함된 객체 스냅을 클릭할 수 있어야 합니다. ❶ 해치에 대한 객체 스냅의 사용 여부를 결정하는 환경 변수 [OSNAPHATCH]를 입력하고 Enter 를 누릅니다. 기본값이 [0]인데, 패턴의 객체 스냅이 잡히면 평소에 도면을 수정할 때 걸리적거려서 잡히지 않도록 설정된 것입니다. ❷ 이 환경 변수를 [1]로 변경하고 Enter 를 누르면 해치로 만든 패턴에도 객체 스냅을 사용할 수 있습니다.

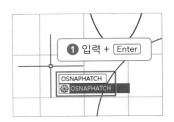

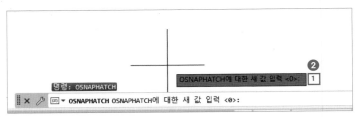

▶ 패턴에 객체 스냅이 계속 잡히면 불편하겠죠? 길이를 다 재봤다면 [OSNAPHATCH] 환경 변수는 다시 [0]으로 바꿔 주세요.

02. 패턴 사이 거리 측정하기

거리를 잴 차례입니다. [측정] 기능을 사용해 타일의 크기를 확인해 보겠습니다. ❶ 명령어
인 [MEASUREGEOM] 또는 단축 명령어인 [MEA]를 입력하고 (Enter)를 누릅니다. ❷ 기
능을 실행하면 [거리], [반지름], [각도], [면적], [체적] 중 하나를 선택해야 하는데, [거리
(D)]를 클릭하거나 옵션의 단축 명령어인 [D]를 입력하고 (Enter)를 누릅니다.

▶ 2021버전까지는 리본 메뉴에 [길이 분할]이라고 표시됩니다.

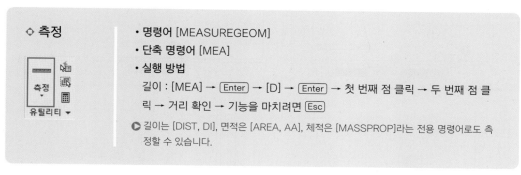

- **명령어** [MEASUREGEOM]
- **단축 명령어** [MEA]
- **실행 방법**

  길이 : [MEA] → (Enter) → [D] → (Enter) → 첫 번째 점 클릭 → 두 번째 점 클
  릭 → 거리 확인 → 기능을 마치려면 (Esc)

▶ 길이는 [DIST, DI], 면적은 [AREA, AA], 체적은 [MASSPROP]라는 전용 명령어로도 측
  정할 수 있습니다.

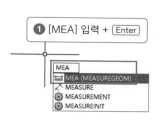

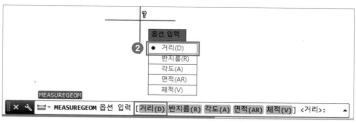

실무에선 이렇게! | **2020 버전부터 추가된 [빠른 작업(Q)]을 써 보세요!**

2020 버전부터 [측정] 기능의 [빠른 작업(Q)] 옵션
이 기본 설정으로 되어 있습니다. 그래서 마우스 커
서 옆에 옵션 메뉴 대신 주변 객체들의 길이와 각도
가 화면에 표시되죠. 2021 버전부터는 클릭한 지점
을 둘러싼 영역의 면적과 둘레를 계산해 주는 기능도
추가되었습니다. 예전처럼 사용하려면 [모드(M)] 옵
션 값을 [아니오(N)]로 바꾸세요.

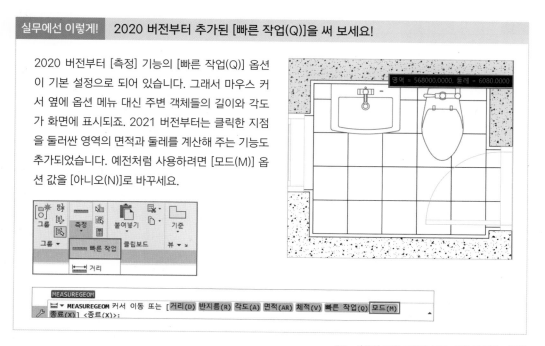

03. 거리를 재기 위해서는 [선(L)]을 그릴 때처럼 두 점을 마우스로 클릭해야 합니다. ❶ 첫 번째 점을 클릭하고 ❷ 마우스를 움직이면 거리가 실시간으로 표시됩니다. ❸ 두 번째 점을 클릭합니다. ❹ 화면과 명령행에 측정된 거리 정보가 표시됩니다. 이렇게 정보가 표시되고 있는 상태에서 [Enter]를 누르면 [측정(MEA)] 기능을 다시 사용할 수 있습니다. ❺ 기능을 마치려면 [Esc]를 누르거나 [종료(X)]를 클릭합니다.

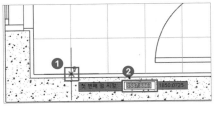

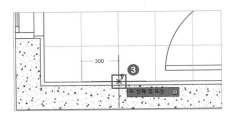

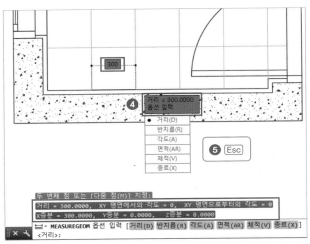

▷ [측정]은 옵션이 많아 오히려 불편할 수도 있어요. 거리는 [DIST(DI)], 클릭한 점의 좌표는 [ID], 선택한 객체의 정보는 [LIST(LI)] 등의 전용 기능을 사용하면 더 편리합니다.

사무실 도면에 해치를 넣어 보세요!

앞에서 만들었던 사무실 도면을 열어 같은 방법으로 콘크리트와 타일 해치를 넣어 보세요!

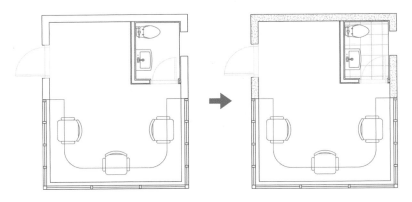

실습에서는 [측정(MEA)] 기능을 사용해 거리를 쟀지만, 이 기능은 옵션을 선택해야만 길이를 잴 수 있어서 자주 쓰기엔 불편합니다. 보다 간편한 다음 두 방법을 기억해 두세요!

1. [선(LINE)] 기능 사용하기

지금까지 너무 당연하게 사용해 와서 활용법을 잊었을 수도 있지만, [선]을 그리려고 하면 거리가 화면에 나타납니다. 임의로 선을 그리면서 길이를 재면 별도의 기능을 몰라도 됩니다.

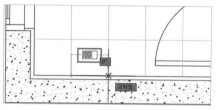

> 물론 해치에 대한 객체 스냅을 사용하기 위해 환경 변수 [OSNAPHATCH]를 사용해야 합니다.

[선], [폴리선] 등으로 객체를 만들 때 길이가 화면에 표시됩니다. 이 기능을 활용하면 거리를 쉽게 측정할 수 있습니다.

2. 길이를 재는 전용 기능 — [DIST]

[DIST]를 사용하면 [측정] 기능과 달리 [반지름], [각도] 등의 옵션이 없고 거리만 측정할 수 있습니다. 달리 말하면, 옵션을 선택하지 않아도 되니 훨씬 간편합니다. 거리를 측정하는 방법은 [측정] 기능처럼 두 점을 클릭하면 됩니다.

◇ 거리 측정

- **명령어** [DIST]
- **단축 명령어** [DI]
- **실행 방법** [DI] → [Enter] → 첫 번째 점 클릭 → 두 번째 점 클릭

ⓒ [DIST] 기능은 버튼이 없습니다.

그 외에도 [ID 점(ID)] 기능을 사용하면 클릭한 점의 좌표를 명령행에 표시할 수 있으며, [리스트(LIST, LI)] 기능을 사용하면 선택한 객체의 색상, 도면층, 길이, 면적 등의 정보를 명령행에 표시할 수도 있습니다. 물론 이런 정보들은 [특성] 팔레트에서도 확인할 수 있지만, 명령행에 표시하도록 만들면 [Ctrl] + [C]로 복사하기 편하죠!

해치가 글자를 가릴 때 초간단 해결법

오토캐드는 객체를 겹쳐 그립니다. 마치 파워포인트에서 그림이나 도형이 겹치는 것과 같은 이치죠. 새로 그린 객체가 원래 있던 객체 위에 그려집니다. 그래서 객체가 가려지죠.

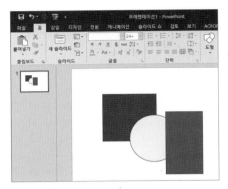

파워포인트처럼 오토캐드에서도 마우스 오른쪽 버튼을 누르면 뒤에 있는 객체를 앞으로 가져올 수 있습니다.

해치와 문자가 겹칠 때 이 문제가 발생하는데, [SOLID] 패턴이 문자를 가려 버리는 경우가 많습니다. 그래서 [투명도]라는 설정이 추가되었지만, 모든 해치에 투명도를 넣는 건 너무나 번거로운 작업입니다.

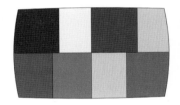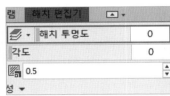

그럼 어떻게 해야 할까요? 원하는 객체를 맨 앞으로 빼면 됩니다. 해치와 문자가 겹쳐 있을 경우, 해치를 맨 뒤로 보내거나 문자를 맨 앞으로 보내면 되죠. 이럴 때 사용하는 기능이 [그리기 순서(DRAWORDER)]입니다.

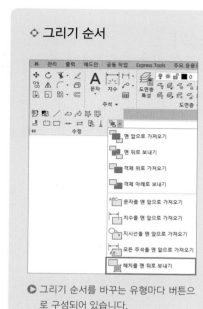

◇ 그리기 순서

ⓒ 그리기 순서를 바꾸는 유형마다 버튼으로 구성되어 있습니다.

• 명령어 [DRAWORDER]
• 단축 명령어 [DR]
• 실행 방법 [DR] → Enter → 순서를 바꿀 객체 선택 → 위치 선택 → Enter

ⓒ 문자, 치수, 지시선을 가장 앞으로 보내서 화면에 표시하고 싶다면 [TEXTTOFRONT] 명령어를 사용하세요.

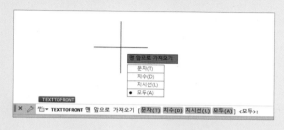

[그리기 순서(DR)]는 아주 자세하게 객체의 순서를 바꿀 수 있는 기능이지만, 사용이 번거로워 사실 많이 사용하지는 않습니다. 가장 많이 사용하는 기능은 버튼들 중에서 가장 아래에 있는 [해치를 맨 뒤로 보내기(HB)]입니다. 자주 사용되다 보니 명령어와 단축 명령어까지 있습니다.

◇ 해치를 맨 뒤로 보내기

• 명령어 [HATCHTOBACK]
• 단축 명령어 [HB]
• 실행 방법 [HB] → Enter

사용 방법도 아주 쉽습니다. 단축 명령어인 [HB]를 입력하고 Enter 를 누르면, 도면의 모든 해치가 맨 뒤로 물러나 모든 문자를 한 번에 앞으로 보낼 수 있습니다.

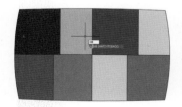
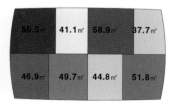

옥상 파라펫 상세도에 해치 넣기

난이도 ★☆☆

옥상의 방수층을 보호하기 위해 설치하는 파라펫(Parapet) 상세도에 재질을 표시해 보겠습니다. 아래에
정리해 둔 패턴과 축척을 참조해 해치를 넣어 보세요.

준비 파일 • 04/exercise_1.dwg
완성 파일 • 04/exercise_1_fin.dwg

동영상 강의를
확인해 보세요!

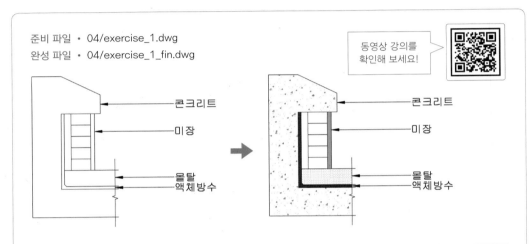

부위	도면층	색상	패턴	축척	투명도
콘크리트	HATCH	도면층별	AR-CONC	0.1	0
미장	HATCH	8	SOLID	없음	50
모르타르	HATCH	253	DOTS	1	0
방수	HATCH	파란색	SOLID	없음	0

힌트 • [해치(H)]

[ADDSELECTED]로 해치 쉽게 추가하기

캐드 고수의 비밀 02

도면에는 같은 객체와 블록이 반복해서 사용됩니다. 예를 들어 해치와 같이 특정 규칙을 갖는 객체 혹은 다양한 종류의 치수선 등 여러 종류의 블록이 함께 사용되죠. 이런 객체를 추가할 때마다 도면층, 색상 등을 모두 설정하고 넣어야 할까요? 마우스 클릭만으로 쉽고 빠르게 똑같은 객체를 추가로 집어넣는 방법을 알아보겠습니다.

> 준비 파일 • 캐드 고수의 비밀 02/addselected.dwg
> 완성 파일 • 캐드 고수의 비밀 02/addselected_fin.dwg
>
> 도면에 유리 문과 나무 문의 입면이 그려져 있습니다. 어떤 재질의 문인지 쉽게 알아보도록 해치를 넣어야 하는데, 하나씩 넣으려면 오래 걸리겠죠? [선택된 항목 추가(ADDSELECTED)] 기능을 사용하면 이런 저런 설정을 할 필요 없이, 쉽고 빠르게 집어넣을 수 있습니다.

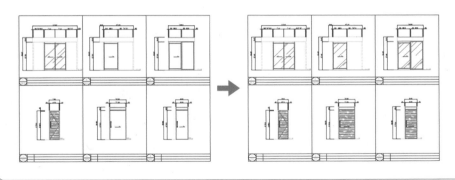

01. [선택된 항목 추가] 사용하기

문에 재질을 표시하려면 [해치(H)]로 패턴, 축척, 색상, 도면층 등을 모두 설정해 넣어야 합니다. 이런 복잡한 과정 없이 한 번에 넣어 보겠습니다. 먼저 유리를 표시해 볼까요? ❶ 유리처럼 보이도록 그려진 해치를 하나 선택합니다. ❷ 마우스 오른쪽 버튼을 누르면 추가로 사용할 수 있는 메뉴가 나타납니다. 이 메뉴에서 [선택된 항목 추가] 버튼을 클릭합니다.

◖ [선택된 항목 추가] 기능은 여러 개의 객체가 선택돼 있을 때는 나타나지 않습니다. 버튼이 보이지 않는다면 Esc 를 눌러 객체 선택을 모두 해제하고 객체 하나만 클릭한 후 다시 해 보세요.

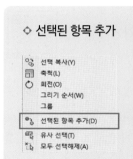

◇ 선택된 항목 추가

- 선택 복사(Y)
- 축척(L)
- 회전(O)
- 그리기 순서(W)
- 그룹
- **선택된 항목 추가(D)**
- 유사 선택(T)
- 모두 선택해제(A)

- **명령어** [ADDSELECTED]
- **실행 방법** [ADDSELECTED] → Enter → 추가로 만들 객체 선택 → 새로운 객체 그리기

▶ 치수를 선택하면 치수, 블록을 선택하면 블록을 추가로 그릴 수 있습니다. 도면층, 색상, 글꼴, 스타일 등 모든 특성이 선택한 객체와 동일한 객체를 추가로 그릴 수 있습니다.

▶ 1개의 객체가 선택된 상태에서 마우스 오른쪽 버튼을 눌러야만 버튼이 나타납니다.

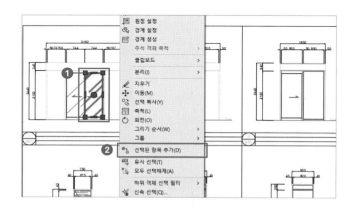

▶ 오토캐드에는 [선택된 항목 추가]처럼 활용도가 높지만 단축 명령어가 정의되지 않은 기능이 많습니다. [ADD]처럼 유용한 단축 명령어를 만들면 훨씬 편하게 사용할 수 있죠. 단축 명령어를 정의하는 자세한 방법은 [부록 03 단축 명령어 추가/수정하기 - PGP 편집]을 참고하세요.

02. 바로 [해치(H)] 기능이 실행되는데, 원본 객체와 설정이 모두 같은 상태로 실행됩니다. ❶ 해치를 넣을 부분을 차례대로 클릭합니다. ❷ Enter 를 누르면 해치가 그려집니다.

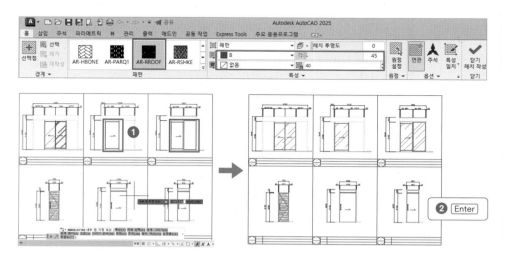

03. [개별 해치]로 분리하기

그런데 새로 넣은 해치를 선택해 보니 하나로 묶여 있네요. 하나씩 풀기 위해 [옵션]의 [개별 해치]를 클릭해 각각의 해치로 나눠 줍니다.

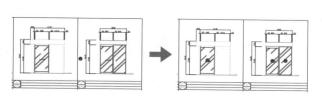 

04. 해치를 넣기 전에 [개별 해치] 설정하기

나무 표시도 같은 방법으로 넣으면 됩니다. ❶ 미리 그려진 해치 하나만 선택한 후 ❷ 마우스 오른쪽 버튼을 누르고 [선택된 항목 추가] 버튼을 클릭합니다. ❸ 이번에는 [옵션]에서 [개별 해치 작성]을 먼저 체크해 주세요. ❹ 해치를 넣을 부분을 클릭해 선택하고 ❺ [Enter] 를 누르면 원본과 똑같은 해치가 한 번에 그려집니다.

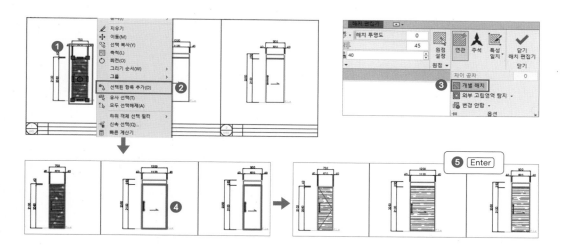

사용할수록 편리한 [ADDSELECTED]

이 기능은 [블록], [해치] 외에도 [선], [폴리선], [원] 등 대부분의 객체에서 사용할 수 있습니다. 소스로 선택된 객체의 [도면층], [색상] 등 모든 특성이 동일한 객체를 다시 만들 수 있기 때문에 사용할수록 편리한 기능이죠. 단축 명령어를 만들어 두면 더 빨리 사용할 수 있습니다.

▶ 단축 명령어를 만드는 방법은 [부록 03]을 참조하세요.

닫히지 않은 객체에 해치 넣기

캐드 고수의 비밀 03

[해치] 기능은 '닫혀 있는 영역에 패턴을 넣는 기능'입니다. 그런데 여러 사람의 손을 거쳤 거나 초보자가 수정한 도면, 오래된 도면에서는 가끔 해치가 들어가지 않는 경우가 있습니 다. 이렇게 해치가 들어가지 않는 가장 큰 이유는 '완벽히 닫혀 있지 않기 때문'입니다. 이 럴 때 작은 팁 하나만 알고 있으면 해치를 쉽게 넣을 수 있습니다.

준비 파일 • 캐드 고수의 비밀 03/hpgaptol.dwg
완성 파일 • 캐드 고수의 비밀 03/hpgaptol_fin.dwg

다음 도면의 테이블은 왼쪽 아래가 살짝 벌어져 있습니다. 이 경우에는 형태가 간단하고 벌어진 틈이 커서 쉽게 찾을 수 있지만, 복잡한 도면에서 미세하게 벌어져 있다면 수정하는 데 시간이 많이 걸리겠 죠? 이 틈을 닫지 않고 해치를 넣어 보겠습니다.

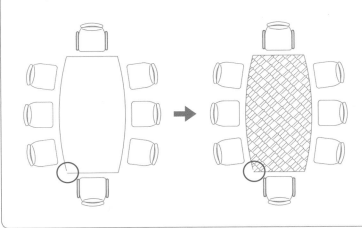

01. [해치] 기능 실행하기

도면을 열었다면 [해치(H)] 기능을 실행하세요. ❶ [HATCH] 도면층을 사용하고, [AR-RSHKE] 패턴을 135도 회전해 [0.5]의 축척으로 설정합니다. ❷ 마우스 커서를 테이블의 가 운데로 옮겨 클릭하면 '닫힌 경계를 확인할 수 없습니다'라는 경고 메시지가 나타납니다.

◐ [객체 스냅]을 사용하다가 마우스가 아주 살짝 미끄러졌거나, 누군가가 객체를 아주 조금 드래그해서 움직이는 등의 이유로 모 서리 부분이 벌어져 해치를 넣을 수 없는 경우가 생각보다 빈번하게 발생합니다.

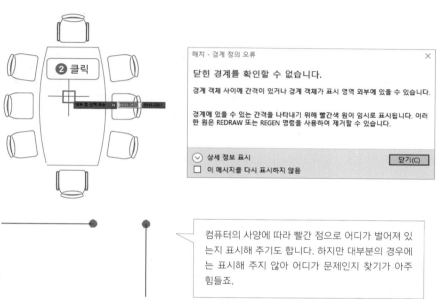

컴퓨터의 사양에 따라 빨간 점으로 어디가 벌어져 있
는지 표시해 주기도 합니다. 하지만 대부분의 경우에
는 표시해 주지 않아 어디가 문제인지 찾기가 아주
힘들죠.

02. [해치]의 [차이 공차] 조절하기

작은 옵션만 조절하면 해결됩니다. 일단 오류 메시지를 닫고 ❶ 리본 메뉴 오른쪽의 [옵션]
을 클릭해 메뉴를 확장하면 [차이 공차]라는 값이 나타납니다. [차이 공차]는 '얼마까지 틈
새가 있어도 무시하고 해치를 넣을지'를 설정하는 값입니다. 초깃값이 '0'이기 때문에 완벽
하게 닫혀 있는 도형에만 해치를 넣을 수 있는 것이지요. ❷ [차이 공차]의 값을 '100'으로
수정합니다. 그러면 '100' 이내의 틈새는 닫힌 것으로 인식합니다.

▶ 슬라이드를 마우스로 옮겨 값을 바꿀 수도 있고, 숫자를 마우스로 클릭해 키보드로 정확한 값을 입력할 수도 있습니다.

03. ❶ 다시 테이블의 내부를 클릭하면 ❷ 이번에는 다른 경고 메시지가 나타납니다. [이 영역의 해치 계속]을 클릭하면 해치를 넣을 수 있습니다. ❸ 해치가 미리 보기로 표시되면 Enter 를 눌러 기능을 마칩니다.

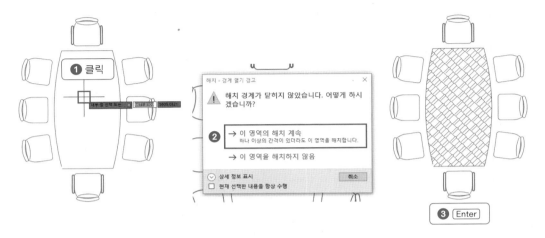

클래식 버전에도 [차이 공차] 옵션이 있습니다!

해치의 [차이 공차] 옵션은 예전부터 있었던 기능입니다. 예전 [해치] 메뉴에서도 사용할 수 있고, 환경 변수로 조절할 수도 있습니다.

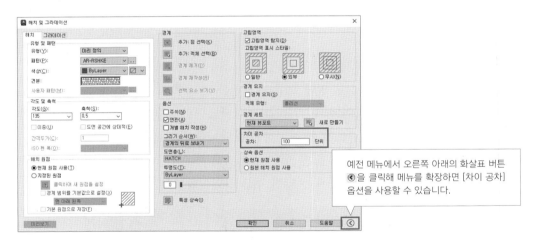

이 값은 환경 변수인 [HPGAPTOL]에 저장됩니다. 환경 변수를 기억해 두면 메뉴의 위치를 기억하지 않아도 되고, 원한다면 버튼으로 만들 수도 있습니다.

건물 기초와 계단 수정 시간 1/2로 줄이기

실제로 도면을 그리고 수정할 때 반복적으로 사용하는 기능은 지금까지 배운 기본 기능이 대부분입니다. 한편, 오토캐드에는 이런 단순한 기본 기능 외에도 편리한 기능이 많습니다. 이 장에서는 건물의 기초 도면과 계단을 수정할 때 더 쉽게 수정하는 방법을 알아보겠습니다. 거의 모든 건물에 들어가는 부분이니 알아 두면 전체 작업 시간을 확 줄일 수 있겠죠?

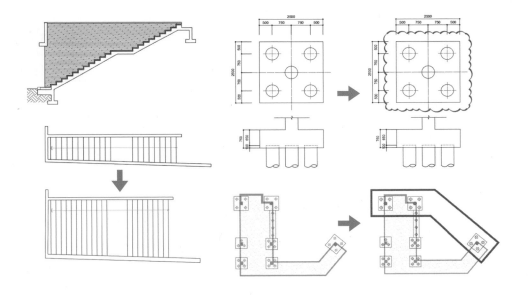

05-1 [그립]으로 계단 폭 수정하는 세 가지 방법

05-2 [신축]으로 여러 지점을 고무줄처럼 잡아당기기

05-3 더블 클릭으로 건물 기초 [블록] 수정하기

05-4 센스 있는 실무자는 수정 후 흔적을 남긴다

연습만이 살길! 영화관 단면도 수정하고 수정 부분 표시하기

캐드 고수의 비밀 04 일일이 선택하느라 시간 낭비하지 마세요 — 유사 선택, 신속 선택

05-1 [그립]으로 계단 폭 수정하는 세 가지 방법

도면을 수정하는 방법은 상황에 따라 여러 가지가 있습니다. 그 중에서 가장 간편하고 직관적이며 쉬운 방법을 먼저 알아보겠습니다.

그립이란?

지금까지 객체를 선택하면 직사각형이나 정사각형으로 두껍게 표시되는 기호가 있었던 것을 눈치채고 있었나요? 이 기호를 '그립(GRIP)'이라고 합니다. 아무 의미 없는 지점에 굳이 기호를 표시할 이유는 없겠죠? 이 [그립]을 클릭해 이동하면 그 지점이 움직여 객체를 쉽게 수정할 수 있습니다.

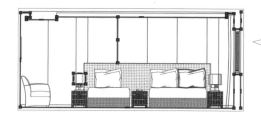

> 객체의 유형마다 그립이 표시되는 지점과 사용할 수 있는 기능은 다릅니다.

직접 해보세요! [그립]으로 계단 폭 수정하기

준비 파일 · 05/grip.dwg
완성 파일 · 05/grip_fin.dwg

계단은 도면을 수정할 때 손이 많이 가는 부분 중 하나입니다. 이번 실습에서는 계단 평면의 아래쪽 사선 벽체를 '1000'만큼 내려 계단 폭을 넓히는 연습을 해 보겠습니다. 같은 실습을 세 가지 방법으로 해 볼 텐데, 어떤 방법이 더 편리할지 직접 사용해 보면서 고민해 봅시다.

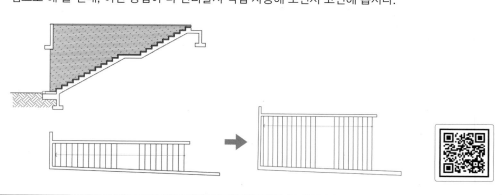

01. 지금까지 배운 기능으로 수정해 보기

준비 파일을 열면 간단한 계단이 그려져 있습니다. 일단 간단하게 앞서 배웠던 [이동(M)] 기능을 사용해 벽을 옮겨 보세요. 그러면 벽 전체가 한 번에 움직입니다. 벽이 하나의 폴리선으로 그려져 있기 때문이죠.

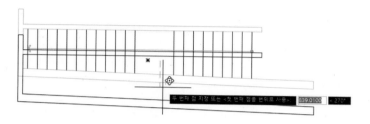

😣 삽질 금지   '폴리선'이 무엇인가요?

[폴리선(PL)]은 '연속된 선'을 그리는 기능으로, 이 기능으로 그린 객체는 '기능이 끝날 때까지 그린 선을 하나의 객체'로 만듭니다. 그래서 [폴리선]으로 그린 계단의 벽을 클릭하면 한 번에 '한붓그리기'라고 생각하면 됩니다. 만약 [선(L)]으로 그렸다면 하나의 직선만 선택됐겠죠.

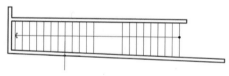

[폴리선]으로 그린 계단 벽

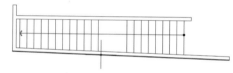

[선]으로 그린 계단 벽

[폴리선]을 그리는 방법은 [선]을 그리는 방법과 같습니다. 마우스로 클릭하거나, 거리와 각도를 키보드로 입력하면 되죠. 하지만 [폴리선]에는 [선]과는 달리 몇 가지 옵션을 더 사용할 수 있습니다. 이 중에서 주로 [폭(W)] 옵션을 많이 사용하는데, 자세한 사용 방법은 05-4를 참고하세요.

```
명령: PLINE
시작점 지정:
현재의 선 폭은 0.0000임
⋮× ⚒ ▭▾ PLINE 다음 점 지정 또는 [호(A) 반폭(H) 길이(L) 명령 취소(U) 폭(W)]:
```

[길이(L)] 옵션은 이전에 그렸던 방향을 사용해 입력된 길이만큼 폴리선을 더 그리는 기능입니다.

02. 폴리선 분해하기

[선(L)]과 [폴리선(PL)]의 사용 방법은 같지만, 결과물이 다릅니다. [폴리선] 기능으로 그리면 '기능이 끝날 때까지 그린 객체가 하나의 객체'로 그려지지만, [선] 기능으로 그리면 '클릭할 때마다 하나의 객체'로 그려집니다. 그렇다면 폴리선을 선으로 바꿀 수는 없을까요? [분해(X)] 기능을 사용하면 폴리선을 여러 개의 선으로 나눌 수 있습니다. ❶ 벽체 폴리선을 선택한 상태에서 ❷ [X]를 입력하고 Enter를 누르면 각각의 선으로 분해됩니다.

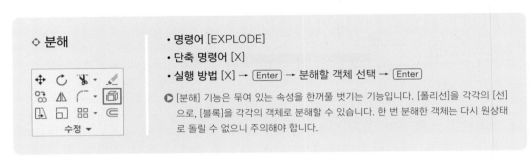

◇ 분해

• 명령어 [EXPLODE]
• 단축 명령어 [X]
• 실행 방법 [X] → Enter → 분해할 객체 선택 → Enter

◐ [분해] 기능은 묶여 있는 속성을 한꺼풀 벗기는 기능입니다. [폴리선]을 각각의 [선]으로, [블록]을 각각의 객체로 분해할 수 있습니다. 한 번 분해한 객체는 다시 원상태로 돌릴 수 없으니 주의해야 합니다.

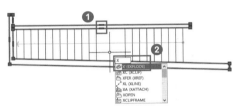

03. 벽체 선을 분해했으니 계단 폭을 수정해 보겠습니다. 사선 벽만 선택한 후 [이동(M)] 명령어로 아래로 '1000'만큼 이동합니다.

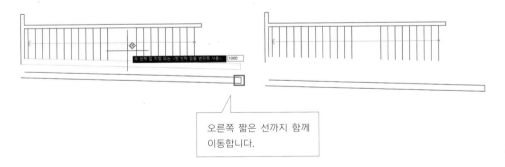

오른쪽 짧은 선까지 함께
이동합니다.

04. 그립으로 선 연장하기

벽체와 계단 선이 떨어져 버렸군요. 짧은 선을 길게 늘려 줘야 합니다. 이때 [그립]을 사용하면 길게 만들 수 있습니다. ❶ 먼저 길게 만들 선을 선택한 후 ❷ 마우스 커서로 늘릴 지점의 꼭지점 그립을 클릭합니다. 마우스를 움직여 보면 선택한 꼭지점이 마우스 커서를 따라 움직이는 걸 알 수 있습니다. ❸ 늘리고 싶은 지점을 마우스로 클릭하면 선이 수정됩니다. ❹ [Esc]를 눌러 선택을 해제합니다.

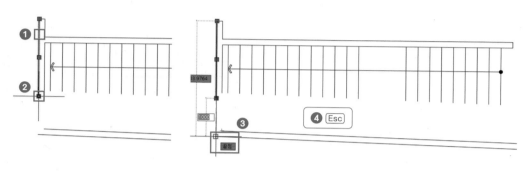

실무에선 이렇게! 그립을 누르고 [Tab]을 누르면 수정할 항목을 바꿀 수 있어요!

그립을 수정할 때 변경할 위치에 거리나 각도를 직접 입력할 수도 있습니다. 예를 들어, 길이를 '1,000'만 늘리고 싶을 때는 그립을 선택한 상태에서 [1000]을 입력해 수정할 수 있죠.

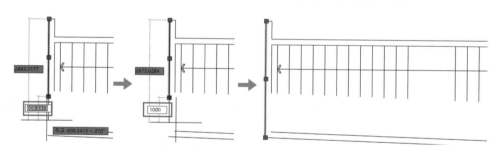

'늘어나거나 줄어들 거리'뿐만 아니라 선택한 객체의 다른 정보도 수정할 수 있습니다. [선]에서는 '수정될 길이'가 가장 먼저 입력되는 값인데 [Tab]을 한 번 누르면 '전체 길이'를 입력해 수정할 수 있습니다.

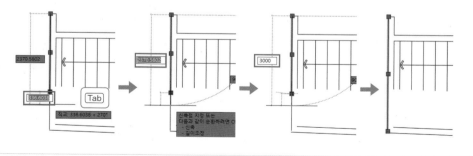

05. [연장] 기능 사용하기

그런데 늘려야 할 선이 너무 많죠? '특정 경계까지 객체를 늘리는' 기능인 [연장(EX)]을 사용하면 길이를 한 번에 늘릴 수 있습니다. 사용 방법은 [자르기(TR)]와 동일해요. ❶ [연장] 기능의 단축 명령어인 [EX]를 입력하고 Enter를 눌러 기능을 실행하고 ❷ 늘릴 객체를 마우스로 드래그해서 선택합니다. ❸ 마우스의 버튼을 떼자마자 늘어날 거예요. 기능을 끝내기 위해서 Enter를 눌러 주세요.

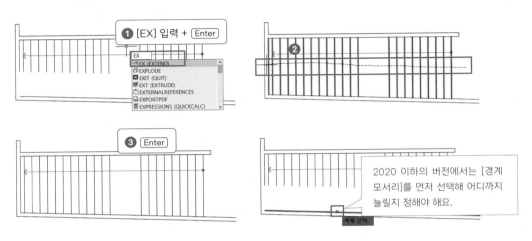

06. 벽체를 다시 폴리선으로 합치기

여기까지만 진행하면 마무리가 깔끔하지 못합니다. [폴리선]으로 예쁘게 묶여 있던 객체를 분해해 버렸기 때문이지요. 여러 개의 선을 다시 폴리선으로 합치려면 [결합]이라는 기능을 사용해야 합니다. ❶ [결합] 명령어인 [JOIN]이나 단축 명령어인 [J]를 입력한 후 Enter를 누릅니다. ❷ 분해했던 선을 모두 선택하고 Enter를 누르면 하나의 폴리선으로 합쳐집니다.

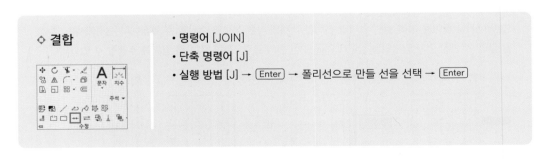

◇ 결합

• 명령어 [JOIN]
• 단축 명령어 [J]
• 실행 방법 [J] → Enter → 폴리선으로 만들 선을 선택 → Enter

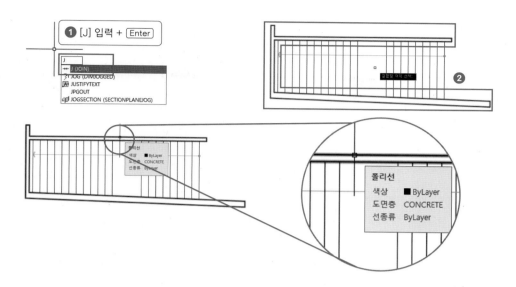

① [J] 입력 + Enter

J
J (JOIN)
JOG (DIMJOGGED)
JUSTIFYTEXT
JPGOUT
JOGSECTION (SECTIONPLANEJOG)

②

폴리선
색상   ■ ByLayer
도면층   CONCRETE
선종류   ByLayer

😣 삽질 금지 [결합] 기능이 작동하지 않아요!

[결합(J)] 기능을 사용해도 폴리선으로 합쳐지지 않는 경우도 많습니다. 그 대표적인 예가 '하나의 정점을 공유하지 않은 경우'입니다. 즉, 두 선이 서로 떨어져 있거나 교차하고 있는 경우에는 하나의 선으로 합칠 수 없습니다. 하나의 선이 살짝 삐져나와 있거나, 떨어져 있거나, 교차하고 있으면 [꼭지점]을 공유하고 있지 않아 합칠 수 없는 것이죠. 이럴 때는 [모깎기(F)] 기능으로 모서리를 정리해야만 합칠 수 있습니다.

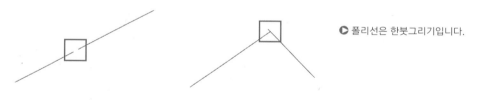

▶ 폴리선은 한붓그리기입니다.

두 번째로는 하나의 점에 3개의 선이 모여 있어 한 번의 명령으로 그리지 못하는 경우입니다. [폴리선]은 원칙적으로 '명령을 끊지 않고 한 번에 그릴 수 있는 객체'입니다. 쉽게 '한붓 그리기'로 그릴 수 있는 객체만 폴리선으로 결합할 수 있습니다.

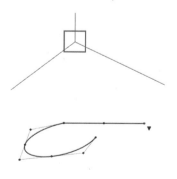

세 번째로는 합칠 수 없는 객체가 포함된 경우입니다. [선]과 [호]만 [폴리선]으로 합칠 수 있습니다. 한쪽으로 무한한 [광선(RAY)]은 폴리선이 될 수 없죠. [타원형 호]를 [선]과 합칠 경우에도 [폴리선]으로 합칠 수 없어요. 그 대신 [스플라인]이라는 곡선으로 합쳐집니다.

07. 폴리선 중 일부만 선택하기 ― Ctrl + 클릭

폴리선을 수정하려면 꼭 그립을 써서 하나씩 옮겨야 할까요? 다른 방법도 있습니다. 폴리선을 그냥 마우스로 클릭하면, 한 번에 전체 폴리선이 선택되죠? 키보드의 Ctrl을 누른 상태에서 선택하면 폴리선 중에 일부 구간만 선택됩니다. 이 기능을 활용해 분해하지 않고 수정해 보겠습니다. Ctrl + Z를 연달아 눌러 처음 화면으로 되돌아갑니다. 그런 다음, Ctrl을 누른 상태에서 사선의 벽체를 선택합니다.

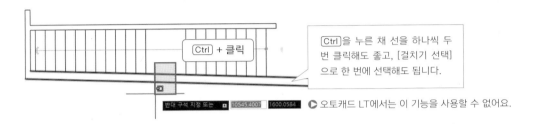

Ctrl을 누른 채 선을 하나씩 두 번 클릭해도 좋고, [걸치기 선택]으로 한 번에 선택해도 됩니다.

▶ 오토캐드 LT에서는 이 기능을 사용할 수 없어요.

08. ❶ [이동(M)] 기능을 사용해 아래로 '1000'만큼 움직입니다. ❷ 마무리로 [연장(EX)]를 이용해 나머지 선을 이어 줍니다. 이번에는 폴리선을 분해하지 않았기 때문에 [결합(J)]을 사용할 필요가 없습니다.

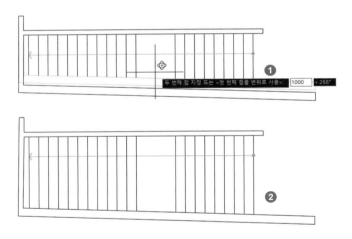

09. [그립]으로 선 전체 이동하기

마지막으로 세 번째 방법인 [그립]을 활용해 수정하겠습니다. 다시 Ctrl + Z를 연달아 눌러 처음 화면으로 돌아간 후 ❶ 수정할 폴리선을 선택합니다. 이동할 선은 사선의 벽체인데, 총 2개의 선분입니다. ❷ 아래쪽 선분의 중간에 위치한 직사각형 그립을 클릭합니다. ❸ 마우스 커서를 아래로 옮기면 선이 움직이면서 마우스 커서를 따라다닐 것입니다. 이때 F8을 눌러 [직교 모드]를 켜면 정확히 아래로만 옮길 수 있습니다. ❹ 이 상태에서 옮길 거리인 [1000]을 입력하고 Enter를 누르면 선이 이동됩니다.

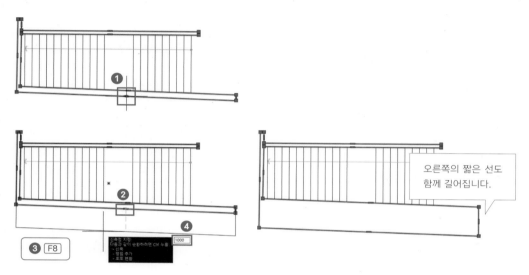

10. ❶ 사선 벽체의 윗변도 같은 방법으로 수정하고 ❷ 마무리로 [연장(EX)]을 사용합니다.

여러 그립을 한번에 수정할 수도 있어요!

한 번에 하나의 그립만 사용할 수 있는 것은 아닙니다. 객체를 선택한 후 그립을 선택할 때 Shift를 누른 상태에서 클릭하면 기능이 실행되지 않고 선택한 그립이 빨간색으로 바뀝니다. 이 상태에서 Shift를 누른 채로 다른 그립을 추가로 선택할 수 있습니다.

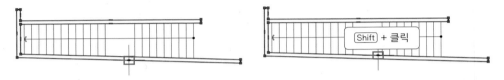

이렇게 여러 개의 그립이 선택된 상태에서 앞에서 배운 방법으로 그립을 드래그해 폴리선을 수정할 수도 있습니다.

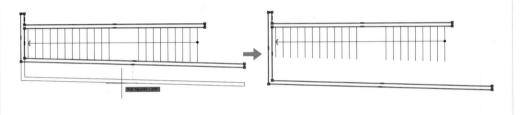

그립에는 더 많은 기능이 있어요!

모든 객체에는 그립이 있습니다. 끝점, 중심점, 중간점 등에 그립이 표시되는데, 객체의 유형이나 그립의 위치마다 사용할 수 있는 기능이 다릅니다. 기본 기능은 클릭한 지점의 위치를 옮기는 기능인 [신축]입니다. 그립 위에 잠시 마우스 커서를 올려놓으면 더 많은 기능을 사용할 수 있는데, 특히 치수를 조절할 때 편리합니다. 활용 방법은 10장에서 자세히 알아보겠습니다.

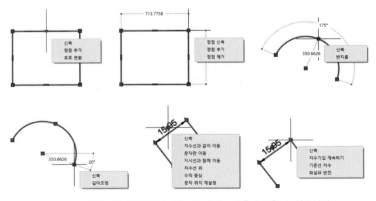

그립에 익숙해지면 명령어를 타이핑하는 것보다 쉽게 도면을 수정할 수 있습니다.

총 세 가지 방법으로 폴리선을 수정하는 방법을 익혀봤습니다. 어떤 방법이 제일 편한가요? 설마 첫 번째 방법은 아니겠지요? 실무에서는 아직도 첫 번째 방법으로 도면을 수정하는 사람들도 많은데, 이왕 오토캐드를 익히기로 마음 먹었다면 두 번째나 세 번째 방법을 손에 익히는 것이 조금이라도 더 편할 거예요.

◎ 기능 복습 **폴리선을 편집해 보세요**

준비 파일 · 05/exercise_1.dwg
완성 파일 · 05/exercise_1_fin.dwg

동영상 강의를
확인해 보세요!

도면의 객체를 수정하는 여러 방법 중 가장 이해하기 쉬운 방법은 [그립]을 사용하는 것입니다. 객체를 선택할 때 나타나는 굵은 점을 클릭해 옮기기만 하면 되니까요. 간단한 연습 도면을 수정해 보면서 그립을 사용해 보세요.

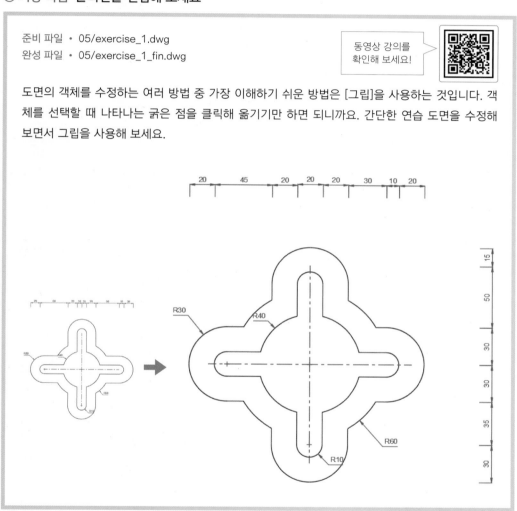

05-2 [신축]으로 여러 지점을 고무줄처럼 잡아당기기

앞에서 다뤘던 [그립]은 객체의 그립을 하나씩 클릭해 수정할 수 있었습니다. 그런데 객체 하나가 아닌 여러 객체일 때는 어떻게 수정해야 할까요? 여러 객체 중에서 원하는 부분의 점만 선택해 옮기는 기능이 바로 [신축]입니다. 이번에는 [신축] 기능을 사용해 수정해 보겠습니다.

직접 해보세요! [신축]으로 계단 폭 수정하기

준비 파일 • 05/stair.dwg
완성 파일 • 05/stair_fin.dwg

앞에서 계단 폭을 늘렸다면 이번에는 가운데 벽을 움직여 계단 폭을 '200'만큼 줄여 보겠습니다. 도면을 보면 벽체 하나에도 여러 선이 그려져 있어 앞에서 배웠던 그립을 사용하면 시간이 오래 걸릴 것입니다. 하지만 [신축] 기능을 사용하면 클릭 몇 번으로 수정할 수 있습니다.

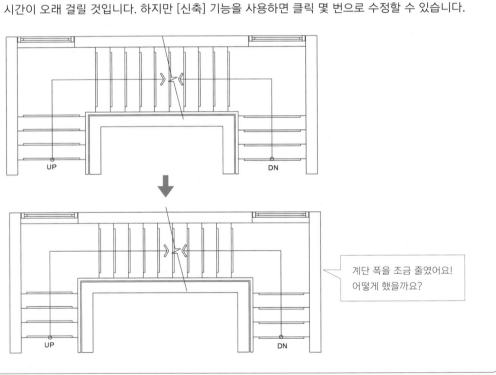

계단 폭을 조금 줄였어요!
어떻게 했을까요?

01. [신축] 기능 실행하기

준비 파일을 연 후 ❶ 명령어인 [STERTCH]나 단축 명령어인 [S]를 입력하고 Enter 를 눌러 [신축] 기능을 실행합니다. ❷ [신축] 기능을 실행하면 수정할 객체를 선택하라는 메시지가 나타납니다.

잠깐 명령행을 살펴보면 '걸침 윈도우 또는 걸침 폴리곤으로 선택해야 한다'라는 메시지가 나타나 있습니다. '걸침 윈도우'란 이 책의 01-5에서 배운 [걸치기 선택]을 말합니다. 이렇게 [걸치기 선택]으로 선택해야 하는 이유는 [신축] 기능은 객체 중에서도 일부 지점만 선택해 연장하는 기능이기 때문입니다. 따라서 [신축] 기능을 사용할 때는 [걸치기 선택]으로 '위치를 움직일 점만 골라 선택'해야 합니다. [윈도우 선택]으로 선택하면, 객체의 모든 점이 선택돼 버리니까요.

◎ 만약 직접 객체를 클릭하거나 '윈도우 선택'을 사용하면 '객체의 모든 점'이 선택되기 때문에 [이동] 기능을 사용한 것처럼 수정됩니다.

◇ **신축**

수정 ▾

- **명령어** [STRETCH]
- **단축 명령어** [S]
- **실행 방법** [S] → Enter → 수정할 지점 선택 → Enter → 기준점 클릭 → 두 번째 점 클릭

◎ [신축]은 선택한 지점만 수정합니다. 이때 객체를 직접 마우스로 클릭해 선택하면 객체의 모든 지점이 한 번에 선택돼 [이동]합니다.
◎ [신축]으로 지점을 선택할 때 하나의 객체에 한 번만 선택할 수 있습니다.

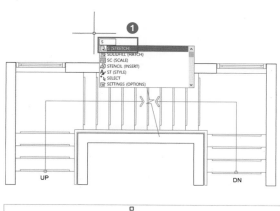

02. [걸치기 선택]으로 신축할 지점 선택하기

마우스로 ❶ 왼쪽 벽의 바깥을 클릭하고 ❷ 계단 안쪽을 클릭해 그림과 같이 선택합니다. 객체를 선택하면 선택된 객체가 파란색 선으로 강조됩니다. 이렇게 선택하면 강조된 객체에서 [걸치기 선택]의 영역 안에 포함돼 있던 '점'만 움직입니다. ❸ 그림과 같이 강조됐다면 Enter 를 눌러 선택을 마칩니다.

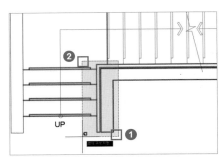 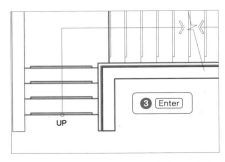

▶ 오른쪽을 먼저 클릭하고 왼쪽을 클릭해 [걸치기 선택]을 해야 합니다. 왼쪽을 먼저 클릭해 [윈도우 선택]으로 객체를 선택하면 결과가 다르게 나타납니다.

03. ❶ [신축] 기능을 실행할 기준점으로 임의의 점을 클릭합니다. 마우스 커서를 움직여 보면 미리 보기로 [걸치기 선택]에 포함된 점이 움직이면서 객체가 어떻게 변하는지 화면에 표시됩니다. ❷ F8 을 눌러 [직교 모드]를 켠 후 ❸ 마우스를 왼쪽으로 움직인 다음 [200]을 입력하고 Enter 를 누릅니다. 계단의 폭이 '200'만큼 줄어들었습니다.

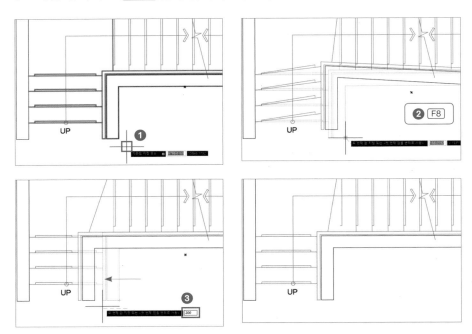

04. 그런데 상부 계단의 왼쪽 점까지 [신축]에 포함돼 형태가 틀어졌네요. ❶ Enter 를 눌러 마지막으로 실행했던 기능인 [신축]을 실행합니다. ❷ [걸치기 선택]으로 그림과 같이 선택한 후 Enter 를 누릅니다.

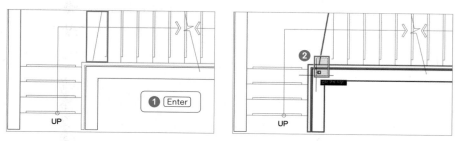

◖ 마지막으로 실행했던 기능이 [신축]이기 때문에 Enter 만 눌러도 다시 실행됩니다. 혹시 다른 기능을 사용했다면 단축 명령어인 [S]를 입력해야 합니다.

05. ❶ 임의의 기준점을 클릭합니다. 객체를 선택할 때는 벽까지 강조됐지만, 마우스 커서를 움직여 보면 벽은 움직이지 않습니다. ❷ 마우스 커서를 오른쪽으로 움직인 후 [200]을 입력하고 Enter 를 누릅니다. 계단의 형태가 수정됐습니다.

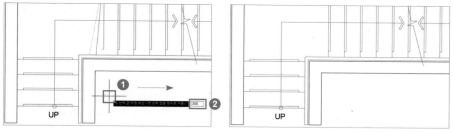

◖ 이렇게 '오른쪽으로 200만큼 신축'처럼 방향과 거리를 정확하게 입력할 경우, 기준점은 어디를 클릭해도 됩니다. 어차피 클릭한 점에서 오른쪽으로 200만큼만 움직이면 되니까요. 이왕이면 [객체 스냅]의 방해가 없는 위치를 클릭하는 게 좋겠죠?

06. 글씨와 화살표 옮기기

마지막으로 'UP' 문자, 동그라미, 경로 표시 선도 수정해 보겠습니다. ❶ 다시 [신축(S)]을 실행합니다. ❷ [걸치기 선택]으로 문자, 동그라미, 세로 선이 포함되도록 선택하고 Enter 를 누릅니다. ❸ 마우스 커서를 왼쪽으로 옮긴 후 [100]을 입력하고 Enter 를 누르면 수정 이 끝납니다.

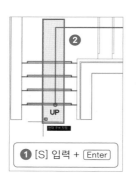
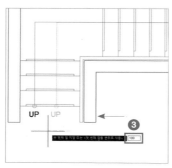
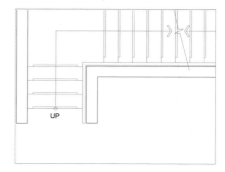

😣 삽질 금지   [신축]을 사용할 때 자주 하는 실수!

[신축(S)] 기능을 사용할 때는 [걸치기 선택]을 사용해야 원하는 결과를 얻을 수 있습니다. [윈도우 선 택]이나 '객체를 직접 클릭해서 선택'할 수도 있지만, 이 경우에는 '객체에 포함된 모든 점'이 일괄 선 택되기 때문에 [신축(S)]이 아니라 [이동(M)]돼 버립니다.

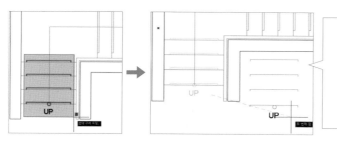

[윈도우 선택]은 영역에 모든 객체가 포함돼야만 선택됩니다. [신축]에서 [윈도우 선택]으로 변경하면 객체의 모든 점이 선택되기 때문에 결과적으로 객체가 [이동]합니다.

하나의 규칙이 더 있습니다. 객체를 선택할 때는 '하나의 객체'에서 '한 번'만 선택할 수 있습니다. 실수로 점 하나를 빼먹었다면, 선택을 취소하고 다시 선택해야 합니다.

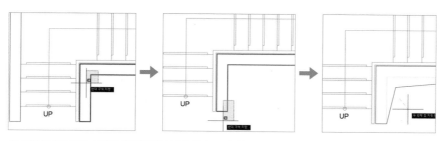

❍ 이미 신축할 점을 선택한 객체의 다른 점은 추가로 선택할 수 없습니다. 추가로 선택한 점은 무시됩니다.

07. 오른쪽 계단 수정하기

오른쪽 계단도 수정해 보겠습니다. [신축(S)]을 실행한 후 ❶ [걸치기 선택]으로 객체를 선택합니다. 이렇게 선택하면 위의 계단에서 한 단이 함께 따라 움직입니다. ❷ 번거로운 단계를 줄이기 위해 위쪽 계단 선을 Shift 를 누른 상태에서 클릭해 선택 해제합니다. 이렇게 하면 [신축]의 영향을 받지 않습니다.

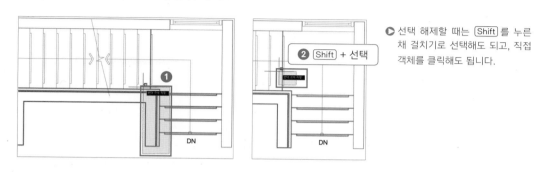

▶ 선택 해제할 때는 Shift 를 누른 채 걸치기로 선택해도 되고, 직접 객체를 클릭해도 됩니다.

08. ❶ 앞에서와 동일한 방법으로 기준점을 클릭한 후 ❷ 마우스 커서를 오른쪽으로 옮긴 상태에서 [200]을 입력하고 Enter 를 누르면 객체가 수정됩니다. 이번에는 바꾸지 않을 객체를 선택에서 뺐기 때문에 깔끔하게 수정됐습니다. ❸ 문자와 세로 선도 수정해 봅니다.

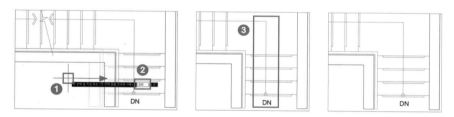

09. 위쪽 계단 수정하기

마지막으로 위쪽의 계단도 수정해 보겠습니다. [신축(S)]을 실행한 후 ❶ [걸치기 선택]으로 수정할 부분을 선택합니다. ❷ 이렇게 선택하면 왼쪽과 오른쪽의 계단 선도 수정되기 때문에 Shift 를 누른 채 클릭해 선택 해제합니다.

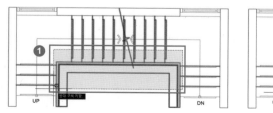
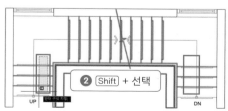

10. ❶ 계단 중앙의 [꺾인 선]에 신축이 적용되면 찌그러져 버릴 것입니다. 이 [꺾인 선]도 Shift를 누른 채 클릭해 선택 해제합니다. ❷ 기준점을 클릭하고 ❸ 마우스 커서를 위로 옮긴 후 [200]을 입력합니다. Enter를 누르면 객체가 수정됩니다.

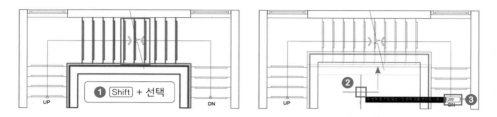

11. 화살표 수정하기

화살표 부분만 위로 '100'만큼 올리면 드디어 연습 끝입니다. 다시 [신축(S)]을 사용해 ❶ 객체를 [걸치기 선택]으로 선택합니다. ❷ 이번에도 [꺾인 선]이 걸리네요. [꺾인 선]이 통째로 위로 올라가면 깔끔하게 마무리될 것 같습니다. 현재는 [꺾인 선]의 일부만 선택됐기 때문에 Shift를 누른 채 [꺾인 선]을 클릭해 선택 해제했다가 ❸ 다시 클릭해 모든 점을 선택합니다. 선택이 끝났으면 Enter를 누릅니다.

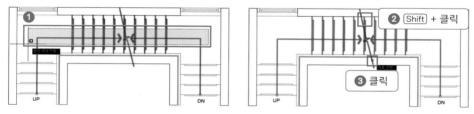

▶ [꺾인 선]의 전체가 이동하려면 일단 선택 해제한 후 [꺾인 선]을 다시 클릭해야 합니다.

12. 앞에서 연습했던 대로 ❶ 기준점을 클릭한 후 ❷ 마우스를 위로 옮기고 [100]을 입력합니다. Enter를 누르면 객체가 수정됩니다.

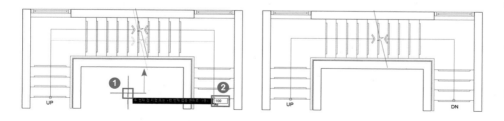

[신축(S)]을 사용할 때는 '움직일 점'의 선택이 중요합니다. 잘 활용하면 두세 번의 번거로운 과정을 한 번에 끝낼 수 있습니다. 특히 도면이 복잡할수록 더 유용합니다.

⊘ 기능 복습 [신축]을 사용해 도면을 편집해 보세요

준비 파일 · 05/exercise_2.dwg
완성 파일 · 05/exercise_2_fin.dwg

[신축(S)] 기능을 사용하면 지금까지 사용했던 [이동], [자르기], [연장] 등의 기능 없이도 도면을 편집할 수 있습니다. [신축] 기능만으로 아래의 도면을 수정해 보세요.

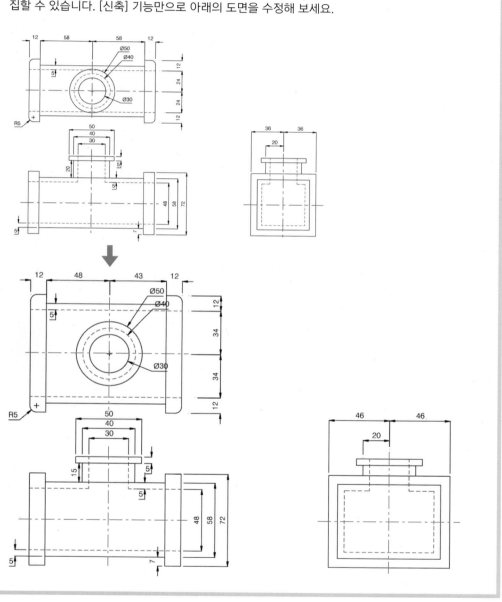

05-3 더블 클릭으로 건물 기초 [블록] 수정하기

04장에서 배웠던 블록을 기억하나요? 화장실의 문, 세면대, 대변기 등을 블록으로 만들고 쉽게 도면에 집어넣었죠. 블록은 이렇게 한 번에 선택하고 복사하기 편리하고 반복되는 객체를 수정할 때도 편리합니다. 이번에는 블록의 원본을 수정해 같은 이름으로 지정된 다른 객체를 일괄 수정하는 방법을 알아보겠습니다.

블록을 수정할 땐 더블 클릭!

지금까지 배웠던 수정 기능들은 객체의 '형태'를 단순히 수정하는 것으로, 리본 메뉴의 [수정] 패널에 모여 있습니다.
하지만 [블록], [폴리선], [문자], [치수선] 등 형태 이외의 정보가 담겨 있는 객체를 수정하려면 별도의 기능을 사용해야 합니다. 각

기능별로 수정하는 명령어가 있지만, 가장 편한 수정 방법은 '더블 클릭'하는 것입니다. 먼저 [블록]을 수정하는 방법부터 배워 보겠습니다.

직접 해보세요! 더블 클릭으로 [블록] 수정하기

준비 파일 · 05/footing.dwg
완성 파일 · 05/footing_fin.dwg

도면에서 반복적으로 사용돼 '블록'으로 지정하는 대표적인 경우가 건물의 기초 부분입니다. 정해진 치수의 기초가 일정 간격으로 분배돼 있기 때문입니다. 이번 예제에서는 기초 하나만 수정해 모든 블록이 한 번에 바뀌는 것을 연습해 보겠습니다.

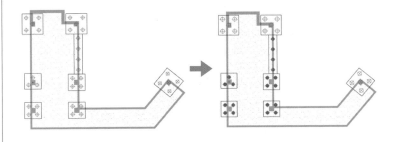

01. 블록 확인하기

준비 파일을 열면 다음과 같이 간단한 건물의 기초가 그려져 있습니다. ❶ 각 기초를 마우스로 클릭해 보면 모두가 [블록]으로 돼 있는 것을 확인할 수 있습니다. ❷ 리본 메뉴의 [삽입] 버튼을 클릭하면 블록의 이름과 형태를 확인할 수 있죠.

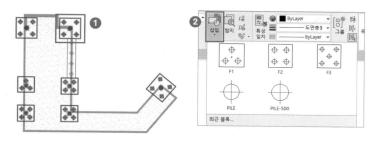

실무에선 이렇게! **블록의 수가 많다면 [특성] 팔레트에서 확인하세요!**

실무에서는 수십, 수백 개의 블록이 사용될 수 있습니다. [삽입]을 눌러 확인하기 힘들 수도 있죠. 그때는 객체 하나를 선택한 후 Ctrl + 1 을 눌러 [특성] 팔레트를 열면 블록의 이름을 확인할 수 있습니다.

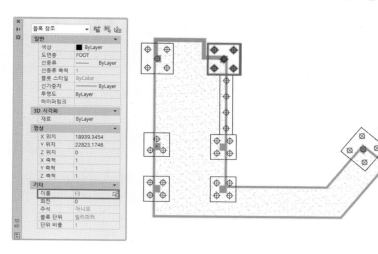

그리고 다음 페이지에서 설명할 [블록 편집기(BE)]로도 확인할 수 있어요. 블록을 더블 클릭하거나 블록이 선택된 상태에서 단축 명령어인 [BE]를 입력하면, 선택한 블록이 어떤 블록인지 확인할 수 있습니다.

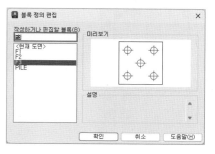

02. 블록 수정하기

블록을 확인했으니 본격적으로 기초를 수정해 보겠습니다. 수정할 블록을 더블 클릭만 하면 됩니다. 이때 주의할 점은 아무런 객체가 선택돼 있지 않은 상태여야 한다는 것입니다. 실수하지 않기 위해 먼저 (Esc)를 두 번 눌러 사용 중인 기능을 모두 취소하고, 선택돼 있는 객체도 선택 해제합니다.

03. 명령행에 아무런 메시지가 나타나고 있지 않은 상태라면 ❶ 왼쪽 위의 기초 블록을 더블 클릭합니다. ❷ 더블 클릭하면 [블록 정의 편집] 창이 나타나는데, 왼쪽의 리스트 중 [F3]을 선택하고 ❸ [확인] 버튼을 클릭합니다.

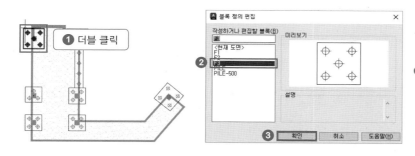

ⓒ 블록을 더블 클릭해서 [블록 편집기(BE)]를 사용했다면, 더블 클릭한 블록이 자동으로 선택되어 있을 거예요. 그 블록이 맞는지만 확인하면 됩니다.

😫 삽질 금지 **[블록 정의 편집] 창이 나타나지 않아요!**

아무 기능이 실행되지 않고, 아무런 객체가 선택되지 않은 '대기 상태'여야 폴리선, 블록, 문자, 치수선을 더블 클릭해 편집할 수 있습니다. 만약 이미 객체를 선택한 상태에서 더블 클릭했다면 다음과 같이 선택돼 있는 객체의 개략적인 특성을 확인하는 [빠른 특성] 창이 나타납니다.

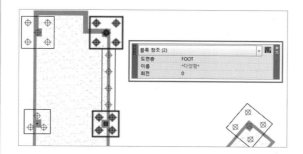

이럴 땐 (Esc)를 눌러 [빠른 특성] 창을 닫고, 한 번 더 (Esc)를 눌러 객체 선택을 해제한 후 다시 블록을 더블 클릭하세요.

---

04. 그러면 방금 전까지 보고 있던 화면은 사라지고 회색 바탕에 블록만 보입니다. 선택한 블록만 편집하는 [블록 편집기]로 넘어온 것입니다. 이곳에서 객체를 그리고 수정하는 등 블록을 편집할 수 있습니다.

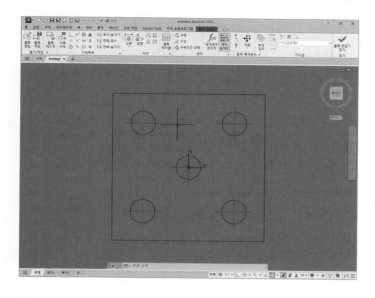

◖ [블록 편집기] 화면에서는 편집하는 블록 외의 다른 객체가 표시되지 않습니다. 주변을 확인하며 편집할 수 없어 불편하다면, [참조 편집 (REFEDIT)] 기능을 활용해 보세요. 08-2에서 설명합니다!

05. 블록 안의 블록 확인하기

그런데 [F3] 블록을 확인해 보면 [PILE]이라는 블록이 포함돼 있네요. 이렇게 블록 안에는 또 다른 블록이 포함돼 있을 수 있습니다. 이 [PILE] 블록을 [PILE-500]으로 교체하겠습니다.

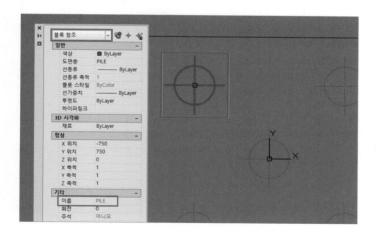

◖ 블록 안에는 또 다른 블록이 포함돼 있을 수 있습니다. 이렇게 복잡하게 얽혀 있기 때문에 편리하게 수정하기 위해선 블록을 만들 때 규격, 부재, 항목 등 유형별로 최대한 자세히 설정해야 합니다.

06. ➊ 리본 메뉴의 [홈] 탭에 있는 [삽입]을 클릭
한 후, ➋ [PILE-500]을 클릭하고 ➌ 기존 블록
에 중심점이 일치하도록 [PILE] 블록들 위에 집
어넣습니다. [복사] 기능을 사용하면 더 쉽게 집
어넣을 수 있습니다. 필요하지 않은 [PILE] 블
록을 골라 지우고 ➍ [블록 편집기 닫기] 버튼을
클릭합니다.

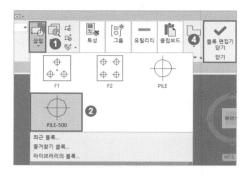

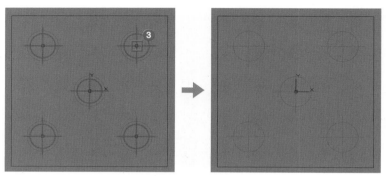

07. 블록 수정을 일괄 적용하기

[블록 편집기 닫기] 버튼을 클릭하면 변경된 블록을 저장할 것인지를 물어보는 대화 상자
가 나타납니다. ➊ 수정한 내용을 다른 기초에도 적용하기 위해 [변경 사항을 F3에 저장]을
클릭합니다. ➋ 도면을 확인해 보면 [F3] 블록으로 지정된 3개의 기초가 모두 수정된 것을
확인할 수 있습니다.

▷ [변경 취소 후 블록 편집기 닫기]를 클릭하면 수정한 내용이 저장되지 않습니다.
▷ [블록 저장(BSAVE)]의 단축 명령어인 [BS]와 [블록 편집기 닫기(BCLOSE)]의 단축 명령어인 [BC]를 연이어 사용하면 조금
더 편합니다. [BS] → [Enter] → [BC] → [Enter] 를 연이어 입력하는 게 습관이 될 거예요.

리본 메뉴에서 [블록] 패널의 [편집]을 눌러 블록을 수정할 수도 있습니다. 하지만 이 기능을 사용하면 수많은 블록 리스트 중에서 편집할 블록을 찾아야 하기 때문에 불편합니다. 블록 편집기보다 블록을 더블 클릭하는 방법이 훨씬 편하므로 참조만 하세요.

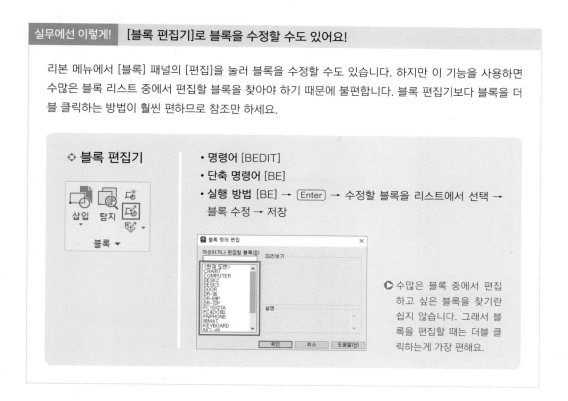

◈ **블록 편집기**

- **명령어 [BEDIT]**
- **단축 명령어 [BE]**
- **실행 방법 [BE]** → Enter → 수정할 블록을 리스트에서 선택 → 블록 수정 → 저장

▶ 수많은 블록 중에서 편집하고 싶은 블록을 찾기란 쉽지 않습니다. 그래서 블록을 편집할 때는 더블 클릭하는게 가장 편해요.

08. [PILE] 블록 수정하기

이번에는 여러 블록에 공통으로 들어 있는 [PILE] 블록에 해치를 넣어 수정해 보겠습니다. 도면을 살펴보면 [F3] 블록뿐만 아니라 [F1], [F2] 블록에도 [PILE]이 포함돼 있어서 [PILE] 블록을 수정하면 [PILE] 블록이 들어간 다른 [F1], [F2] 블록도 함께 수정되죠. 정말 그런지 확인해 볼까요?

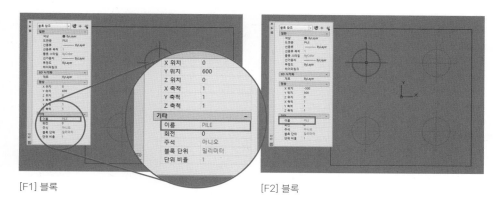

[F1] 블록   [F2] 블록

09. ❶ 줄 기초로 그려진 부분에 [PILE] 블록을 더블 클릭합니다. ❷ [블록 정의 편집] 창이 나타나면 [PILE]을 선택하고 ❸ [확인] 버튼을 클릭합니다.

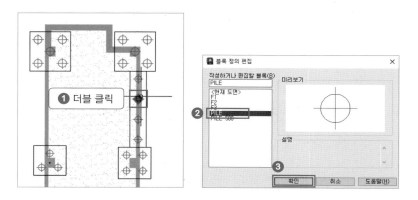

10. 블록에 해치 넣기

블록 편집기 창이 열리면 ❶ [HATCH]를 입력한 후 Enter 를 눌러 기능을 실행합니다. ❷ 리본 메뉴에서 [SOLID] 패턴을 선택하고 ❸ [PILE] 블록 내부를 클릭한 다음 Enter 를 눌러 패턴을 넣습니다. ❹ [블록 편집기 닫기]를 클릭하고 선택지에서 [저장] 버튼을 클릭합니다.

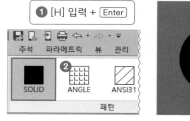
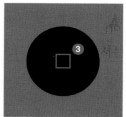

11. 도면을 보면 [PILE] 블록이 들어간 다른 블록들도 모두 수정된 것을 확인할 수 있습니다.

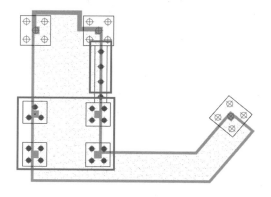

이렇게 [블록]을 사용해 객체를 수정하면 객체가 한 번에 수정되기 때문에 편리합니다. 하지만 실무에서 사용할 때는 주의해야 합니다. 실무에서는 도면이 여러 사람의 손을 거치기 때문에 수많은 블록이 사용됩니다. 그러다 보니 '눈으로 보기엔 같지만, 다른 블록'일 수도 있죠. 또 누군가가 일부분만 편집하려고 '분해'했을 수도 있습니다. 그래서 수정했다고 생각했지만, 실제로는 수정되지 않았을 수도 있습니다. 그래서 블록을 만들거나 고칠 때는 주의해야 합니다.

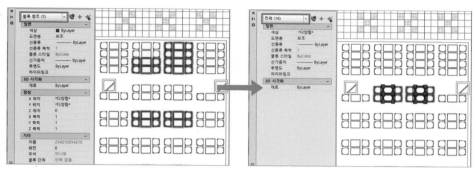

▶ 누군가가 블록을 '분해'해 버렸습니다. 이렇게 분해해 버리면 더 이상 블록이 아니기에 하나하나 직접 편집해야 해요. 이때는 오토캐드 2025 버전부터 추가된 [BCONVERT]를 사용하면 편리합니다. 이지스퍼블리싱 홈페이지의 [자료실]이나 저자의 블로그에서 [특별판] PDF를 내려받으세요.

✓ 기능 복습 [블록 정의 편집]을 사용해서 도면을 편집해 보세요

준비 파일 · 05/exercise_3.dwg
완성 파일 · 05/exercise_3_fin.dwg

건물의 주차장이 그려져 있습니다. 주차장은 일반, 확장, 장애인용의 세 가지로 구분돼 있는데, 한눈에 알아보기가 좀 힘듭니다. [주차(확장형)] 블록에는 X표를 추가하고, [주차(장애인)] 블록에는 [SOLID] 해치를 추가해 한눈에 알아보기 쉽도록 수정해 보세요. 주차장의 기둥에는 사선이 표시돼 있는데, 그래도 눈에 잘 띄지 않네요. 기둥에도 [SOLID] 해치를 추가해 보세요.

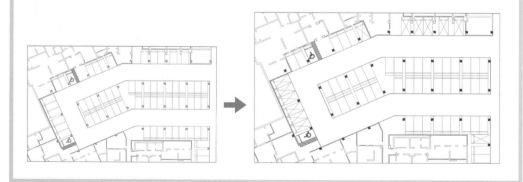

05-4 센스 있는 실무자는 수정 후 흔적을 남긴다

도면을 수정했다면, 누군가에게 도면을 다시 전달하기 전에 어디가 수정됐는지 표시해 주는 것을 잊어서는 안 됩니다. 어디가 바뀐 건지 표시해 놓지 않으면, 도면을 받는 사람이 이전 도면과 일일이 비교해 가며 수정된 부분을 찾아야 하기 때문입니다.

수정된 부분을 표시하는 두 가지 방법

다음 예시처럼 수많은 객체가 얽혀 있는 도면에서 어디가 바뀌었는지 찾는 일은 숨은 그림 찾기보다 어렵습니다. 따라서 수정된 부분을 반드시 표시해 줘야 하죠.

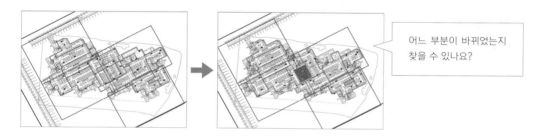

어느 부분이 바뀌었는지 찾을 수 있나요?

수정된 부분을 표시하는 방법은 크게 두 가지가 있는데요. '구름형 수정 기호'로 표시하면 눈에 잘 띄기 때문에 찾기에는 좋지만, 만들기가 조금 번거롭습니다. 대신 실무에서는 더 간편한 방법인 '두꺼운 폴리선'을 자주 사용하죠. 두 가지 방법 모두 실습해 보겠습니다.

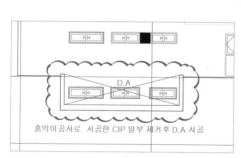

구름형 수정 기호로 표시된 도면

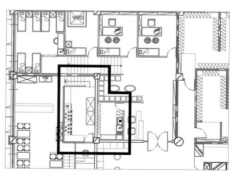

두꺼운 폴리선으로 표시된 도면

직접 해보세요! **두꺼운 폴리선으로 수정 부분 빠르게 표시하기**

준비 파일 · 05/footing_detail.dwg
완성 파일 · 05/footing_detail_fin.dwg

실제로 실무에선 두꺼운 폴리선으로 수정 부분을 자주 표시합니다. 앞서 수정해 봤던 기초 평면에서 수정 부분을 임의로 표시하며 두꺼운 폴리선을 그려 보겠습니다.

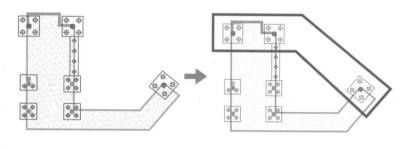

01. 준비 파일 살펴보기

준비 파일을 열면 기초 평면과 함께 변경 전과 후의 비교표가 있습니다. 비교표를 살펴보니 세 종류의 기초들 중에 'F3'이라는 기초가 변경됐네요. 그런데 도면에서 어디가 'F3'인지 알아보기 힘드네요. 바뀐 부분을 표시해 주면 다른 사람이 도면을 알아보기가 더 쉽겠죠? 가장 간단하고 많이 사용하는 방법인 '두꺼운 폴리선'을 사용해 표시해 보겠습니다.

02. 폴리선 그릴 도면층 만들기

지금부터 그릴 선은 실제로 만들 도면 선이 아니라 '표시'를 위한 폴리선이므로 구분하기 위해 도면층을 만들어 주는 것이 좋습니다. ❶ 리본 메뉴에서 [도면층 특성]을 눌러 패널이 열리면 ❷ 도면층을 만들고 ❸ 이름을 [수정된 부분]으로 바꿉니다. 색상도 눈에 띄게 [빨간색]으로 설정합니다. ❹ [수정한 부분] 도면층을 더블 클릭해 현재 도면층으로 설정합니다.

03. 폴리선 그리기

도면층 패널을 닫고 변경된 'F3' 기초 부분에 폴리선을 그리겠습니다. ❶ 폴리선을 그리는 명령어인 [PLINE]이나 단축 명령어인 [PL]을 입력하고 [Enter]를 누르세요. 이제 선택하는 지점을 따라 폴리선이 그려질 것입니다. ❷ 아래 그림을 참고해 3개의 'F3' 기초를 감싸도록 차례대로 클릭해 주세요. ❸ 마지막 지점은 명령행의 [닫기(C)] 옵션을 클릭하면 정확히 끝과 끝을 이을 수 있습니다.

◇ **폴리선**

그리기 ▾

- **명령어** [PLINE]
- **단축 명령어** [PL]
- **실행 방법** [PL] → [Enter] → 시작점 클릭 → 끝점 클릭 → (계속 클릭해 선을 이어 그림) → 그만 그리려면 다시 [Enter]

◉ [폴리선]의 다양한 옵션들 중에서 주로 사용되고, 꼭 알아야만 하는 옵션은 [폭(W)] 옵션입니다.

❶ [PL] 입력 + [Enter]

실제로 지어질 선이 아니므로 특별한 양식 없이 다른 사람이 알아볼 수 있게 표시하면 됩니다.

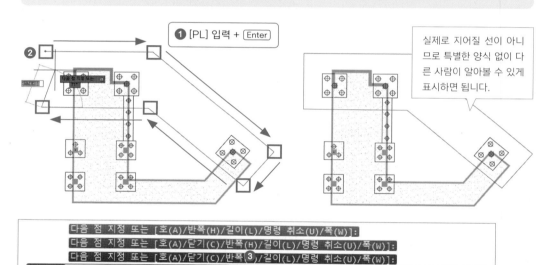

다음 점 지정 또는 [호(A)/반폭(H)/길이(L)/명령 취소(U)/폭(W)]:
다음 점 지정 또는 [호(A)/닫기(C)/반폭(H)/길이(L)/명령 취소(U)/폭(W)]:
다음 점 지정 또는 [호(A)/닫기(C)/반❸/길이(L)/명령 취소(U)/폭(W)]:
✕ ⚲ ⌐ᴼ▸ PLINE 다음 점 지정 또는 [호(A) 닫기(C) 반폭(H) 길이(L) 명령 취소(U) 폭(W)]:　▲

대부분의 사람들은 [객체 스냅 F3]을 너무 믿어 '끝점'을 클릭해 닫힌 도형을 그립니다. 하지만 클릭할 때 마우스가 미세하게 떨리는 경우도 있고, 컴퓨터가 살짝 멈출 수도 있고, 도면의 다른 객체에 스냅이 걸리는 경우도 있습니다. 그래서 도면을 확대해 보면, 미세하게 오차가 생기는 경우가 자주 생기죠. 따라서 '완벽하게 닫힌 도형'을 정확하게 한 번에 그리려면, 반드시 [닫기(C)] 옵션을 사용해야 합니다.

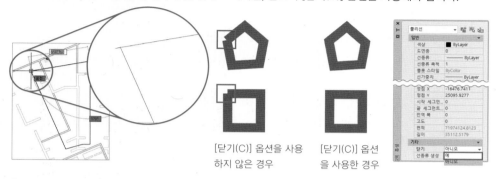

[닫기(C)] 옵션을 사용
하지 않은 경우

[닫기(C)] 옵션
을 사용한 경우

[닫기(C)]를 사용해야 하는 이유는 또 있습니다. 두께가 없을 때는 [닫기(C)] 옵션을 사용하지 않아도 차이를 느끼지 못하지만 [폭(W)]을 적용하면 이야기가 달라집니다. [닫기(C)] 옵션을 사용하지 않고 폴리선을 그리면 왼쪽 그림과 같이 끝이 벌어지기 때문입니다. 따라서 수정 부분을 표시하는 두꺼운 폴리선을 그릴 때는 [닫기(C)] 옵션을 반드시 사용하세요.

혹시 실수로 [닫기(C)]를 사용하지 못했다면 [특성] 팔레트를 사용해 닫힌 도형으로 만들 수 있습니다.

04. 폴리선 수정하기

폴리선을 그렸으니 이제 수정해 볼까요? [블록]을 수정했을 때와 마찬가지로 더블 클릭하면 수정하는 기능이 자동으로 실행되는데, '아무런 기능이 실행되고 있지 않는 대기 상태'여야만 합니다. ❶ Esc 를 눌러 실행 중인 기능을 모두 끝내고 대기 상태로 만듭니다. ❷ 방금 그린 폴리선을 수정하기 위해 더블 클릭합니다. 그러면 [폴리선 편집] 기능이 실행되면서 마우스 커서 옆에 사용할 수 있는 다양한 기능이 나타납니다. ❸ 이 기능들 중에서 [폭(W)]을 클릭하세요.

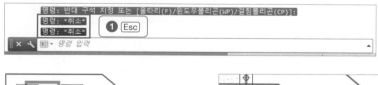

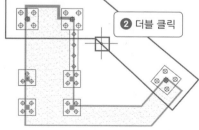

05. 폴리선 폭 수정하기

❶ 마우스 커서에 새로운 폭을 입력하라는 메시지가 나타나면, [200]을 입력하고 Enter를 누릅니다. ❷ 폭이 조절된 폴리선이 화면에 나타납니다. 폭이 마음에 들지 않으면, 다시 [폭]을 클릭해 두께를 고칠 수도 있습니다. ❸ 형태가 마음에 들 때까지 반복해 수정할 수 있으며 Enter를 누르면 기능이 종료되면서 폴리선의 편집이 끝납니다.

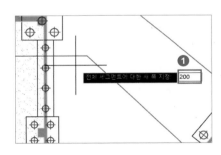

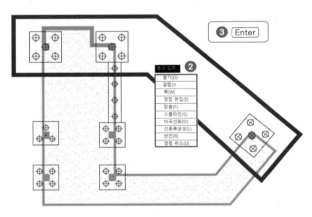

06. [특성] 팔레트에서 폭 수정하기

폴리선의 폭은 [특성] 팔레트에서도 수정할 수 있습니다. ❶ 폴리선을 선택한 상태에서 [Ctrl] + [1]을 누르면 [특성] 팔레트가 열립니다. ❷ [전역 폭] 항목에 앞에서 수정한 폭인 [200]이 입력돼 있습니다. 이 폭을 '300'으로 수정해 보세요. ❸ [Enter]를 누르면 폴리선의 두께가 입력한 값으로 변경됩니다. 이렇게 [특성] 팔레트를 이용하면 여러 폴리선의 폭을 한 번에 수정할 수 있겠지요?

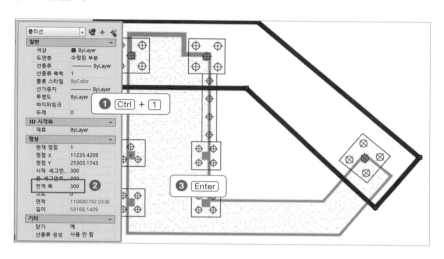

실무에선 이렇게! [폴리선]의 [폭] 옵션을 사용하면 다양한 두께가 이어진 폴리선을 그릴 수 있어요!

[폴리선(PLINE)] 명령어를 실행하고, 시작점을 클릭하면 여러 옵션을 사용할 수 있습니다. 그중에서 [폭] 옵션을 사용하면 두꺼운 폴리선을 그릴 수 있을 뿐만 아니라 다음 그림과 같이 구간별로 다양한 두께가 이어진 폴리선도 그릴 수 있습니다.

▶ 앞의 예제에서 폴리선을 그릴 때 [폭(W)] 옵션을 사용해 그렸다면, 다 그린 다음에 편집할 필요가 없었겠죠?

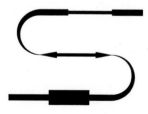 하지만 두께가 계속 변하는 폴리선을 그릴 일은 거의 없기 때문에 실무에서는 자주 사용되지 않습니다. 대신 일정한 두께의 폴리선을 주로 그리죠. 실습에서 한 것처럼 먼저 폴리선을 그리고 [폴리선 수정]으로 두께를 주는 방법을 더 많이 사용합니다.

 직접 해보세요! **구름형 수정 기호로 표시하기**

준비 파일 • 05/footing_detail.dwg
완성 파일 • 05/footing_detail_fin.dwg

도면에서 수정된 부분을 [구름형 수정 기호]라는 기능을 사용해 표시할 수도 있습니다. 단축 명령어가 없고, 버튼도 숨어 있어서 사용하기가 조금 불편하지만, 눈에 띄고 알아보기 쉬워 실무에서 중요한 특이 사항을 표시할 때 사용됩니다.

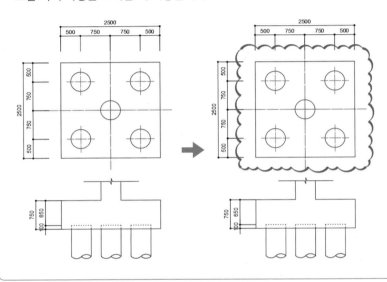

01. [구름형 수정 기호] 기능 실행하기

❶ 이번에는 도면의 오른쪽의 표 'F3' 부분에 수정 기호를 그려 보겠습니다. ❷ [REVCLOUD]를 입력한 후 Enter 를 눌러 실행하면 나타나는 다양한 옵션 중에서 ❸ [직사각형(R)]을 클릭합니다.

◇ **구름형 수정 기호**

• 명령어 [REVCLOUD]
• 실행 방법 [REVCLOUD] → Enter → 수정 기호 작성 → Enter

◐ [직사각형]과 [폴리곤]은 오토캐드 2016 이상의 버전에서만 사용할 수 있습니다.

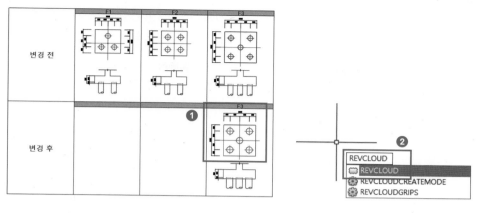

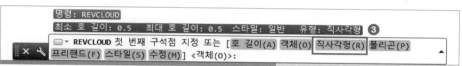

○ 리본 메뉴의 [구름형 수정 기호] 버튼을 클릭하면 [직사각형] 옵션을 한 번에 사용할 수 있습니다.

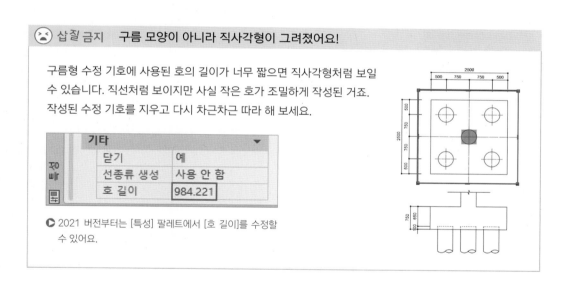

😣 삽질 금지　구름 모양이 아니라 직사각형이 그려졌어요!

구름형 수정 기호에 사용된 호의 길이가 너무 짧으면 직사각형처럼 보일
수 있습니다. 직선처럼 보이지만 사실 작은 호가 조밀하게 작성된 거죠.
작성된 수정 기호를 지우고 다시 차근차근 따라 해 보세요.

기타	
닫기	예
선종류 생성	사용 안 함
호 길이	984.221

○ 2021 버전부터는 [특성] 팔레트에서 [호 길이]를 수정할
　수 있어요.

02. 호 길이 지정하기

이제부터 그릴 구름형 수정 기호는 여러 개의 '호'로 구성된 객체입니다. 2021 버전부터는
[구름형 수정 기호]를 처음 실행하면 호의 설정 값이 화면 비율에 맞춰서 수정됩니다. 하지만
기능을 쓸 때마다 수정되지는 않아서 [호 길이]를 먼저 수정한 후 그리는 게 좋습니다.

○ 2020 이하 버전에서는 기본 설정이 '0.5'로 돼 있습니다. 값을 수정하지 않고 그리면 너무 조밀해 마치 직선처럼 보입니다.

❶ [호 길이(A)] 옵션을 실행합니다. 호의 길이를 특정 값으로 고정하면 호 만으로는 폐곡선을 그릴 수 없습니다. 따라서 2020 이하의 버전에서는 최소 호 길이와 최대 호 길이를 순차적으로 입력해야 합니다. 2021 이상의 버전에서는 대략적인 값만 입력하면, 오토캐드가 호 길이의 범위를 자동으로 정해 줍니다. ❷ 대략적인 호 길이로 [300]을 입력하고 Enter를 누릅니다.

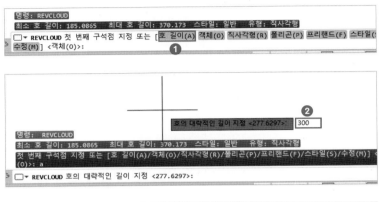

▷ 2020 이하의 버전에서는 최소 호 길이를 [200]으로, 최대 호 길이를 [500]으로 설정하고 작성해 보세요.

▷ 호 길이의 최댓값은 최솟값의 3배를 넘을 수 없습니다.

03. 이제 화면에 직사각형을 그리듯이 두 지점을 클릭하면 구름형 수정 기호가 그려집니다.

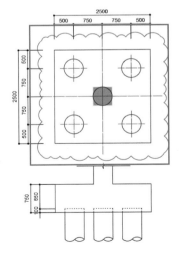

[OFF] 또는 [0]으로 설정하면 좀 더 균일하게 작성됩니다.

▷ 2020 이하의 버전에서는 최대와 최소의 길이를 비슷하게 설정하여 균일한 것처럼 보이게 만들 수 있었으나, 2021 이상의 버전에서는 대략적인 길이로 제어하기 때문에 들쭉날쭉하게 작성됩니다. 좀 더 균일하게 작성하고 싶다면, 환경 변수인 [REVCLOUDARCVARIANCE]의 값을 [OFF] 또는 [0]으로 설정하세요.

▷ 2020 이하 버전에서는 [호 길이]를 수정할 수 없고, 2021 버전부터는 [특성] 팔레트에서 [호 길이]를 수정할 수 있긴 하지만 보기 좋게 바뀌진 않습니다. 그래서 처음 그릴 때부터 [최소 호 길이]와 [최대 호 길이]를 비슷한 값으로 설정해 균일하게 그리는 게 좋아요.

[구름형 수정 기호] 기능으로 그린 객체는 [특성] 팔레트에는 [구름형 리비전]으로 표시되지만, 사실은 폴리선입니다. 그래서 더블 클릭하면 [폴리선 편집(PE)] 기능이 실행되죠. 여기에서 [폭(W)] 옵션을 활용하면 두껍게 설정할 수도 있습니다.

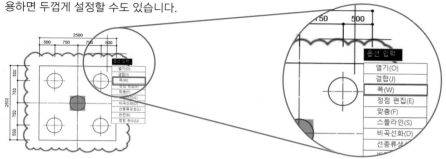

하지만 이 기능보다 더 보기 좋은 옵션이 있습니다. 구름형 수정 기호를 그리기 전에 옵션에서 [스타일(S)]을 선택한 후 [컬리그래피(C)]를 설정하면 그림과 같이 '두께가 변하는 호'로 구성된 수정 기호를 그릴 수 있습니다.

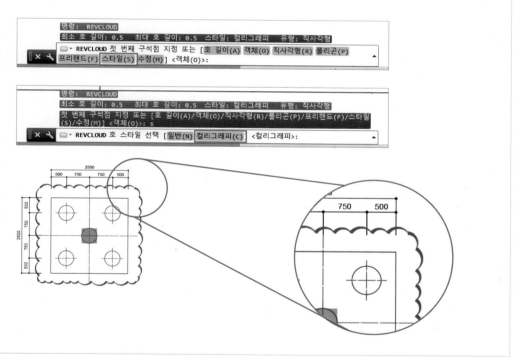

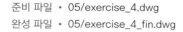 기능 복습 구름형 수정 기호를 사용해 보세요

준비 파일 • 05/exercise_4.dwg
완성 파일 • 05/exercise_4_fin.dwg

준비 파일을 열어 선홍색의 [중요] 도면층을 만들고, '호 길이: 150, 스타일: 컬리그래피'의 [구름형 수정 기호]를 그려 강조해 보세요.

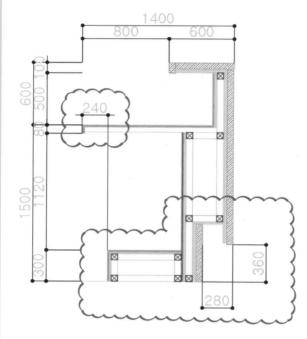

▶ 2020 이하의 버전에서는 '최소 호 길이:
100, 최대 호 길이: 150, 스타일: 컬리그
래피'로 작성해 보세요.

[폴리곤(P)] 옵션을 사용하거나 리본 메뉴의
[폴리곤] 버튼을 사용하면 다각형의 구름형
수정 기호를 쉽게 그릴 수 있습니다.

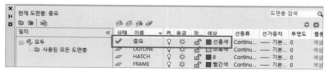

영화관 단면도 수정하고 수정 부분 표시하기

난이도 ★★☆

준비 파일에는 간단한 영화관 단면도가 그려져 있습니다. 아래 이미지의 치수를 참조해 천정의 부재를 수정하고, 수정된 부분을 구름형 수정 기호로 표시해 보세요. 블록으로 들어가 있는 관객의 옆모습도 삭제해 일괄적으로 수정해 보세요.

준비 파일 • 05/theater_section.dwg
완성 파일 • 05/theater_section_fin.dwg

동영상 강의를
확인해 보세요!

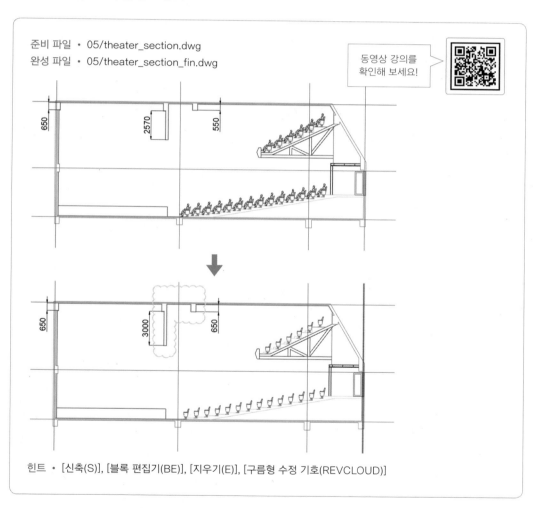

힌트 • [신축(S)], [블록 편집기(BE)], [지우기(E)], [구름형 수정 기호(REVCLOUD)]

일일이 선택하느라 시간 낭비하지 마세요
— 유사 선택, 신속 선택

도면에는 수많은 객체가 있습니다. 섞여 있는 복잡한 객체들 중에서 원하는 객체만 골라 선택할 수는 없을까요? 문자의 높이를 한 번에 바꾸기 위해 원하는 문자만 골라 선택하고 싶을 때나 치수만 골라 지우고 싶을 때는 어떻게 해야 할까요?

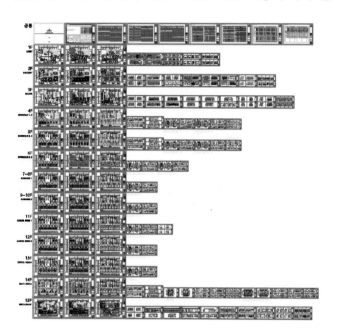

▶ 실무에서 사용하는 DWG 파일에는 하나의 파일에 수많은 도면이 있는 경우가 많습니다. 이렇게 복잡한 도면에서 필요한 것만 선택하려면 시간이 엄청 많이 걸리겠죠?

'비슷한 객체를 선택'하는 [유사 선택(SELECTSIMILAR)]이라는 기능과 '설정한 객체만 골라 정확하게 선택'하는 [신속 선택(QSELECT)]이라는 기능을 사용하면 됩니다.

비슷한 객체를 한 번에 선택하는 [유사 선택(SELECTSIMILAR)]

도면을 그리다 보면 같은 객체만 골라 선택하고 싶을 때가 매우 많습니다. 치수 선을 한 번에 골라 지우고 싶을 때도 있고, '문'이라는 이름의 블록만 한 번에 선택해 문이 총 몇 개 있는지 한 번에 알아보고 싶을 때도 있죠. 이때 '비슷한 객체를 선택'하는 [유사 선택]을 사용하면 간단하게 해결할 수 있습니다.

준비 파일 • 캐드 고수의 비밀 04/selectsimilar.dwg
완성 파일 • 캐드 고수의 비밀 04/selectsimilar_fin.dwg

폴리선과 원 그리고 몇 개의 블록이 그려져 있는데, 실무에서 사용 중인 대부분의 도면처럼 도면층이
정리되어 있지 않습니다. [유사 선택]을 사용해 도면층을 정리해 보겠습니다.

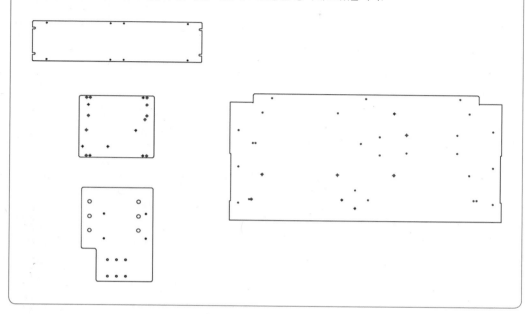

01. [유사 선택]으로 원만 선택하기

도면에는 폴리선, 원, 블록이 그려져 있습니다. 이 중에서 원만 골라 선택해 볼까요? ❶ 아
무 원이나 선택한 후 ❷ 마우스 오른쪽 버튼을 누르고 [유사 선택(T)] 버튼을 클릭합니다.
❸ 여러 개의 원이 한 번에 선택되었네요. 그런데 도면의 모든 원이 선택되지는 않았습니
다. 빠져 있는 원은 왜 선택되지 않은 걸까요?

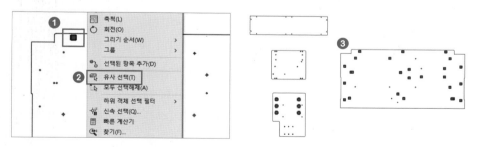

▶ 마우스 오른쪽 버튼을 눌러 메뉴가 나타났을 때 T 를 눌러 기능을 실행할 수도 있습니다.

02. [유사 선택(SELECTSIMILAR)]을 명령어로 실행해 [설정(SE)] 바꾸기

그 이유는 바로 '얼마나 비슷한 객체를 선택할 것인지'에 대한 설정 때문입니다. 설정을 바꿔 모두 선택되도록 해 볼까요? ❶ [Esc]를 눌러 객체 선택을 해제한 후 ❷ 이번에는 명령어로 실행해 보겠습니다. [SELECTSIMILAR]를 입력한 후 [Enter]를 누르세요. 객체를 선택해달라고 하는데, 잠깐 명령행을 볼까요? [설정(SE)]이라는 옵션이 있네요. 얼마나 비슷한 걸 선택할지 정하려면, 이 옵션을 사용해야 합니다. ❸ [SE]를 입력하고 [Enter]를 누르거나 명령행의 [설정(SE)]을 마우스로 클릭하세요.

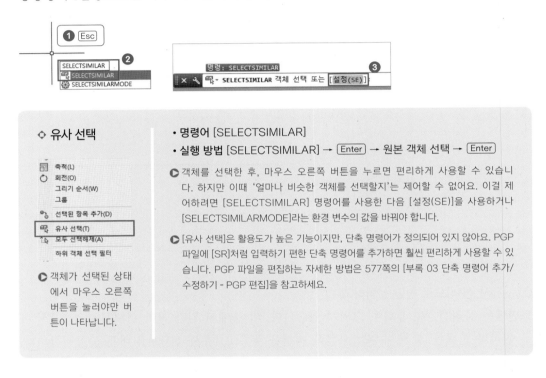

◆ 유사 선택

• 명령어 [SELECTSIMILAR]
• 실행 방법 [SELECTSIMILAR] → [Enter] → 원본 객체 선택 → [Enter]

▸ 객체를 선택한 후, 마우스 오른쪽 버튼을 누르면 편리하게 사용할 수 있습니다. 하지만 이때 '얼마나 비슷한 객체를 선택할지'는 제어할 수 없어요. 이걸 제어하려면 [SELECTSIMILAR] 명령어를 사용한 다음 [설정(SE)]을 사용하거나 [SELECTSIMILARMODE]라는 환경 변수의 값을 바꿔야 합니다.

▸ [유사 선택]은 활용도가 높은 기능이지만, 단축 명령어가 정의되어 있지 않아요. PGP 파일에 [SR]처럼 입력하기 편한 단축 명령어를 추가하면 훨씬 편리하게 사용할 수 있습니다. PGP 파일을 편집하는 자세한 방법은 577쪽의 [부록 03 단축 명령어 추가/수정하기 - PGP 편집]을 참고하세요.

▸ 객체가 선택된 상태에서 마우스 오른쪽 버튼을 눌러야만 버튼이 나타납니다.

03. 어떤 유사점을 기준으로 선택할지에 대한 팝업 창이 나타납니다. [색상(C)], [도면층(L)], [이름(N)]이 체크되어 있다면, 원본 객체와 색과 도면층이 같고, 원본 객체가 블록일 경우, 이름이 같은 블록만 골라 선택하도록 설정되어 있는 겁니다. ❶ 원이 어떤 색, 어떤 도면층으로 그려져 있더라도 선택되도록 하려면, [색상]과 [도면층]을 클릭해 체크를 해제해야 합니다. 이렇게 설정하면, 원본과 색과 도면층이 다르더라도 객체의 유형이 같다면 선택됩니다. 즉, 원본이 선이면 모든 선을, 원본이 치수면 모든 치수를 선택하는 것이죠. ❷ 체크를 해제했다면 [확인] 버튼을 클릭합니다.

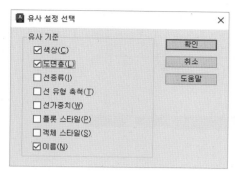
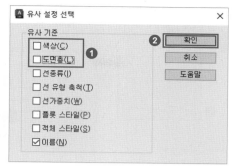

▶ 여기에서 설정한 값은 [SELECTSIMILARMODE]라는 환경 변수에 저장됩니다.

04. 도면의 모든 원을 선택해 도면층 바꾸기

이제 객체를 선택할 차례입니다. ❶ 원 하나를 선택하고 [Enter]를 누르세요. 이제 도면의 모든 원이 한 번에 선택됐습니다. ❷ [특성] 팔레트를 이용해 도면층을 [Hole]로 바꿔 주세요.

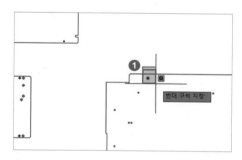
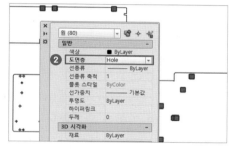

▶ 원본 객체는 여러 객체를 선택할 수 있습니다. 선과 원을 함께 선택하면, 모든 선과 원이 한 번에 선택되죠.

05. 블록 한 번에 선택하기

이번에는 블록에 사용해 볼까요? 도면에는 [R2 Hole], [R2.5 Hole]라는 2개의 블록이 만들어져 있습니다. [R2 Hole] 블록만 선택해 볼까요? 선택하려는 블록이 도면의 어디에서 사용 중인지 알고 있다면 쉽게 선택할 수 있지만, 어디에 있는지 모르겠네요. ❶ 리본 메뉴의 [삽입]을 사용해 ❷ [R2 Hole] 블록 하나를 ❸ 임의의 위치에 넣으세요. ❹ 그리고 집어넣은 객체를 선택한 후, 마우스 오른쪽 버튼을 클릭해 [유사 선택(T)]을 실행합니다. 이렇게 하면 한 번에 [R2 Hole]이라는 블록을 선택할 수 있죠. ❺ [특성] 팔레트를 사용하면, 몇 개인지도 쉽게 확인할 수 있습니다. 물론 수량을 헤아릴 때는 쉽게 선택하기 위해 임의로 집어넣은 1개는 빼야겠죠?

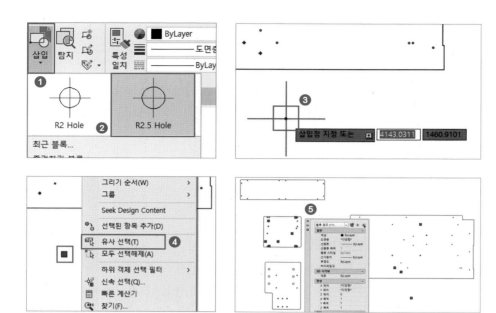

[이름(N)] 옵션을 해제하면 모든 블록이 선택됩니다

[유사 설정]의 다른 옵션은 쉽게 이해할 수 있는데, [이름(N)]과 [객체 스타일(S)]이라는 옵션은 알아보기 힘들 수 있습니다. [이름(N)] 옵션은 도면에서 사용 중인 블록, 외부 참조, 이미지의 이름이나 파일 이름을 의미합니다. 즉, 이 옵션을 해제한 상태에서 원본 객체로 블록을 선택하면 도면의 모든 블록이 선택됩니다.

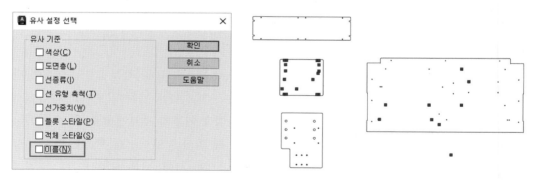

[이름(N)] 옵션이 선택되어 있지 않아 도면의 모든 블록이 선택되었습니다.

[객체 스타일(S)] 옵션은 문자와 치수, 지시선 등에 설정되는 스타일을 의미합니다. 이 값은 기본 설정에서 해제되어 있기 때문에 원본 객체로 문자를 선택하면 도면의 모든 문자, 원본 객체로 치수를 선택하면 도면의 모든 치수가 한 번에 선택된다는 것을 의미합니다. 특정 글꼴로 들어간 문자를 선택하려면 이 옵션에 체크해야 합니다.

원하는 특성을 가진 객체만 한 번에 선택하는 [신속 선택(QSELECT)]

[유사 선택]은 '도면 전체'에서 '유형이 같은' 객체를 골라 선택하는 기능입니다. 모든 선과 원을 선택하거나 이름이 같은 블록을 선택할 때 아주 편리한 기능이죠. 하지만 '길이가 10 인 선'이나 '높이가 3인 문자', 혹은 '반지름이 2보다 큰 원' 등과 같이 자세한 설정은 할 수 없습니다. 또한 무조건 도면 전체에서 선택할 수밖에는 없었습니다. '도면의 일정 영역'에서 '특별한 설정의 객체'를 선택하려면, [신속 선택(QSELECT)]을 사용해야 합니다.

준비 파일 · 캐드 고수의 비밀 04/qselect.dwg
완성 파일 · 캐드 고수의 비밀 04/qselect_fin.dwg

도면에 다양한 크기의 원이 있습니다. 이들 중에서 반지름이 2 이하인 것들만 선택해 도면층을 바꿔 보겠습니다.

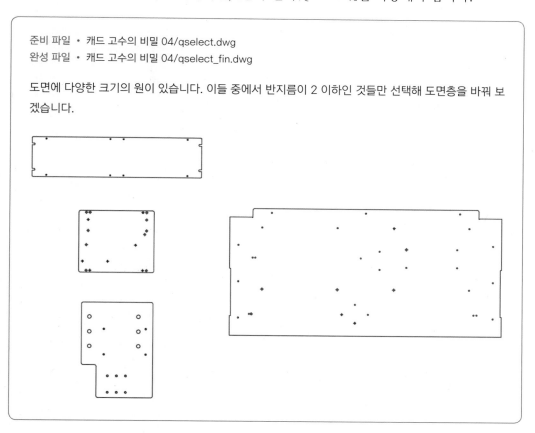

01. [신속 선택]으로 반지름이 2 이하인 원만 선택하기

다양한 크기의 원들 중에서 반지름이 2 이하인 원을 선택하려면 [신속 선택] 기능을 사용해야 합니다. 명령어나 버튼을 사용할 수도 있지만, 가장 간단한 방법은 마우스 오른쪽 버튼을 사용하는 것입니다. ❶ 아무것도 선택하지 않은 상태에서 마우스 오른쪽 버튼을 클릭한 후 [Q]를 누르면 ❷ [신속 선택] 대화 상자가 나타납니다. 여기에서 어떤 객체를 골라 선택할지를 정해야 합니다.

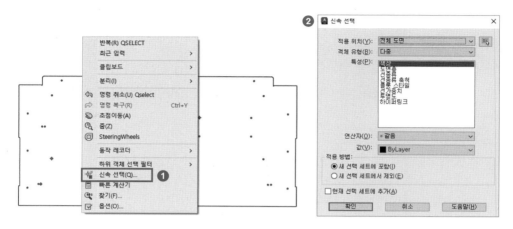

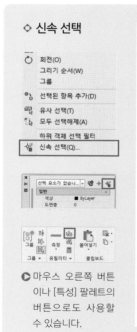

🔷 신속 선택

- 회전(O)
  그리기 순서(W)
  그룹
- 선택된 항목 추가(D)
- 유사 선택(T)
- 모두 선택해제(A)
  하위 객체 선택 필터
- 신속 선택(Q)...

▶ 마우스 오른쪽 버튼이나 [특성] 팔레트의 버튼으로도 사용할 수 있습니다.

- **명령어** [QSELECT]
- **실행 방법** [QSELECT] → Enter → 원하는 객체의 특성 설정 → [확인] 버튼 클릭

▶ [신속 선택]은 한 번에 한 가지 특성만 설정할 수 있어요. 빨간색의 반지름 2인 원을 선택하고 싶다면 빨간색만 선택하도록 [신속 선택]을 한 번 사용하고, 반지름 2인 원만 선택하도록 다시 한 번 [신속 선택]을 사용해야 합니다.

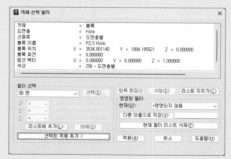

▶ 오토캐드에는 [객체 선택 필터(FILTER, FI)]라는 기능도 있습니다. 한 번에 여러 특성을 설정할 수 있는 장점이 있지만, 사용하기 매우 불편합니다. 다만 설정한 필터를 저장할 수 있으니, 자주 사용하는 필터를 미리 만들어 두면 좋겠죠.

02. 가장 먼저 설정할 것은 [객체 유형]입니다. ❶ 유형을 [원]으로 설정합니다. ❷ 그런 다음 [특성]을 정해야 하는데, [특성] 팔레트에 나타나는 모든 값을 정할 수 있습니다. [반지름]으로 설정합니다. ❸ 이제 반지름이 얼마인지 선택해야 하는데, [값]과 [연산자]로 나뉘어 있습니다. [값]은 [2]를 설정하고, [연산자]는 [〈 작음]을 설정합니다. ❹ [확인] 버튼을 클릭하면, 설정한 객체가 선택됩니다.

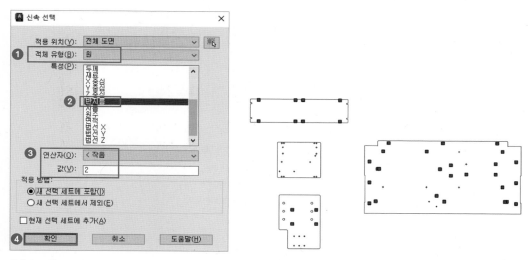

◐ [연산자]의 값에 따라 선택되는 객체가 다릅니다. [다름]을 설정하면 '반지름이 2가 아닌 원'이 선택되고, [같음]을 설정하면 '반지름이 2인 원'이 선택됩니다. [모두 선택]을 사용하면 '모든 원'이 선택됩니다.

03. 반지름이 2인 원 추가로 선택하기

'반지름이 2보다 작은 원'이 모두 선택되었을 것입니다. 이때 주의해야 할 점은 '반지름이 2'인 원은 선택되지 않는다는 것입니다. 다행히도 [신속 선택] 기능은 여러 번 중복해 사용할 수 있습니다. 객체가 선택되어 있는 상태에서 Enter 를 눌러 다시 한 번 [신속 선택]을 실행하세요. [신속 선택] 대화 상자가 다시 열렸습니다.

객체가 선택되어 있는 상태에서 [신속 선택]을 사용하면, 선택되어 있는 객체가 [적용 위치]와 [객체 유형]에 반영됩니다. ❶ [적용 위치]는 [현재 선택 요소]로 설정되어 있네요. 이 의미는 '지금 선택되어 있는 객체들 중에서만 골라 선택하겠다'라는 의미입니다. ❷ 반지름이 2인 원을 추가로 찾기 위해 [전체 도면]으로 바꿔 줍니다.

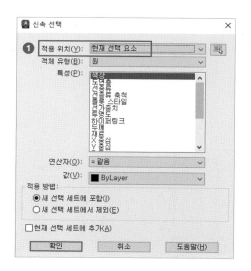 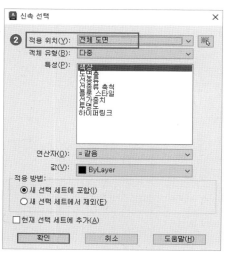

04. ❶ [객체 유형]을 다시 [원]으로 바꾸고 ❷ [특성]은 [반지름], ❸ [연산자]는 [= 같음], [값]은 [2]로 설정합니다. ❹ 이 상태에서 [확인] 버튼을 클릭하면, '반지름이 2인 원'만 선택됩니다. 앞에서 선택한 것에 추가로 선택하려면, 맨 아래의 [현재 선택 세트에 추가]를 체크해야만 합니다. ❺ 그런 다음 [확인] 버튼을 클릭하면, '반지름이 2보다 작거나 같은 원'이 선택됩니다.

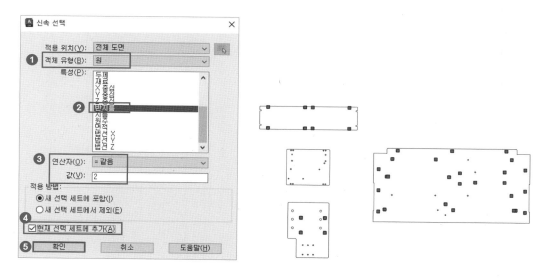

05. 선택된 객체들 특성 바꾸기

[특성] 팔레트를 열어 볼까요? 총 62개의 원이 선택되었습니다. 반지름이 하나로 통일되어 있지 않아 [다양함]으로 표시되고 있네요. ❶ 반지름의 [다양함]을 클릭해 [3]으로 바꿉니다. ❷ 도면층도 [Hole_small]로 바꿔 주세요.

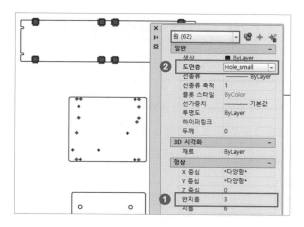

객체 검색 영역을 지정할 수 있어요!

[유사 선택] 기능은 무조건 도면 전체에서 비슷한 것을 선택합니다. 수많은 객체 중에서 골라 내다 보니 느릴 수밖에 없지요. 하지만 [신속 선택]은 대화 상자의 가장 오른쪽 위에 위치한 버튼을 클릭해 검색 영역을 지정할 수 있습니다.

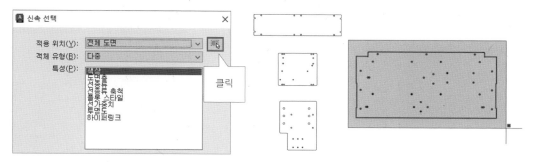

영역을 지정하면 객체를 골라 내는 시간이 짧아집니다.

바로 시공할 수 있게 도면 완성하기

도면을 완성할 차례입니다. 오토캐드로 그린 객체에 생기를 불어넣어야 하죠. 재질, 부재의 치수 등의 정보를 넣으면 어느 누가 봐도 진짜 실물로 느껴집니다. 이렇게 도면에 문자와 치수를 넣으면 '그림'이 '도면'으로 완성되죠. 마지막으로 도면을 보고 바로 시공할 수 있도록 종이에 출력하는 방법까지 알아보겠습니다.

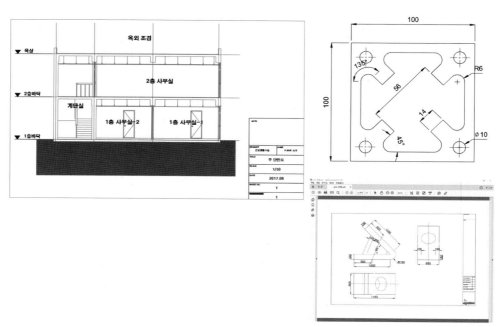

06-1 단면도에 실 이름, 바닥 레벨 [글자] 쓰기

지금까지 형태를 그렸다면 이제 그린 형태가 어떤 물건인지 글자로 알려 줘야 합니다. 이름은 무엇인지, 재질은 어떤 재질인지 그리고 특이 사항은 무엇인지 등을 자세히 적어야만 도면을 전달 받은 사람이 알아보고 만들 수 있기 때문입니다.

객체에 이름표를 달아 주세요!

부재의 이름, 재질, 실제로 제작할 때에 주의해야 하는 사항 등 형태만으로는 표현되지 않는 다양한 정보를 한눈에 알아보기 위해선 수많은 글자가 필요합니다. 이 정보가 써 있지 않다면 도면을 알아보기 어렵습니다. 사각형이 그려져 있다면, 이 사각형이 나무인지 쇠인지 알아볼 방법이 없기 때문입니다.

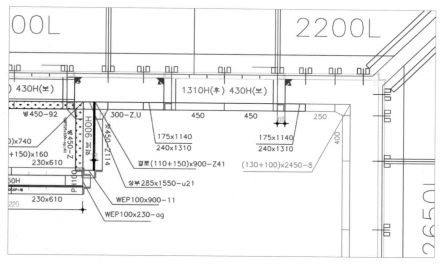

도면은 형태만으로 표현되지 않는 수많은 정보를 알려 주기 위해 글자가 필요합니다.

[단일 행 문자]와 [여러 줄 문자]

오토캐드에서 문자를 넣는 기능에는 크게 [단일 행 문자]와 [여러 줄 문자]가 있습니다. [여러 줄 문자]는 MS 워드 파일처럼 여러 줄의 문자를 입력해 문서로 만들 수 있습니다. 실무에서는 주로 도면 목록 맨 앞의 일반 사항에서 사용됩니다. 자동 번호, 언더라인, 취소선, 두꺼운 글씨, 윗첨자 등 다양한 설정을 할 수 있지만, 그만큼 손이 많이 가서 자주 사용하지는 않습니다.

대신 실무에서는 별다른 설정을 하지 않아도 글자를 바로 입력할 수 있는 [단일 행 문자]를 주로 사용합니다. 실습으로 [단일 행 문자]를 만들어 보겠습니다.

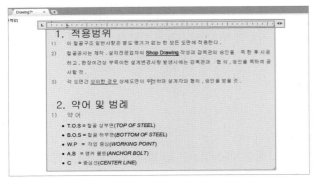

[여러 줄 문자]를 사용한 문서

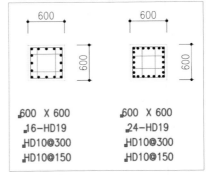

[단일 행 문자]를 사용한 도면

직접 해보세요! 단일 행 문자 넣기

준비 파일 • 새 파일에서 시작합니다.
완성 파일 • 06/dt_fin.dwg

새 도면에서 [단일 행 문자]로 간단한 글씨를 써 보며 자유롭게 연습해 볼까요?

> 단일 행 문자의 단축 명령어는 DT
> Enter 를 누르면
> 줄이 바뀌면서
> 각각의 문자가 작성됩니다.

01. [단일 행 문자] 실행하기

새 파일을 만들었다면 [단일 행 문자] 기능을 사용해 간단한 글자를 입력해 보겠습니다.

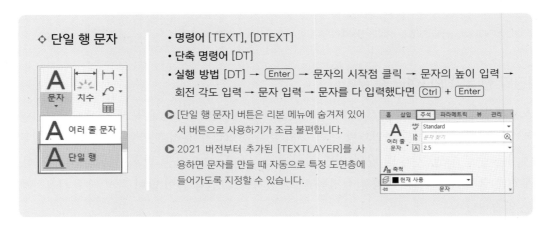

◆ 단일 행 문자

- **명령어** [TEXT], [DTEXT]
- **단축 명령어** [DT]
- **실행 방법** [DT] → Enter → 문자의 시작점 클릭 → 문자의 높이 입력 → 회전 각도 입력 → 문자 입력 → 문자를 다 입력했다면 Ctrl + Enter

○ [단일 행 문자] 버튼은 리본 메뉴에 숨겨져 있어서 버튼으로 사용하기가 조금 불편합니다.

○ 2021 버전부터 추가된 [TEXTLAYER]를 사용하면 문자를 만들 때 자동으로 특정 도면층에 들어가도록 지정할 수 있습니다.

❶ 단일 행 문자의 단축 명령어인 [DT]를 입력한 후 Enter 를 누릅니다. 문자의 시작점을 지정해야 하는데, 클릭한 지점에서부터 뒤에 입력할 각도 방향으로 문자가 써집니다. ❷ 적당한 지점을 클릭하면 문자의 높이를 지정해달라고 합니다. 마우스로 직접 클릭하거나 숫자를 입력하면 문자의 높이를 지정할 수 있습니다. ❸ 여기서는 [500]을 입력하고 Enter 를 누르세요. ❹ 이번에는 문자의 회전 각도를 지정해달라고 합니다. 일반적인 '오른쪽으로 화면과 평행한 문자'를 쓰려면, 기본값인 [0]도를 그대로 써야 합니다. Enter 를 한 번 더 누릅니다.

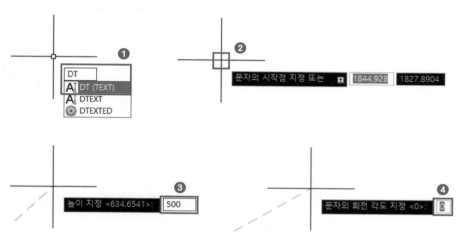

◐ 높이를 지정할 때 숫자를 입력하지 않고 마우스로 클릭하면 문자의 시작점에서 클릭한 곳까지의 거리가 문자의 높이로 지정됩니다.

02. 문자 입력하기

이제 문자를 입력할 수 있습니다. ❶ 키보드로 자유롭게 입력하면 글자가 나타납니다. ❷ 내용을 다 적었다면 기능을 종료해야 하는데, 다른 기능과 다르게 Enter 가 아닌 Ctrl + Enter 를 사용합니다.

❶ 단일 행 문자의 단축 명령어는 DT   ❷ Ctrl + Enter

◐ Ctrl + Enter 를 눌러서 기능을 끝내기 전에 Esc 를 누르면 입력한 문자가 사라지니 주의하세요.
◐ 마우스로 다른 곳을 클릭하면 입력한 문자가 완성됨과 동시에 클릭한 위치에 새로운 단일 행 문자 객체를 만들 수 있습니다.

> **삽질 금지** 글자를 입력하고 Enter 를 누르면 기능이 종료되지 않고 행이 바뀝니다!

[단일 행 문자]를 입력하던 중에 Enter 를 눌렀다
면 기능이 종료되는 게 아니라 문자가 행이 바뀌어
입력됩니다. 만약, 오른쪽과 같이 문자가 행이 바
뀌어 입력됐다면 각 줄마다 하나의 객체로 나뉘어
선택됩니다. 입력을 종료하려면 Ctrl + Enter 를
눌러야 합니다.

```
단일 행 문자의 단축 명령어는 DT
Enter 를 누르면
줄이 바뀌면서
각각의 문자가 작성됩니다.
```

그럼 문자를 쓰던 중에 마우스로 다른 위치를 클릭하면 어떻게 될까요? 클릭한 지점에 새로운 단일 행
문자가 써집니다. 이 내용을 알고 있으면 명령어를 여러 번 사용하지 않아도 필요한 곳에 쉽게 글자를
넣을 수 있겠죠?

글자를 넣는 기능이 굉장히 간단하죠? 하지만 진짜 도면에 문자를 넣을 때는 많은 점을 고
려해야 합니다. 그 이유는 도면에 있는 문자가 모두 같은 크기, 같은 형태로 들어가지 않기
때문입니다. 필요에 따라 크기나 색상이 다르기도 합니다. 그럼, 실무에서는 어떻게 문자
를 넣는지 알아보겠습니다.

실무에서는 [단일 행 문자]보다 [복사]가 더 자주 사용됩니다

[단일 행 문자] 기능을 사용하면 글자를 집어넣을 때마다 높이와
각도를 설정해야 합니다. 또한 문자도 일종의 객체이기 때문에 [도
면층]을 설정해야 하고, [문자 스타일]의 폰트도 설정해야 하기 때
문에 무척 번거롭습니다.

따라서 실무에서는 문자를 새로 넣기보다 이미 있는 문자를 복사
해 내용을 고칩니다.

🔵 문자는 [문자 스타일]에 설정돼 있는 글꼴(폰트)로 만들어집니다. 문자 스타일에 대해서는 10-1을 참조하세요.

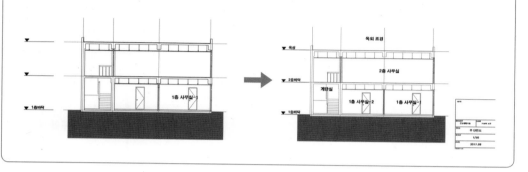

직접 해보세요! 문자를 복사해 수정하기

준비 파일 · 06/text.dwg
완성 파일 · 06/text_fin.dwg

도면에 적절한 크기와 폰트의 글자를 한 번 넣었다면, 매번 [DT] 명령어를 실행해 글자를 새로 넣을
필요가 없습니다. [DT] 명령어를 사용하는 것보다 문자를 복사하는 게 훨씬 간편하기 때문입니다. 또
한 문자를 복사할 때는 Ctrl + C보다 문자의 위치를 정확하게 지정할 수 있는 [복사(COPY)]를 사
용하는 게 좋습니다.

01. Ctrl + C , Ctrl + V로 문자 복사하기

준비 파일에는 작은 건물의 단면이 그려져 있습니다. 그런데 '1층 사무실-1'을 제외하곤
각 방의 이름이 없군요. '1층 사무실-1' 글자를 복사해 방의 이름과 레벨을 써 보겠습니다.
❶ 도면 오른쪽 아래의 '1층 사무실-1' 문자를 선택합니다. ❷ Ctrl + C 를 누르면 명령행
에 복사됐다는 메시지가 나타납니다. ❸ Ctrl + V 를 누르면 문자가 마우스 커서를 따라다
니는데, 원래 있던 문자와 비슷한 자리를 잡기가 어렵습니다. 따라서 문자를 일단 집어넣
은 다음, [이동(MOVE, M)] 명령어로 옮겨야 합니다.

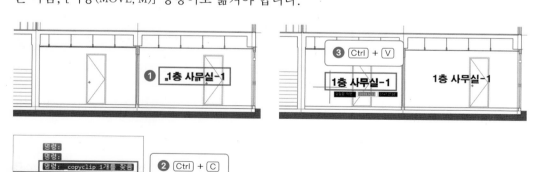

▶ Ctrl + C , Ctrl + V 를 사용하면 한 번에 정확한 자리에 문자를 집어넣기가 어렵습니다.

02. [COPY]로 문자 복사하기

Ctrl + Z를 눌러 처음 상태로 되돌아간 후 이번에는 [복사] 기능을 사용해 보겠습니다. ● [CO]를 입력하고 Enter 를 누른 다음 ② 복사할 문자를 선택하고 Enter 를 누릅니다. ③ 마우스로 기준점을 클릭하고 ④ 붙여 넣을 위치를 클릭하면 객체가 복사됩니다. 이때 [직교 모드 F8]를 켠 다음 복사하면 수평, 수직으로 복사할 수 있습니다.

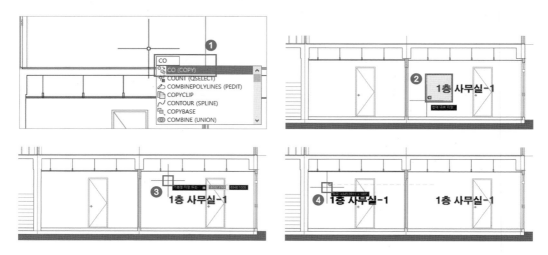

03. 문자 수정하기

내용을 수정할 차례입니다. 앞에서 [블록]을 수정할 때와 마찬가지로 문자를 더블 클릭하면 됩니다. ● 옆의 방에 복사한 '1층 사무실-1' 문자를 더블 클릭하면 곧바로 수정할 수 있습니다. ② 숫자 '1'을 '2'로 바꿔 주세요. ③ 문자의 내용을 다 바꿨으면 Enter 를 누릅니다.

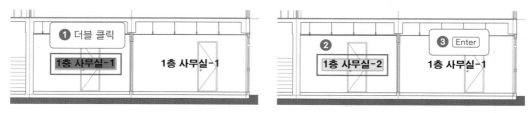

▶ 이때도 다른 객체가 선택되어 있거나, 기능이 실행되고 있으면 당연히 안 됩니다. Esc 를 한두 번 누른 다음, 문자를 더블 클릭하세요.

04. 여러 문자를 연이어 수정할 수 있도록 기능이 완전히 종료되지 않고, '추가로 수정할 객체를 선택해 주세요'라는 의미의 메시지가 나타납니다. 수정할 문자가 더 있다면 마우스로 클릭해 고치고, 없다면 [Enter]를 한 번 더 눌러 기능을 마칩니다.

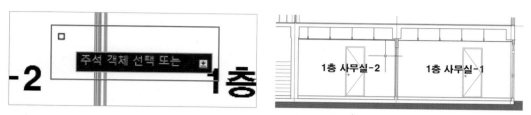

● 연이어 여러 문자를 수정할 수 있도록 한 번에 종료되지 않습니다. 문자를 여러 개 복사해 두고 내용을 수정하면 더 쉽겠죠?

문자 편집 기능이 연속으로 사용되는 이유는 [모드]가 [다중]으로 설정되어 있기 때문입니다. 한 번에 하나의 문자만 편집하고 바로 기능을 종료하고 싶다면, [TEXTEDIT(ED, TEDIT, DDEDIT)]를 실행한 후, [모드(M)] 옵션을 [단일(S)]로 설정하세요.

● 환경 변수인 [TEXTEDITMODE]로 제어할 수도 있어요. 0은 다중, 1은 단일입니다.

05. 문자 연이어 복사하기

연이어 수정할 수 있는지 한번 사용해 볼까요? 도면 왼쪽에 각 레벨의 이름을 표시하는 곳이 비어 있습니다. ❶ [COPY]를 입력한 후 [Enter]를 누르고 '1층 바닥' 문자를 선택한 후 [Enter]를 누릅니다. ❷ 기준점으로 레벨 선 끝을 클릭하고 ❸ 복사할 지점인 위쪽 레벨 선을 연이어 클릭해 붙여 넣습니다. [Enter]를 한 번 더 눌러 기능을 마칩니다.

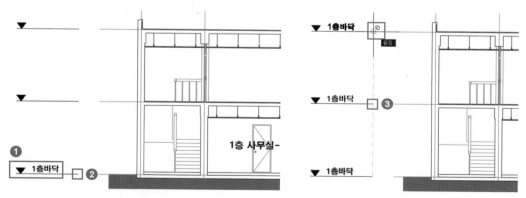

● 한 장의 도면에도 다양한 크기와 글꼴의 문자가 사용됩니다. 글자를 넣을 때마다 크기, 글꼴을 설정하긴 너무 번거롭죠. 그래서 원하는 형태의 글자를 복사해서 붙여놓고, 내용을 수정하는 방법을 많이 사용합니다.

06. 문자 내용 수정하기

내용을 수정해 보겠습니다. ❶ 2층에 붙여 넣은 문자를 더블 클릭한 후 내용을 '2층 바닥'으로 바꿉니다. ❷ Enter 를 누르고 위쪽 문자를 클릭하면 내용을 수정할 수 있습니다. 내용을 '옥상'으로 바꾸고 ❸ Enter 를 두 번 누르면 수정이 끝납니다.

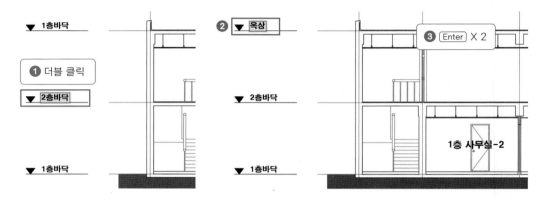

실명, 도면 사양을 적어 도면을 완성해 보세요!

도면에는 많은 문자가 필요합니다. 각 부위의 명칭을 표시하기도 하고, 재료를 표시하기도 합니다. 이 외에도 이 도면이 언제, 누가, 뭘 그렸는지도 표시해 줘야 합니다. 아래의 이미지를 참조해 도면에 필요한 내용을 모두 적어 보세요.

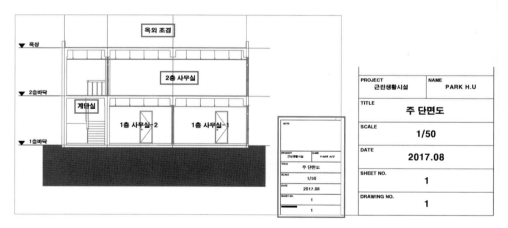

06-2 직접 만들 수 있도록 부품 도면에 [치수] 넣기

이제 치수를 넣을 차례입니다. 만약, 도면에 치수가 없으면 어떨까요? 도면 대로 만들기 위해선 매번 길이를 재야 할 것입니다. 게다가 종이나 PDF로 출력한 이후라면, 정확한 길이를 알 방법이 없죠. 따라서 만드는 과정까지 생각해 치수를 꼭 넣어야 합니다.

치수란 무엇인가요?

치수란 일종의 블록이며, 다음과 같은 요소로 이루어져 있습니다.

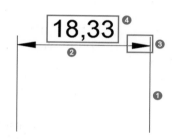

❶ **치수 보조선:** 어디부터 어디까지 길이를 잴 것인지 표시하는 선
❷ **치수선:** 측정한 거리의 기준을 표시하는 선
❸ **화살촉:** 측정한 거리의 양 끝을 표시하는 2개의 기호
❹ **문자:** 측정한 거리를 숫자와 문자로 표현하는 부분

◐ [특성] 팔레트를 사용하면 [치수] 객체에도 개별적인 환경 설정을 할 수 있으며, 중구난방으로 설정된 형태를 하나로 통일할 수도 있습니다. 치수를 이루는 요소들에 [치수 스타일]을 사용하면 같은 설정을 적용할 수 있는데, 자세한 설정 방법은 10장에서 배우겠습니다.

그렇다면 치수는 어디에 넣을까요? 원의 지름이나 반지름, 호의 지름, 반지름과 호의 길이, 직선 구간의 거리, 객체 사이의 각도 등 다양한 곳에, 다양한 방식으로 치수를 넣습니다. 또한 거리를 연속해 넣는 기능도 있습니다. 예제를 통해 다양한 곳에 치수를 넣어 보겠습니다.

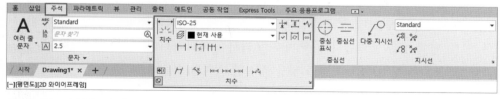

치수를 그리고 수정하는 다양한 기능은 [주석] 탭에서 사용할 수 있습니다.

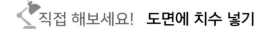
준비 파일 • 06/part1.dwg
완성 파일 • 06/part1_fin.dwg

도면에 치수가 없다고 상상해 보세요. 형태는 분명 그려져 있지만, 실제 물건으로 만
들려면 각각의 길이를 모두 재면서 확인해야 합니다. 이 준비 도면도 마찬가지입니다. 가운데 원의
지름은 써 있어서 쉽게 알 수 있지만, 그 밖의 다른 부분은 일일이 측정해야 합니다. 도면에 치수를
추가해 실제 물건으로 만들 수 있도록 수정해 보겠습니다.

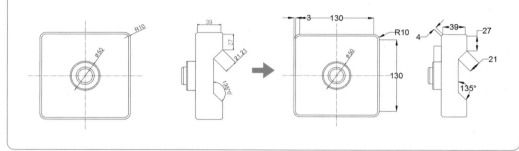

01. 선형 치수 넣기

준비 파일에는 간단한 부품의 도면이 그려져 있습니다. 여기에 여러 치수를 넣어 도면을
완성하겠습니다. 먼저 가장 자주 사용되는 '직선 구간의 치수'를 넣어 볼까요? '직선'의 길
이를 넣는 기능은 2개가 있는데, 그중에서 가로, 세로의 길이를 측정하는 [선형 치수]를 사
용해 보겠습니다. ❶ 단축 명령어인 [DLI]를 입력하고 [Enter]를 눌
러 [선형 치수]를 실행합니다. ❷ 측정할 지점의 첫 번째 점을 클릭
합니다. ❸ 두 번째 점을 클릭합니다. ❹ 마우스 커서를 따라다니며
미리 보기로 치수가 보입니다. 치수를 넣을 적절한 위치를 클릭하
면 치수가 그려집니다.

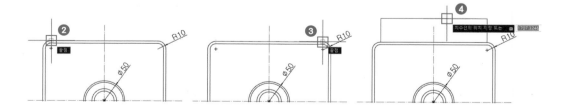

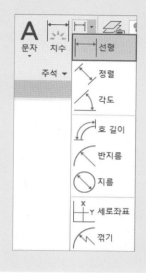

◈ 선형 치수

- **명령어** [DIMLINEAR]
- **단축 명령어** [DIMLIN], [DLI]
- **실행 방법** [DLI] → Enter → 첫 번째 점 클릭 → 두 번째 점 클릭 →
  치수선의 위치 클릭

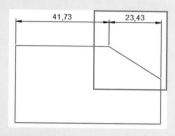

○ [선형 치수]는 가로나 세로의 직선 거리를 측정할 때 주로 사용합니다.
○ [회전(R)] 옵션을 사용하거나 좌표축을 돌리면 사선의 길이를 측정할 수 있습니다. 하지만 사용법이 번거로워서 많이 사용하진 않습니다.

```
╫ × 🖋  ⊢ DIMLINEAR [여러 줄 문자(M) 문자(T) 각도(A) 수평(H) 수직(V) 회전(R)]:
```

실무에선 이렇게! **치수를 간단히 넣는 또 다른 방법**

치수를 넣는 기본 기능은 [홈] 탭에서도 사용할 수 있는데, 총 8개의 버튼이 하나로 묶여 있습니다. ▼ 버튼을 누르면 골라서 쓸 수 있긴 하지만, 치수 관련 기능들은 자주 사용하기 때문에 단축 명령어를 알아 두는 게 좋습니다.

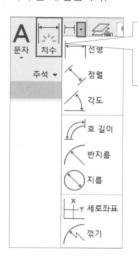

> [치수] 버튼은 치수와 관련된 다양한 기능을
> 하나의 기능으로 사용할 수 있는 오토캐드
> 2016의 신기능입니다.

[스마트 치수(DIM)]는 치수를 넣는 모든 기능이 하나로 묶인 기능입니다. 상황에 맞게 쓸 수 있는 옵션이 실시간으로 바뀌죠. 마우스 커서가 선 위에 있을 때, 원이나 호 위에 있을 때, 허공에 있을 때 사용할 수 있는 옵션이 모두 다르고, 치수를 측정할 객체를 선택하면 옵션이 또 바뀝니다. [스마트 치수(DIM)]에 익숙해지면 정말 편하게 치수를 넣을 수 있을 거예요.

```
명령: DIM
객체 선택 또는 첫 번째 치수보조선 원점 지정 또는 [각도(A)/기준선(B)/계속(C)/세로좌표(O)/정렬(G)/분산(D)/
도면층(L)/명령 취소(U)]:
반지름을 지정할 호 선택 또는 [지름(D)/꺾기(J)/호 길이(L)/각도(A)]:
╫ × 🖋  ⊡▾ DIM 반지름 치수 위치 지정 또는 [지름(D) 각도(A) 여러 줄 문자(M) 문자(T) 문자 각도(N) 명령 취소(U)]:

객체 선택 또는 첫 번째 치수보조선 원점 지정 또는 [각도(A)/기준선(B)/계속(C)/세로좌표(O)/정렬(G)/분산(D)/
도면층(L)/명령 취소(U)]:
╫ × 🖋  ⊡▾ DIM 반지름을 지정할 호 선택 또는 [지름(D) 꺾기(J) 호 길이(L) 각도(A)]:

치수보조선 원점을 지정할 선 선택:
╫ × 🖋  ⊡▾ DIM 치수선 위치 또는 각도의 두 번째 선 지정 [여러 줄 문자(M) 문자(T) 문자 각도(N) 명령 취소(U)]:
명령: DIM
╫ × 🖋  ⊡▾ DIM 객체 선택 또는 첫 번째 치수보조선 원점 지정 또는 [각도(A) 기준선(B) 계속(C) 세로좌표(O)
정렬(G) 분산(D) 도면층(L) 명령 취소(U)]:
```

02. 그런데 다른 치수와 달리 화살표와 숫자가 보이지 않네요. 왜 그럴까요? 그 이유는 바로 [치수 스타일] 때문입니다. 치수에 필요한 여러 요소의 크기, 색상 등이 [치수 스타일]이라는 속성으로 묶여 미리 지정되어 있는데, 화살표와 문자의 크기가 너무 작게 설정돼 있어 화면에 보이지 않는 것입니다. 화면을 확대해 보면 치수가 들어가 있긴 하네요. 문자와 화살표의 크기를 크게 만들어 알아보기 쉽게 수정해 보겠습니다.

———————————— **130.0000** ————————————

실무에선 이렇게!   **치수를 넣기 전, [치수 스타일]을 확인하세요!**

실무에서는 [1/100], [1/300] 등 다양한 축척을 하나의 파일에서 그리기 때문에 보통 하나의 도면에 다양한 [치수 스타일]이 사용됩니다. [치수 스타일]에는 문자의 높이, 치수의 색상, 도면층, 화살표의 크기, 정밀도 등 다양한 설정이 담겨 있죠. 따라서 치수를 넣기 전에 [치수 스타일]을 확인하고 해당하는 스타일로 넣어야 다시 수정할 필요가 없습니다.

매번 스타일을 확인하기가 번거롭다면 '특정 치수를 현재 치수 스타일로 바꾸는 기능'과 '한 번에 여러 객체를 선택해 현재 치수 스타일로 바꾸는 기능' 등을 사용해도 됩니다.

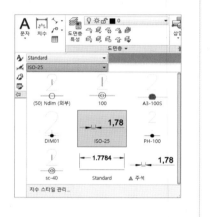

▶ 치수와 관련된 편의 기능에 대해서는 10장에서 알아보겠습니다.

03. 특성 팔레트에서 화살표 크기 수정하기

치수가 눈에 보이도록 만드는 데에는 두 가지 방법이 있습니다. 그중에서 첫 번째는 이미 많이 사용해 봤던 [특성] 팔레트를 사용하는 방법입니다. ❶ 수정할 치수를 클릭하고 ❷ Ctrl + 1 을 눌러 [특성] 팔레트를 열어 보세요. ❸ [선 및 화살표] 항목에서 [화살표 크기]를 클릭해 [10]을 입력하고 Enter 를 누르면 화살표가 커집니다.

▶ [치수 스타일]을 다른 치수 스타일로 바꿀 수도 있지만, 대부분 임시 방편으로 [화살표 크기]와 [문자 크기]만 수정해 사용합니다.

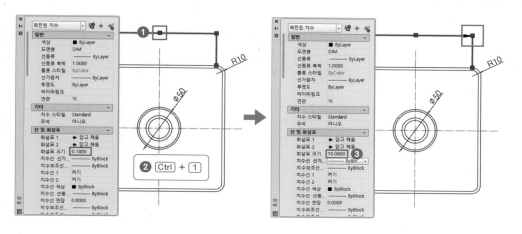

04. 특성 팔레트에서 문자 크기 수정하기

이번에는 문자 크기를 조절하겠습니다. ❶ [특성] 팔레트를 아래로 내려 [문자] 항목으로 가면 [문자 높이]라는 항목이 있습니다. ❷ 이 항목을 클릭해 [10]을 입력하고 Enter 를 누르면 문자가 눈에 보일 만큼 커집니다.

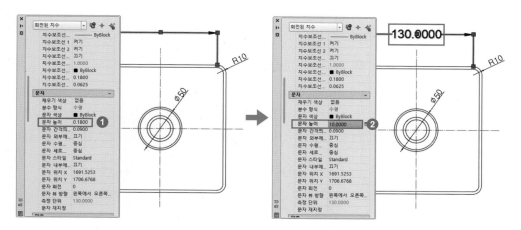

05. 특성 팔레트에서 소수점의 자릿수 수정하기

여기까지만 하면 화살표와 숫자가 눈에 보이도록 표시되는데, 소수점이 길어 조금 거슬립니다. ❶ [특성] 팔레트를 좀 더 내려 [1차 단위] 항목으로 옮깁니다. ❷ 가장 아래에 있는 [정밀도]에서 소수점 아래의 자릿수를 [0]으로 선택합니다. 그러면 치수가 소수점 없이 일의 자리부터 표시됩니다. 이렇게 몇 가지 항목을 바꾸면, 눈에 잘 보이도록 치수가 조절됩니다.

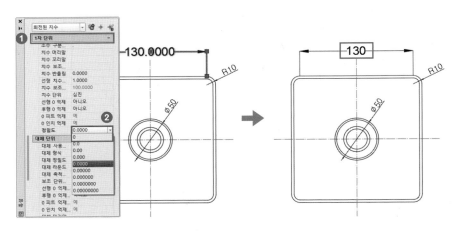

06. 여러 치수 스타일 한 번에 수정하기

도면의 다른 치수 설정도 하나씩 바꿔야 할까요? 그렇지 않습니다. ❶ 나머지 치수들을 모두 선택하면 [특성] 팔레트는 선택된 객체들의 공통된 특성이 모두 나타납니다. ❷ 화살표와 문자 높이를 [10]으로 바꾸면 치수 스타일이 한 번에 바뀝니다. ❸ 단, [지름 치수]나 [반지름 치수]에는 [정밀도] 옵션이 없어 소수점이 있는 치수만 따로 선택해 바꿔야 합니다.

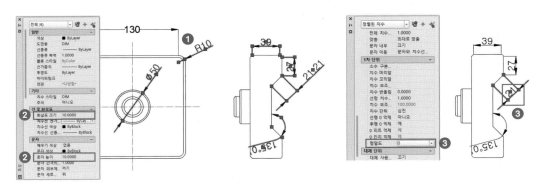

07. 그립으로 치수 문자 위치 옮기기

그런데 각도를 표시한 치수가 알아보기 힘들게 바뀌었네요. ❶ 치수를 선택하면 나타나는 그립들 중에 문자에 표시된 그립을 클릭해 ❷ 옮겨 줍니다.

▶ 화면에 표시되는 미리 보기를 확인하면서 원하는 위치에 마우스를 클릭하면 쉽게 바꿀 수 있습니다.

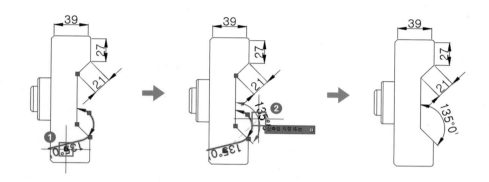

08. [특성 일치]로 통일하기

필요할 때마다 [특성] 팔레트로 편집하려면 손이 많이 갈 수밖에 없습니다. 문자 높이도 바꾸고, 화살표 크기도 바꾸고, 정밀도도 바꾸려면 귀찮죠. [특성 일치]라는 편리한 기능을 알아 두면 훨씬 쉽게 바꿀 수 있습니다. 이 기능은 말 그대로 객체의 특성을 복사해 다른 객체에 적용하는 것입니다.

일단 Ctrl + Z를 계속 눌러 '130' 치수만 수정된 상태로 되돌아갑니다. [특성 일치]를 이용해 앞서 스타일을 수정한 '130' 치수의 스타일을 일괄 적용해 보겠습니다.

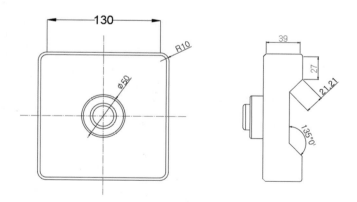

▶ Ctrl + Z 는 32,767번까지 할 수 있다고 알려져 있습니다. 대부분의 경우, 도면을 열었던 시점까지 되돌릴 수 있는 거죠.

09. ❶ 특성 일치의 단축 명령어인 [MA]를 입력한 후 Enter를 누릅니다. ❷ 특성을 가져올 원본 객체인 치수 '130'을 선택합니다. ❸ [특성 일치]를 적용할 다른 치수를 클릭합니다. 클릭할 때마다 치수 스타일이 적용되는 것을 알 수 있습니다. ❹ 모든 치수들을 클릭하고 Enter를 누르면 기능이 종료됩니다.

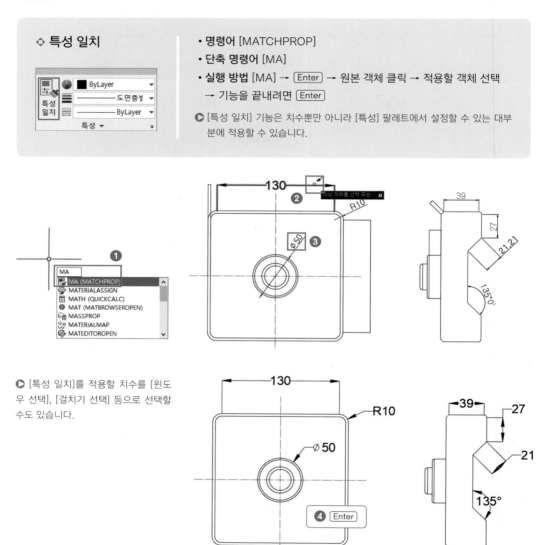

◇ **특성 일치**

- **명령어** [MATCHPROP]
- **단축 명령어** [MA]
- **실행 방법** [MA] → Enter → 원본 객체 클릭 → 적용할 객체 선택
  → 기능을 끝내려면 Enter

▶ [특성 일치] 기능은 치수뿐만 아니라 [특성] 팔레트에서 설정할 수 있는 대부
  분에 적용할 수 있습니다.

▶ [특성 일치]를 적용할 치수를 [윈도
우 선택], [걸치기 선택] 등으로 선택할
수도 있습니다.

[특성 일치(MATCHPROP, MA)] 기능은 도면을 정리할 때 편리하기 때문에 광범위하게 사용되는 기능입니다. 하지만 선택한 모든 특성을 복사하기 때문에 객체를 선택할 때 주의해야 합니다. 예를 들어, 도면의 치수를 골라 선택하기 귀찮아 객체까지 한 번에 드래그해 선택하면, 객체의 색상, 선 종류, 도면층 등의 다양한 요소가 한 번에 바뀌는 불상사가 발생하기 때문입니다.

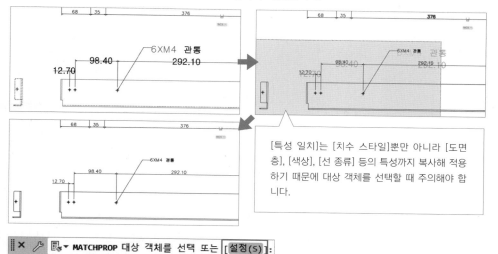

[특성 일치]는 [치수 스타일]뿐만 아니라 [도면층], [색상], [선 종류] 등의 특성까지 복사해 적용하기 때문에 대상 객체를 선택할 때 주의해야 합니다.

｜｜ × 🔧 📇▾ MATCHPROP 대상 객체를 선택 또는 [설정(S)]:

[원본 객체]를 선택하고 나면 어떤 특성을 복사할 것인지 고를 수 있는 [설정(S)] 옵션을 사용할 수 있습니다. 자세한 내용은 [캐드 고수의 비밀 - 05]를 참고하세요!

💡 직접 해보세요! 다른 종류의 치수 넣기

준비 파일 • 06/part2.dwg
완성 파일 • 06/part2_fin.dwg

도면에는 객체의 형태에 따라 사선 길이도 넣어야 하고, 각도와 지름, 반지름 등도 표시해야 합니다. 각각의 유형에 따라 다른 기능을 사용해야 하는데, 명령어만 알면 치수 넣기는 간단합니다. 도면에 유형별로 치수를 넣어 보면서 연습해 보세요.

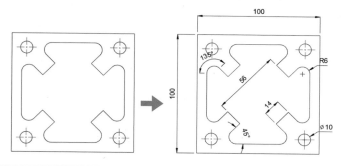

01. 선형 치수 넣기

❶ 먼저 앞에서 배웠던 [선형 치수(DLI)]로 전체 가로와 세로 치수를 넣으세요. 다음으로 대각선 부재 사이의 거리는 어떻게 넣을까요? ❷ [선형 치수]를 써 보니 가로나 세로의 길이밖에는 들어가지 않습니다. [선형 치수]로는 가로, 세로의 길이 밖에 잴 수 없기 때문이죠. 이럴 때는 클릭한 두 지점의 거리를 치수로 넣는 [정렬 치수]를 사용해야 합니다.

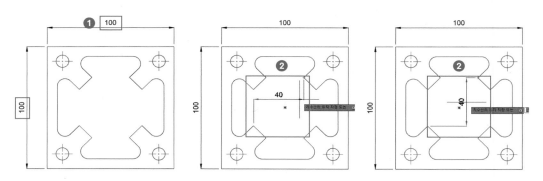

02. 정렬 치수 넣기

사용 방법은 [선형 치수]와 똑같습니다. ❶ [정렬 치수] 기능의 단축 명령어인 [DAL]을 입력하고 Enter 를 누릅니다. ❷ 측정할 지점의 첫 번째 점을 클릭합니다. ❸ 두 번째 점을 클릭합니다. 마우스 커서를 따라다니며 미리 보기로 치수가 보입니다. ❹ 치수를 넣을 위치를 클릭하면 치수가 그려집니다. ❺ 왼쪽 아래 돌출된 부분의 폭도 표시해 보세요.

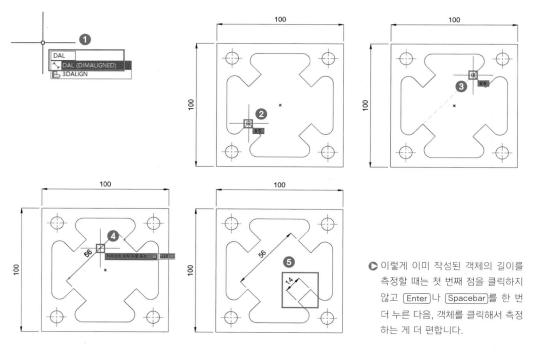

▶ 이렇게 이미 작성된 객체의 길이를 측정할 때는 첫 번째 점을 클릭하지 않고 Enter 나 Spacebar 를 한 번 더 누른 다음, 객체를 클릭해서 측정하는 게 더 편합니다.

◇ 정렬 치수

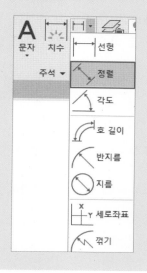

- **명령어** [DIMALIGNED]
- **단축 명령어** [DIMALI], [DAL]
- **실행 방법** [DAL] → Enter → 첫 번째 점 클릭 → 두 번째 점 클릭
  → 치수선의 위치 클릭

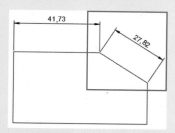

> ● [정렬 치수]는 입력한 두 지점의 최단 거리를 측정하는 기능입니다. [선형 치수]처럼 직선 구간을 잴 때 사용할 수 있지만, 마우스를 클릭할 때 오차가 발생할 수 있으므로 주의해야 합니다.

실무에선 이렇게! **치수도 [선택된 항목 추가]를 이용해 추가하세요**

치수가 어떻게 보일지는 치수 스타일로 정합니다. 치수 스타일에 화살표 크기, 문자 높이 등이 저장되어 있죠. 그런데 한두 개의 치수를 넣으려고 치수 스타일을 바꾸기엔 번거롭습니다. 이렇게 동일한 스타일의 치수를 한두 개 추가할 때 [선택된 항목 추가] 기능을 사용하면 치수를 훨씬 편리하게 넣을 수 있습니다. 방법은 간단합니다. ❶ 원본 치수를 선택합니다. 이때 하나의 치수만 선택해야 합니다. ❷ 마우스 오른쪽 버튼을 눌러 [선택된 항목 추가] 기능을 실행합니다. 명령어로는 [ADDSELECTED]를 입력하고 Enter 를 눌러야 합니다. ❸ 필요한 부분을 클릭하면 치수가 추가됩니다.

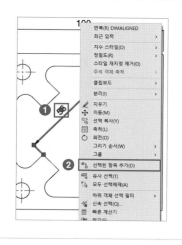

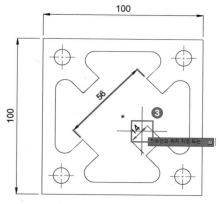

03. 각도 치수 넣기

두 객체 사이의 각도나 호의 각도를 표시할 때는 [각도 치수] 기능을 사용합니다. ❶ [각도 치수] 기능의 단축 명령어인 [DAN]를 입력하고 Enter를 누릅니다. ❷ 각도를 측정할 두 객체를 차례대로 클릭해 선택합니다. ❸ 치수를 넣을 적절한 위치로 마우스를 옮긴 후에 클릭하면 치수가 그려집니다.

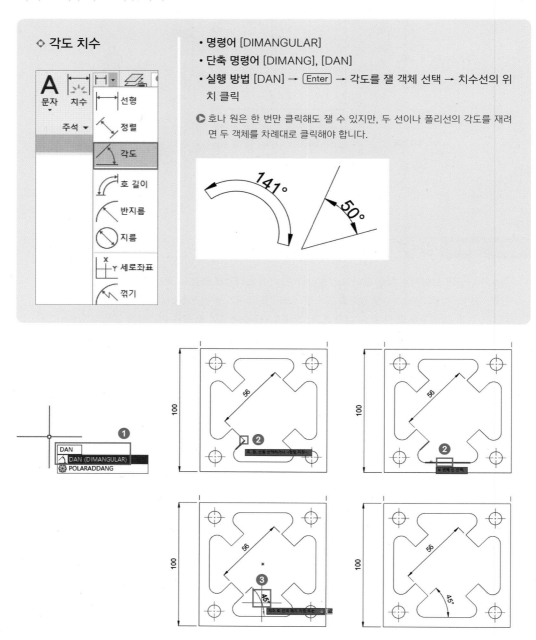

◇ 각도 치수

• **명령어** [DIMANGULAR]
• **단축 명령어** [DIMANG], [DAN]
• **실행 방법** [DAN] → Enter → 각도를 잴 객체 선택 → 치수선의 위치 클릭

▶ 호나 원은 한 번만 클릭해도 잴 수 있지만, 두 선이나 폴리선의 각도를 재려면 두 객체를 차례대로 클릭해야 합니다.

04. 호의 각도 치수 넣기

호의 각도를 치수로 넣을 때는 더 간단합니다. ❶ [각도 치수(DAN)] 기능을 실행한 후 ❷ 호만 클릭해 선택합니다. ❸ 앞에서와 마찬가지로 적절한 위치로 마우스를 옮긴 후에 클릭하면 끝납니다.

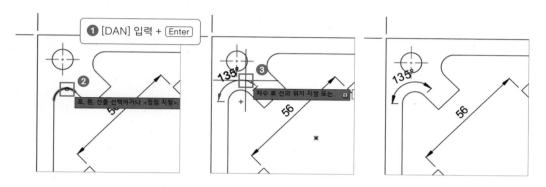

05. 반지름 치수 넣기

지름과 반지름을 넣는 방법도 간단합니다. 각각 [지름 치수], [반지름 치수] 기능을 사용해야 넣을 수 있는데, 한번 사용해 볼까요? ❶ [반지름 치수] 기능의 단축 명령어인 [DRA]를 입력하고 Enter를 누릅니다. ❷ 반지름을 측정할 원이나 호를 클릭합니다. ❸ 치수를 넣을 적절한 위치로 마우스를 옮긴 후에 클릭하면 치수가 그려집니다.

◖ 폴리선에 포함돼 있는 호를 클릭해도 치수를 넣을 수 있습니다.

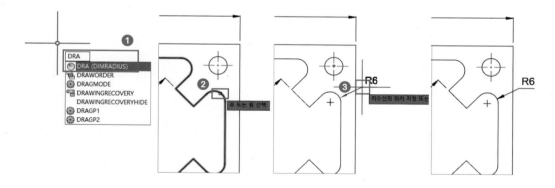

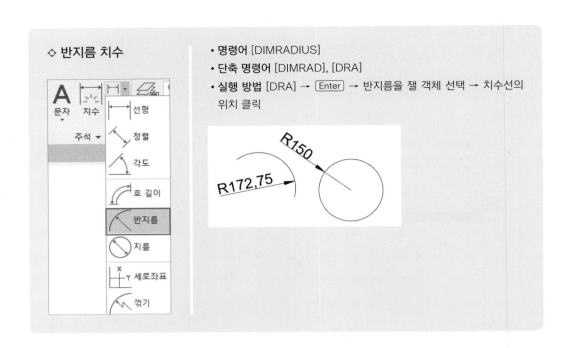

06. 지름 치수 넣기

원이나 호, 폴리선에 포함돼 있는 호의 지름을 넣는 [지름 치수] 기능도 사용 방법은 똑같습니다. ❶ [지름 치수] 기능의 단축 명령어인 [DDI]를 입력하고 Enter를 누릅니다. ❷ 지름을 측정할 원이나 호, 폴리선에 포함돼 있는 호를 클릭하고 ❸ 치수를 넣을 위치로 마우스를 옮긴 후에 클릭하면 치수가 그려집니다.

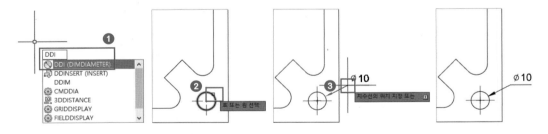

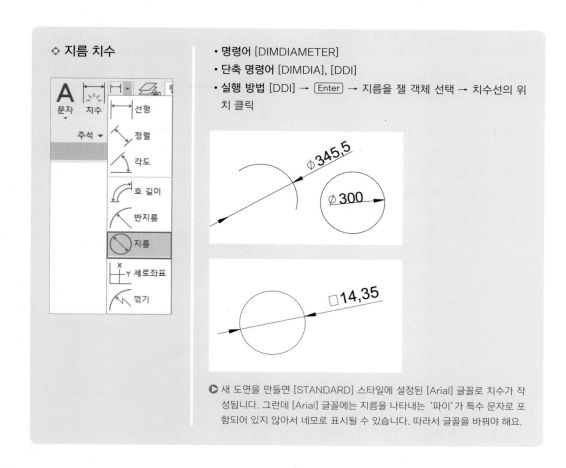

치수를 넣는 방법은 기능의 사용법은 간단하지만 유형별로 명령어가 달라 사용하기가 불편합니다. 마우스 오른쪽 버튼을 클릭해 [선택된 항목 추가(ADDSELECTED)] 기능을 사용하면 조금이나마 편리해질 수 있지만, 그래도 불편하기는 마찬가지죠. 치수를 넣는 편리한 기능을 더 알아보려면 10장을 참조하세요.

⊘ 기능 복습 **연습 도면에 치수를 넣어 보세요**

준비 파일 • 06/exercise_1.dwg
완성 파일 • 06/exercise_1_fin.dwg

치수가 없이 형태만 그려져 있는 것은 도면이 아니라 그림일 뿐입니다. 정확한 수치가 써 있어야 비로소 도면이 되죠. 도면을 확인하는 다른 사람들이 길이나 각도를 측정할 필요가 없도록 필요한 부분에 치수를 집어넣는 작업은 굉장히 중요한 작업입니다. 간단한 예제를 통해 치수를 집어넣는 기본 기능을 사용해 보세요.

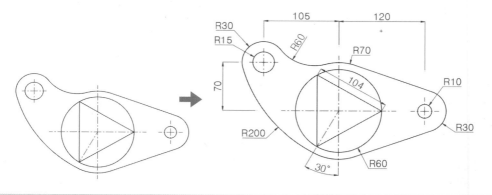

⊘ 기능 복습 **기본 기능을 사용하여 치수를 넣어 보세요**

준비 파일 • 06/exercise_2.dwg
완성 파일 • 06/exercise_2_fin.dwg

연습 도면에는 간단한 도형이 그려져 있습니다. 오토캐드의 기본 치수 기능을 활용하여 다양한 치수를 넣어 보세요.

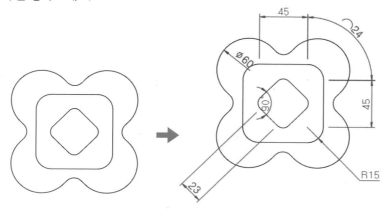

주택 평면도에서 문자 크기만 바꾸기

[특성 일치] 속 [설정(S)] 옵션을 써 보세요!

[특성 일치(MA)]를 사용할 때 객체를 하나하나 클릭해야 실수하지 않고 수정할 수 있는데, 더 편리한 사용을 위한 [설정(S)]이라는 옵션이 숨어 있습니다. 여러 특성 중에서 붙여 넣고 싶은 특성만 골라 적용하는 것이죠. 이 옵션을 활용하는 방법을 알아보겠습니다.

▶ 뭔가를 그리기 전에는 항상 [도면층]과 [특성]을 설정해야 하지만, 현실적으로는 [특성 일치]를 사용해 나중에 고치는 일이 많습니다.

준비 파일 • 캐드 고수의 비밀 05/matchprop.dwg
완성 파일 • 캐드 고수의 비밀 05/matchprop_fin.dwg

동영상 강의를
확인해 보세요!

[특성 일치] 기능은 문자나 치수 스타일을 통일할 때에 자주 사
용합니다. 준비 파일을 보면 도면의 문자들 중에 왼쪽 아래의 '침실'만 크기가 크네요. [특성 일치]를
사용해 다른 문자의 크기를 '침실' 크기로 바꿔 보겠습니다.

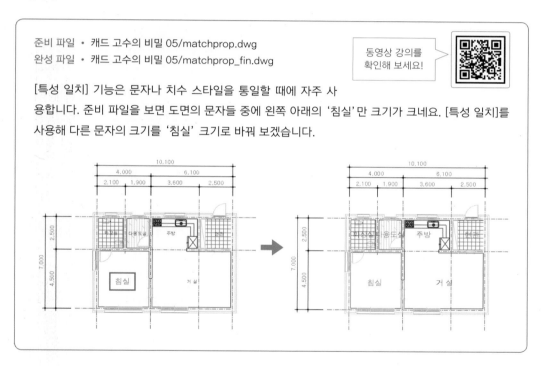

---

01. [특성 일치] 실행하기

[특성 일치]는 객체 하나의 특성을 스포이드로 뽑아 내 다른 객체에 덮어쓰는 아주 유용한 기능입니다. 이 기능을 사용하면 객체의 도면층, 색상, 문자의 크기 등 다양한 속성을 바꿀 수 있죠. 이때 [설정]이라는 옵션을 사용하면 더 편리하게 활용할 수 있습니다.

❶ 먼저 [특성 일치(MA)] 기능을 실행합니다. ❷ [침실]이라는 문자를 원본으로 선택합니다.
❸ 이제 대상 객체를 선택하면 문자를 크게 만들 수 있습니다.

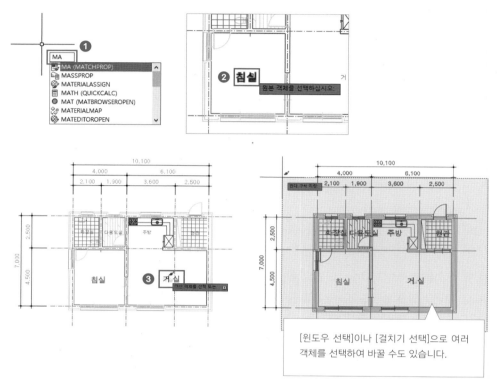

[윈도우 선택]이나 [걸치기 선택]으로 여러
객체를 선택하여 바꿀 수도 있습니다.

02. [설정] 옵션 실행하기

여기서 문제가 발생하는데, 여러 객체를 선택해 버리면 선택한 객체들의 색상, 도면층까지
도 변경되어 버립니다. 문자의 크기만 바꾸려면 문자를 골라 하나씩 일일이 클릭해 줘야
합니다. 엄청 불편하죠. ❶ 명령행에서 [설정] 옵션을 클릭합니다. [특성 설정]이라는 대화
상자가 화면에 표시되는데, 기본 설정은 모든 값에 체크되어 있습니다. 이 때문에 선택한
객체의 색상, 도면층, 선 종류 등이 모두 한 번에 바뀌는 것입니다. ❷ [문자]만 특성을 일치
시킬 것이기 때문에 [문자] 항목을 제외한 모든 설정에서 체크를 해제하고 ❸ [확인] 버튼
을 클릭합니다. ❹ 이제 마우스로 여러 객체를 한 번에 선택해도 [문자] 객체에만 [특성 일
치]가 적용됩니다.

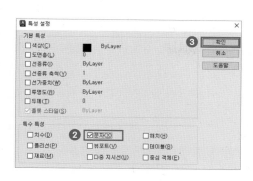

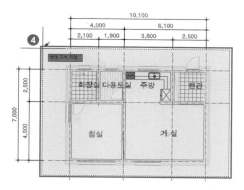

이렇게 [설정] 옵션을 사용하면 [특성 일치]를 사용할 때 특정한 특성만 적용되도록 지정할 수 있습니다. 치수나 문자에 적용하면 유용한 기능입니다. 하지만 이 옵션값을 바꿔 가면서 사용하기에는 조금 귀찮은 일입니다. 그래서 자주 사용되는 도면층만 맞추는 [도면층 일치(LAYMCH)]라는 기능이 따로 있죠.

도면층만 맞추고 싶다면 [도면층 일치(LAYMCH)] 기능을 사용해 보세요!

준비 파일 · 캐드 고수의 비밀 05/laymch.dwg
완성 파일 · 캐드 고수의 비밀 05/laymch_fin.dwg

[특성 일치] 기능은 기본 설정이 '모든 특성을 맞추도록' 설정되어 있습니다. 그래서 해치나 치수, 문자 등에 사용하면 해치의 패턴, 문자의 크기와 폰트 등의 모든 정보를 바꿔 버립니다. 객체의 특성은 유지하고 도면층만 바꾸려 할 때 [도면층 일치] 기능을 사용하면 한결 편리합니다.

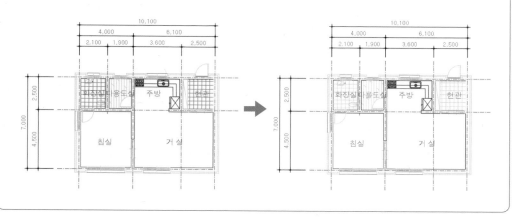

01. [도면층 일치] 실행하기

[도면층 일치]는 객체의 고유한 특성은 유지하고, 도면층만 바꾸는 기능입니다. 객체를 클릭해 바꿀 수 있어서 한결 편리하죠. ❶ 명령어인 [LAYMCH]를 입력하고 (Enter)를 눌러 기능을 실행하면 ❷ 객체를 선택해달라고 합니다.

◐ [특성 일치]에서는 원본이 될 객체를 먼저 선택했었지만, [도면층 일치] 기능에서는 이와 반대로 '변경할 객체'를 먼저 선택해야 합니다. 순서가 헷갈리면 안 돼요!

◐ 위처럼 명령행을 확장하려면 (F2)를 누르세요.

02. 해치를 선택해 도면층만 바꾸기

기능을 실행했으면 도면층을 바꿀 객체를 선택합니다. ❶ 화장실과 현관에 그려져 있는 타일 모양의 해치를 클릭해 선택하고 객체의 선택이 끝났다는 신호로 (Enter)를 누릅니다. ❷ 이제야 바꿀 도면층으로 그려진 객체를 클릭하라고 하네요. 원본을 클릭해달라는 의미입니다. ❸ 다용도실에 그려져 있는 해치를 클릭하면 클릭하자마자 도면층이 바뀌고 기능이 끝납니다.

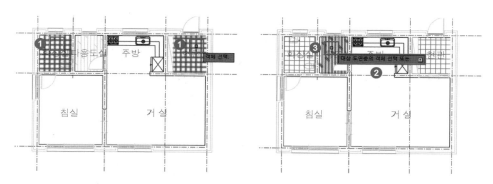

도면을 그리다 보면 도면층을 정리해야 할 일이 생각보다 많아서 [특성 일치] 외에 [도면층 일치] 기능이 별도로 구성되어 있습니다. 이 외에도 도면층을 제어하는 많은 기능이 있는데, 자세한 내용은 09장을 참조하세요.

06-3 종이에 인쇄해야 진짜 도면 완성!

도면을 다 그렸다면, 종이로 인쇄하거나 PDF, JPG 등의 파일로 저장하는 방법도 알아야겠죠? 출력하는 방법은 다른 프로그램과 비슷한 점도 있고, 다른 점도 있습니다. 가장 간단한 기본 출력 방법부터 알아보겠습니다.

도면 출력하기

다른 컴퓨터 프로그램과 마찬가지로, 오토캐드에서도 출력 단축키는 Ctrl + P입니다. 어떻게 출력할 것인지 설정하는 것이 조금 다른데요. 예제 도면을 출력해 보면서 하나씩 알아보겠습니다.

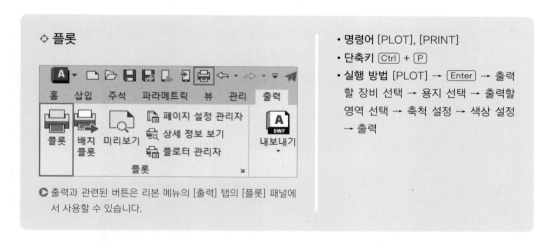

◇ 플롯

홈　삽입　주석　파라메트릭　뷰　관리　출력

플롯　배치 플롯　미리보기　페이지 설정 관리자　상세 정보 보기　플로터 관리자　내보내기

플롯

▶ 출력과 관련된 버튼은 리본 메뉴의 [출력] 탭의 [플롯] 패널에서 사용할 수 있습니다.

- **명령어** [PLOT], [PRINT]
- **단축키** Ctrl + P
- **실행 방법** [PLOT] → Enter → 출력할 장비 선택 → 용지 선택 → 출력할 영역 선택 → 축척 설정 → 색상 설정 → 출력

지금까지 사용한 작업 공간은 [모형]입니다. [모형]은 형상을 그리기 위한 작업 공간이기 때문에 출력을 위한 정보가 저장되지 않아요. 어떤 프린터와 용지를 사용할 것인지, 그리고 무한한 공간에서 어느 부분을 출력할 것인지도 저장되지 않죠. 출력을 위한 작업 공간은 [배치]입니다. 문자, 치수도 [모형]보다는 [배치]에 작성하는 게 더 편하죠. 하지만 현업에서는 [배치]가 거의 사용되지 않으므로, 책에서는 [모형]에서 출력하는 방법만 다루겠습니다.

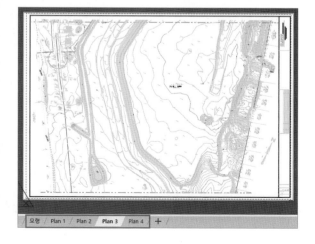

모형 / Plan 1 / Plan 2 / **Plan 3** / Plan 4 / +

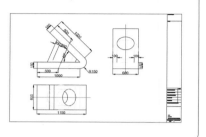

직접 해보세요! **도면 출력하기**

MS 워드, 파워포인트 등의 프로그램에는 이미 인쇄할 페이지가 설정돼 있어서 출력할 때 컬러인지 흑백인지, 몇 쪽을 출력할지만 선택하면 되지만, 오토캐드에서는 추가 설정이 필요합니다. 하나씩 차근차근 알아보겠습니다.

01. 출력 기능 실행하기

준비 파일을 열면 출력 직전의 도면 모습이 보입니다. 도면을 출력하기 위해 [플롯] 기능을 실행하겠습니다. 단축키인 Ctrl + P를 누르면 출력을 설정하기 위한 대화 상자가 나타납니다.

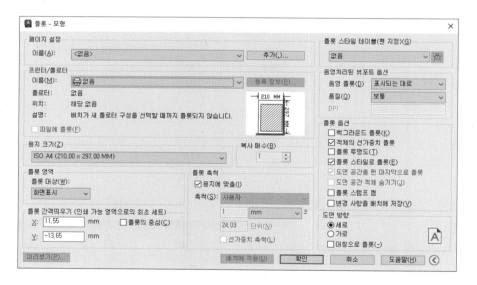

삽질 금지 [플롯] 대화 상자가 작아요!

출력 설정에 대한 대화 상자의 일부 메뉴가 숨어 있으면, 색상 설정이나 용지의 방향을 설정하기가 힘듭니다. 대화 상자가 작을 경우, 오른쪽 아래의 화살표를 클릭하면 크게 만들 수 있습니다.

02. 프린터 선택하기

가장 먼저 어떤 프린터나 플로터로 출력할 것인지 선택해야 합니다. ❶ [프린터/플로터] 항목의 [이름]을 클릭하면 컴퓨터에 설치돼 있는 프린터와 오토캐드에 내장돼 있는 프린터가 리스트로 나타납니다. ❷ PDF 파일로 출력하기 위해 [AutoCAD PDF(General Documentation).pc3]을 선택합니다.

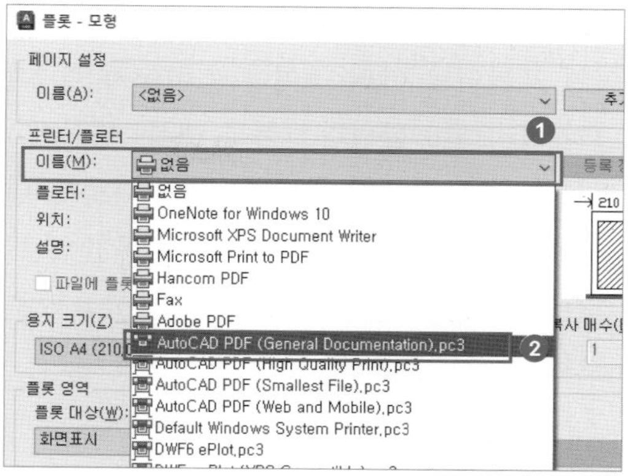

03. 용지 크기 선택하기

이번에는 [용지 크기]를 선택해야 합니다. 어떤 종이에 출력할지를 선택해야 하는데, 프린터를 선택하면 그 프린터 설정에 저장돼 있는 용지 크기가 화면에 나타납니다. [ISO A3(420.00 × 297.00mm)]로 설정합니다.

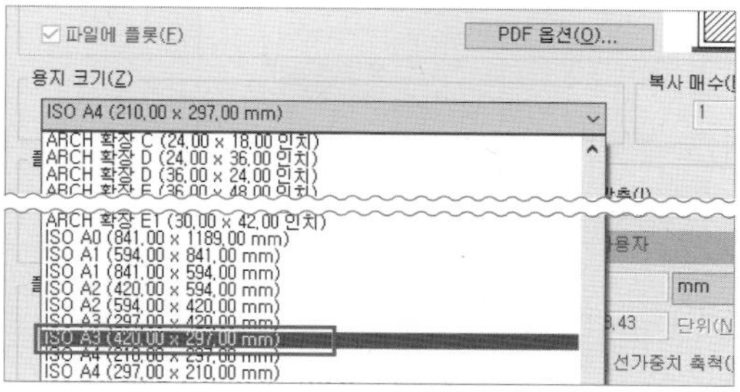

- 도면이 가로 방향인지 세로 방향인지에 따라 선택하는 용지도 다르지만, 출력 설정에서 추가로 설정할 수 있으니 용지의 크기만 신경 써서 A3로 설정하세요.
- [ISO A3]보다 [ISO 확장 A3] 용지의 여백이 더 좁게 설정돼 있습니다. 큰 차이는 없으니 그냥 [ISO A3]를 선택하면 됩니다.
- 도면을 더 크게 출력하고 싶다면, 용지의 여백이 없도록 설정되어 있는 [ISO 전체 페이지 A3] 등을 선택하세요.

실무에선 이렇게! 출력할 때 사용하는 용지의 크기

출력할 때는 대부분 A3나 A4 용지를 사용하는데, 용지별 크기는 오른쪽과 같습니다. 그런데 프린터나 플로터에서 인쇄할 때는 종이에 가득 차게 인쇄할 수는 없습니다. 용지의 모서리 부분에 조금씩 여백이 필요하죠. 따라서 오토캐드에서 인쇄 영역을 설정하거나 도면 폼을 만들 때 용지의 크기보다 조금 작게 만들어야 합니다.

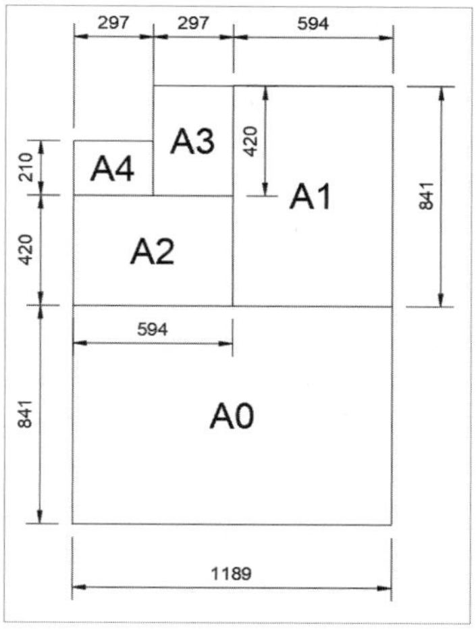

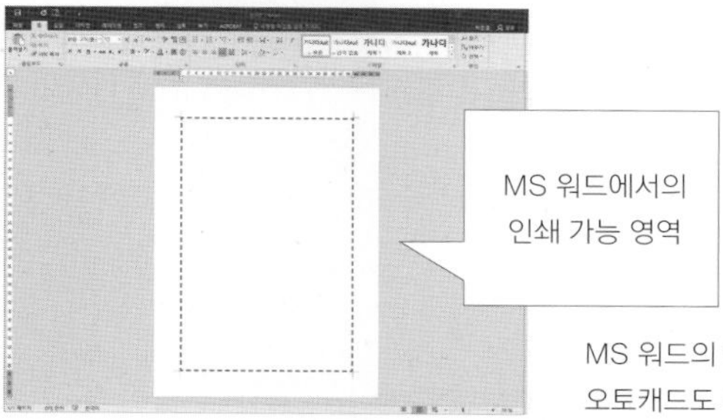

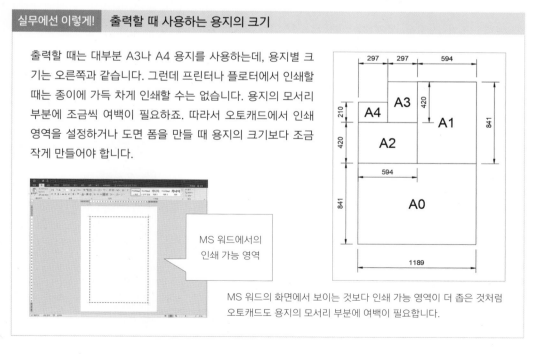

MS 워드의 화면에서 보이는 것보다 인쇄 가능 영역이 더 좁은 것처럼 오토캐드도 용지의 모서리 부분에 여백이 필요합니다.

04. 플롯 영역 선택하기

어떤 프린터로 어떤 종이에 출력할지 설정했습니다. 이제 도면 중 어느 부분을 출력할 것인지 설정해야 합니다. [플롯 대상] 항목에서 선택할 수 있는데 일반적으로 [윈도우]를 선택해 직접 도면에서 선택합니다. ❶ [플롯 대상]에서 [윈도우]를 선택합니다. 그러면 [플롯 - 모형] 대화 상자가 닫히고, 작업 공간으로 돌아갑니다. ❷ 이 상태에서 출력할 부분을 [사각형]을 그리듯 끝점 두 곳을 클릭합니다. 출력 영역 설정을 마치면 다시 대화 상자가 나타납니다.

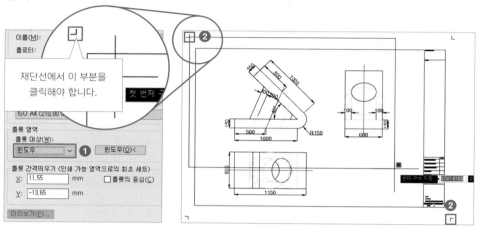

05. 용지에 배치하기

선택한 영역을 종이에 어떻게 배치할지 설정해야 합니다. 다시 말해, 배치할 위치와 배치할 방향, 크기 조절을 설정해야 합니다. ❶ 위치는 [플롯 간격 띄우기]에서 설정할 수 있는데, 일반적으로 [플롯의 중심]에 체크해 종이의 중심과 인쇄 영역의 중심을 일치시킵니다. ❷ 여기까지 진행했다면, [미리 보기] 버튼을 클릭해 출력의 결과물을 확인합니다. 세로로 긴 종이에 가로로 긴 도면이 배치돼 어색하네요.

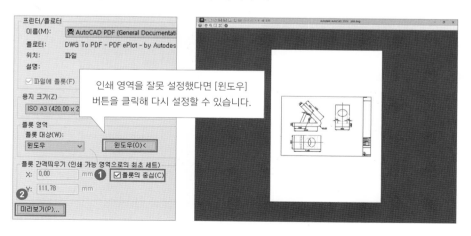

06. 도면 방향 바꾸기

[Esc]를 눌러 미리 보기를 닫은 후, 출력 설정 화면의 오른쪽 아래에 있는 [도면 방향] 항목을 [가로]로 설정합니다. 다시 미리 보기를 확인해 보니 이제 적절한 것 같습니다. [Esc]를 눌러 미리 보기를 닫습니다.

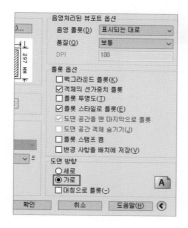
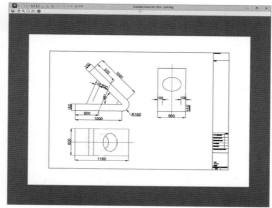

07. 축척 설정하기

'어떤 크기'로 종이에 들어갈지 축척을 설정해야 합니다. [용지에 맞춤]을 선택하면 '종이에 가득 차게 출력되도록' 크기를 자동 조절합니다. 예제 도면은 [1:10]으로 출력하기에 적절하도록 만들어 두었기 때문에 [1:11.36]으로 표시되네요. 하지만 정확한 축척을 사용하려면, [용지에 맞춤] 항목의 체크를 해제하고 축척을 지정해야 합니다. ❶ [용지에 맞춤] 항목의 체크를 해제합니다. ❷ [축척(S)] 항목에 숫자를 집어넣을 수 있게 활성화되는데, '11.36'을 '10'으로 고칩니다.

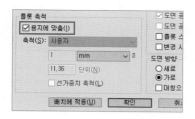
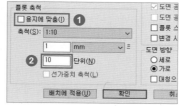

정확한 축척 없이 한쪽에 가득 차도록 출력하고 싶다면 [용지에 맞춤] 항목에 체크하면 됩니다.

08. 이렇게 설정하면 도면이 [1:10]의 축척으로 출력됩니다. [미리 보기] 버튼을 클릭해 확인해 보면, 도면이 전체적으로 조금 확대돼 표시됩니다. Esc를 눌러 미리 보기를 닫아 주세요. 거의 끝났습니다.

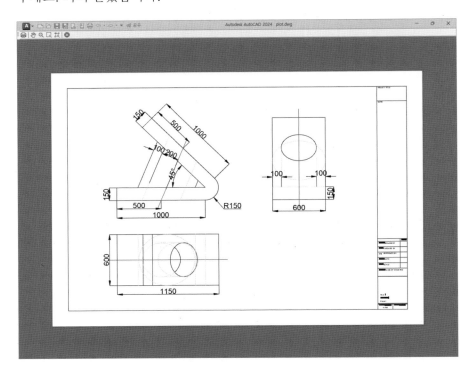

09. 플롯 스타일 설정하기

도면을 흑백으로 출력할지 컬러로 출력할지 지정할 차례입니다. ❶ 화면 오른쪽 위의 [플롯 스타일 테이블]을 클릭하면 몇 가지 기본 설정이 있는데, 자주 사용하는 플롯 스타일 테이블 은 [acad.ctb]와 [monochrome.ctb]입니다. 이 중 [acad.ctb]로 설정합니다. ❷ [플롯 스타 일]을 설정하면 '모든 탭에 적용하겠느냐'는 경고 창이 나타나는데, [예]를 클릭합니다.

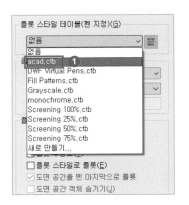

▶ [acad.ctb]는 화면에 표시되는 색상을 그대로 출력하고 [monochrome.ctb]는 모든 객체를 검은색으로만 출력합니다.

10. [확인] 버튼을 클릭하면 도면이 출력되는데, PDF로 설정했기 때문에 파일을 저장할 경로와 파일 이름을 정해 줘야 합니다. 위치와 이름을 정한 후 [저장] 버튼을 클릭하면 도면이 출력됩니다.

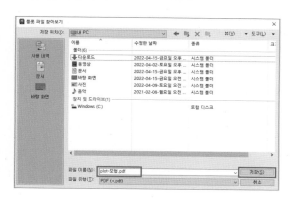
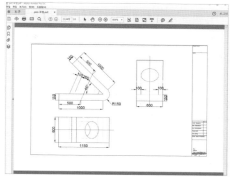

11. 도면 재출력하기

한 번 출력하면, 지금까지 진행했던 설정을 다시 할 필요가 없습니다. ❶ 다시 [Ctrl] + [P]를 누르면 아무 설정도 없는 [플롯] 대화 상자가 나타납니다. 다시 모든 설정을 하기에는 번거로운데, ❷ 대화 상자 왼쪽 위에 있는 [페이지 설정]을 클릭하고 [이전 플롯]을 선택하면 방금 설정했던 옵션으로 바뀝니다. 여러 도면을 연속해 뽑을 때 이 방법을 사용해 [윈도우] 버튼으로 출력 범위만 수정하면 쉽게 출력할 수 있습니다.

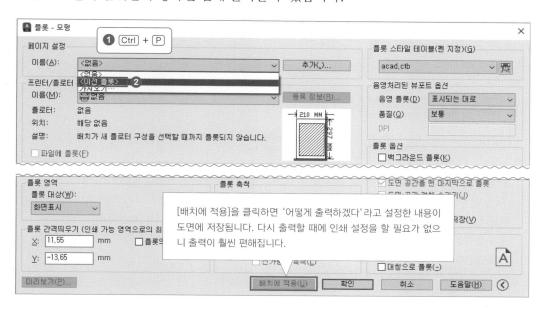

출력할 때 도면에 저장돼 있는 환경 설정에 따라 몇 가지 경고 메시지가 나타날 수도 있습니다. 대표적인 메시지에 대해 알아보겠습니다.

1. 여러 개의 도면/배치가 열려 있습니다.

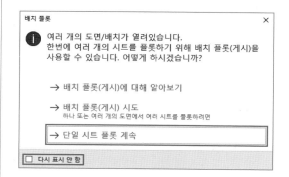

이 메시지는 여러 개의 도면이 열려 있는 상태에서 출력할 때 나타나는 메시지입니다. 오토캐드에는 다수의 도면을 한 번에 출력하는 [배치 출력(게시)]이라는 기능이 있는데, 이 기능으로 '열려 있는 도면을함께 출력하겠느냐'는 의미입니다. 아쉽지만, 국내에서 사용되는 대다수의 도면은 [배치 출력(게시)] 기능으로 출력할 수 없게 만들어져 있습니다. 메시지가 계속 나타나는 게 불편하다면, [다시 표시 안 함]에 체크한 후 [단일 시트 플롯 계속]을 클릭해 출력해 주세요.

2. [~ 드라이버나 장치를 찾을 수 없거나 ~]

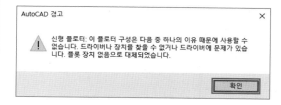

출력할 때마다 프린터를 설정하고, 용지를 선택해야 한다면 낭비되는 시간이 많겠죠. 그렇기 때문에'어떤 플로터로 출력한다'라는 설정을 도면(dwg 파일)에 저장할 수 있습니다. 그런데 만약, 그 장치가현재 사용하는 컴퓨터에 설치돼 있지 않다면, 위와 같은 메시지가 나타납니다. [확인] 버튼을 클릭하면계속 출력을 진행할 수 있습니다. 매번 메시지가 나타나 불편하다면 컴퓨터에 설치된 프린터를 사용하도록 설정하고 저장해야 합니다.

출력할 때 사용한 설정을 저장하려면?

출력할 때는 프린터, 용지, 플롯 스타일 등 설정해야 할 것이 너무 많습니다. 출력할 때마다 설정하기는 귀찮은데, '어떤 설정으로 도면을 출력하겠다'라고 저장할 수는 없을까요? 당연히 할 수 있습니다.

동영상 강의를 확인해 보세요!

직접 해보세요! [배치에 적용] 버튼 눌러 설정 저장하기

준비 파일 • 06/pagesetup.dwg
완성 파일 • 06/pagesetup_fin.dwg, pagesetup_left.pdf, pagesetup_mid.pdf, pagesetup_right.pdf

프린터와 용지 등의 출력에 관련된 설정을 dwg 파일에 저장할 수 있습니다. 이렇게 인쇄 설정을 저장해 두면 Ctrl + P 를 눌렀을 때 설정해 둔 내용이 바로 나타나기 때문에 간편하게 인쇄할 수 있습니다. 출력 설정을 저장하는 가장 간단한 방법을 알아보겠습니다.

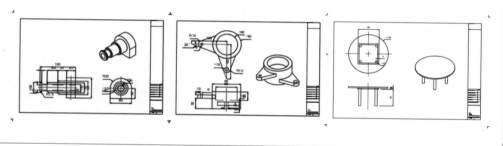

01. 인쇄 설정하기

준비 파일에는 총 3장의 도면이 있습니다. 각각의 도면을 PDF로 출력해 볼까요? ❶ Ctrl + P 를 눌러 [플롯] 대화 상자를 엽니다. ❷ [프린터/플로터]는 [DWG To PDF.pc3], [용지 크기]는 [ISO 전체 페이지 A4(210.00 x 297.00 mm)], [플롯 영역]은 [윈도우], [플롯 스타일]은 [monochrome.ctb]로 설정하고, [플롯의 중심]은 [용지에 맞춤], 도면 방향은 [가로]에 체크합니다. ❸ [윈도우(O)] 버튼을 클릭하고 ❹ 인쇄 영역은 가장 왼쪽 도면으로 설정합니다.

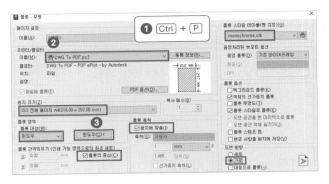
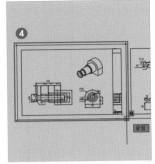

02. 설정한 내용 저장하고 출력하기

이제 설정한 내용을 저장하면 됩니다. ❶ [플롯]
대화 상자의 오른쪽 아래에 있는 [배치에 적용]
버튼을 클릭하면, 설정한 내용이 [pagesetup.
dwg] 파일에 저장됩니다. ❷ [확인] 버튼을 클
릭해 도면을 PDF로 저장해 보세요.

03. 나머지 도면 출력하기

나머지 2개 도면도 출력해야겠죠. ❶ 출력하기 위해 Ctrl + P 만 누르면, 방금 저장했던
설정이 바로 반영되어 있습니다. ❷ [윈도우(O)] 버튼을 클릭해 ❸ 인쇄 영역만 다시 설정하
고 ❹ [확인] 버튼을 클릭해 출력합니다. 나머지 도면도 출력해 보세요.

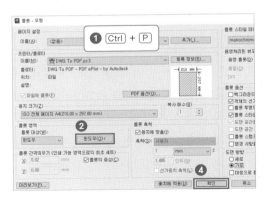
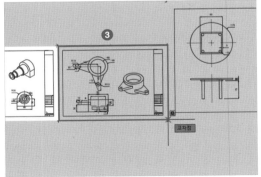

출력하기 전에 버튼 하나만 더 누르면 출력하는 시간이 짧아집니다. [배치에 적용] 버튼은 사
실 [페이지 설정(PAGESETUP)]이라는 기능인데, 복잡하게 명령어나 버튼을 찾아 사용할 필요는
없고, [플롯] 대화 상자에서 [배치에 적용]을 클릭하는 것만으로도 충분합니다.

⊘ 기능 복습 연습 도면을 출력해 보세요

준비 파일 · 06/exercise_3.dwg
완성 파일 · 06/exercise_3_acad.pdf, exercise_3_grayscale.pdf, exercise_3_monochrane.pdf

연습 도면에는 간단한 계획도가 그려져 있습니다. 이 도면을 'A4' 용지에 '1:1'의 축척으로 출력
해 보세요. 이때 [플롯 스타일 테이블]을 [acad.ctb], [grayscale.ctb], [monochrome.ctb]로 각
각 설정한 후 총 3장을 출력해 비교해 보세요.

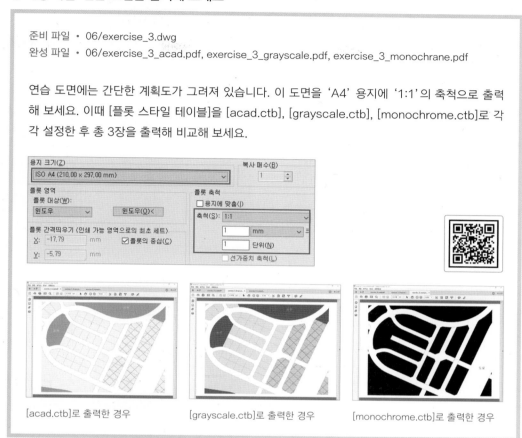

[acad.ctb]로 출력한 경우   [grayscale.ctb]로 출력한 경우   [monochrome.ctb]로 출력한 경우

[기능 복습]을 해 보면 알겠지만, [acad.ctb]로 출력하면 화면에 보이는 색상 그대로 출력
되고, [grayscale.ctb]로 출력하면 색상이 흑백으로 바뀌어 출력됩니다. 색이 들어간 객체
들이 흐리게 출력되기 때문에 문자나 치수에 색이 들어가 있다면 흐리게 표시돼 버리죠.
반면, [monochrome.ctb]로 출력하면 모든 객체가 검은색으로 출력됩니다. 뭔가 있으면
검은색, 없으면 흰색으로 출력해 버리죠. 그래서 객체가 복잡하게 겹쳐 있거나 글자와 해
치가 겹쳐 있을 때는 바로 사용할 수 없습니다. 해치에 [투명도]를 설정해야만 합니다.

화면에는 보이는데 출력되지 않는다면?
동영상 강의를 확인해 보세요!

도로 포장 상세 단면도 완성하고 출력하기

난이도 ★★★

도로 포장과 관련된 상세 단면도에 치수와 재질에 대한 표시가 빠져 있습니다. 아래의 이미지를 참조해 도면을 완성하고 'A3' 용지에 '1:10'의 축척으로 출력해 보세요.

준비 파일 • 06/asphalt_detail.dwg
완성 파일 • 06/asphalt_detail_fin.dwg, asphalt_detail_fin.pdf

동영상 강의를 확인해 보세요!

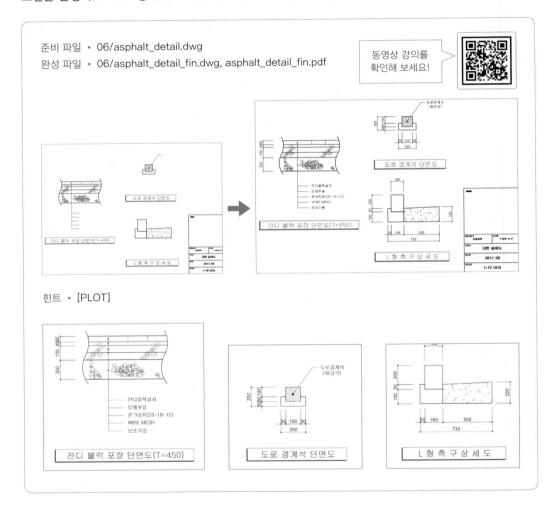

힌트 • [PLOT]

확대해도 깨지지 않는 고화질 JPG로 출력하기

고화질 이미지로 출력하려면 '큰 해상도'로 설정해야 합니다

도면을 늘 종이에만 출력하는 것은 아닙니다. 때로는 PDF나 이미지 파일로도 출력해야 하죠. 표준 고해상도로 출력하는 설정이 2024 버전부터 추가되었으나, 2023 버전까지는 [용지 크기]를 추가해야만 합니다. 이미지로 출력하려면 [프린터/플로터]를 [PublishToWeb JPG.pc3], [PublishToWeb PNG(Transparent).pc3], [PublishToWeb PNG.pc3] 중 하나로 설정해야 하는데 이 중 [PublishToWeb PNG(Transparent).pc3]는 2024 버전부터 추가되었으며, 배경이 투명한 PNG로 출력합니다. Transparent가 없는 [PublishToWeb PNG.pc3]를 사용하면 배경이 투명하지 않아요.

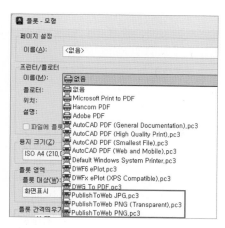

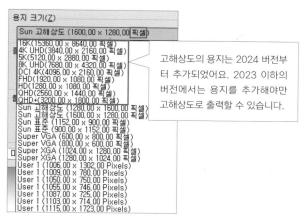

> 고해상도의 용지는 2024 버전부터 추가되었어요. 2023 이하의 버전에서는 용지를 추가해야만 고해상도로 출력할 수 있습니다.

[용지 크기]를 살펴보면, mm 대신 픽셀(Pixel)이라는 단위로 적혀 있습니다. 픽셀이란, 이미지를 구성하는 작은 사각형을 의미하는데, 예를 들어 1600×1200 픽셀은 '선택한 영역을 가로로 1600등분, 세로로 1200등분 하여 각 칸에 색을 칠해 이미지를 만든다'라는 의미입니다. 그렇기 때문에 모니터에서 1:1보다 작은 비율로 보면 괜찮지만, 확대하면 작은 사각형이 모두 보입니다. 이미지를 작게 출력하면, 파워포인트 등의 다른 프로그램에서 확대했을 때 이미지가 깨져 보이죠.

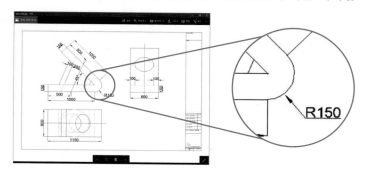

이런 현상을 막기 위해 확대해도 이미지가 흐트러지지 않도록 하는 방법을 알아보겠습니다. 고화질로 출력하는 설정은 '프린터를 새로 만드는 방법'과 '기존 프린터에 용지 설정을 추가하는 방법'이 있습니다. 이 중에서 두 번째 방법에 대해 알아보겠습니다.

준비 파일 • 캐드 고수의 비밀 06/plot.dwg
완성 파일 • 캐드 고수의 비밀 06/plot_fin.jpg

동영상 강의를
확인해 보세요!

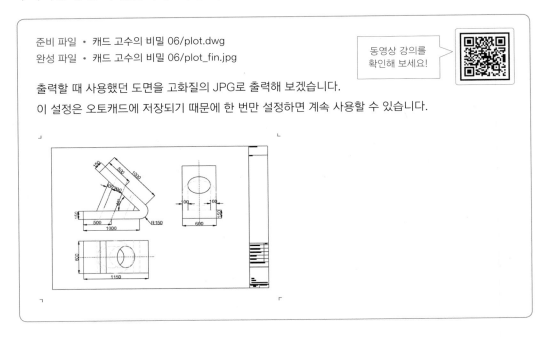

출력할 때 사용했던 도면을 고화질의 JPG로 출력해 보겠습니다.
이 설정은 오토캐드에 저장되기 때문에 한 번만 설정하면 계속 사용할 수 있습니다.

01. [프린터/플로터]를 설정하기

도면을 연 후 ❶ Ctrl + P 를 눌러 [플롯] 대화 상자를 엽니다. ❷ [프린터/플로터]를 [PublishToWeb JPG.pc3]으로 설정하세요. ❸ '도면 크기를 찾을 수 없다'는 경고 메시지가 나타나면, [기본 용지 크기]를 선택합니다.

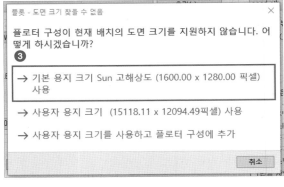

02. 용지 설정 추가하기

[용지 크기]에는 고화질 용지가 없습니다. ❶ 필요한 크기를 추가하려면 [프린터/플로터]의 오른쪽에 있는 [등록 정보(R)] 버튼을 클릭해야 합니다. ❷ [플로터 구성 편집기]가 나타나면 [사용자 용지 크기]를 클릭합니다. ❸ [추가(A)] 버튼을 클릭합니다.

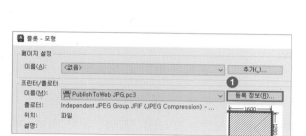

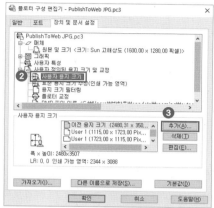

03. [사용자 용지 크기] 대화 상자가 추가로 나타나는데, ❶ [다음(N)]을 클릭합니다. 가로와 세로로 몇 개의 픽셀을 구성할 것인지를 입력해야 합니다. 가장 대중적인 모니터의 해상도는 1920×1080인데, 10배 확대해도 깨지지 않도록 19200×10800으로 설정하겠습니다. ❷ [폭]에 [19200], [높이]에 [10800]을 입력하고 ❸ [다음] 버튼을 클릭합니다.

◑ [폭]과 [높이]의 값이 클수록 출력하는 데 많은 시간이 걸립니다.

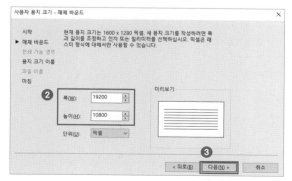

04. 이번에는 [용지 크기 이름]을 입력해야 합니다. [플롯] 대화 상자에 표시되기 때문에 알아보기 쉬운 이름을 입력합니다. ❶ 지금은 [고화질 JPG]로 입력하고 ❷ [다음] 버튼을 클릭합니다. ❸ [마침] 버튼을 클릭합니다.

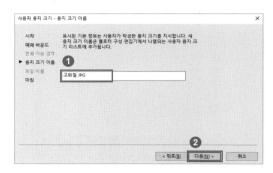 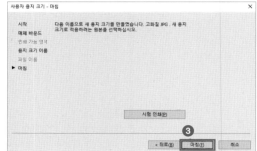

05. 추가한 고화질 JPG로 출력하기

이제 추가한 크기로 출력해 볼까요? ❶ 용지 크기로 [고화질 JPG]를 선택한 후 ❷ [확인] 버튼을 클릭해 [플로터 구성 편집기] 대화 상자를 닫습니다. ❸ [용지 크기]를 추가된 [고화질 JPG]로 설정합니다. 다른 항목들은 PDF로 출력할 때와 같습니다. 플롯 영역, 축척과 간격 띄우기, 도면 방향 등을 차근차근 설정합니다. [확인] 버튼을 클릭한 후 저장될 파일의 이름과 위치를 정하면 고화질로 출력됩니다.

 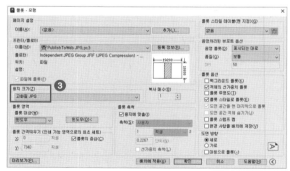

WMF 파일을
활용하는 방법도 있어요!

PDF 도면을 다시 dwg 파일로 가져오기

오토캐드에서 설정할 수 있는 PDF의 종류

PDF는 [프린터/플로터]만 설정해 주면 간단하게 출력할 수 있습니다. 이때 많은 설정을
사용할 수 있는데, 오토캐드와 함께 설치되는 [DWG To PDF.pc3]이나 [AutoCAD PDF.
pc3]을 사용하면 PDF에 도면층에 대한 정보가 포함됩니다. 이렇게 PDF에 도면층 정보가
포함되면, PDF를 다시 dwg 파일로 온전하게 변환할 수 있습니다. 게다가 어도비 아크로
뱃(Adobe Acrobat) 내에서 도면층을 껐다 켜면서 사용할 수도 있습니다.

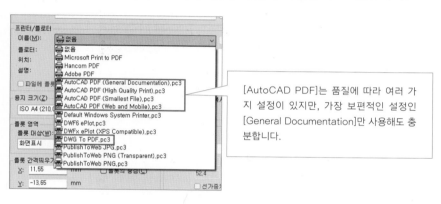

[AutoCAD PDF]는 품질에 따라 여러 가지 설정이 있지만, 가장 보편적인 설정인 [General Documentation]만 사용해도 충분합니다.

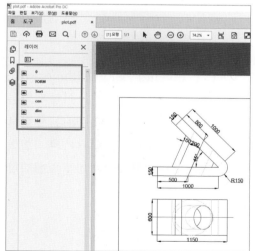

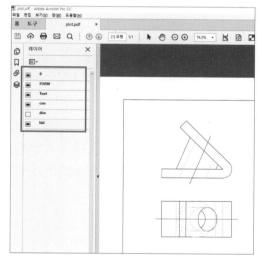

도면층 정보가 함께 저장돼 PDF에서도 도면층을 껐다 켤 수 있습니다.

PDF를 다시 dwg로 변환하는 방법

오토캐드 2017 이상의 버전에서는 PDF를 다시 도면으로 만들 수 있습니다. PDF에 도면 층의 정보가 담겨 있다면 도면층까지 살려 dwg로 변환할 수 있습니다. 단, 꼭 오토캐드에 서 PDF로 출력된 파일만 변환할 수 있습니다. 종이를 스캔한 PDF는 변환할 수 없어요.

ⓒ 예전에는 이 기능이 없어 다른 프로그램을 구입해 사용해야만 했고, 기능도 완벽하지 않아 데이터가 손실되는 일이 많았습니다.

준비 파일 • 캐드 고수의 비밀 07/asphalt_detail_fin.pdf
완성 파일 • 캐드 고수의 비밀 07/pdfimport.dwg

PDF로 출력한 파일을 다시 오토캐드의 객체로 변환해 보겠습니다. 이렇게 PDF에 저장되어 있는 정 보를 다시 dwg 파일로 바꿀 수 있는데, 이때는 아쉽게도 몇 가지 제약이 있습니다. 변환해 보면서 차 근차근 알아보겠습니다.

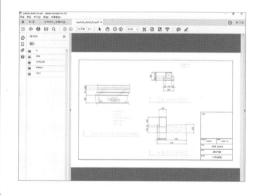 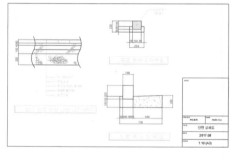

---

01. PDF를 도면에 넣기

새 도면에 PDF를 먼저 넣어 볼까요? 오토캐드는 CATIA, Inventor, CREO, Rhinoceros, Microstation 등과 같은 다양한 프로그램에서 저장된 파일을 열 수 있습니다. 이렇게 다른 프로그램의 파일은 [가져오기(IMPORT)]라는 기능을 사용하면 가져올 수 있습니다. ❶ 다른 프로그램의 파일을 가져오기 위해 [IMPORT]를 입력하고 [Enter]를 누릅니다. ❷ 파일의 확장자를 PDF로 바꾼 후 ❸ [asphalt_detail_fin.pdf]를 선택하고 ❹ [열기] 버튼을 클릭합 니다.

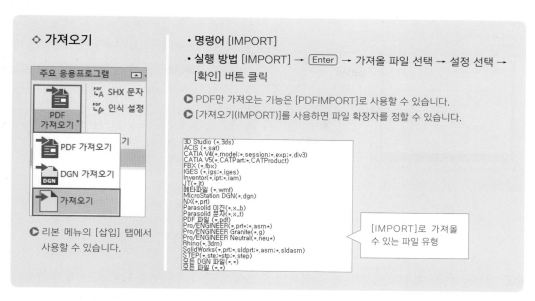

◇ 가져오기

주요 응용프로그램

PDF 가져오기

PDF SHX 문자
PDF 인식 설정

PDF 가져오기

DGN 가져오기

가져오기

◗ 리본 메뉴의 [삽입] 탭에서 사용할 수 있습니다.

• 명령어 [IMPORT]
• 실행 방법 [IMPORT] → Enter → 가져올 파일 선택 → 설정 선택 → [확인] 버튼 클릭

◗ PDF만 가져오는 기능은 [PDFIMPORT]로 사용할 수 있습니다.
◗ [가져오기(IMPORT)]를 사용하면 파일 확장자를 정할 수 있습니다.

3D Studio (*.3ds)
ACIS (*.sat)
CATIA V4(*.model;*.session;*.exp;*.dlv3)
CATIA V5(*.CATPart;*.CATProduct)
FBX (*.fbx)
IGES (*.igs;*.iges)
Inventor(*.ipt;*.iam)
JT(*.jt)
메타파일 (*.wmf)
MicroStation DGN(*.dgn)
NX(*.prt)
Parasolid 이진(*.x_b)
Parasolid 문자(*.x_t)
PDF 파일 (*.pdf)
Pro/ENGINEER(*.prt*;*.asm*)
Pro/ENGINEER Granite(*.g)
Pro/ENGINEER Neutral(*.neu*)
Rhino(*.3dm)
SolidWorks(*.prt;*.sldprt;*.asm;*.sldasm)
STEP(*.ste;*stp;*.step)
모든 DGN 파일 (*.*)
모든 파일 (*.*)

[IMPORT]로 가져올 수 있는 파일 유형

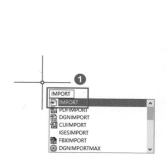

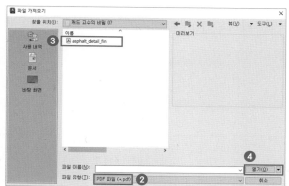

02. PDF를 가져올 때 설정하면 좋은 옵션들

[PDF 가져오기] 대화 상자에서 어떻게 변환할 것인지를 선택할 수 있습니다. 기본 설정을 그대로 사용해도 되지만, 몇 가지를 추가로 체크하는 것이 좋습니다. 그림에서 표시한 세 항목을 체크해 보세요.

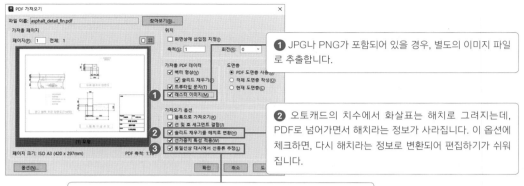

❶ JPG나 PNG가 포함되어 있을 경우, 별도의 이미지 파일로 추출합니다.

❷ 오토캐드의 치수에서 화살표는 해치로 그려지는데, PDF로 넘어가면서 해치라는 정보가 사라집니다. 이 옵션에 체크하면, 다시 해치라는 정보로 변환되어 편집하기가 쉬워집니다.

❸ 기본 설정에서는 점선이 짧은 선으로 변환되는데, 여기에 체크하면 모양은 조금 다를 수 있지만 [선 종류]가 사용된 직선으로 변환됩니다.

03. 설정을 마친 후 [확인] 버튼을 클릭하면 오토캐드의 객체로 변환되어 도면에 추가됩니다. 종이의 왼쪽 아래 꼭지점이 원점에 위치하게 되는데 위치와 각도, 축척 등을 바꾸면서 넣고 싶다면 [PDF 가져오기] 대화 상자에서 [위치]를 수정하면 됩니다.

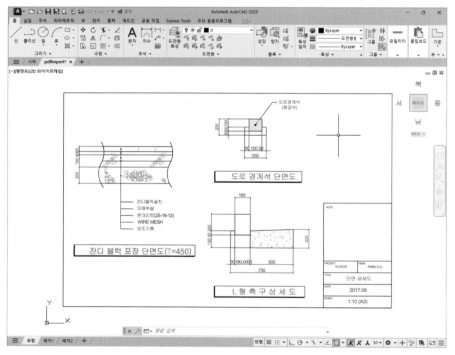

PDF가 오토캐드의 객체로 변환되었습니다.

04. PDF에 포함되어 있던 도면층의 정보까지 깔끔하게 변환됩니다. 이때 PDF로 출력할 프린터로 [Hancom PDF]이나 [Adobe PDF]를 사용했다면, 도면층에 대한 정보가 PDF에 포함되지 않습니다. 반드시 [AutoCAD PDF.pc3]이나 [DWG To PDF.pc3]을 사용해야 합니다.

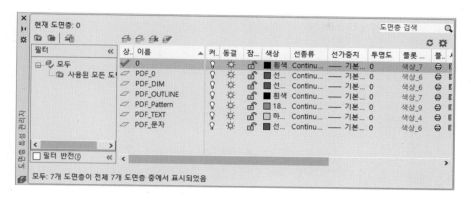

완벽하게 변환되지는 않습니다

아쉽게도 오토캐드에서 PDF로 출력할 때는 모든 정보가 저장되지 않습니다. 그렇기 때문에 PDF를 dwg로 변환하는 기능도 완벽하지는 않습니다. 문자의 생김새가 조금 변하며, 문자 취소선이나 밑줄, 윗첨자, 아랫첨자 등과 같은 설정은 사라집니다. 치수는 폴리선, 선, 문자, 해치 등의 객체로 나뉘고, 해치는 각각의 선으로 변환됩니다. PDF로 변환하면서 손실된 블록, 치수 스타일 등의 정보는 복원할 수 없습니다.

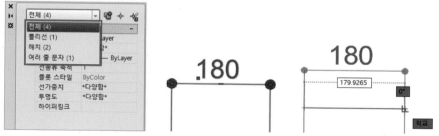

심지어 객체의 크기가 미세하게 달라지기도 합니다.

외부 참조된 PDF는 더 쉽게 바꿀 수 있습니다

외부 참조로 삽입된 PDF는 명령어를 사용하지 않고도 바꿀 수 있습니다. 외부 참조된 PDF를 선택하면 리본 메뉴가 바뀌는데, 그중에서 [객체로 가져오기] 버튼을 클릭하면 됩니다.

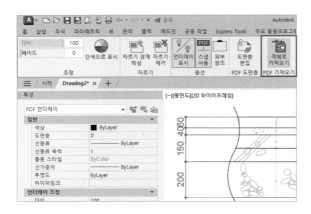

이때 PDF의 일부만 변환할 수도 있고, 옵션의 [전체(A)]를 사용해 [PDFIMPORT]처럼 전체를 변환할 수도 있습니다. [설정(S)] 옵션을 누르면 변환될 객체에 대한 설정을 할 수 있습니다.

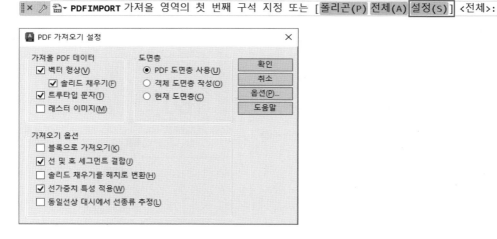

단 하나의 명령어에 당신의 밤샘이 걸려 있다!

만약, 당신이 몇 개의 명령어만 주먹구구식으로 배웠거나 선배들에게 대충 배웠다면 도면을 그리느라 밤을 새운 날이 많았을 것입니다. 딱히 대단히 어려운 작업을 하는 것도 아닌데 말이죠. 이럴 때 필요한 건 '보다 효과적으로 도면을 그리도록 도와줄 단 하나의 명령어'입니다. 이 명령어들을 아느냐, 모르느냐에 당신의 밤샘이 달려 있죠. 이제 단순 노동하느라 잠을 포기하지 마세요!

여기까지 알면 나도 캐드 고수!

벽체 그리기부터 가구 배치까지,
아는 만큼 빨라진다!

우선 자주 겪는 상황들에서 유용한 명령어들을 배워 봅시다. 예를 들어, 중심선을 그리고 [간격 띄우기(O)]와 [자르기(TR)]로 벽체를 그리는 과정에서 하나하나 간격을 띄우고 모서리를 다듬는 일은 아무리 손에 익숙해졌더라도 여간 번거로운 게 아닙니다. 그런데 [선(L)]을 그리는 것처럼 정해진 간격만큼 떨어진 두 선을 이어서 그릴 수 있다면 어떨까요? 벽체를 그리는 시간이 많이 단축될 것입니다. 이처럼 자주 직면하게 되는 상황에서 효과적인 명령어들을 쏙쏙 뽑아 보았습니다. 07장에서 나오는 명령어들을 자신의 것으로 만들어 작업 속도를 높여 보세요!

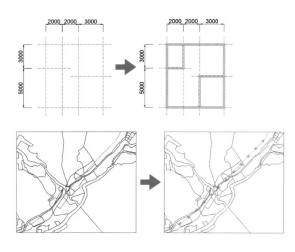

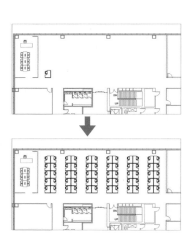

07-1 벽체 선 2개를 한번에 그리는 비법

캐드 고수의 비밀 08 선으로 그린 방의 둘레, 면적 확인하기

07-2 문, 가구 넣을 땐 만능 명령어 [정렬]을 기억하세요!

캐드 고수의 비밀 09 Ctrl + C, Ctrl + V에 숨겨진 비밀!

07-3 [배열]로 책상 세트 배치하고 주차장 경사로 표시하기

07-4 구불구불한 길을 일정 간격으로 [분할]하고 [끊기]

연습만이 살길! [경로 배열] 기능으로 길을 따라 가로수 배열하기

07-1 벽체 선 2개를 한번에 그리는 비법

벽체를 그릴 때 [선(L)]으로 그린 중심선을 [간격 띄우기(O)]해 벽을 그렸던 것 기억하나요? 간격을 띄운 다음에는 선의 색상, 종류를 변경하고, 도면층을 바꾸고, 모서리는 적당히 잘라 내야 했습니다. 이런 번거로운 과정이 확 줄어드는 마법 같은 기능을 소개하겠습니다.

 직접 해보세요! 새 도면에서 [여러 줄] 그리기

> 준비 파일 • 새 도면에서 시작합니다.
>
> 맨 처음 선 그리기를 연습했던 것처럼 새 도면에서 [MLINE]을 연습해 보겠습니다.
>
>

01. [여러 줄] 기능 실행하기

사용 방법은 [선(L)]과 동일합니다. ❶ 단축 명령어인 [ML]을 입력하고 [Enter]를 누릅니다. ❷ 마우스로 아무 곳이나 클릭하면 클릭한 지점에 [여러 줄]이 그려집니다. 여기에서 눈여겨봐야 할 것은 클릭한 위치와 선의 위치입니다.

◇ 여러 줄

▶ [여러 줄] 기능은 버튼으로 사용할 수 없습니다.

• 명령어 [MLINE]
• 단축 명령어 [ML]
• 실행 방법 [ML] → [Enter] → 시작점 클릭 → 끝점 클릭 → 기능을 종료하려면 [Enter]

▶ 사용 방법은 [선]과 같지만, [여러 줄 스타일]에 설정돼 있는 대로 그려지기 때문에 옵션을 알아야 합니다.
▶ 오토캐드 LT에서는 이 기능을 사용할 수 없어요.

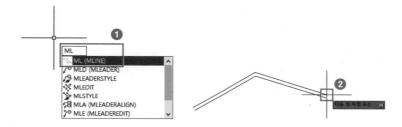

02. 왼쪽에서 오른쪽으로 그릴 때는 두 선 중에 위에 있는 선에 마우스 커서가 붙어 있네요. 반대로 오른쪽에서 왼쪽으로 그릴 때는 아래에 있는 선에 마우스 커서가 붙어 있습니다. Enter를 눌러 기능을 마치고 객체의 정보를 확인해 보면 어떻게 그려졌는지 알 수 있습니다.

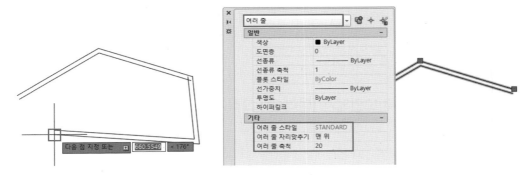

객체의 특성을 확인해 보니 [여러 줄 스타일]이라는 것이 있네요? 그러고 보니 평행선을 그리는 데 두 선의 간격이 얼마인지, 선의 종류와 색은 어떤 것으로 해야 할지 하나도 설정하지 않았습니다. [문자], [치수] 등과 마찬가지로 [여러 줄]에는 이런 것들을 설정하기 위한 [여러 줄 스타일]이라는 것이 있습니다. 그럼 [여러 줄 스타일]을 만들어 사용해 볼까요?

😣 삽질 금지   **[여러 줄]로 그린 선의 종류와 색상이 바뀌지 않아요!**

[여러 줄]은 [특성] 팔레트에서 수정할 수 있는 기능이 제한적입니다. 각 선의 색상과 종류가 이미 [여러 줄 스타일]에 정의돼 있기 때문에 색상과 선 종류는 바꿀 수 없죠.

다만, [선 종류 축척]과 [여러 줄 자리 맞추기], [여러 줄 축척]은 변경할 수 있습니다. 선의 색상과 종류를 바꾸지 못하지만, 점선이 조밀하게 보일 때 넓게 만들 수는 있죠.

또한 눈에 보이는 형태가 [특성]의 영향을 받지

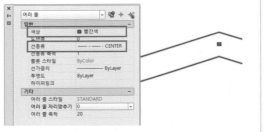

▶ [색상]과 [선 종류]는 [여러 줄 스타일]에 지정돼 있기 때문에 바꿀 수 없습니다.

않기 때문에 [특성 일치]를 사용할 수도 없고, 스타일을 바꿀 수도 없어서 수정에 제한 사항이 큽니다. 게다가 사용 중인 [여러 줄 스타일]은 수정할 수도 없기 때문에 수정하려면 분해해야만 합니다.

직접 해보세요! **[여러 줄 스타일]을 만들어 사용하기**

준비 파일 • 07/mline.dwg
완성 파일 • 07/mline_fin.dwg

도면에 중심선이 그려져 있습니다. 이 중심선을 따라 벽체를 그려 볼 텐데, 기존에 썼던 [간격 띄우기
(O)]가 아닌 다른 기능으로 더 쉽게 그려 보겠습니다.

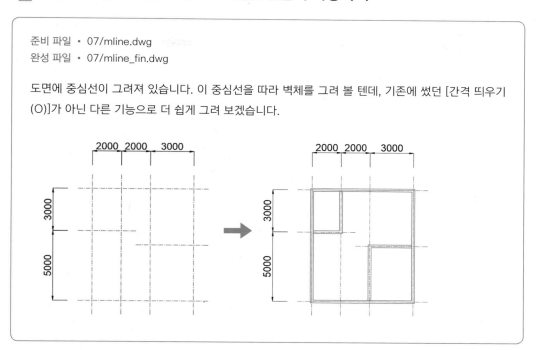

01. [여러 줄 스타일] 지정하기

[여러 줄(ML)] 기능을 사용할 때 가장 먼저 해야 할 일은 사용할 [여러 줄 스타일]을 만드는
것입니다. ❶ [MLSTYLE]를 입력하고 Enter 를 누릅니다. ❷ [여러 줄 스타일] 대화 상자가
나타나면 [새로 만들기] 버튼을 클릭합니다.

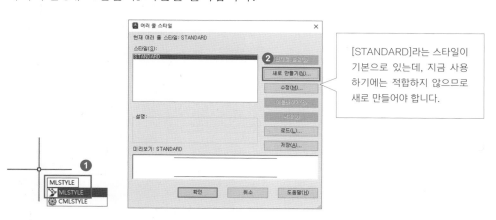

[STANDARD]라는 스타일이
기본으로 있는데, 지금 사용
하기에는 적합하지 않으므로
새로 만들어야 합니다.

02. 여러 줄 스타일의 이름 지정하기

사용할 이름을 먼저 설정해야 합니다. [여러 줄 스타일]은 리본 메뉴에 버튼이 없기 때문에 사용할 스타일을 바꾸기가 쉽지 않습니다. 이름을 직접 타이핑해 바꿔야 하기 때문에 가급적 짧고 알아보기 쉽게 설정하는 것이 좋습니다. ❶ 이름에 [WALL-200]을 입력하고 ❷ [계속] 버튼을 클릭하면 세부 스타일을 설정할 수 있는 창이 나타납니다.

▶ 스타일을 바꿀 때 여기서 지정한 이름을 직접 타이핑해야 하니 이름은 간결하게 정하세요.

03. 벽체 그릴 [여러 줄 스타일] 설정하기

먼저 벽체 선부터 설정해 보겠습니다. 중심선을 기준으로 100만큼 떨어진 두께 200인 벽체를 그리도록 설정해 보겠습니다. ❶ 기본 설정에서는 [0.5]의 간격을 두고 선이 그려지게 돼 있는데, 클릭한 후 ❷ [간격 띄우기(S)]의 값을 [100]으로 수정합니다. ❸ [-0.5]로 설정돼 있는 값도 ❹ [-100]으로 수정합니다. 이렇게 설정하면 두 선이 총 [200]의 간격을 갖고 그려집니다.

▶ 색상과 선 종류는 [도면층]의 값을 사용합니다.

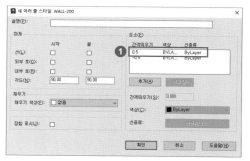

04. 중간에 그려질 중심선 스타일 설정하기

[여러 줄] 기능으로 그릴 벽체를 설정했으니 중간에 그려질 중심선 스타일을 설정해 볼까요? ❶ [추가] 버튼을 클릭하면 선이 추가로 생깁니다. [간격 띄우기] 값은 [0]으로 설정돼 있는데, 두 선의 중심에 위치하게 되지요. ❷ [색상]을 [빨간색]으로 바꿉니다. ❸ 선을 중심선으로 바꾸기 위해 [선 종류]를 클릭합니다. 도면에서 이미 [CENTER]가 사용되고 있으므로 따로 불러올 필요가 없네요. ❹ [CENTER]를 선택하고 ❺ [확인] 버튼을 클릭합니다. ❻ 다시 [확인] 버튼을 클릭해 설정한 [여러 줄 스타일]을 저장합니다.

▶ 다른 선 종류가 필요하다면 [로드(L)] 버튼을 클릭해서 불러오세요.

05. [여러 줄] 그리기

[WALL-200]이라는 [여러 줄 스타일]을 만들었으니 사용해 볼 차례입니다. ❶ [ML]을 입력한 후 Enter를 눌러 기능을 실행합니다. ❷ 명령행 부분에 설정돼 있는 값이 나타나는데, 이렇게 설정돼 있으면 원하는 대로 그릴 수 없기 때문에 설정을 바꿔야 합니다.

06. 여러 줄이 그려질 [자리 맞추기] 설정하기

선이 중심선 양쪽에 동일한 간격으로 그려지기 위해 가장 먼저 [자리 맞추기] 값을 바꾸겠습니다. ❶ 명령행에서 [자리 맞추기(J)]를 클릭하거나 [J]를 입력하고 [Enter]를 누르면 값을 바꿀 수 있습니다. ❷ [여러 줄 스타일]에서 [간격 띄우기]를 [0]으로 설정한 선이 마우스 커서에 위치하게 하기 위해 [0(Z)]을 클릭하거나 [Z]를 입력하고 [Enter]를 누릅니다.

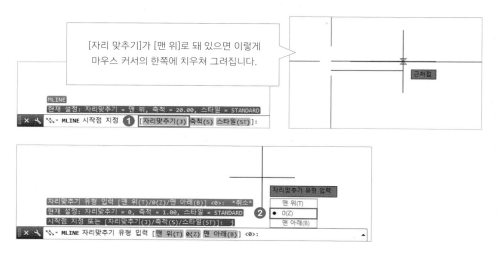

07. 축척 설정하기

그 다음에는 [축척]을 바꿔야 합니다. ❶ [축척(S)]을 클릭하거나 [S]를 입력하고 [Enter]를 누릅니다. ❷ [1]을 입력하고 [Enter]를 눌러 [축척]값을 [1]로 바꿉니다.

▷ 오토캐드에서 [미터법]을 사용할 때 [축척] 값은 자동으로 [20]으로 설정돼 있습니다.

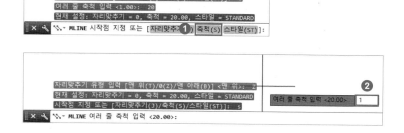

08. [여러 줄 스타일] 바꾸기

마지막으로 [STANDARD]로 설정돼 있는 [여러 줄 스타일]을 바꿔야 합니다. ❶ [스타일 (ST)]을 클릭하거나 [ST]를 입력하고 Enter 를 누릅니다. ❷ 스타일 이름에 [WALL-200]을 입력하고 Enter 를 누릅니다.

😣 삽질 금지   [여러 줄 스타일]의 이름이 기억나지 않아요!

예제에서 만든 [WALL-200]은 방금 만들었기 때문에 이름을 기억하기 쉽지만, 이름을 알지 못할 경우에는 어떻게 해야 할까요? 명령행의 [?]를 클릭하거나 [?]를 입력한 후 Enter 를 누르면 사용할 수 있는 스타일 이름이 나타납니다.

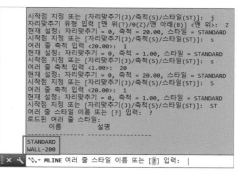

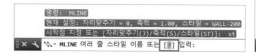

09. [여러 줄] 그리기

모든 설정을 마쳤으니 이제 선을 그려 보겠습니다. 방법은 [선(L)]을 그릴 때와 같이 시작점을 클릭하고 끝점을 클릭하면 되죠. 미리 그려진 중심선을 따라 [여러 줄(ML)]을 그려 보세요! 이때 주의할 점은 '닫힌 도형'으로 그릴 때 마지막 지점은 꼭 [닫기(C)] 옵션을 사용해야 한다는 것입니다.

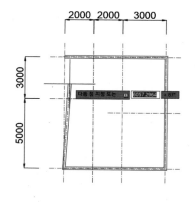

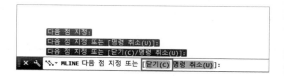

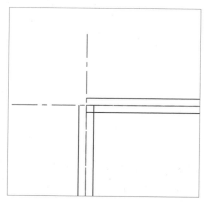

[닫기(C)] 옵션을 사용하지 않았을 때

[닫기(C)] 옵션을 사용했을 때

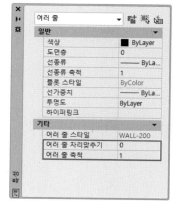

◐ 한 번 작성된 여러 줄은 편집이 극히 제한됩니다. 다른 객체들처럼 마음대로 편집할 수가 없어요. [특성] 팔레트에서도 자리 맞추기와 축척만 수정할 수 있습니다.

[여러 줄]은 [분해]해서 수정하세요!

[MLEDIT] 명령어를 사용하거나, 더블 클릭하면 [여러 줄]을 수정할 수 있습니다. 하지만 기능이 제한적인데다가 까다롭습니다. [여러 줄 스타일]로 묶여 있기 때문이지요. [신축 (S)], [이동(M)], [복사(CO)] 등은 가능하지만, [여러 줄]을 수정하려면 [분해(X)]해서 사용해야 합니다. [여러 줄]은 [선]으로 분해되며, 눈에 보이는 [색상]과 [선 종류]는 변하지 않습니다. 다만, [여러 줄 스타일]에서 [도면층]에 대한 설정은 할 수 없기 때문에 [여러 줄]을 그릴 때 사용된 도면층으로 분해됩니다.

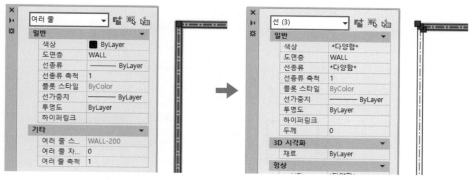

▶ [문자 스타일]이나 [치수선 스타일]과 달리, [여러 줄 스타일]은 일단 사용하면 수정할 수 없습니다. [WALL-200] 스타일을 이미 사용했기 때문에 [WALL-200]의 선 간격이나 색상을 수정할 수 없습니다.

[여러 줄]을 분해해 디테일하게 수정해 보세요

▶ 분해해서 수정한 파일이 필요하다면 [mline_fin2.dwg] 파일을 열어 보세요.

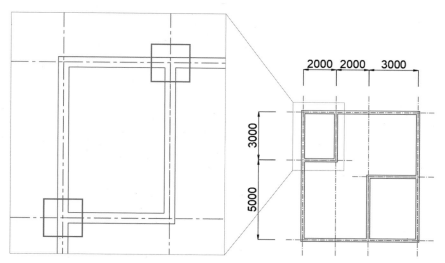

▶ [여러 줄]을 더블 클릭하면 실행되는 [MLEDIT]를 사용해도 이 정도의 간단한 수정은 할 수 있어요. 하지만 [여러 줄]로는 빠르게 큰 틀만 그리고, 분해한 다음 세부적인 내용을 그리고 수정하는 게 여러모로 좋습니다.

캐드 고수의 **비밀 08**

선으로 그린 방의 둘레, 면적 확인하기

여러 선으로 그린 방의 면적, 둘레를 확인하려면 어떻게 해야 할까요? 이럴 때 [폴리선(PL)]을 사용하면 [특성] 팔레트에서 [면적]과 [길이]를 확인할 수 있습니다. 실무에서는 대부분 모서리를 직접 하나하나 클릭해 [폴리선]을 그립니다. 그런데 이렇게 매번 그리면 굉장히 오래 걸리고 불편하겠죠? 닫힌 영역을 한 번에 폴리선으로 만드는 [경계(BOUNDRY)] 기능을 사용하면 속도가 훨씬 빨라집니다.

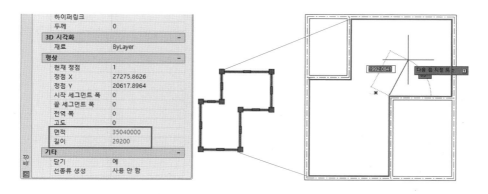

[경계] 기능의 사용 방법은 [해치(H)]와 유사합니다. [해치]가 닫혀 있는 영역에 패턴을 넣는 것처럼, [경계]는 닫혀 있는 영역의 외곽선을 폴리선으로 만들죠. 이때 외곽선마다 폴리선으로 그려야 하기 때문에 불필요한 선은 화면에서 보이지 않도록 정리하고 사용해야 합니다.

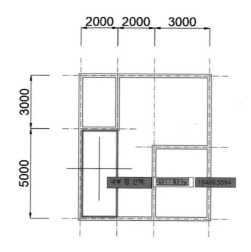

▶ [중심선]이 보이는 상태에서 [경계] 기능을 사용하면 중심선까지 경계로 인식돼 한 번에 방의 둘레를 만들 수 없습니다. [경계]를 사용하기 전, 방 안의 객체를 모두 숨겨야 한 번에 방의 둘레를 폴리선으로 만들 수 있습니다.

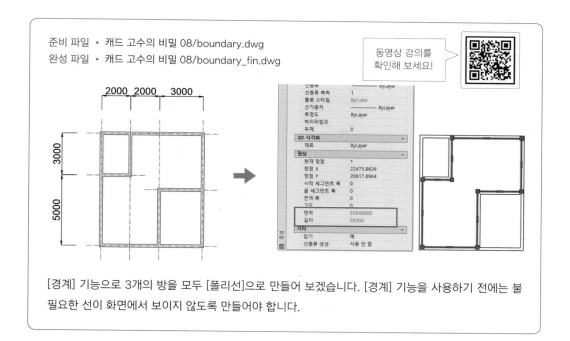

준비 파일 • 캐드 고수의 비밀 08/boundary.dwg
완성 파일 • 캐드 고수의 비밀 08/boundary_fin.dwg

동영상 강의를
확인해 보세요!

[경계] 기능으로 3개의 방을 모두 [폴리선]으로 만들어 보겠습니다. [경계] 기능을 사용하기 전에는 불필요한 선이 화면에서 보이지 않도록 만들어야 합니다.

01. 불필요한 도면층 끄기

일단 불필요한 객체를 꺼 볼까요? 만약, [도면층 끄기(LAYOFF)] 기능을 알고 있다면, 치수와 중심선을 클릭해 바로 끌 수 있지만, 아직 배우지 않은 기능이지요. [도면층 특성 관리자(LA)]를 통해 중심선과 치수를 꺼 보겠습니다. ❶ 치수와 중심선을 각각 선택해 도면층을 확인해 보니, [DIM]과 [CENTER]로 그려져 있네요. ❷ [LA]를 입력하고 (Enter)를 눌러 [도면층 특성 관리자] 창을 엽니다. ❸ [DIM]과 [CENTER]의 [켜기/끄기] 항목의 전구 모양 아이콘을 한 번씩 클릭해 불이 들어오지 않도록 바꿉니다.

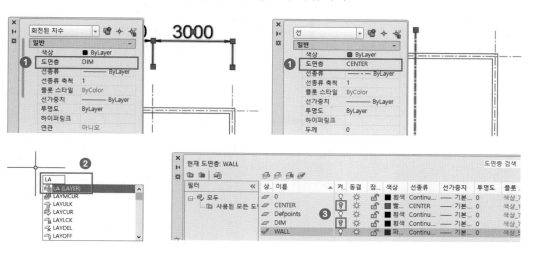

◗ [도면층 끄기(LAYOFF)] 기능을 사용하면 도면층을 좀 더 쉽게 끌 수 있습니다. 09장을 참조하세요.

◗ 남아 있는 점선은 [WALL]이라는 같은 도면층으로 설정돼 있어서 사라지지 않았습니다.

02. 중심선 숨기기

이 상태로도 각각의 방을 클릭해 [경계]를 만들 수 있습니다. 복습할 겸 배운 기능을 한 번 더 활용해 중심선을 숨겨 볼까요? ❶ [유사 선택(SELECTSIMILAR)] 기능을 실행하고 ❷ 옵션 인 [설정(SE)]을 실행합니다. 벽체와 중심선이 같은 도면층으로 그려졌지만, [색상]과 [선 종류]는 다르죠. ❸ [색상]에 체크하고 ❹ [확인] 버튼을 클릭합니다. ❺ 빨간색 점선으로 그 려진 객체를 클릭하고 ❻ Enter 를 누르면 중심선이 모두 선택됩니다.

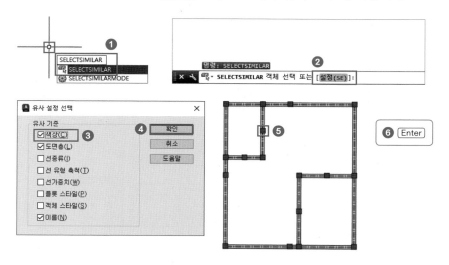

03. ❶ 중심선이 모두 선택된 상태에서 리본 메뉴나 [특성] 팔레트를 활용해 도면층을 [CENTER]로 바꿔 주세요. [CENTER] 도면층이 꺼져 있는 상태이기 때문에 '선택한 객체가 꺼진 도면층으로 이동했다'라는 경고 메시지가 나타납니다. ❷ [닫기]를 클릭하면 중심선이 화면에서 사라집니다. 사라진 중심선은 [CENTER] 도면층으로 이동했습니다.

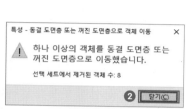
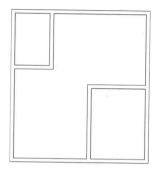

04. [경계] 기능 실행하기

경계를 그릴 차례입니다. ❶ 단축 명령어인 [BO]를 입력하고 Enter를 누릅니다. ❷ [경계 작성] 화면이 나타나면 [점 선택]을 클릭하거나 Enter를 한 번 더 누릅니다. ❸ 벽 사이를 마우스로 클릭합니다. 그러면 폴리선으로 만들어질 선들이 강조됩니다. ❹ Enter를 누르면 벽이 모두 폴리선으로 그려지고 [특성] 팔레트에서 면적과 둘레를 확인할 수 있습니다.

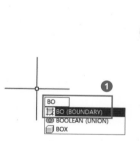

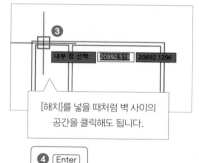

> [해치]를 넣을 때처럼 벽 사이의 공간을 클릭해도 됩니다.

❹ Enter

▷ [경계] 기능을 사용할 시, 왼쪽 그림처럼 닫힌 영역이 모두 화면에 보여야 합니다.
▷ 각각의 실을 폴리선으로 만들 수도 있지만, 선 정리를 충분히 했다면 벽 사이를 클릭해서 여러 영역을 폴리선으로 만들 수도 있습니다.

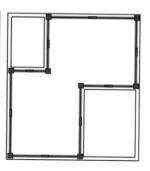

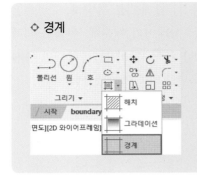

- **명령어** [BOUNDARY]
- **단축 명령** [BO]
- **실행 방법** [BO] → [Enter] → [점 선택] 클릭 → 닫혀 있는 영역의 안쪽을 마우스 왼쪽 버튼으로 클릭 → (여러 영역을 한 번에 만들 수 있음) → 영역 선택이 끝나면 [Enter]
- ▶ [경계] 기능의 사용 방법은 [해치]와 유사합니다.

'닫힌 경계를 확인할 수 없습니다' 경고 창이 나타났어요!

[해치(H)]와 [경계(BO)] 기능을 사용할 때 간혹 선에 문제가 없는데도 경고 창이 나타나는 경우가 있습니다. 경고 창이 나타나는 [해치]나 [경계]로 사용할 객체가 화면에 모두 나타난 상태로 기능을 실행하지 않았거나 [해치]나 [경계]로 그려질 객체가 너무 복잡하기 때문입니다.

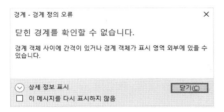

[해치]나 [경계]를 한 번에 만들려면 패턴을 넣거나 폴리선으로 만들 부분이 최대한 화면에 가득 차도록 확대한 상태에서 실행해야 오류를 줄일 수 있습니다. 또한 가능하면 불필요한 객체는 [객체 숨기기(HIDEOBJECTS)] 기능으로 숨겨 두고 사용하는 것이 좋습니다.

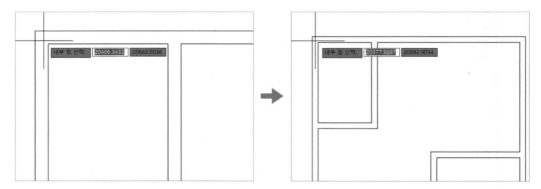

▶ 컴퓨터가 모든 경계를 스캔할 수 있도록 화면 가득 모든 객체가 들어온 상태로 기능을 실행하세요.
▶ 도면층을 활용하면 불필요한 객체를 끌 수 있지만, 도면층이 정리돼 있지 않은 도면이 많습니다. 게다가 한두 개만 꺼야 할 경우도 생기죠. 이때 [객체 숨기기(HIDEOBJECTS)]를 사용하면 몇 개의 필요한 객체만 끌 수 있습니다. 이 기능은 09장을 참조하세요.

[해치]만 남은 도면에서도 면적을 확인할 수 있어요!

때로는 [경계선]이 모두 지워지고 [해치]만 남은 도면을 접할 때도 있습니다. [폴리선]뿐만 아니라 [해치]도 [특성] 팔레트에서 [면적]을 확인할 수 있기 때문이죠.

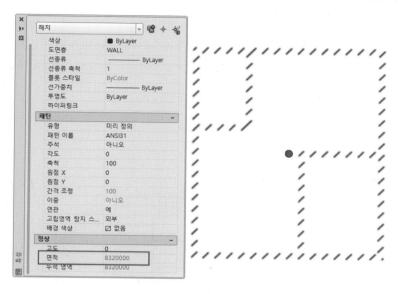

하지만 경계를 수정하려면 난감합니다. 이럴 때 해치를 따라 경계선을 만들 수 있습니다. [해치]에는 '어디부터 어디까지를 채울지에 대한 정보', 즉 경계선에 대한 정보가 있기 때문에 외곽선을 쉽게 만들 수 있습니다. 한 개의 해치만 선택된 상태에서 마우스 오른쪽 버튼으로 해치를 클릭한 후 [경계 생성]을 클릭하면 외곽 경계선이 폴리선으로 만들어집니다.

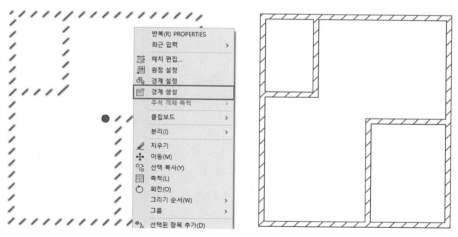

▶ [경계 생성] 버튼은 한 개의 해치만 선택되어 있어야 나타납니다.

▶ 여러 개의 해치에서 한 번에 경계선을 추출하고 싶다면 [HATCHGENERATEBOUNDARY] 명령어를 사용해야 합니다. 단축 명령어를 설정해 두면 더 쉽겠죠?

07-2 문, 가구 넣을 땐 만능 명령어 [정렬]을 기억하세요!

회사에서 생산하는 가구나 부품, 도면을 꾸미기 위한 아기자기한 소품 등은 도면에서 반복적으로 사용되는 객체입니다. 이 객체들을 도면에 넣을 때 보통 [이동(M)], [회전(MI)], [축척(SC)] 기능을 섞어 가면서 사용하죠. 그런데 이렇게 넣어야 할 객체가 많다면 이 또한 시간을 잡아먹는 작업일 것입니다. 이럴 때 [이동]과 [회전], [축척] 기능이 합쳐진 만능 명령어 [정렬(AL)]을 사용해 보세요!

블록을 회전할 때 사용하면 좋은 [정렬] 기능

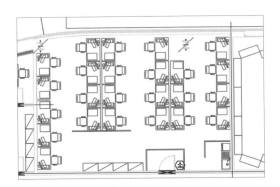 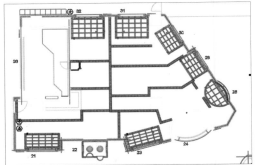

대칭을 하거나 90도 단위로 회전하는 객체는 쉽게 배치할 수 있지만, 특정한 각도로 배치하는 일은 귀찮고 골치 아픈 작업입니다. 회전할 때도 [참조] 옵션을 하나씩 사용해야 하기 때문입니다. 이럴 때 [정렬(ALIGN)] 기능을 사용하면 작업이 편리해집니다.

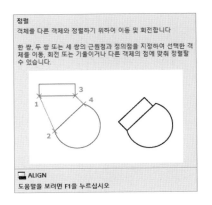

[정렬] 기능이 이동과 회전, 축척을 한 번에 조절하는 기능이다 보니, 기준점을 여러 개 입력해야 합니다. 도움말의 이미지가 간략하게 잘 표현하고 있는데요. 기준점을 입력할 때 1, 2, 3, 4의 순서대로 클릭하면 됩니다. 그러면 1번 점이 2번 위치로, 3번 점이 4번 위치로 이동하는 동시에 회전과 축척까지 조절되는 거죠.

설명은 복잡한데 원리를 알면 그렇게 복잡하진 않습니다. 한번 사용해 볼까요?

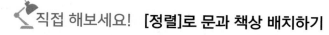

직접 해보세요! [정렬]로 문과 책상 배치하기

준비 파일 • 07/align.dwg
완성 파일 • 07/align_fin.dwg

왼쪽의 책상과 문을 오른쪽 공간에 넣어 보겠습니다. 벽이 애매한 각도로 만들어져
있기 때문에 [이동], [회전] 등의 기능을 사용해야겠네요. 이 과정을 간단하게 할 수 있는 [정렬] 기
능을 사용해 보겠습니다.

01. [정렬] 기능 실행하기

❶ 일단 왼쪽 방에 문을 복사해 넣어 보세요. [COPY]를 사용하면 쉽게 넣을 수 있습니다.
이제 오른쪽 방에 넣어야 하는데, 벽이 경사져 있습니다. [복사]와 [회전] 기능을 사용하는
대신 [정렬]을 사용해 보겠습니다. ❷ 리본 메뉴의 버튼을 클릭하거나 단축 명령어인 [AL]
을 입력하고 Enter를 누릅니다. ❸ 옮길 객체인 [문]을 클릭하고 Enter를 누릅니다.

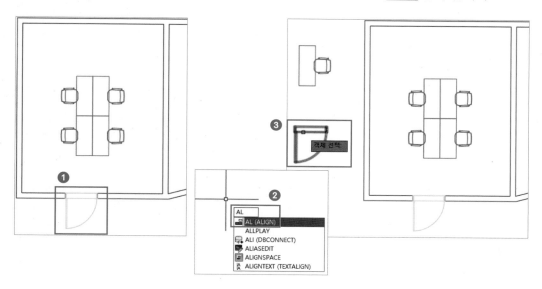

◇ 정렬

주석 ▾

수정

- **명령어 [ALIGN]**
- **단축 명령 [AL]**
- **실행 방법** [AL] → Enter → 객체 선택 → Enter → 1번 지점 클릭
  → 2번 지점 클릭 → 3번 지점 클릭 → 4번 지점 클릭 → Enter →
  [축척]을 사용하려면 [Y], 사용하지 않으려면 [N] → Enter

▶ [정렬] 기능은 [이동]과 [회전], [축척] 기능이 결합된 복합 기능입니다. 1번 지
점은 2번 지점으로 이동하고, 3번 지점은 4번 지점으로 이동합니다. 이때 객체
는 1, 2번 지점을 기준으로 [이동]하고, 3, 4번 지점을 기준으로 [회전]합니다.

02. 첫 번째, 두 번째 근원점과 대상점 클릭하기

이제 네 지점을 클릭할 텐데, 첫 번째로 클릭하는 점은 [이동]의 기준이 되고, 두 번째로 클
릭하는 점은 [회전]과 [축척]의 기준이 될 것입니다.

❶ [첫 번째 근원점]으로 왼쪽 문틀의 위를 클릭합니다. 이번에는 [첫 번째 대상점]을 입력
하라고 하는데, 첫 번째로 클릭한 점이 어디로 옮겨갈지 마우스로 클릭하라는 의미입니다.
❷ 개구부의 왼쪽 위 지점을 클릭합니다. ❸ [두 번째 근원점]을 입력하라고 하면, 오른쪽 문
틀의 오른쪽 위를 클릭합니다. ❹ [두 번째 대상점]은 앞에서 클릭한 [두 번째 근원점]이 옮
겨갈 부분입니다. 개구부의 오른쪽 위 지점을 클릭합니다.

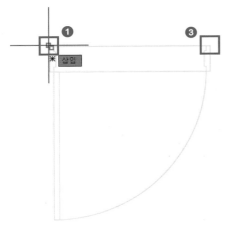

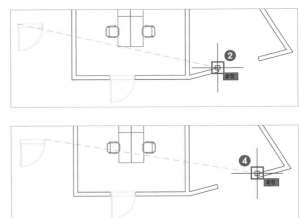

▶ 입력한 근원점과 대상점을 잇는 보조선이 화면에 표시되는데, 마우스
휠로 화면을 이동하거나 축소 또는 확대하면 사라질 수도 있어요.

03. 축척 적용 여부 선택하기

❶ [세 번째 근원점]을 클릭하라고 하는데, 이 점은 3D에서 사용하는 값이므로 [Enter]를 눌러 넘어갑니다. 그러면 [축척]을 적용할 것인지 물어봅니다. 상황에 따라 다르게 사용해야 하는데, [아니오]를 선택하면 [문]의 크기는 바뀌지 않습니다. 만약, [예]를 선택한다면 문의 크기는 [두 번째 대상점]으로 입력한 위치에 맞게 조절됩니다. ❷ [예]를 클릭해 문의 크기를 바꿔 보세요.

▶ [정렬] 기능은 2D뿐만 아니라 3D에서도 사용할 수 있는 기능이므로 Z축에 해당하는 값까지 설정할 수 있지만, 2D 도면에서는 필요하지 않습니다.

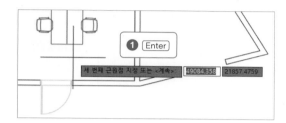

▶ 기능이 종료되거나 취소한 후에도 보조선이 화면에 남아 있다면, [재생성(REGEN, RE)] 기능을 사용하세요.

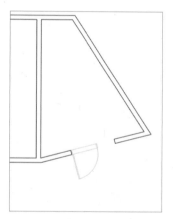

축척을 적용하지 않은 경우

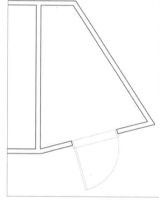

축척을 적용한 경우

정리하면 '첫 번째 점'은 [이동]의 기준이므로 입력한 점에 맞게 객체가 움직이며, '두 번째 점'은 [회전]을 위한 방향, [축척]을 위한 길이의 기준으로 사용됩니다.

04. [정렬] 기능으로 책상 옮기기

이번에는 책상을 옮겨 보겠습니다. ❶ [AL]을 입력하고 Enter 를 누릅니다. ❷ 책상과 의자를 함께 선택하고 Enter 를 누릅니다. ❸ [첫 번째 근원점]으로 책상의 가운데를 클릭합니다. ❹ [첫 번째 대상점]으로 두 책상이 만나는 지점을 클릭합니다. 이렇게 하면 책상의 중간이 이 위치로 이동하기 때문에 중심이 한 번에 맞습니다.

◖ 방금 [정렬] 기능을 사용했으므로 Enter 만 눌러도 기능이 실행됩니다.

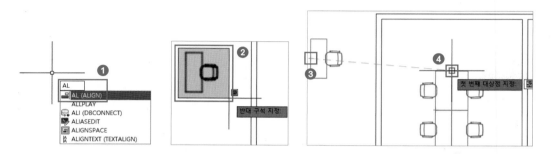

05. 두 번째 점을 입력할 차례입니다. ❶ 책상의 한쪽 모서리를 클릭해 [두 번째 근원점]으로 지정합니다. ❷ [두 번째 대상점]으로 왼쪽 책상의 왼쪽 위 꼭지점을 클릭합니다. ❸ [세 번째 근원점]을 물어보면 Enter 를 누릅니다. ❹ [축척]은 사용하지 않기 위해 [아니오(N)]를 클릭합니다. 책상과 의자가 회전하면서 이동됐습니다.

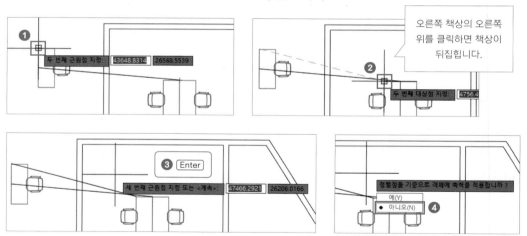

오른쪽 책상의 오른쪽 위를 클릭하면 책상이 뒤집힙니다.

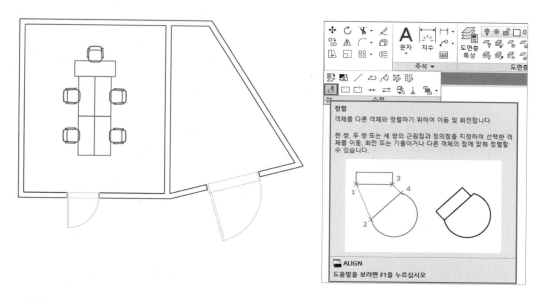

[정렬] 버튼에 마우스를 잠시 올려 두면 간략한 설명과 이미지가 나타납니다. 혹시 원리가 헷갈린다면 사용하기 전에 잠시 확인해 보세요.

😫 삽질금지 **책상이 한쪽으로 치우쳤어요!**

첫 번째 점은 [이동]의 기준입니다. 만약, [첫 번째 근원점]을 책상의 중간이 아니라 한쪽 끝으로 지정했다면, 위치가 한쪽으로 치우치도록 조절됩니다.

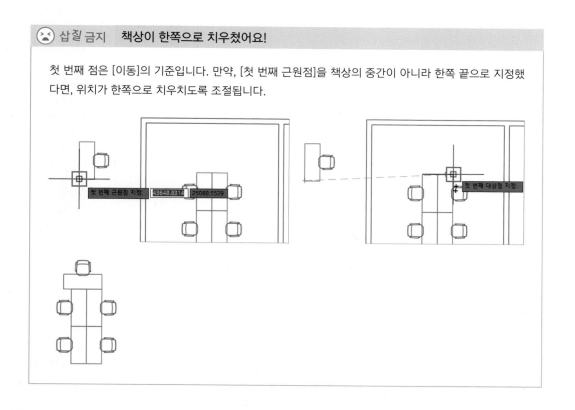

캐드 고수의
비밀 09

Ctrl + C , Ctrl + V 에
숨겨진 비밀!

동영상 강의를
확인해 보세요!

복사(Ctrl+C), 붙여 넣기(Ctrl+V)는 누구나 손에 익을 정도로 자주 사용하는 기능입니다. 그런데 특히 오토캐드에서 사용할 때는 알아 두면 좋은 기능이 숨어 있다는 것, 알고 있나요?

기준점을 지정해 복사할 때는 Ctrl + Shift + C

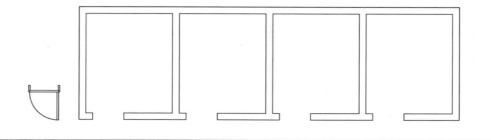

준비 파일 · 캐드 고수의 비밀 09/rooms.dwg
완성 파일 · 캐드 고수의 비밀 09/rooms_copy_fin.dwg

간단한 평면에 문을 복사해 붙여 넣으려 합니다. 복사하는 단축키인 Ctrl+C를 누를 때 Shift를 함께 누르면 단순 작업 속도를 확 줄일 수 있습니다.

01. Ctrl+C, Ctrl+V로 복사, 붙여 넣기

❶ 문을 선택하고 ❷ Ctrl + C 를 눌러 복사합니다. ❸ Ctrl + V 를 누르면 붙여 넣을 수 있습니다. ❹ 그런데 마우스 커서의 위치와는 멀리 떨어진 곳에 생겨 버리네요? 이 상태로 붙여 넣는다면 붙여 넣은 다음에 다시 한 번 이동해야 하는 번거로운 일이 생깁니다.

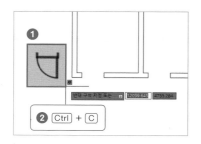
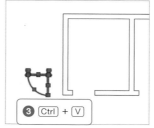
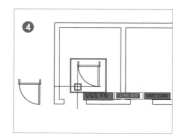

02. Ctrl + Shift + C로 복사하기

복사할 때 Shift를 같이 누르면 굉장히 편리해집니다. 다시 해 볼까요? ❶ 문을 선택하고 ❷ 이번에는 Ctrl + Shift + C를 누릅니다. 복사됐다는 메시지 대신, 기준점을 지정해달라는 메시지가 나타납니다. ❸ 붙여 넣기 쉽도록 문틀의 구석점을 클릭합니다.

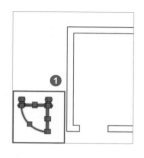
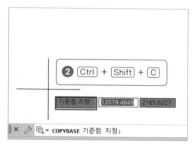
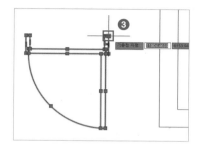

03. 이제 Ctrl + V를 눌러 볼까요? 앞에서 지정한 기준점이 마우스 커서를 따라다닙니다. 한결 붙여 넣기 쉬워졌죠? 복사할 때 Shift만 추가로 눌러 줬을 뿐인데 붙여 넣는 작업이 편리해졌습니다.

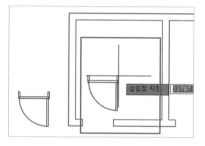

▶ 명령어로도 사용할 수 있어요. Ctrl + C의 명령어는 [COPYCLIP]이고, Ctrl + Shift + C의 명령어는 [COPYBASE]입니다.

왜 마우스 커서와 동떨어져서 붙여 넣어지나요?

오토캐드에서 Ctrl + C로 복사한 객체는 임시 저장 폴더에 독립적인 dwg 파일로 생성됩니다. Ctrl + V를 할 때 이 파일을 도면에 집어넣게 되는데, 형태와 상관없이 '복사한 객체의 왼쪽 아래 점'이 기준이 됩니다. 버전에 따라 조금씩 개선되긴 했지만, 붙여 넣을 때는 언제나 '왼쪽 아래 점'이 기준입니다.

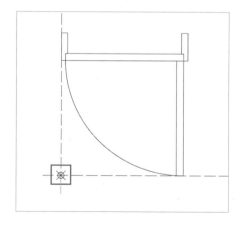

블록으로 붙여 넣을 때는 Ctrl + Shift + V

준비 파일 • 캐드 고수의 비밀 09/rooms.dwg
완성 파일 • 캐드 고수의 비밀 09/rooms_block_fin.dwg

도면에 그려진 문은 하나의 덩어리가 아니라 7개의 객체로 구성돼 있습니다. 나중에 편집할 경우에 대비해 블록으로 만들면 더 편하겠죠?

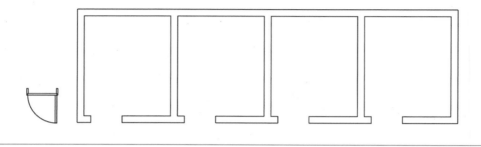

01. Ctrl + Shift + V로 붙여 넣기

붙여 넣을 때 Shift 를 함께 누르면 어떻게 될까요? ❶ 문을 선택한 후 Ctrl + Shift + C 를 눌러 복사합니다. ❷ 기준점은 이전과 마찬가지로 문틀의 구석으로 지정합니다. ❸ 이번에는 Ctrl + Shift + V 를 눌러 보겠습니다. 도면에 일반적인 붙여 넣기와 같이 들어가네요.

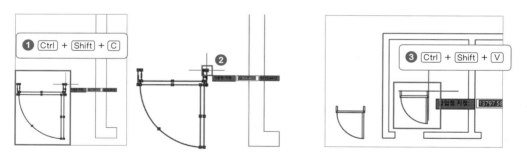

02. 결과물은 일반적인 방법으로 붙여 넣었을 때와 같아 보이지만 객체를 선택해 보면 블록으로 만들어진 걸 알 수 있습니다. 이렇게 만든 블록은 [삽입(INSERT)] 기능으로도 불러올 수 있습니다.

블록 이름은 오토캐드
가 자동으로 짓습니다.

▶ Ctrl + X 로 선택한 객체를 잘라낼 수도 있습니다. 그리
고 2023버전부터는 Ctrl + Shift + X 로 기준점을 지
정할 수도 있어요. Ctrl + X 의 명령어는 [CUTCLIP]
이고, Ctrl + Shift + X 의 명령어는 [CUTBASE]입니
다.

▶ 이것도 명령어로 사용할 수 있어요. Ctrl + V 의 명령어
는 [PASTECLIP]이고, Ctrl + Shift + V 의 명령어는
[PASTEBLOCK]입니다.

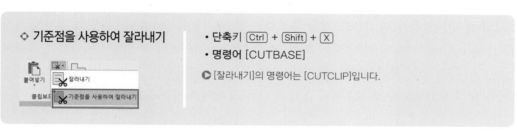

◆ 기준점을 사용하여 잘라내기

• 단축키 Ctrl + Shift + X
• 명령어 [CUTBASE]

▶ [잘라내기]의 명령어는 [CUTCLIP]입니다.

블록 이름을 찾을 수 없어요!

Ctrl + Shift + V 는 블록을 만드는 가장 편하고 빠른 방법이므로 실무에서도 자주 사용
합니다. 그런데 이름이 자동으로 생성된다는 문제가 있습니다. 이렇게 지어진 블록 이름은
알아보기 어려워 찾기 힘들고, 재활용이 불가능해집니다. 이럴 때 블록의 이름을 바꾸면
알아보기 쉽겠죠? 블록의 이름을 바꾸는 방법을 이어서 설명하겠습니다.

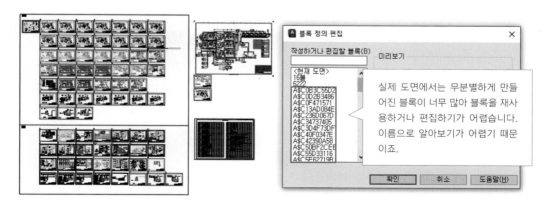

실제 도면에서는 무분별하게 만들
어진 블록이 너무 많아 블록을 재사
용하거나 편집하기가 어렵습니다.
이름으로 알아보기가 어렵기 때문
이죠.

블록이 다른 파일로 복사되지 않는다면 '이름'을 확인하세요!

준비 파일 • 캐드 고수의 비밀 09/copy.dwg, paste.dwg

하나의 도면에서 다른 도면으로 붙여 넣을 때 발생하는 문제를 알아보고, 해결하는 방법도 알아보겠습니다.

01. 다른 파일에 붙여 넣기

2개의 준비 파일을 열면 의자가 하나씩 그려져 있습니다. [copy.dwg] 파일의 의자를 복사해 [paste.dwg] 파일에 붙여 넣어 보겠습니다. ❶ [copy.dwg] 파일에서 의자를 선택하고 Ctrl + C 를 눌러 복사합니다. ❷ 작업 도면을 [paste.dwg] 파일로 바꿉니다. ❸ Ctrl + V 를 눌러 보세요. 이상하죠? 복사한 것과 다른 형태의 의자가 도면에 들어옵니다.

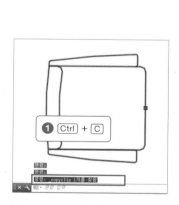 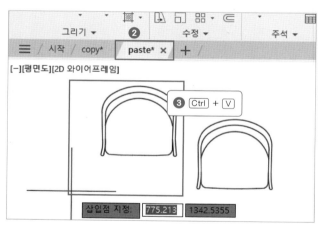

▶ 객체가 복사되지 않고 아래와 같은 메시지가 뜬다면 도면에 문제가 있는 겁니다. [PURGE], [AECTOACAD] 등의 명령어를 사용해 도면을 정리한 후, 복사해 붙여 넣으세요.

02. 왜 다른 블록이 붙여 넣어지나요?

다른 파일로 블록을 붙여 넣었는데, 복사한 것과 다른 모양의 블록이 나타나는 이유는 '블록의 이름이 같기 때문'입니다. [copy.dwg] 파일에서 복사한 객체는 [chair]라는 블록입니다. [paste.dwg] 파일에 붙여 넣으려 했는데, 이 도면에 이미 [chair]라는 블록이 있기 때문에 [copy.dwg] 파일에서 복사한 블록을 저장하지 못하고, 이미 있는 [chair] 블록을 집어넣는 것입니다.

▶ 이런 문제는 문자를 복사할 때나 치수를 복사할 때도 발생할 수 있습니다. 같은 이름의 '문자 스타일'과 '치수 스타일'이 이미 있으면 그 스타일을 적용해 문자와 치수가 그려지기 때문이죠.

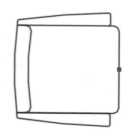

03. 블록 이름 바꾸기

이름을 해결하는 방법은 [이름 바꾸기(RENAME, REN)]로 블록의 이름을 바꾸는 것밖에는 없습니다. ❶ [copy.dwg] 파일에서 단축 명령어인 [REN]을 입력한 후 (Enter)를 눌러 기능을 실행합니다. ❷ [블록]을 선택한 후 ❸ [chair]를 누릅니다. ❹ 빈 공간에 [chair-2]를 입력하고 ❺ [바꿀 이름] 버튼을 클릭합니다. ❻ 블록의 이름이 바뀌었다면 [확인] 버튼을 클릭해 창을 닫습니다.

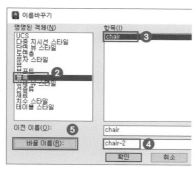
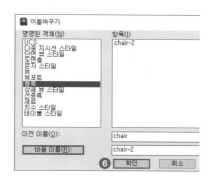

04. 다시 한 번 복사해 넣으면 복사한 의자가 제대로 들어옵니다.

07-3 [배열]로 책상 세트 배치하고 주차장 경사로 표시하기

앞서 배운 [블록]과 [해치]를 사용하면 동일한 형태의 객체를 쉽게 그릴 수 있습니다. 그런데 동일한 형태가 규칙적으로 나열돼 있는 형태는 어떻게 그릴까요? 복사와 붙여 넣기로 충분한가요? 만약, 일부분만 수정해야 하는 일이 생기면 어떻게 해야 할까요? 이럴 때 [배열] 기능을 사용하면 편리하게 만들고 편집할 수 있습니다.

배열의 규칙 세 가지

특정 규칙으로 나열되는 객체는 [배열]이라는 기능으로 쉽게 그릴 수 있습니다. 배열 규칙에는 어떤 것이 있는지를 알아야 활용할 수 있겠죠? 오토캐드에서는 세 가지 [배열]이 있습니다.

첫 번째는 가로, 세로로 일정 간격을 갖고 나열되는 [직사각형 배열]입니다. 세 가지 [배열] 규칙들 중에서 가장 자주 사용되며, 주로 사무실이나 교실의 책상, 공연장의 의자 등에서 활용됩니다. 열과 행을 갖고 배열되

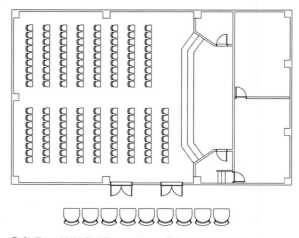

▶ 한 줄로 나열된 형태를 그릴 때에도 활용하면 유용합니다.

는데, 바둑판과 같은 방식을 생각하면 됩니다.

두 번째는 중심점을 기준으로 원형으로 나열되는 [원형 배열]입니다. 기계 부품에 사용되는 기어의 톱니바퀴, 시계의 눈금 등에 활용되는 배열이죠. 자주 사용되지는 않지만, 특정 상황에서 사용하면 작업을 수월하게 마칠 수 있습니다.

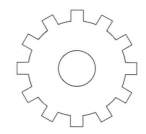

세 번째는 일정한 경로를 기준으로 나열되는 [경로 배열]입니다. 길을 따라 일정 간격으로 나열되는 가로수, 계단의 경사를 따라 나열되는 계단 난간 등을 떠올리면 형태를 알기 쉽습니다. 불특정한 형태의 곡선이나 직선을 따라 일정 간격으로 기둥이나 특정 객체를 배치할 때 사용하면 편리합니다. 하지만 경로로 사용되는 선의 꺾이는 부분에 별도의 처리를 해야 하기 때문에 자주 사용되지는 않습니다.

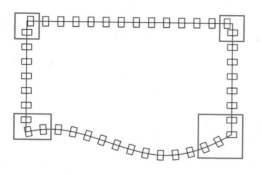

◖ [경로 배열]은 항상 꺾이는 부분이 문제입니다. 폴리선의 시작 점부터 길이를 기준으로 배치하기 때문이죠. 꺾이는 부분을 따로 처리하거나, 경로 자체를 구간별로 나눠서 사용해야 합니다.

이번 장에서는 [배열] 중에 자주 사용되는 [직사각형 배열]과 [원형 배열]을 직접 사용해 보겠습니다.

직접 해보세요! 사무실 책상 [직사각형 배열]하기

준비 파일 · 07/office.dwg
완성 파일 · 07/office_fin.dwg

[배열] 기능 중에서 가장 활용도가 높은 기능은 [직사각형 배열]입니다. [직사각형 배열]을 활용해 사무실에 책상을 배열해 보겠습니다.

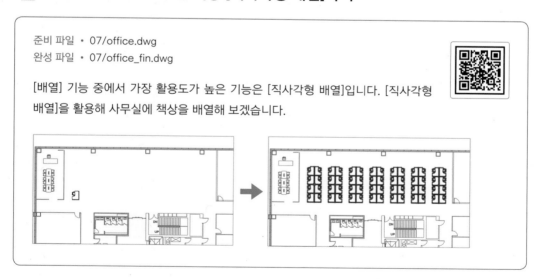

01. 지금까지 배운 기능으로 책상 나열하기

준비 파일을 열어 보면, 빈 사무실에 책상 하나가 덩그러니 놓여 있습니다. [배열] 기능을 사용하기 전에 지금까지 배운 기능을 사용해 책상을 [4500] 간격으로 배열해 보세요.

이런 방법이 가능할 것입니다. ❶ [복사(CO)]로 책상을 위로 복사해 이어 붙이고, ❷ [반전(MI)] 기능을 사용해 하나의 세트를 만듭니다. 블록으로 엮을 수도 있겠죠? ❸ 그런 다음, [복사(CO)] 기능으로 오른쪽으로 각 [4500]의 간격을 갖도록 붙여 넣습니다. 사무실에 책상이 가득 찼군요. 하지만 [4500]의 간격을 [4000]으로 수정하려면 어떻게 해야 할까요? 책상을 일일이 왼쪽으로 옮겨야겠죠?

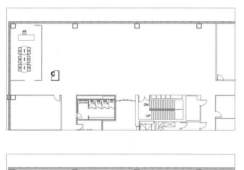
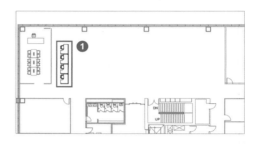
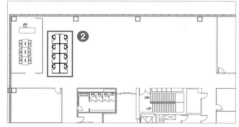
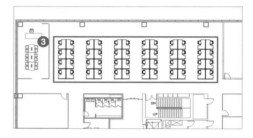

○ [복사(CO)], [반전(MI)], [간격 띄우기(O)] 기능을 사용하는 방법은 03장을 참조하세요.

실무에선 이렇게! **2012 이하 버전처럼 사용하려면 [ARRAYCLASSIC]**

2012 이하의 버전에서 [배열(AR)] 기능을 실행하면, [배열]이라는 대화 상자가 대신 열립니다. [ARRAYCLASSIC]이라는 명령어를 사용하면 2012 이후의 버전에서도 이 대화 상자로 객체를 배열할 수 있어요. 리본 메뉴를 사용하지 않는 클래식 메뉴에서도 배열을 할 수 있다는 장점도 있지만, [경로 배열(ARRAYPATH)]를 사용할 수 없고, 버튼을 눌러야만 미리보기를 확인할 수 있다는 단점도 있어요.

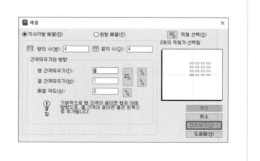

02. 이렇게 간격을 나중에 바꿔야 할 경우에는 [배열] 기능이 매우 유용합니다. Ctrl +
Z를 계속 눌러 일단 1개의 책상 세트를 만든 시점으로 되돌아갑니다. [직사각형 배열] 기
능을 사용해 다시 그려 보겠습니다.

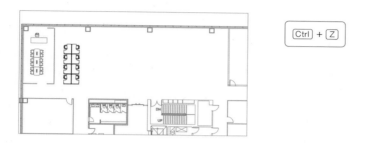

Ctrl + Z

03. [직사각형 배열] 기능 실행하기

[배열]의 각 규칙마다 [직사각형 배열]은 [ARRAYRECT], [원형 배열]은 [ARRAYPO
LAR], [경로 배열]은 [ARRAYPATH]의 명령어로 사용할 수 있습니다. ❶ 여기선 [직사각
형 배열]을 써야 하므로 [ARRAYRECT]를 입력한 후 Enter를 누릅니다. ❷ 배열할 객체를
선택해야 합니다. 책상 세트를 선택하고 Enter를 누릅니다. ❸ 기본 설정인 4열 3행으로
배열된 미리 보기가 화면에 나타납니다.

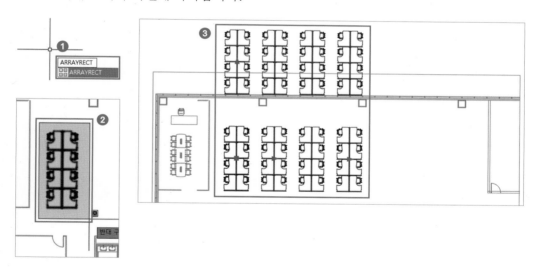

◖ [ARRAY(AR)]로 모든 유형의 배
열을 작성할 수 있어요. 객체를 선
택하면 어떤 유형의 배열을 작성할
것인지 선택할 수 있습니다.

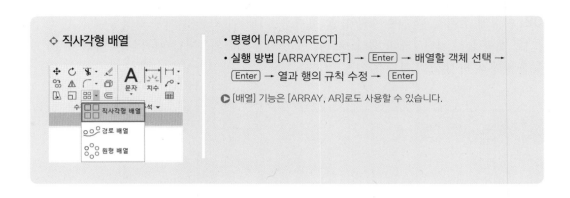

◇ 직사각형 배열

- **명령어** [ARRAYRECT]
- **실행 방법** [ARRAYRECT] → Enter → 배열할 객체 선택 → Enter → 열과 행의 규칙 수정 → Enter

◑ [배열] 기능은 [ARRAY, AR]로도 사용할 수 있습니다.

04. 기본 설정으로 하면 책상이 넘쳐 사무실 밖까지 차지하네요. 열과 행의 개수와 간격을 수정하겠습니다. ❶ 리본 메뉴에서 [행]의 개수를 [1]로 수정합니다. ❷ 그리고 [열]의 [사이] 간격을 [4500]으로 수정하고, ❸ [열]의 개수를 [6]으로 수정합니다. ❹ [배열 닫기]를 클릭해 수정을 마칩니다.

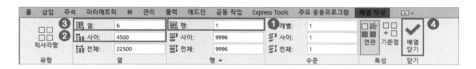

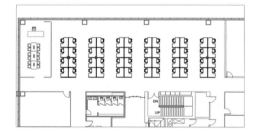

◑ 리본에서 편집한 내용이 작업 공간에 실시간으로 반영됩니다.

실무에선 이렇게! **[배열] 기능을 통합 명령어로 실행할 수도 있어요!**

세 가지 기능을 합쳐 놓은 명령어인 [ARRAY] 혹은 단축 명령어인 [AR]로 사용할 수도 있습니다. 통합된 [ARRAY] 명령어로 사용할 경우에는 객체를 선택한 후에 배열 규칙을 선택해야 합니다.

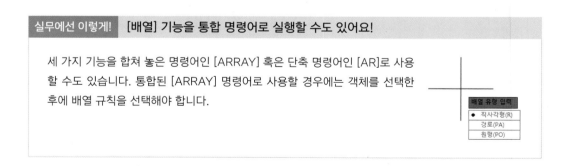

05. [직사각형 배열] 설정 수정하기

기존에 배웠던 방법과 비교할 때 시간만 따지면 큰 차이가 나지 않습니다. 하지만 수정할 때는 어떨까요? 책상 사이의 간격을 조금 줄여 한 줄을 추가해 보겠습니다. 방금 그린 책상 배열을 선택하면, 리본 메뉴가 [배열]을 설정할 때와 같이 변해 바로 수정할 수 있습니다. ❶ [사이] 간격을 [4000]으로 수정하면 ❷ [배열]의 간격이 수정됩니다. ❸ [열]의 개수를 [7]로 수정해 보니 ❹ 오른쪽의 책상이 벽에 너무 가깝게 붙네요.

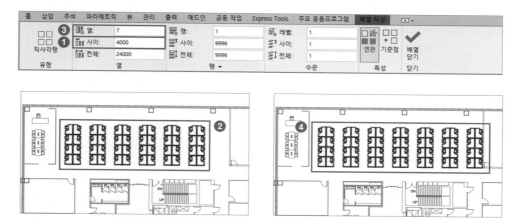

06. ❶ 다시 [사이] 간격을 [3800]으로 수정하고 ❷ [배열 닫기]를 눌러 완성합니다.

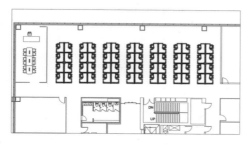

이렇게 [배열] 기능을 사용하면 정렬된 객체의 간격이나 개수를 쉽게 수정할 수 있습니다. 도면은 한 번 그렸다고 끝이 아닙니다. 언제라도 수정할 일이 생길 수 있어요. 그래서 같은 형상이라도 쉽게 수정할 수 있도록 그리는 게 좋아요. 같은 형상을 일정한 간격으로 나열할 경우엔 하나하나 작성하기 보다는 [배열]을 사용하는 게 훨씬 편리하고 빠릅니다.

직접 해보세요! **[원형 배열]로 경사로 표시하기**

준비 파일 · 07/garage.dwg
완성 파일 · 07/garage_fin.dwg

[원형 배열]은 하나의 중심점을 기준으로 객체를 회전하며 배치합니다. 쉽게 생각하기론 원형 테이블에 의자를 배치할 때 사용할 수 있겠지요. 실무에서는 톱니바퀴를 만들 때나 원형 경사로에 '경사로'라는 표시를 넣을 때 자주 사용합니다.

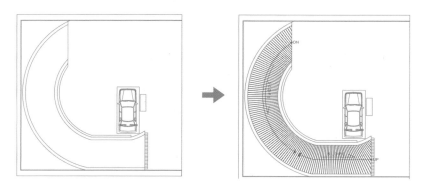

01. 준비 파일 살펴보기

준비 파일을 열어 보면 주차장 출입을 위한 경사로가
그려져 있습니다. [원형 배열]로 여기에 경사로 표시를
넣어 보겠습니다. 먼저 배열에 사용될 경사로 선을 그
리겠습니다. ❶ 좌측 위의 시점에서부터 호의 중심점까
지 ❷ [선(L)]을 그립니다.

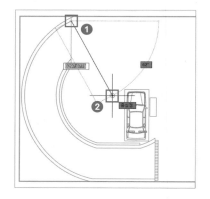

◗ [배열] 기능은 모두 원본 객체부터 시작해 배열됩니다. 따라서 되도록이면 원본 객체를 시작점이나 종료점 중 하나의 지점에 그리는 것이 좋습니다.
◗ 경사로를 구성하는 호들의 중심점이 하나의 점에 모이도록 준비하는 게 좋습니다.

02. [배열] 기능 실행하기

앞서 그린 선을 배열하기 위해 [ARRAYPOLAR] 명령어를 사용할 수도 있지만, 이번에는 [ARRAY]를 사용해 보겠습니다. ❶ [ARRAY]를 입력한 후 Enter 를 누릅니다. ❷ 배열에 사용할 객체를 선택해야 합니다. 앞서 그렸던 [선]을 선택한 후 Enter 를 누릅니다. ❸ 마우스 커서 옆에 선택지가 나타나면 [원형(PO)]을 선택합니다. ❹ 배열의 중심점으로 사용될 지점을 마우스로 클릭합니다.

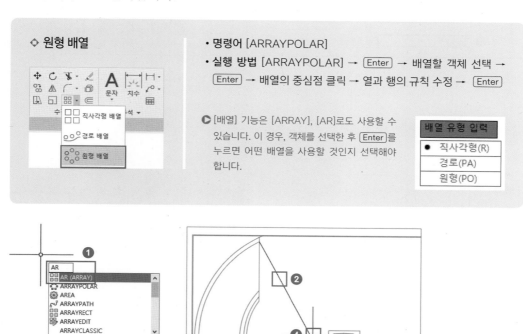

◇ 원형 배열

• **명령어** [ARRAYPOLAR]
• **실행 방법** [ARRAYPOLAR] → Enter → 배열할 객체 선택 → Enter → 배열의 중심점 클릭 → 열과 행의 규칙 수정 → Enter

◐ [배열] 기능은 [ARRAY], [AR]로도 사용할 수 있습니다. 이 경우, 객체를 선택한 후 Enter 를 누르면 어떤 배열을 사용할 것인지 선택해야 합니다.

배열 유형 입력
● 직사각형(R)
경로(PA)
원형(PO)

◐ [ARRAY]는 모든 배열을 사용할 수 있는 명령어입니다. 구체적으로 어떤 배열을 사용할 것인지 선택해야 합니다.

03. [원형 배열] 설정 수정하기

그러면 360도를 6개의 객체로 채우는 기본 설정이 화면에 표시됩니다. 이 상태에서 리본 메뉴의 항목을 수정하며 설정을 수정하겠습니다. ❶ 먼저 [항목]을 [150]으로 늘려 간격을 조밀하게 조절합니다. ❷ 배열을 실행할 기본 각도가 [360]도로 돼 있기 때문에 가득 채워진 상태로 보입니다. [채우기]를 [180]도로 수정합니다.

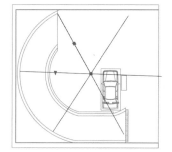 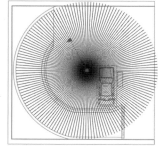 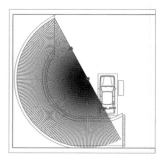

▶ 파란색으로 표시되는 [그립]을 클릭해 범위를 수정할 수 있지만, 기본 각도가 [360]도로 설정돼 있어 시작점과 끝점이 하나의 그립으로 표시되기 때문에 클릭하기가 어렵습니다. 따라서 먼저 각도를 [180]도로 수정하는 게 좋습니다.

04. 이제 배열이 끝나는 지점에 파란색 화살표가 표시됩니다. ❶ 이 화살표를 마우스로 클릭합니다. 마우스 커서를 따라 객체가 채워지는 간격이 늘어나기도 하고, 줄어들기도 합니다. ❷ 경사로를 채울 끝점을 클릭해 지정한 각도까지만 배열을 적용합니다. ❸ 리본 메뉴의 [배열 닫기]를 클릭하거나 (Enter)를 누르면 경사로가 완성됩니다.

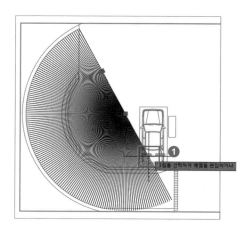 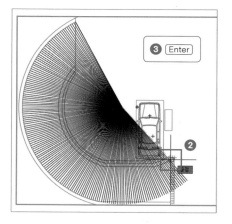

05. [원형 배열] 분해하고 필요 없는 부분 지우기

사용하지 않는 선을 잘라 내고 부족한 부분을 연장해야 합니다. 경사로 선을 선택해 보면
리본 메뉴가 [원형 배열]을 넣을 때와 같이 변경되고, [특성] 팔레트를 확인해 보면 객체가
[배열(원형)]로 묶여 있는 것으로 표시됩니다. 이렇게 여러 객체가 묶여 있기 때문에 그동안
사용했던 [자르기(TR)] 기능을 사용할 수 없습니다. 이때 [분해(X)] 기능을 사용하면 하나로
묶인 객체를 각각의 객체로 풀어 낼 수 있습니다.

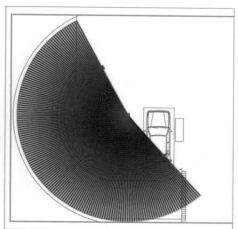

06. [배열(원형)] 객체에서 불필요한 부분을 정리하려면 먼저 분해해야 합니다. ❶ [분해]의
단축 명령어인 [X]를 입력하고 Enter를 누르세요. ❷ 배열된 객체를 선택하고 Enter를 눌
러서 선택을 마치면 각각의 객체로 분리됩니다. ❸ 이제 [자르기(TR)] 기능을 사용해서 사용
하지 않을 부분을 자르고 지워서 정리합니다. [절단 모서리(T)] 옵션을 사용하면 좀 더 자르
기 쉽겠죠? ❹ 오른쪽 아래의 선들은 조금 짧아서 손봐야겠네요.

▶ 한 번 분해한 객체는 다시 원상태로 돌릴 수 없으니 주의하세요.

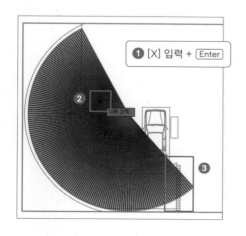
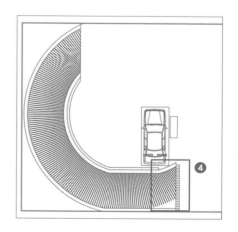

07. 부족한 부분 연장하기

마지막으로 짧은 부분을 늘려서 채워야 합니다. [연장] 기능을 사용하면 쉽게 채울 수 있겠죠? ❶ [연장]의 단축 명령어인 [EX]를 입력한 후 Enter 를 눌러서 기능을 실행합니다. ❷ 부족한 부분을 마우스로 드래그해서 채웁니다. 앗! 그런데 [경계 모서리(B)] 옵션을 사용하지 않아서 넘치는 부분이 생겼네요. 그렇다고 [자르기]를 다시 사용할 필요는 없어요. [자르기]와 [연장]은 Shift 를 누르면 번갈아 사용할 수 있으니까요. ❸ Shift 를 누른 채 넘친 부분을 다시 드래그해 보세요. ❹ 필요한 곳에 알맞게 사선이 꽉 찼다면 Enter 를 눌러서 기능을 끝냅니다.

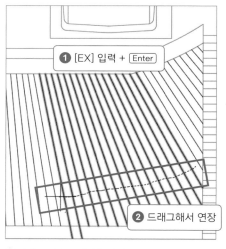

▶ 경계 모서리로 선택한 경계까지 객체가 연장됩니다.

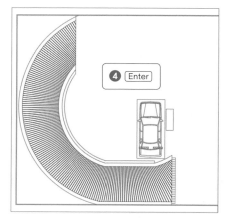

▶ 불필요한 선을 정리할 때 [자르기(TR)]와 [연장(EX)]을 정말 많이 사용합니다. 그런데 두 기능이 사실 같은 기능이라는 거, 알고 있나요? [캐드 고수의 비밀 01]에서 자세히 설명합니다!

⊘ 기능 복습 [원형 배열]로 프로펠러를 그려 보세요

준비 파일 · 07/arraypolar.dwg
완성 파일 · 07/arraypolar_fin.dwg

[배열]을 익혀 두면 규칙적으로 나열된 형상을 쉽게 그리거나 편집할 수 있습니다.

이미지를 참조해 프로펠러를 그려 보면서 [원형 배열(ARRAYPOLAR)]을 사용해 보세요.

◑ 기능을 익힐 겸 새 도면에서 시작하는 걸 추천하지만, 어렵다면 프로펠러가 그려 있는 준비 파일을 사용하세요.

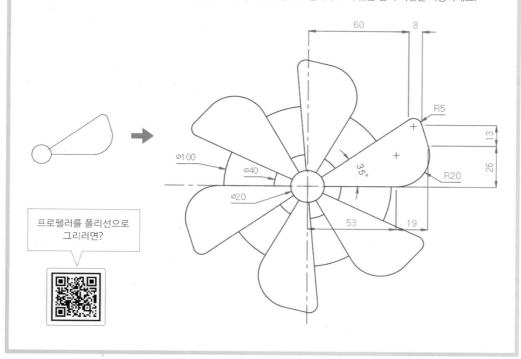

프로펠러를 폴리선으로
그리려면?

07-4 구불구불한 길을 일정 간격으로 [분할]하고 [끊기]

[배열(AR)] 중에서 [경로 배열(ARRAYPATH)] 기능은 일정 간격으로 객체를 배치하는 기능입니다. 이와 유사한 기능으로, 객체를 일정하게 나누는 기능도 있습니다. 호나 선, 폴리선 등을 3, 4등분 해야 할 때, 정해져 있는 방을 동일한 크기로 나눠야 할 때, 1미터마다 특정 객체를 나열하거나 표시해야 할 때 등 다양한 경우에 활용됩니다.

곡선 객체에서 더 빛나는 분할 기능!

직선이라면 어떻게든 길이를 재서 직접 배치하면 되겠지만, 복잡하게 생기거나 곡선이 포함돼 있는 경우에는 쉽지 않습니다. 쉽게 N등분 하는 기능과 특정 길이로 나누는 기능을 알아보겠습니다.

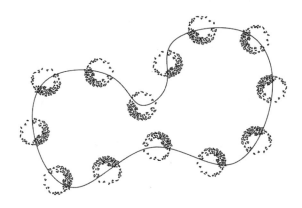

▶ 이렇게 불규칙한 도형을 13등분 해, 13등분 되는 위치에 특정 객체를 넣으려면 어떻게 해야 할까요?
▶ [경로 배열(ARRAYPATH)]을 사용하면 일정 거리마다 배열할 수 있고, N등분을 할 수도 있습니다. 그리고 추후 간격을 수정할 때도 더 편리하게 사용할 수 있지만, 사용 방법이 어렵습니다. N등분할 때는 [등분할(DIVIDE, DIV)]을, 일정 거리마다 블록을 삽입할 땐 [길이 분할(MEASURE, ME)]을 사용하는 것이 더 편리할 수도 있어요.

직접 해보세요! **[길이 분할]로 블록 나열하기**

준비 파일 • 07/measure.dwg
완성 파일 • 07/measure_fin.dwg

[길이 분할] 기능은 도로를 따라 가로등을 배치할 때, 일정 간격으로 기둥을 넣을 때
등 여러 상황에서 사용됩니다. 준비 파일에는 지도가 그려져 있습니다. 빨간색은 길을 표시한 것이
고, 왼쪽에는 [CHECK]라는 이름을 가진 간단한 블록도 있습니다. 이 블록을 빨간색 길을 따라 [50]
간격으로 나열해 보겠습니다.

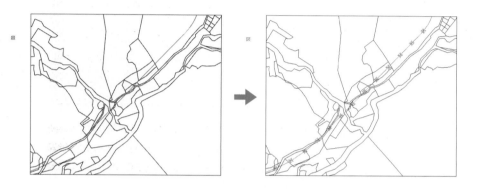

01. [길이 분할] 사용하기

빨간색의 폴리선에 [길이 분할] 기능을 사용해 보겠습니다. ❶ 리본 메뉴의 버튼을 클릭하
거나 단축 명령어인 [ME]를 입력하고 Enter 를 눌러 기능을 실행합니다. ❷ 나눌 객체로
빨간 폴리선을 클릭해 선택합니다. 이때 [길이 분할]은 클릭한 위치에서 가까운 끝점부터
나누기를 시작하기 때문에 클릭해야 할 위치가 중요합니다. 지금은 위쪽을 클릭해 위쪽에
서부터 나눠 보겠습니다. ❸ 나눌 객체를 선택했다면, 길이를 입력해야 합니다. [50]을 입
력하고 Enter 를 누릅니다.

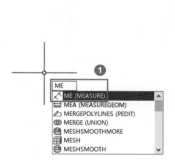

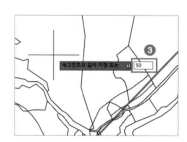

◇ 길이 분할

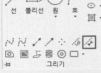

선 폴리선 원 호

그리기

- **명령어** [MEASURE]
- **단축 명령어** [ME]
- **실행 방법** [ME] → [Enter] → 길이 분할할 객체 선택 → 간격 입력 → [Enter]

◉ [길이 분할]은 '객체를 선택할 때 클릭한 지점에서 가까운 끝점'부터 나눕니다. 아래 이미지처럼 객체의 왼쪽을 클릭했다면, 왼쪽 끝점부터 입력한 거리대로 객체를 나눕니다.

길이 분할 객체 선택:

02. 점으로 표시되는 [길이 분할]

기능은 끝났는데, 화면에는 티가 나지 않는 이유는 무엇일까요? 그 이유는 [점]으로 그려졌기 때문입니다. [등분할]과 [길이 분할] 기능은 객체를 직접 나누지 않습니다. 다만, 나눌 위치에 [점]을 표시하죠. 기본 설정에서 점은 두께도, 형태도 없는 진짜 점으로 표시되기 때문에 화면에 티가 나지 않는 것입니다. [윈도우 선택]으로 확인해 보면 일정 간격마다 [점]이 표시된 모습을 확인할 수 있습니다.

◉ 기본 설정에서는 [점]이 진짜 [점]으로 표시되기 때문에 눈에 보이지 않습니다. 설정을 바꿔야 알아보기가 쉬워집니다.

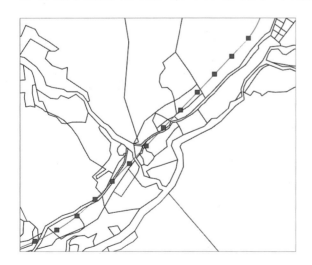

03. [점 스타일] 바꾸기

분할한 부분이 눈에 보이게 하는 방법은 없을까요? 대안은 두 가지가 있습니다. 첫 번째는 [점] 이 눈에 보이도록 만드는 것입니다. [점 스타일]을 사용해 눈에 보이도록 설정해 보겠습니다. ❶ 명령어인 [PTYPE]을 입력한 후 (Enter)를 누릅니다. ❷ [점 스타일] 창에서 어떻게 화면에 표시될지를 선택합니다. 지금은 가장 왼쪽 위의 [점]으로 설정돼 있어서 잘 보이지 않습니다. 보기 편한 형태인 [X]를 선택해 보겠습니다. 기본 점의 크기는 [상대적인 크기]이며, [5%]로 설정돼 있습니다. ❸ [확인] 버튼을 클릭해 창을 닫으면 변경한 설정대로 점이 눈에 보입니다.

❖ 점 스타일

- **명령어** [PTYPE]
- **단축 명령어** [DDPTYPE]
- **실행 방법** [PTYPE] → (Enter) → [점 스타일] 선택 → [확인] 클릭

▷ [점 스타일]에서 [크기] 는 [상대적인 크기]와 [절대 단위 크기]가 있습니다. [상대적인 크기]는 화면을 [재생성(REGEN, RE)]할 때마다 크기가 변경되기 때문에 전체 도면 축척을 고려해 [절대 단위 크기]로 설정하는 것이 좋습니다.

▷ [점 스타일]을 설정하면, 출력할 때도 화면에 보이는 형태대로 출력됩니다.

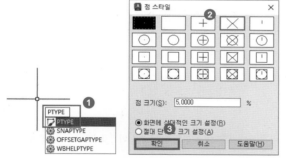

▷ 점의 형태와 크기는 각각 [PDMODE]와 [PDSIZE]라는 환경 변수로도 제어할 수 있어요. 크기의 경우 양수로 설정하면 절대 크기로, 음수로 설정하면 백분율로 설정됩니다.

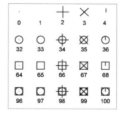

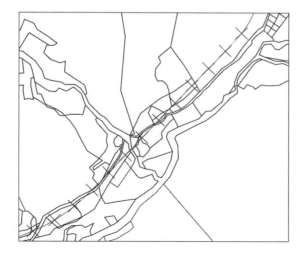

07 · 벽체 그리기부터 가구 배치까지, 아는 만큼 빨라진다! **307**

[점 스타일]은 가급적 '절대 단위'로 설정하세요!

[점 스타일]에서 크기를 [상대적인 크기]로 설정하면 [재생성(RE)]의 영향을 받습니다. 즉, 화면을 축소한 후에 [재생성]하면 점이 크게 표시되고, 화면을 확대한 후에 [재생성]하면 점이 작게 표시되죠. 이때 [재생성]이란, 컴퓨터가 도면을 다시 읽어 지금 보고 있는 화면에 최적화되도록 표시하게 만드는 기능입니다.

화면을 축소한 후 [재생성]한 모습   화면을 확대한 후 [재생성]한 모습

이런 불편함을 피하기 위해서는 가급적 [절대 단위로 크기 설정]을 사용해야 합니다.

◐ [상대적인 크기]는 출력할 때도 문제가 됩니다. 화면에 보이는 크기로 출력되지 않고, 출력될 전체 크기에 대한 비율로 출력되기 때문입니다.

04. 다시 [길이 분할] 사용하기

나뉘는 부분이 잘 보이게 만드는 또 다른 방법은 [점] 대신 [블록]을 집어넣는 것입니다.
Ctrl + Z를 계속 눌러 연습 도면을 처음 열었던 상태로 되돌리고, 다시 한 번 나눠 보겠
습니다. ❶ 리본 메뉴의 버튼을 클릭하거나 단축 명령어인 [ME]를 입력하고 Enter를 눌러
기능을 실행합니다. ❷ 나눌 객체로 빨간 폴리선의 위쪽을 클릭해 선택합니다.

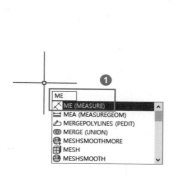
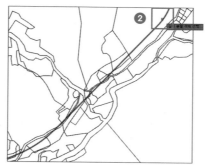

05. [블록]으로 길이 분할하기

여기까지는 같은데, 길이를 입력하기 전에 명령행을 살펴보면 [블록] 옵션을 사용할 수
있습니다. ❶ [블록(B)]을 클릭하거나 [B]를 입력하고 Enter를 누릅니다. ❷ 블록의 이름
을 입력해야 하는데, 미리 [check]라는 블록을 만들어 두었습니다. [check]를 입력한 후
Enter를 누릅니다. ❸ 블록을 정렬할 것인지를 선택할 수 있습니다. [예(Y)]를 누르면 곡률
을 따라 블록이 회전하면서 배치되고, [아니오(N)]를 누르면 회전은 무시한 채 배치됩니다.
[예(Y)]를 클릭합니다. ❹ 이제 나눌 길이를 입력할 수 있습니다. [50]을 입력하고 Enter를
누릅니다. 이번에는 [check] 블록이 배치됐습니다. 훨씬 알아보기 쉽네요.

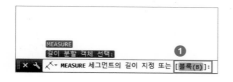

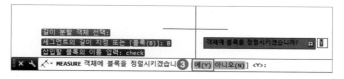

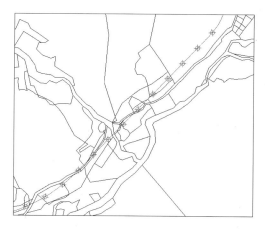

[자르기(TR)]로 선을 자르고 [특성] 팔레트를
확인해 보면 정확히 [50]의 길이마다 블록이
그려진 것도 확인할 수 있습니다.

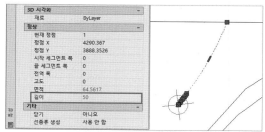

N등분 하는 [등분할] 기능도 있어요!

[길이 분할]이 특정 길이를 기준으로 분할했다면 분할할 개수를 입력하는 [등분할] 기능도
있습니다. [길이 분할]과 사용 방법이 똑같으며, 객체를 직접 나누지 않는다는 것도 똑같습
니다. 또한 옵션을 사용해 점 대신 블록을 넣을 수도 있습니다.

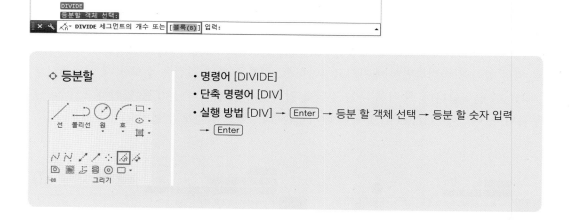

◇ 등분할

- 명령어 [DIVIDE]
- 단축 명령어 [DIV]
- 실행 방법 [DIV] → [Enter] → 등분 할 객체 선택 → 등분 할 숫자 입력
  → [Enter]

직접 해보세요! **[끊기]로 객체 일부 잘라 내기**

준비 파일 • 07/break.dwg
완성 파일 • 07/break_fin.dwg

이렇게 일정 간격으로 객체를 나열했는데, 만약 빨간색 선이 바뀌어 일부를 끊어야 한다면 어떻게 해야 할까요? 다른 선들과 교차점이 많아 [자르기(TR)]를 사용하긴 불편합니다. 이럴 때 [끊기] 기능을 사용하면 좋은데, 앞에서 [50] 간격으로 배치했던 구간 중에 한 구간을 잘라 보겠습니다.

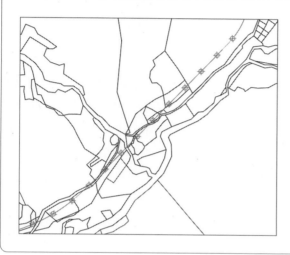

01. [끊기] 기능 사용하기

❶ 버튼을 클릭하거나 단축 명령어인 [BR]을 입력하고 (Enter)를 눌러 [끊기] 기능을 실행합니다. ❷ 자를 객체를 선택하라고 하면 빨간선을 클릭합니다. 마우스 커서를 옮겨 보니 방금 클릭한 위치부터 잘리는 모습이 미리 보기로 표시됩니다.

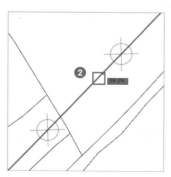
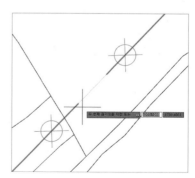

◇ 끊기

- **명령어** [BREAK]
- **단축 명령어** [BR]
- **실행 방법** [BR] → [Enter] → 끊을 객체 선택 → 마우스를 옮겨 끊을
  위치 클릭

▶ [끊기] 기능은 객체를 선택한 지점부터 일부 구간을 삭제하는 기능입니다. 객체를 선택할 때는 [객체 스냅]을 사용할 수 없어서 정확한 지점을 선택할 수 없습니다. 정확한 지점을 선택하려면 [첫 번째 점(F)] 옵션을 반드시 사용해야 합니다.

02. [첫 번째 점] 옵션 사용하기

[끊기]는 '객체를 선택할 때 클릭한 위치'부터 잘립니다. 하지만 객체를 선택할 때는 [객체 스냅]을 사용할 수 없어서 정확한 지점을 클릭할 수 없어요. 그래서 정확한 위치부터 잘라내려면 옵션을 사용해야 합니다. 명령행에 [첫 번째 점(F)] 옵션이 있네요. ❶ 옵션을 클릭하니 [첫 번째 끊기 점]을 다시 선택할 수 있습니다. ❷ [check] 블록의 삽입점을 클릭합니다. ❸ [두 번째 끊기 점]으로는 아래쪽의 [check] 블록 삽입점을 클릭합니다. 1개 구간이 깔끔하게 잘렸습니다.

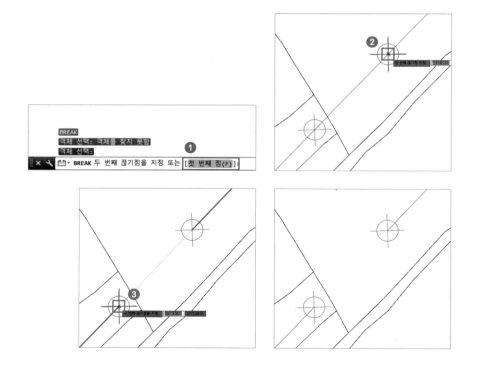

03. [점에서 끊기] 기능 사용하기

이번에는 [점에서 끊기]를 사용해 보겠습니다. ❶ 버튼을 클릭해 기능을 실행합니다.
❷ 자를 객체로 빨간 폴리선을 선택합니다. ❸ 첫 번째 끊을 지점을 마우스로 클릭합니다.
벌써 기능이 종료되네요? 객체를 선택해 보면 앞에서 클릭한 점을 기준으로 2개로 나뉜 것
을 알 수 있습니다.

◇ 점에서 끊기

• 명령어 [BREAKATPOINT]
• 실행 방법 버튼 클릭 → 끊을 객체 선택 → 끊을 위치 클릭

▶ [점에서 끊기] 명령어는 2021 버전에서 추가되었습니다. 2020 이하 버전에
서는 명령어가 없기 때문에 버튼을 클릭해야만 사용할 수 있는데, [기술 지원
편 08]을 참조해 명령어를 만들면 좀 더 편리하게 사용할 수 있습니다.

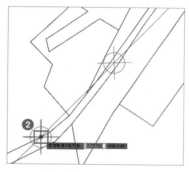
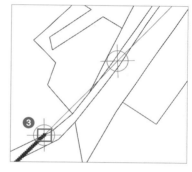

▶ 2020 이하 버전에서는 (Enter)를 눌러도 같은 기능이 다시 실행되지 않습니다. 다시 사용하려면 버튼을 다시 클릭해야 합니다.

[점에서 끊기]는 선, 폴리선, 구성선, 광선, 호, 스플라인 등을 끊을 수 있으나, 닫힌 스플
라인과 원은 끊을 수 없습니다. 그리고 닫힌 폴리선을 끊을 땐 시작점의 영향을 받습니다.
[끊기] 기능으로 닫힌 폴리선을 끊을 때 미리 보기가 반대로 표시된다면, [반전(REVERSE)]
기능으로 폴리선의 작성 방향을 뒤집으세요.

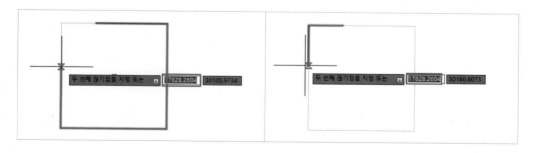

연습만이
살길!

[경로 배열] 기능으로 길을 따라 가로수 배열하기

난이도 ★★☆

[경로 배열] 기능을 사용할 때 보통 특정 선에 딱 붙어 배열하는 경우는 거의 없습니다. 가로수를 넣더라도 인도와 차도의 경계선에서 조금 떨어진 위치에서 그려야 하죠. 그런데 이때 경로를 경계선으로 사용하면 꺾이는 부분이나 곡선 간격이 일정하지 않게 됩니다. 이럴 때는 [간격 띄우기(OFFSET)]로 경로로 사용할 보조선을 만들어 놓고 사용해야 원하는 결과를 얻을 수 있습니다. 이 점에 유의하면서 도로에서 '3000' 만큼 떨어진 나무를 '8000' 의 간격으로 배열해 보세요.

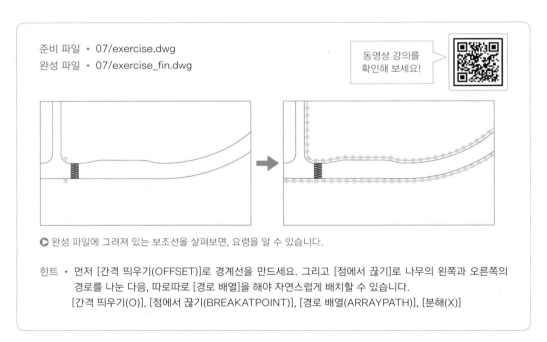

준비 파일 • 07/exercise.dwg
완성 파일 • 07/exercise_fin.dwg

동영상 강의를
확인해 보세요!

○ 완성 파일에 그려져 있는 보조선을 살펴보면, 요령을 알 수 있습니다.

힌트 • 먼저 [간격 띄우기(OFFSET)]로 경계선을 만드세요. 그리고 [점에서 끊기]로 나무의 왼쪽과 오른쪽의 경로를 나눈 다음, 따로따로 [경로 배열]을 해야 자연스럽게 배치할 수 있습니다.
　　　[간격 띄우기(O)], [점에서 끊기(BREAKATPOINT)], [경로 배열(ARRAYPATH)], [분해(X)]

도면이 수십 개일 때 필요한
도면과 도면 사이 연결 고리

지금까지는 도면 하나에서만 기능을 사용했습니다. 그런데 여러 도면에 공통으로 사용되고 있는 객체가 있다면 어떻게 해야 할까요? 예를 들어, 특정 부품이나 대지의 형태 등은 프로젝트마다 다르지만, 도면의 틀은 반복적으로 사용됩니다. 이렇게 여러 파일에 사용하는 소스를 블록으로 사용하면 도면을 하나씩 열어 수정해야 합니다. 이럴 때 [외부 참조]라는 기능을 사용하면 좀 더 쉽게 관리할 수 있습니다.

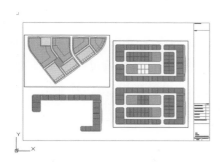

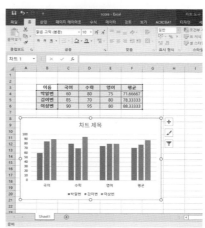

08-1 [외부 참조]로 모든 프로젝트의 0번 도면, 도면의 틀 넣기

프로젝트를 진행하다 보면, dwg 파일이 여러 개 만들어집니다. 이 dwg 파일에는 동일한 소스가 반복적으로 사용되는데, 가장 대표적인 예로는 프로젝트의 이름, 도면을 그린 날짜 등을 기재하여 도면의 틀로 사용하는 도곽을 들 수 있습니다.

▶ '도곽'이란, 도면명, 도면 번호, 도면을 그린 날짜, 축척 등이 적힌 도면 템플릿을 말합니다.

도면의 틀을 일괄 적용할 때 편리한 [외부 참조]

하나의 도면 파일에서 프로젝트가 끝난다면, [블록]을 사용하여 한 번에 수정하고 관리할 수 있습니다. 하지만 도면 파일을 여러 개 그려야 할 경우에는 어떻게 해야 할까요?

여러 파일로 나뉘어 있을 경우, [도곽]에 넣은 요소를 수정하려면 모든 파일을 열어 일일이 수정해야 합니다. 별것 아닌 작업인데, 시간이 많이 걸리죠. 게다가 어떤 파일은 수정했지만, 실수로 어떤 파일은 수정하지 않았을 수도 있습니다. 반복적으로 사용하는 요소를 쉽게 편집하거나 실수를 하지 않기 위해 도면을 독립적인 dwg 파일로 만들고, 설계한 도면에 링크를 걸어 사용할 수 있는 기능을 [외부 참조]라고 합니다.

동영상 강의를 확인해 보세요!

▶ [__SHEET]라는 파일이 [외부 참조]로 공통적으로 다른 도면에 사용되고 있을 경우, [__SHEET]를 수정하면 수정한 내용이 다른 도면에 일괄 반영됩니다.

[외부 참조] 기능은 하나의 파일 내용만 수정하면 다른 파일 내용까지 한 번에 수정되는 아주 유용한 기능입니다. 공통되는 내용을 블록으로 사용하는 것보다 외부 참조로 링크를 걸면, 도면 수정 작업 시간을 현저히 줄일 수 있습니다. 같은 도면을 더 가볍게 만들고, 더 빠르게 수정할 수 있는 [외부 참조]에 대해 알아보겠습니다.

직접 해보세요! 입면도에 도면의 틀 넣어 [부착]하기

준비 파일 • 08/sheet.dwg, xref_a.dwg
완성 파일 • 08/sheet+xref_a.dwg

[sheet.dwg] 파일에는 도면의 틀인 도곽, [xref_a.dwg] 파일에는 간단한 입면이 그려져 있습니다. [외부 참조] 기능을 사용하여 입면에 도곽을 씌워 보겠습니다.

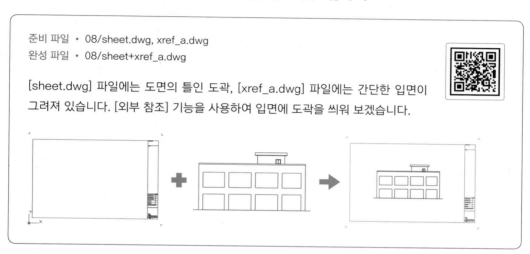

01. 다른 파일을 가져오는 두 가지 방법

다른 dwg 파일을 링크로 가져오는 방법에는 [부착] 기능을 사용하는 방법과 [외부 참조] 메뉴를 사용하는 방법이 있습니다. 대부분 [외부 참조] 팔레트를 사용하죠. 하지만 여기서는 두 방법을 모두 알아보기 위해 [부착]을 먼저 사용하겠습니다. [부착] 기능은 리본 메뉴의 [삽입] 탭에서 사용할 수 있습니다.

○ 만약 Ctrl + C, Ctrl + V 로 복사한 후 붙여 넣으면 도곽을 수정할 때 파일을 하나씩 수정해야 하기 때문에 무척 번거롭습니다.

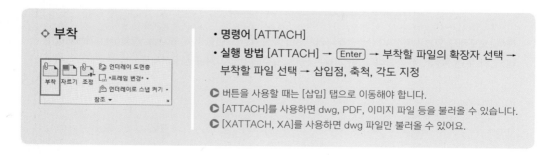

◇ 부착

- **명령어** [ATTACH]
- **실행 방법** [ATTACH] → Enter → 부착할 파일의 확장자 선택 → 부착할 파일 선택 → 삽입점, 축척, 각도 지정

○ 버튼을 사용할 때는 [삽입] 탭으로 이동해야 합니다.
○ [ATTACH]를 사용하면 dwg, PDF, 이미지 파일 등을 불러올 수 있습니다.
○ [XATTACH, XA]를 사용하면 dwg 파일만 불러올 수 있어요.

02. [부착] 기능 사용하기

[xref_a.dwg] 파일을 열어 보면 단순한 입면이 그려져 있습니다. 이 상태로 도면을 출력하면 종이에 입면만 덩그러니 출력되죠. 도면에 프로젝트의 이름이나 회사 이름, 도면을 그린 날짜 등의 정보를 알려주는 틀을 집어넣어 보겠습니다. ❶ [부착] 버튼을 클릭하거나 명령어인 [ATTACH]를 입력한 후 〔Enter〕를 누르면 어떤 파일을 사용할지 선택하는 [참조 파일 선택] 화면이 나타납니다. ❷ 파일 유형으로 [도면(*.dwg)]을 선택하고 ❸ [sheet.dwg] 파일을 선택한 후 ❹ [열기] 버튼을 클릭합니다.

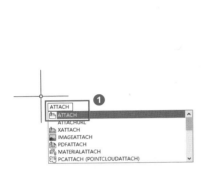
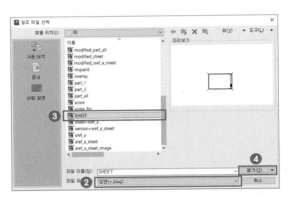

▶ [열기] 버튼을 클릭하기가 불편하면, 불러올 파일을 더블 클릭하여 선택할 수도 있습니다.

실무에선 이렇게! **이미지, PDF도 외부 참조로 사용할 수 있어요**

[부착]이나 [외부 참조] 팔레트를 사용하여 다른 파일을 링크로 사용할 때, 도면이 저장되어 있는 dwg 파일 외에 다른 파일을 사용할 수도 있습니다. 이미지 파일(jpg, bmp, tiff, gif, png 등)과 pdf 등의 다양한 파일을 사용할 수 있으며, 각 유형별로 이미지는 [IMAGEATTACH], pdf는 [PDFATTACH], dwg는 [XATTACH] 등의 전용 명령어를 사용할 수도 있어요.

특히, 오토캐드 2017 버전부터는 컴퓨터에서 pdf로 출력한 도면을 다시 dwg로 변환하는 기능이 있는데, 알아 두면 굉장히 유용합니다. 이 기능은 [캐드 고수의 비밀 07]을 참조하세요.

03. 불러올 파일을 선택하면 [외부 참조 부착]이라는 창이 나타납니다. 다소 복잡해 보이지만, 블록을 삽입할 때와 같이 [삽입점], [축척], [각도]를 미리 정하는 메뉴입니다. 여기에서는 도면을 일단 집어넣고 수정해 보겠습니다. ❶ [확인] 버튼을 클릭하면 ❷ 마우스 커서를 따라다니면서 미리 보기가 나타나고, 적절한 위치를 클릭하면 도곽이 들어갑니다.

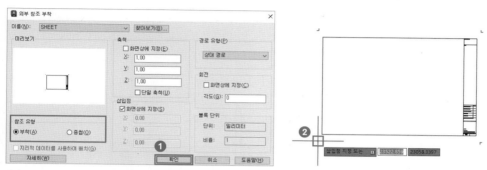

⊙ [부착(Attachment)]과 [중첩(Overlay)]의 차이가 궁금하다면 354쪽 [삽질 금지]를 참고하세요.

04. 도곽 크기 수정하기

그런데 도곽의 크기가 건물의 입면도보다 많이 작네요. [축척(SC)] 기능을 사용하여 크기를 [100]배로 수정하고, [이동(M)] 기능을 사용하여 적절한 위치에 배치합니다. 이때 객체는 움직이지 말고 도곽만 움직여야 합니다. 그 이유는 일부 도면에서 좌표를 중요하게 여기기 때문이기도 하고, 도면을 움직이는 것보다는 도곽을 움직이는 것이 더 적은 객체를 움직여 빠르게 작업할 수 있기 때문입니다.

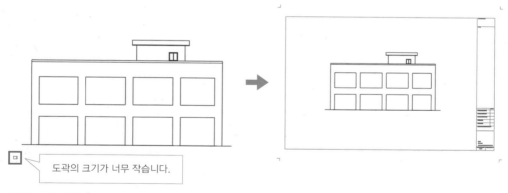

도곽의 크기가 너무 작습니다.

⊙ [sheet.dwg] 파일은 420 x 297의 크기로 그려졌습니다.

블록이나 외부 참조가 원본의 몇 배 크기로 삽입되었는지는 [특성] 팔레트에서 쉽게 확인할 수 있습니다. 객체를 선택한 후 [특성] 팔레트를 확인해 보면 X, Y, Z축에 대한 각각의 축척을 확인할 수 있습니다. 물론 이 배율을 수정할 수도 있습니다.

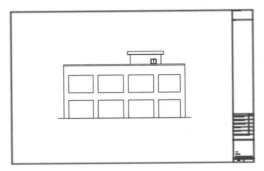

배율을 알아보기 위해 길이를 재 보지 말고, [특성] 팔레트를 확인해 보세요.

예제에서는 A3 용지의 크기로 작성된 sheet.dwg를 100배 크게 도면에 집어 넣었습니다. 따라서 A3 용지에 sheet.dwg가 가득 차도록 출력하면, 그 도면은 1/100 축척의 도면이 됩니다.

[외부 참조]에서 더 많은 기능을 사용할 수 있습니다

앞에서 설명했던 것처럼, [부착]보다 [외부 참조] 팔레트를 더 많이 사용합니다. 그 이유는 더 많은 기능을 사용할 수 있는 통합 메뉴이기 때문입니다. [외부 참조] 팔레트에서는 어떤 도면이 사용 중인지, 어떤 도면이 지금 수정되어 다시 불러와야 하는지를 알 수 있고, 링크가 깨진 파일을 찾아 다시 연결하는 등과 같은 다양한 기능을 사용할 수 있습니다.

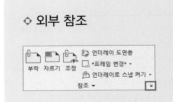

◆ 외부 참조

- **명령어** [EXTERNALREFERENCES], [XREF]
- **단축 명령어** [ER], [XR]
- **실행 방법** [XR] → Enter → [외부 참조] 팔레트에서 원하는 기능 사용
- ◐ [외부 참조] 팔레트는 보통 [XREF]로 사용되며, 실무에서도 통상적으로 링크된 도면을 XREF라고 부릅니다.

직접 해보세요! **[외부 참조]로 도면에 이미지 넣기**

준비 파일 · 08/version.jpg , xref_a_sheet.dwg
완성 파일 · 08/version+xref_a_sheet.dwg

앞에서 그리던 도면에 이미지를 넣어 보겠습니다. 이미지를 넣을 때도 앞에서 사용한 [부착 (ATTACH)] 기능을 사용할 수 있지만, 이번에는 [외부 참조] 팔레트를 사용해 보겠습니다.

◐ 앞에서 그렸던 [xref_a.dwg] 파일에 [sheet.dwg] 파일을 외부 참조로 만든 도면이 [xref_a_sheet.dwg] 파일입니다.

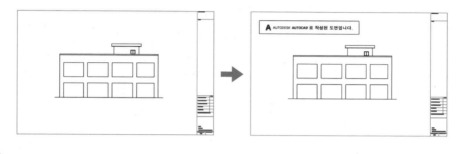

01. 외부 참조 관리자 열기

[xref_a_sheet.dwg] 파일에 [version.jpg] 이미지를 넣어 보겠습니다. ❶ 명령어인 [XREF]나 단축 명령어인 [ER]을 입력하고 [Enter]를 누릅니다. ❷ [외부 참조] 팔레트가 화면에 나타납니다. 이 팔레트에서 현재 작업 중인 도면에 어떤 외부 참조가 사용 중인지 확인할 수 있으며, 링크를 교체하거나 파일 경로를 바꾸는 등의 다양한 작업을 할 수 있습니다.

◐ [외부 참조] 팔레트는 리본 메뉴의 버튼 크기가 작기 때문에 명령어를 사용하는 것이 더 편리합니다.

02. 이미지 부착하기

위에 나열된 버튼 중 가장 왼쪽에 있는 버튼이 [부착] 메뉴입니다. 기본값은 dwg로 되어 있는데, ❶ ▾ 화살표를 클릭하면 파일 유형을 선택할 수 있습니다. ❷ [이미지 부착]을 클릭합니다. 지금부터는 도면을 집어넣을 때와 동일합니다. ❸ [version.jpg] 파일을 선택하고 ❹ [열기] 버튼을 클릭합니다.

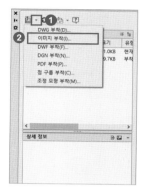 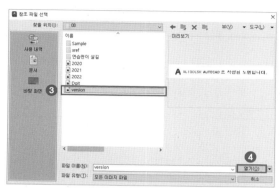

▶ [version.jpg] 파일을 더블 클릭해도 됩니다.

03. 축척과 삽입점 등은 따로 설정하지 않고 ❶ [확인] 버튼을 클릭합니다. ❷ 이미지를 넣을 지점을 클릭하면 ❸ 축척이 [화면상에 지정]으로 설정되어 있기 때문에 크기를 임의로 지정할 수 있습니다. 적절한 크기로 들어가도록 마우스를 옮긴 후 마우스 왼쪽 버튼을 클릭하면 이미지가 생성됩니다.

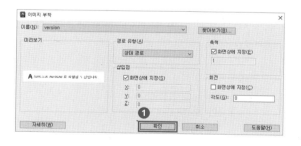 

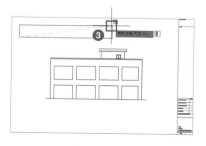 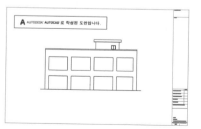

이미지를 도면에 집어넣으면 외곽선이 표시됩니다. 오토캐드의 기본 설정에서는 외곽선이 작업 화면에 표시되고, 출력할 때도 인쇄되기 때문입니다.

이미지의 외곽선을 화면 및 인쇄로 나타낼 것인지의 여부는 환경 변수인 [IMAGEFRAME]으로 설정할 수 있습니다. 값은 0, 1, 2로 설정할 수 있으며, 각 값에 대한 설정은 아래와 같습니다.

[IMAGEFRAME] 설정값	설명
0	외곽선이 화면에도, 출력할 때도 표시되지 않습니다. 객체를 선택할 때만 임시로 표시됩니다.
1(초깃값)	외곽선이 작업 화면과 출력 결과물에 모두 표시됩니다.
2	외곽선이 작업 화면에는 나타나지만, 출력되지는 않습니다.

오토캐드에서 [경계선]은 객체마다 다른 환경 변수를 사용합니다. 이미지는 [IMAGEFRAME], dwf 파일은 [DWFFRAME], dgn 파일은 [DGNFRAME], 자르기는 [XCLIPFRAME], pdf 파일은 [PDFFRAME], 객체 가리기는 [WIPEOUTFRAME]을 사용합니다.

이 전체 환경 변수는 [FRAME]이라는 하나의 변수로 통일하여 관리할 수 있으며, 리본 메뉴에서는 [부착]의 오른쪽에 표시되는 메뉴에서 바꿀 수 있습니다.

[FRAME] 설정값	설명
0	모든 프레임이 화면에도, 출력할 때도 표시되지 않습니다. 객체를 선택할 때만 임시로 표시됩니다.
1	모든 프레임이 작업 화면과 출력 결과물에 모두 표시됩니다.
2	모든 프레임이 작업 화면에는 표시되지만, 출력은 되지 않습니다.
3(초깃값)	각각의 객체는 각각의 환경 변수에 의해 화면 표시와 출력 여부가 결정됩니다.

04. [외부 참조] 팔레트 확인하기

명령어 [XREF]를 입력하고 Enter를 눌러 [외부 참조] 팔레트를 열면 이미지가 추가로 표시되어 있습니다. 이렇게 [외부 참조] 팔레트를 사용하면 도면에 링크를 걸거나 어떤 파일이 사용 중인지 확인할 수 있습니다.

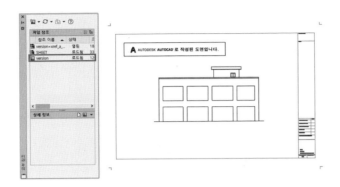

배경이 투명한 PNG 파일에서 배경을 끌 수 있습니다

이미지 중에는 일부분이 투명한 파일도 있습니다. 대부분 png 확장자를 사용하는데, 이미지를 클릭하면 나타나는 리본 메뉴에서 배경의 투명도를 다음과 같이 끌 수도 있고, 켤 수도 있습니다.

◐ [xref_a_sheet_image.dwg] 파일을 열어 직접 해보세요!
◐ 클래식 메뉴를 사용한다면 명령어 [TRANSPARENCY]로 사용합니다.

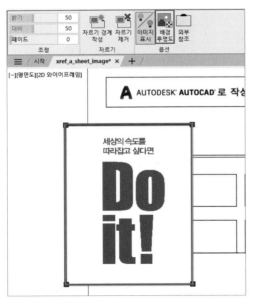

배경 투명도를 끈 모습

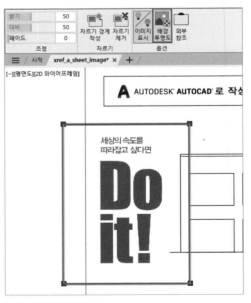

배경 투명도를 켠 모습

08-2 참조된 도면을 수정하는 가장 빠른 방법!

앞에서 도면을 링크로 참조하는 방법을 배웠습니다. 그런데 참조된 도면을 수정하면 어떻게 될까요? 링크되어 있는 상태에서 수정할 수 있을까요? 이번에는 참조된 파일을 수정하고, 이를 다른 도면에 반영하는 방법을 알아보겠습니다.

참조된 도면을 수정하면 일어나는 일!

링크되어 있는 상태에서도 원본을 수정할 수 있습니다. 만약, 참조된 도면 원본을 수정하면 참조한 도면에도 반영되죠. 원본의 수정을 반영하려면 작업 중이었던 도면을 닫았다가 다시 열면 됩니다. 하지만 수정된 사항을 보기 위해 문서를 닫았다가 열려면 시간이 오래 걸리고 번거롭죠. 도면을 닫았다가 다시 열지 않고도 불러오는 방법을 알아보겠습니다.

◐ 원본을 수정하고 저장하면 원본을 참조한 도면의 [외부 참조] 팔레트에서 도면에 변동 사항이 있다는 것을 알려 줍니다.

🔦 직접 해보세요! 참조한 도면 수정하기

준비 파일 • 08/sheet.dwg, xref_a_sheet.dwg
완성 파일 • 08/modified_sheet.dwg, modified_xref_a_sheet.dwg

앞에서 사용했던 예제에서 [sheet.dwg] 파일의 도곽에 간단한 객체를 추가하고, [xref_a_sheet.dwg] 파일에 변경된 사항을 반영해 보겠습니다.

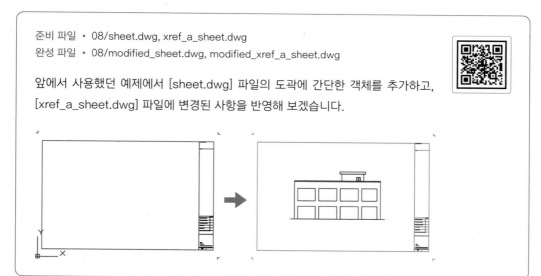

01. 참조한 원본 도면 수정해 보기

❶ 일단 두 도면을 모두 엽니다. ❷ [sheet.dwg] 파일에 사각형을 추가한 후 ❸ [Ctrl] + [S]
를 눌러 저장합니다. ❹ 작업 도면을 [xref_a_sheet.dwg] 파일로 바꿨는데, ❺ 사각형이 추
가되지 않았습니다. 아직 변경된 사항이 반영되지 않았네요.

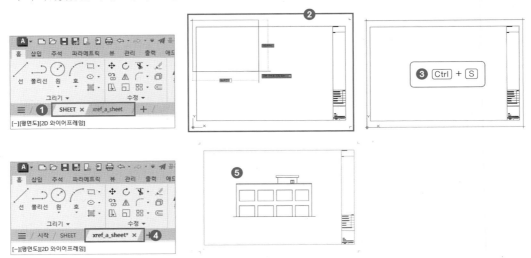

02. [외부 참조] 팔레트 열기

수정된 사항을 반영하려면 [xref_a_sheet.dwg] 파일을 닫았다가 다시 열면 됩니다. 하
지만 불편한 과정 없이 [외부 참조(XREF)] 팔레트를 활용하여 다시 불러올 수도 있습니다.
[외부 참조] 팔레트를 열어 보면, [sheet.dwg] 파일에 변동된 사항이 있으니 다시 불러와
야 한다는 의미로 [다시 로드해야 함]이라는 메시지가 표시됩니다. 이 메시지가 나타난 파
일만 다시 불러오면 됩니다.

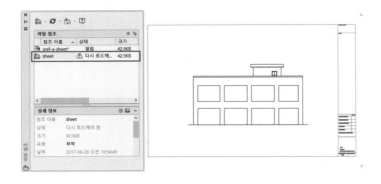

03. 참조된 도면 다시 불러오기

다시 불러오는 방법은 매우 간단한데, ❶ [외부 참조]의 [sheet.dwg] 파일을 마우스 오른쪽 버튼으로 클릭하면 나타나는 메뉴 중에서 [다시 로드]를 클릭하면 됩니다. ❷ 참조된 도면을 [다시 로드]하면 변동된 사항이 작업 화면에 반영되어 표시되고, [다시 로드해야 함]이라는 메시지도 [로드됨]으로 바뀝니다.

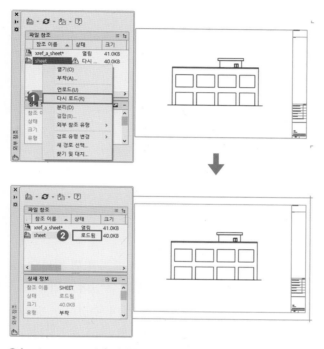

▶ [xref_a_sheet.dwg] 파일을 닫았다가 다시 열어도 [sheet.dwg] 파일의 수정된 내용이 반영됩니다. 하지만 이 방법이 더 쉽죠?

실무에선 이렇게! **부착된 도면을 수정하면, 다른 파일에서도 수정됩니다**

지금까지의 내용을 잘 따라 했다면 [sheet.dwg] 파일에 사각형이 추가됐을 텐데요. [sheet.dwg] 파일은 다른 파일에서도 사용 중입니다. [xref_a_sheet.dwg] 파일에 [version.dwg] 파일을 추가했던 파일을 다시 열어 보면, 사각형이 추가되어 있을 것입니다. 이렇게 '불러온 도면'을 수정하면, 나머지 도면에 일괄 반영되는 것이 [외부 참조]의 특징입니다.

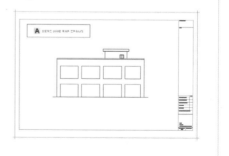

링크된 도면을 열지 않고도 수정할 수 있습니다

앞의 예제에서처럼 도곽을 수정하기 위해 꼭 [sheet.dwg] 파일을 열어야만 할까요? 때로는 링크된 상태에서 주변을 확인해 가며 수정해야 할 경우도 생깁니다. 여러 파일이 얽혀 있는데, A 파일을 B 파일에 있는 객체와 맞닿도록 수정해야 할 경우가 생기죠. 이럴 때는 두 파일을 모두 보고 있는 상태에서 수정해야 하기 때문에 [참조 편집]이라는 기능을 꼭 사용해야 합니다.

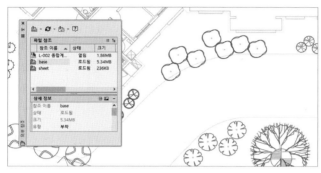

◐ 여러 파일이 모여 있으므로 여러 파일을 모두 확인해 가며 수정하려면 [참조 편집] 기능을 사용해야 합니다.

[참조 편집] 기능을 사용하려면 '외부 참조된 dwg 파일의 객체를 더블 클릭'하면 됩니다. 명령어를 외우거나 버튼의 위치를 외우지 않아도 더블 클릭만 하면 실행할 수 있어 편리하죠. 예제를 통해 링크되어 있는 도면을 열지 않고 주변 상황을 확인해 가며 수정하는 방법을 알아보겠습니다. [참조 편집] 기능은 [외부 참조]로 삽입된 dwg 파일뿐만 아니라 [블록]에도 사용할 수 있습니다.

◐ 리본 메뉴의 [삽입] 탭으로 이동하여 [참조] 패널을 확장해야만 버튼으로 사용할 수 있습니다. 게다가 단축 명령어도 구성되어 있지 않으므로 [REFEDIT]라는 긴 명령어를 모두 입력해야만 합니다.

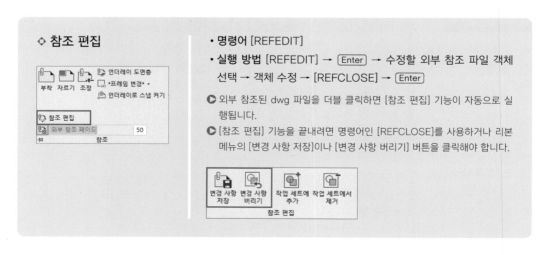

◇ **참조 편집**

• **명령어** [REFEDIT]

• **실행 방법** [REFEDIT] → [Enter] → 수정할 외부 참조 파일 객체 선택 → 객체 수정 → [REFCLOSE] → [Enter]

◐ 외부 참조된 dwg 파일을 더블 클릭하면 [참조 편집] 기능이 자동으로 실행됩니다.

◐ [참조 편집] 기능을 끝내려면 명령어인 [REFCLOSE]를 사용하거나 리본 메뉴의 [변경 사항 저장]이나 [변경 사항 버리기] 버튼을 클릭해야 합니다.

직접 해보세요! **참조된 도면을 열지 않고 바로 수정하기**

준비 파일 · 08/part_all.dwg, part_1.dwg, part_2.dwg
완성 파일 · 08/modified_part_all.dwg, modified_part_1.dwg, modified_part_2.dwg

[part_all.dwg] 파일에는 [part_1.dwg] 파일과 [part_2.dwg] 파일이 불러와 있습니다. 두 도면이 겹쳐 있는 상태에서 수정하는 방법을 알아보겠습니다.

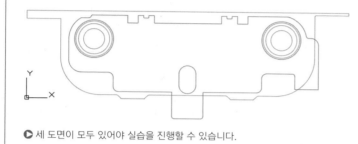

◐ [참조 편집]은 편집할 도면이 열려 있는 상태에서는 사용할 수 없어요. [part_all.dwg]만 열려 있는 상태에서 따라 해 보세요.

◐ 세 도면이 모두 있어야 실습을 진행할 수 있습니다.

01. 준비 파일 살펴보기

[part_all.dwg] 파일을 열고 [외부 참조(XREF)] 팔레트를 열어 보면, 2개의 dwg 파일이 불러와 있는 것을 확인할 수 있습니다. 어떤 파일이 어떤 객체인지 알아보려면, 외부 참조 관리자에서 파일을 선택하면 됩니다. [part_2]를 선택해 보니 파란색 객체가 강조되네요. 이렇게 여러 파일이 있어서 구분하기 힘들 경우, 외부 참조 관리자에서 선택해 보면 쉽게 확인할 수 있습니다.

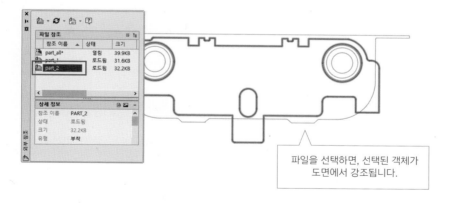

파일을 선택하면, 선택된 객체가 도면에서 강조됩니다.

02. 더블 클릭해 [참조 편집] 실행하기

파란색의 [part_2.dwg] 파일을 수정하여 보겠습니다. [참조 편집]의 명령어는 [REFED
IT]이지만, 가장 간단한 방법은 더블 클릭입니다. 파란색 객체를 더블 클릭합니다.

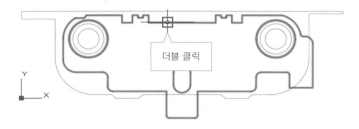

[외부 참조된 파일]을 선택한 후 리본 메뉴를 보세요!

외부 참조된 파일을 선택하면, 링크된 파일의 종류마다 사용할 수 있는 다양한 기능이 리본 메뉴에 표
시됩니다.

외부 참조된 [dwg] 파일을 선택한 경우

외부 참조된 [이미지] 파일을 선택한 경우

외부 참조된 [pdf] 파일을 선택한 경우

이 기능들 중에서 가장 자주 사용할 참조는 dwg 파일입니다. 참조된 도면을 선택하면 나타나는 버튼
중에서 [내부 참조 편집] 버튼을 클릭하면 [참조 편집(REFEDIT)]이 실행되고, [참조 열기] 버튼을 클릭
하면 도면이 열립니다.

주변이 흐리게 보여서 불편하다면?

[참조 편집]을 사용하면 편집될 블록 또는 참조 외의 다른 객체들이 흐리게 표시됩니다. 너무 흐리게 표
시돼서 사용하기 불편하다면, [옵션(OP)]의 [화면표
시] 탭 오른쪽 아래에서 [내부 편집 및 주석 표현(I)]
을 조절해 보세요. 값이 높을수록 흐려지며, 초깃값은
[70]입니다.

- [내부 편집 및 주석 표현]은 환경 변수인 [XFADECTL]로도 조절할 수 있어요.
- 참조된 파일이 너무 흐리다면 [외부 참조 표시]를 조절해 보세요. 환경 변수인 [XDWGFADECTL]로도 조절할 수 있
  어요.

03. 참조 편집하기

지금부터의 과정은 [블록]을 편집할 때와 동일합니다. 더블 클릭하면 [참조 편집] 창이 나
타나고, 편집할 파일의 미리 보기도 표시해 줍니다. ❶ [확인] 버튼을 클릭하면 작업 공간에
서 선택한 파일만 진하게 표시되고, 다른 파일은 흐리게 표시됩니다. 가장 자주 사용되는
[신축(STRETCH)] 기능을 사용하여 조금 수정해 볼까요? ❷ [신축(S)]을 실행하여 수정할 영
역을 선택한 후 (Enter)를 누릅니다. ❸ 빨간색의 [part_1.dwg] 파일과 맞닿도록 일부분을
수정하였습니다. 다양한 기능을 사용하여 객체를 조금씩 수정해 보세요.

◐ [신축] 기능을 사용하는 방법은 05-2를 참조하세요.

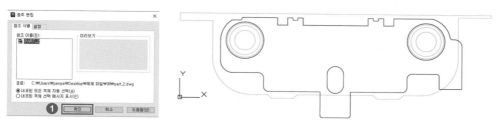

◐ 진하게 표시된 객체만 수정할 수 있습니다.

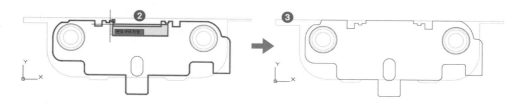

04. [참조 편집] 기능 마치기

수정이 끝났으면, 변경된 내용을 저장해야 합니다. [참조 편집] 기능을 끝내는 가장 편리
한 방법은 리본 메뉴의 [변경 사항 저장] 버튼을 클릭하는 것입니다. ❶ [변경 사항 저장]을
누르면 ❷ 편집 저장 여부를 묻는 창이 나타나는데, 이때 [확인] 버튼을 선택합니다. 그러면
바꾼 내용이 [part_2.dwg] 파일에 저장됩니다. 링크되어 있는 [part_all.dwg] 파일을 불
러온 후 기능을 종료합니다.

◐ [참조 편집] 기능을 종료하는 명령어는 [REFCLOSE]입니다. 명령어를 사용할 때도 변경된 내용을 저장할지, 취소하고 원본을
다시 사용할지를 선택해야 합니다.

[참조 편집] 기능은 외부 참조된 dwg 파일뿐만 아니라 블록도 수정할 수 있습니다. [블록 편집기]를 사용하면 주변의 객체를 보면서 작업할 수 없는데, 이 경우 [참조 편집]을 사용하면 주변을 확인하면서 블록을 수정할 수 있어 편리합니다. 이런 장점을 살려 블록을 더블 클릭했을 때 [블록 편집기]가 아닌 [참조 편집]이 실행되도록 편집할 수도 있습니다.

오토캐드는 여러 기능을 편집하여 사용할 수 있는데, [사용자 인터페이스 사용자화(CUI)] 기능을 활용하면, '블록을 더블 클릭하면 참조 편집 기능이 실행되도록' 수정할 수 있습니다. [두 번 클릭 동작] 항목에서 [블록]을 찾으세요. [블록 - 두 번 클릭]을 선택하면, 오른쪽의 [특성]에 '블록을 두 번 클릭하면 실행될 기능'이 표시됩니다. [매크로] 항목의 끝을 보면 [BEDIT]가 실행되도록 써 있는데, 이 부분을 [REFEDIT]로 바꿔 저장합니다. 이제 블록을 더블 클릭하면 [참조 편집]이 실행됩니다.

◐ [사용자 인터페이스 사용자화(CUI)]에 대한 자세한 내용은 [기술 지원 편 07]을 참조하세요.

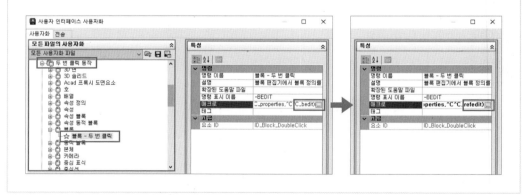

덧붙여 설명하면 [외부 참조]와 [블록] 기능은 비슷하지만 조금 다릅니다. [외부 참조]를 편집하면 모든 dwg 파일에 편집한 내용이 반영되지만, [블록]은 편집한 dwg 파일에만 반영됩니다.

08-3 [자르기(CLIP)]로 대형 프로젝트의 일부만 보여 주기

지금까지 간단한 도면을 통해 [외부 참조]를 다뤄 보았는데, 도면을 통째로 불러오는 점이 조금 불편했습니다. 불러온 도면 중에서 필요한 부분만 사용할 수는 없을까요? [자르기(CLIP)] 기능을 사용하면 링크된 외부 도면에서 필요한 부분만 잘라 사용할 수 있습니다.

링크된 도면과 블록의 일부만 사용하려면 [자르기(CLIP)]를 사용합니다

[외부 참조]와 [블록] 기능은 반복하여 그려진 객체를 한 번에 수정하기 위해 사용합니다. 그렇다면 사용할 요소를 모두 블록이나 외부 참조 파일로 만들어야 할까요?

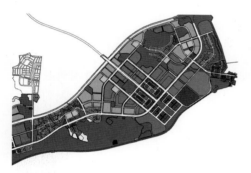 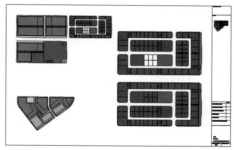

예를 들어, 위의 이미지처럼 큰 전체 지도를 오른쪽 도면과 같이 만들기 위해 각 부분마다 외부 참조 파일이나 블록으로 만들어야 할까요? 만약, 그렇게 한다면 여러 파일로 외부 참조를 나눠야 하고, 블록으로 사용할 때는 도면의 원본이 포함되어 용량이 어마어마하게 커질 것입니다. 좀 더 효율적으로 작업하기 위해 기능을 사용하는데, 오히려 도면이 무거워지면 의미가 없겠죠. 하나의 블록이나 외부 참조를 만들었을 때, 일부만 표시하도록 만드는 [자르기] 기능을 사용하면 도면의 용량을 확 줄일 수 있습니다.

동영상 강의를 확인해 보세요!

◇ 자르기

리본 메뉴 [삽입] 탭의 [참조] 패널

참조된 도면을 선택했을 때의 리본 메뉴

- **명령어** [CLIP]
- **실행 방법** [CLIP] → Enter → 잘라 낼 외부 참조나 블록 선택 → [새 경계(N)] → 경계 유형 선택

◐ [자르기] 기능은 잘라 낼 객체의 종류에 따라 [DGNCLIP], [DWFCLIP], [XCLIP], [IMAGECLIP] 등과 같은 명령어로도 쓸 수 있습니다. 하지만, [CLIP]으로 모든 기능을 사용할 수 있습니다. 실무에서는 보통 [XCLIP]을 자주 사용하지요. [XCLIP] 명령어로는 외부 참조와 블록 밖에 자를 수 없지만, 여러 개의 블록과 외부 참조를 한 번에 잘라 낼 수 있는 장점도 있습니다.

◐ [외부 참조]를 선택하면 나타나는 리본 메뉴의 [자르기 경계 작성] 버튼을 사용할 수도 있습니다.

🖚 직접 해보세요! 필요한 부분만 표시하기 1 — 직사각형

준비 파일 · 08/clip.dwg, clip_xref.dwg, sheet.dwg
준비 파일 · 08/clip_fin.dwg

실무에서는 한 장의 도면에 각기 떨어진 부분을 함께 배치해야 할 경우도 자주 생깁니다. 불러온 외부 참조 파일에서 필요한 부분만 남겨 보겠습니다. 경계를 자를 수 있는 여러 가지 방법 중에서 자주 사용하는 [폴리선 선택]과 [사각형]만 사용해 보겠습니다.

◐ 세 도면이 모두 있어야 실습을 진행할 수 있습니다.

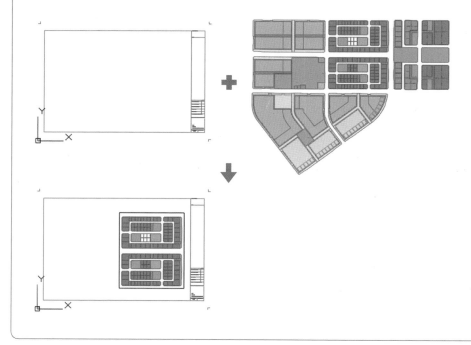

01. [자르기] 기능 실행하기

[clip.dwg] 파일에는 작은 지도와 도곽이 외부 참조로 불러와 있습니다. [자르기(CLIP)] 기능을 사용해 지도에서 보여 주고 싶은 부분만 잘라 도곽에 넣어 보겠습니다. ❶ 명령어 [CLIP]을 입력한 후 (Enter)를 눌러 [자르기] 기능을 실행합니다. ❷ 자를 객체를 선택하기 위해 오른쪽 지도를 클릭합니다.

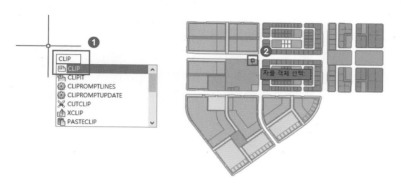

02. 자르는 경계선 옵션 선택하기

클릭하면 마우스 커서에 선택지가 나옵니다. 이 선택지에서 무엇을 선택하느냐에 따라 이미 잘린 객체에서 자르기를 취소하거나, 보이지 않도록 끄거나, 잘린 경계선을 폴리선으로 그릴 수 있습니다. ❶ 지금은 새로 잘라 내야 하기 때문에 [새 경계(N)]를 선택합니다. 그러면 [자르기]에 사용할 경계선을 지정하는 방법을 고를 수 있습니다. 미리 그려 둔 선을 사용하는 [폴리선 선택], 가상의 다각형을 그리는 [폴리곤], 가상의 직사각형을 그리는 [직사각형] 중에서 ❷ 가장 간단하고 자주 사용하는 [직사각형(R)]을 선택합니다.

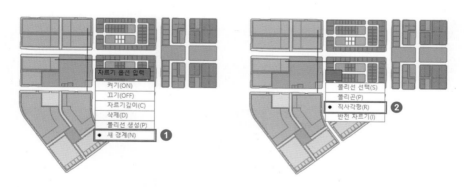

03. 직사각형 경계 선택하기

이제 잘라 내기만 하면 되는데, 잘라 내는 방법은 [직사각형(REC)] 기능으로 사각형을 그릴 때와 동일합니다. ❶ 그림을 참조해 두 점을 클릭해 보세요. ❷ 선택한 영역만 표시되고, 외부의 영역은 화면에 표시되지 않습니다. ❸ 자른 도면을 도곽 안에 넣어 완성합니다.

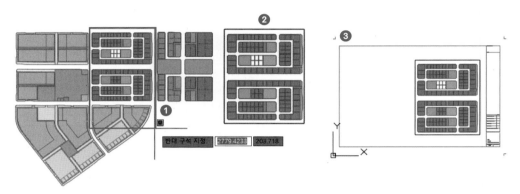

▶ [자르기 경계]를 그릴 때는 [F3]을 눌러 객체 스냅을 끈 후에 그려야 더 편리합니다.
▶ [자르기 경계]의 화면 표시 여부는 환경 변수인 [XCLIPFRAME]으로 조절할 수 있습니다. 323쪽을 참조하세요.
▶ [자르기 경계]의 색상은 [특성] 팔레트에서 조절할 수 있습니다.

😫 삽질 금지   [자르기]의 경계를 잘못 선택했어요!

만약, 영역을 잘못 선택한 경우에는 객체를 선택한 후에 그립을 클릭해 경계를 수정할 수 있습니다. 또한 화살표 모양의 그립을 마우스로 한 번 클릭하면 잘린 부분이 반전되어 직사각형으로 지정한 부분만 화면에서 사라집니다.

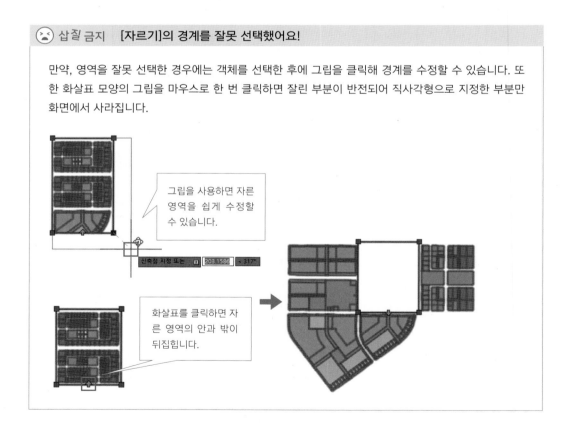

그립을 사용하면 자른 영역을 쉽게 수정할 수 있습니다.

화살표를 클릭하면 자른 영역의 안과 밖이 뒤집힙니다.

직접 해보세요! **[외부 참조]로 이미 불러와 있는 도면 또 추가하기**

준비 파일 • 08/clip_multi.dwg, clip_xref.dwg, sheet.dwg
완성 파일 • 08/clip_multi_fin.dwg

이미 [외부 참조]로 넣은 도면의 다른 부분도 잘라 집어넣으려면 어떻게 해야 할까요? 다시 [부착
(ATTACH)] 기능을 사용해 넣을 수도 있지만, 더 쉬운 방법도 있죠. 불러온 다른 도면도 넣어 볼까요?

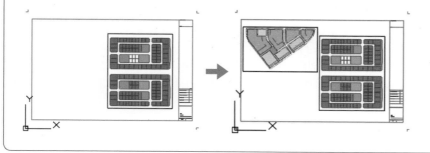

01. [자르기 제거] 사용하기

❶ 먼저 잘린 객체를 [복사(CO)]합니다. 복사한 객체에는 이미 [자르기]가 적용되어 있어서
일부만 표시되고 있습니다. 경계를 없애 다른 부분이 모두 표시되게 만들려면 몇 가지 방
법이 있는데, ❷ 다시 [CLIP] 명령어를 사용한 후에 선택지 중에서 [삭제(D)]를 눌러 경계를
지울 수 있습니다. ❸ 리본 메뉴를 사용하면 좀 더 쉬운데, [자르기]가 적용된 참조 파일을
선택하면 나타나는 [자르기 제거] 버튼으로도 경계를 지울 수 있습니다.

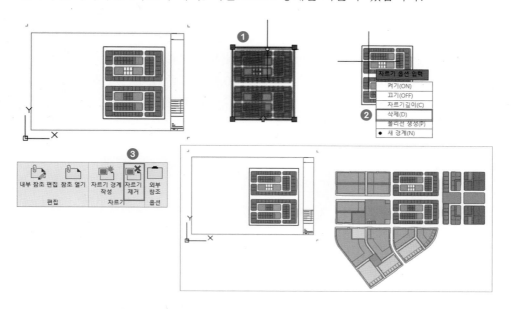

복사하다가 혹시 눈치챘나요? [자르기 경계]에는 객체 스냅을 사용할 수 없습니다. 이 경계선은 '잘렸다'라는 표시를 하기 위해 화면에 보이는 것일 뿐, 진짜 객체가 아닙니다. 그래서 객체 스냅을 사용할 수 없고, [FRAME]이나 [XCLIPFRAME] 등과 같은 환경 변수를 조절하여 화면에서 끌 수도 있는 것이죠.

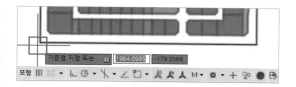

객체 스냅을 꼭 사용해야만 한다면, 방법은 있습니다. [CLIP]의 선택지 중에 [폴리선 생성(P)] 옵션을 사용하면 됩니다. 이 기능을 사용하면, [자르기 경계]가 새로운 폴리선으로 그려집니다. 이 폴리선에 객체 스냅을 사용하면 되겠죠?

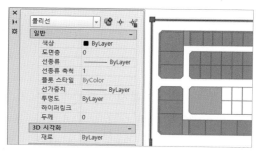

▶ 인쇄할 때 표시될 수 있으니 사용한 폴리선은 반드시 지워야 합니다.

02. 다시 [자르기] 실행하기

원본을 불러왔으니 ❶ 다시 [자르기(CLIP)] 기능으로 필요한 부분을 잘라 냅니다. ❷ 도곽에 넣기에는 크기가 너무 크죠? [축척(SC)]을 사용하여 [0.5]배로 줄인 후 ❸ 도곽의 적절한 부분에 넣어 완성합니다.

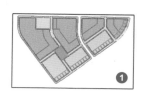
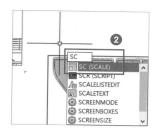
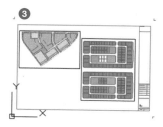

▶ [자르기] 경계를 화면에 표시하고 싶지 않다면, 환경 변수인 [XCLIPFRAME]으로 조절하세요.

참조된 도면을 가져오는 또 다른 방법

참조된 도면을 추가할 때, [복사(CO)]를 사용하는 방법 말고도 여러 가지 방법이 있습니다. 먼저 [부착
(ATTACH)] 기능을 사용할 수 있죠. 하지만 이미 원본이 불러와 있기 때문에 아래 그림과 같이 [외부 참
조] 팔레트를 열어 불러와 있는 [CLIP_XREF]를 마우스 오른쪽 버튼으로 누른 후 [부착(A)] 버튼을 클
릭해도 됩니다. 이렇게 하면 [외부 참조 부착] 창에서 삽입점, 축척, 회전 등을 지정할 수 있습니다.

 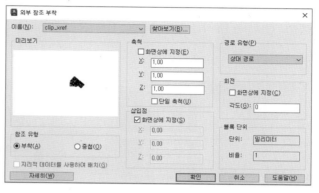

도면을 다시 가져오는 여러 방법이 있습니다. 하지만 이미 회전, 축척 등 상황에 맞게 정리
된 도면을 그대로 사용할 수 있기 때문에 [부착(ATTACH)]을 사용하는 것보다 [자르기 제
거]를 사용하는 것이 편리합니다. 이어서 미리 폴리선을 그려 경계로 사용하는 [폴리선 선
택]으로 잘라 보겠습니다.

잘린 블록에는 화살표가 표시됩니다

잘린 블록, 외부 참조된 도면이나 이미지를 선택하면 화살표가 표시됩니다. 이 화살표로 선택한 객체가
잘렸다는 것을 알 수 있죠. 그리고 이 화살표를 마우스로 클릭하면, 화면에 표시되는 영역이 반전됩니다.

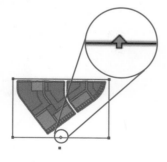 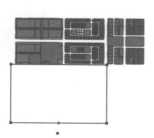

직접 해보세요! 필요한 부분만 표시하기 2 — 폴리선 선택

준비 파일 • 08/clip_polyline.dwg, clip_xref.dwg, sheet.dwg
완성 파일 • 08/clip_polyline_fin.dwg

앞에서 실습했던 [직사각형]으로 자르는 방법은 정교하지 않아도 되는 부분을 빠르게 잘라 낼 때 유용합니다. 반면, 특정 객체에 정확하게 붙어 자르려면 [폴리선(PL)]을 먼저 정교하게 그려 놓고, 경계로 선택하는 [폴리선 선택] 옵션을 사용해야 합니다.

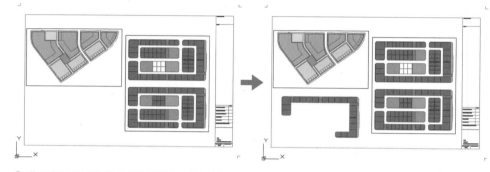

◐ 세 도면이 모두 있어야 실습을 진행할 수 있습니다.

01. 폴리선 그리기

❶ 가장 먼저 해야 할 일은 역시 [복사(CO)]하는 것이겠죠? ❷ 그런 다음 정교하게 잘라 낼 경계를 [폴리선(PL)]으로 그립니다. 대지의 경계선을 따라 정교하게 그려 보세요. 물론 [연장(EX)], [자르기(TR)], [경계(BO)], [결합(J)] 등과 같은 여러 기능을 사용하여 그려도 됩니다.

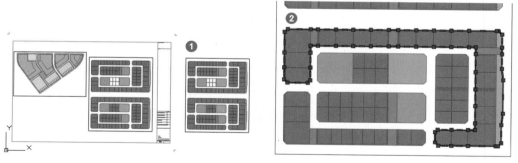

◐ [경계] 기능을 사용하면 외곽선을 쉽게 만들 수 있습니다. 단, '자르기가 적용되어 있지 않은 상태'에서 사용해야 합니다. 사용 방법은 [캐드 고수의 비밀 08]을 참조하세요.

02. 폴리선을 경계로 [자르기] 실행하기

새로 그린 폴리선을 경계로 잘라 내야 하는데, 이미 [자르기]가 적용되어 있네요. 지금 적용되어 있는 경계를 지우지 않아도 정교하게 다시 잘라 낼 수 있습니다. ❶ [자르기(CLIP)] 기능을 실행하고 복사한 외부 참조 도면을 선택합니다. ❷ 선택지에서 [새 경계]를 클릭하면 ❸ 지금 적용되어 있는 경계선을 지울 것인지를 물어봅니다. [예(Y)]를 선택하여 이전 경계를 삭제하세요. ❹ [폴리선 선택(S)]을 클릭한 후 ❺ 앞에서 그려 둔 폴리선을 선택하면 정교하게 잘라 낼 수 있습니다.

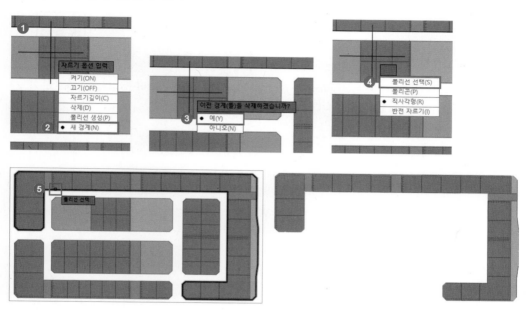

03. 적절하게 배치하기

깔끔하게 자른 도면을 도곽에 배치하여 완성합니다. 경계로 사용한 폴리선과 대지의 경계선이 정확하게 같기 때문에 [자르기 경계]의 모습이 화면에 보이지 않네요. 이렇게 조금 시간을 투자하면 더 깔끔하고 정확한 도면을 그릴 수 있습니다.

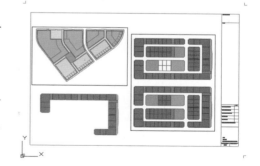

외부 참조 파일과 블록을 잘라 일부만 화면에 표시하는 [자르기] 기능은 [폴리선]만 경계로 사용할 수 있습니다. [원]을 경계로 선택하면 폴리선이 아니기 때문에 기능이 실행되지 않습니다.

동영상 강의를
확인해 보세요!

동그랗게 잘라 내기 위해서는 '동그라미와 유사한 다각형'을 폴리선으로 그려야 합니다. 오토캐드의 기능 중 [폴리곤] 기능으로 그릴 수 있습니다.

◇ **폴리곤**

- **명령어** [POLYGON]
- **단축 명령어** [POL]
- **실행 방법** [POL] → Enter → 면의 수 입력(정팔각형이라면 [8] 입력) → Enter → 중심점 클릭 → 원의 내접인지 외접인지 선택 → 반지름 입력 → Enter

▶ [원]을 그리는 방법과 유사합니다.

[폴리곤]을 너무 잘게 그리면 오토캐드가 느려질 수도 있습니다. 전체 도면의 축척에 맞게 폴리곤을 그려 잘라 내야 합니다.

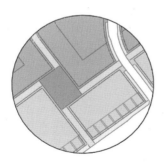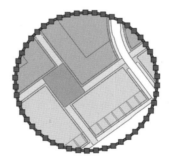

정50각형의 [폴리곤]을 그려 잘라 낸 예시

08-4 실무자도 자주 막히는 까다로운 [외부 참조] 해결법

지금까지 알아본 내용만으로도 [외부 참조]를 충분히 활용할 수 있습니다. 하지만 알아 두면 편리한 기능이 몇 가지 더 있습니다. 이제부터 [외부 참조]를 사용할 때 알아 두면 좋은 기타 기능에 대해 알아보겠습니다.

[외부 참조]에서는 파일의 경로가 중요합니다

[외부 참조]는 다른 파일을 불러와 화면에 표시하는 기능입니다. 따라서 불러올 파일이 어느 폴더에 있는지가 중요합니다. [외부 참조] 팔레트에 저장되어 있는 폴더에 파일이 없다면 오토캐드에서 불러올 수 없기 때문입니다.

 직접 해보세요! [외부 참조] 파일의 경로 바꾸기

준비 파일 · 08/part_all.dwg, part_1.dwg, part_2.dwg

[외부 참조]를 사용해 도면을 불러오면, 불러온 파일이 어느 경로에 있는지가 자동으로 저장됩니다. 경로는 기본적으로 '상대 경로'로 지정되는데, 모든 파일이 같은 폴더에 저장되어 있으면 큰 문제 없이 사용할 수 있습니다. 하지만 처음에 지정한 폴더에 파일이 없다면, 파일을 불러오지 못합니다.

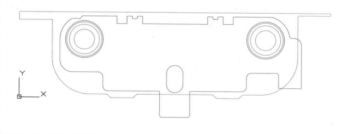

01. 외부 참조한 도면의 파일 경로 확인하기

파일 경로가 얼마나 중요한지 직접 실습하며 느껴 보겠습니다. ❶ [part_all.dwg] 파일을 연 후 [외부 참조(XREF)] 팔레트를 열어 보면, [part_1.dwg] 파일과 [part_2.dwg] 파일이 불러와 있습니다. ❷ 두 파일 중 하나를 선택해 [상세 정보]를 확인해 보면, [₩]로 시작하는 경로가 보일 것입니다. 이렇게 C 드라이브나 D 드라이브로 시작하지 않고 [₩]로 시작하는 경로가 지정되어 있다면, 상대 경로로 지정된 것입니다.

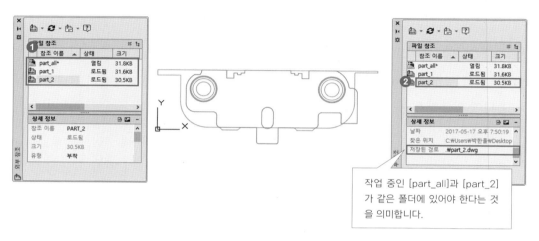

작업 중인 [part_all]과 [part_2]
가 같은 폴더에 있어야 한다는 것
을 의미합니다.

02. '상대 경로'는 이렇게 특정 폴더의 경로를 모두 적지 않고 불러올 파일과 불러온 파일 간의 상대적인 경로만 표시합니다. 예제의 경우, 세 파일이 모두 같은 곳에 있으면 참조되도록 링크되어 있습니다. 그렇기 때문에 같은 폴더에 저장되어 있는 상태에서 [part_all.dwg] 파일을 열면, 링크가 온전히 화면에 표시됩니다.

03. 파일 경로 바꾸기

만약, 경로가 바뀌면 어떻게 될까요? 시험해 보기 위해 작업 중이었던 도면을 모두 닫은 후 ❶ [ex]라는 폴더를 새로 만들어 [part_2.dwg] 파일을 넣어 보세요. 이 상태에서 [part_all.dwg] 파일을 다시 열면 [참조된 파일을 찾을 수 없다]는 메시지가 나타날 것입니다. [part_all.dwg] 파일이 들어 있는 폴더에서 [part_2.dwg] 파일을 찾을 수 없기 때문에 나타나는 경고 메시지입니다. ❷ [외부 참조 팔레트 열기]를 클릭하면 ❸ [외부 참조] 팔레트가 나타나면서 도면을 찾지 못했다는 경고 메시지가 나타납니다. ❹ 도면에는 불러와야 할 파일의 이름이 문자로 표시됩니다.

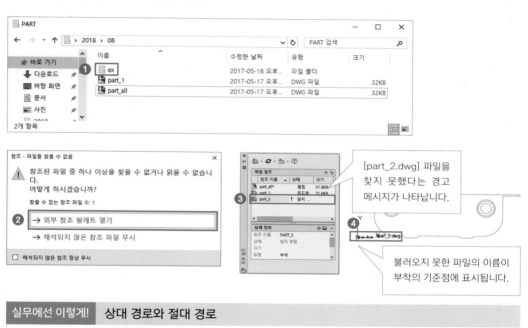

[part_2.dwg] 파일을 찾지 못했다는 경고 메시지가 나타납니다.

불러오지 못한 파일의 이름이 부착의 기준점에 표시됩니다.

실무에선 이렇게! 상대 경로와 절대 경로

경로의 유형은 [외부 참조] 팔레트에서 쉽게 바꿀 수 있는데, '절대 경로'보다는 '상대 경로'가 당연히 유리합니다. 하지만 이미 '절대 경로'로 지정된 도면들을 하나하나 수정하기 힘든 경우도 많죠. 그럴 때는 모든 파일을 같은 폴더에 넣으면 불러올 수 있어요. 지정된 경로에서 파일을 찾을 수 없는 경우, 같은 폴더에 있는 파일을 사용하기 때문이죠.

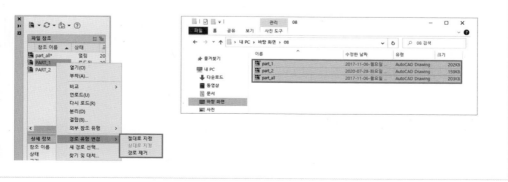

04. 파일 경로에 따라 파일 옮기고 다시 불러오기

다시 도면에 표시하도록 만드는 데에는 두 가지 방법이 있습니다. 첫 번째 방법부터 실습해 보겠습니다. ❶ [part_2.dwg] 파일을 [외부 참조]에 표시된 경로로 다시 옮겨 놓습니다. ❷ 그리고 [외부 참조] 팔레트에서 [part_2.dwg] 파일을 마우스 오른쪽 버튼으로 클릭한 후 [다시 로드(R)]를 클릭하면 됩니다.

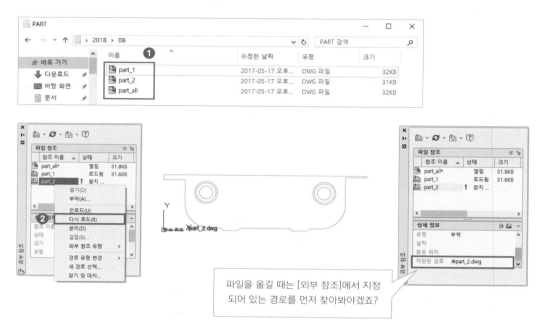

파일을 옮길 때는 [외부 참조]에서 지정되어 있는 경로를 먼저 찾아봐야겠죠?

05. 도면에 저장된 경로 수정하기

두 번째 방법으로 파일을 옮기지 않고 '도면에 저장되어 있는 경로'를 바꿀 수 있습니다. 도면을 모두 닫은 후, 다시 [part_2.dwg] 파일을 [ex] 폴더에 넣고 [part_all.dwg] 파일을 엽니다. ❶ [외부 참조(XREF)] 팔레트에서 [part_2.dwg] 파일을 선택한 후 ❷ [상세 정보] 가장 아래쪽의 [저장된 경로]를 마우스로 클릭하면 경로를 수정할 수 있습니다. 직접 타이핑할 수도 있지만 ❸ […] 버튼을 클릭하여 파일을 지정하는 게 더 안전합니다.

◐ 경로를 직접 입력하면 오타가 날 수 있으니 파일을 선택하는 게 더 안전합니다.

06. ❶ [새 경로 선택] 창에서 [part_2.dwg] 파일을 찾아 선택한 후 ❷ [열기] 버튼을 클릭합니다. 그러면 지정된 경로에서 파일을 다시 불러옵니다. ❸ [저장된 경로]를 확인해 보면 다시 수정한 경로가 적혀 있습니다.

◗ [외부 참조]를 넣을 때처럼 파일을 더블 클릭해도 됩니다.

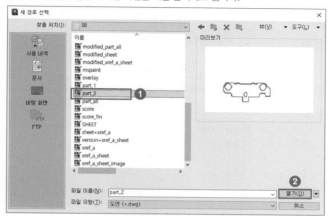

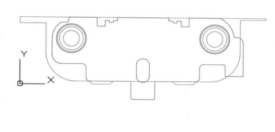

◗ [외부 참조]는 정해진 경로에 저장된 특정 이름의 파일을 도면에 표시하는 기능입니다. 정해진 경로와 파일의 이름이 정확히 일치해야 표시할 수 있어요.

'외부 참조 파일을 찾지 못했다'는 경고 메시지는 생각보다 자주 나타납니다. 이는 주로 다른 곳에서 도면을 전달받았는데 파일이 누락되었을 경우에 발생합니다. 이런 오류를 줄이려면, 파일을 전달할 때 [전자 전송(ETRANSMIT)] 기능을 활용해야 합니다.

◗ [전자 전송] 기능에 대해서는 [캐드 고수의 비밀 10]을 참조하세요.

사용하지 않는 [외부 참조]를 삭제하는 방법

외부 참조로 불러온 파일은 [지우기(ERASE, E)] 기능이나 Delete 를 활용하여 지울 수 있습니다. 그런데 이렇게 지우면 화면에 객체는 보이지 않지만, '다른 파일이 링크되어 있다'는 정보까지는 지워지지 않습니다. 실무에서 사용하는 다수의 도면에서는 이 링크에 대한 정보가 남아 있습니다. 이 정보를 지우지 않으면 컴퓨터가 존재하지 않는 파일을 계속 찾기 때문에 용량이 작은 도면에서도 오토캐드가 급격하게 느려집니다.

파일 간 링크에 대한 정보가 쌓이면
오토캐드가 현저히 느려집니다.

직접 해보세요! **사용하지 않는 참조 [분리]하기**

준비 파일 · 08/detach_xref.dwg, sheet.dwg
완성 파일 · 08/detach_xref_fin.dwg

도곽은 실무에서 외부 참조로 자주 넣는 객체 중 하나입니다. 그런데 만약 참조로 넣은 도곽을 지웠어도 기록은 남아 있게 됩니다. 이럴 때 참조로 불러온 도면을 [분리]시켜야 제대로 삭제할 수 있습니다.

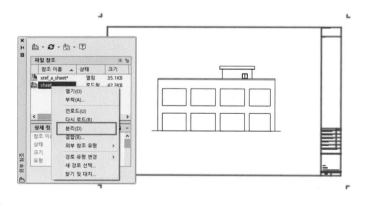

01. 참조한 도면 지우기

준비 파일에는 도곽이 [외부 참조]로 들어가 있습니다. ❶ 이 도곽을 [지우기(E)]나 Delete 를 사용하여 지웁니다. ❷ 화면에서는 도곽이 보이지 않지만, [외부 참조] 팔레트를 열어 보면 [sheet.dwg] 파일의 [상태]에 느낌표 아이콘과 함께 [참조되지 않음]이라는 메시지가 남아 있는 것을 알 수 있습니다. 즉, 객체는 지워졌지만 링크된 정보 자체는 지워지지 않고 오토캐드에서 계속 사용 중이라는 뜻입니다.

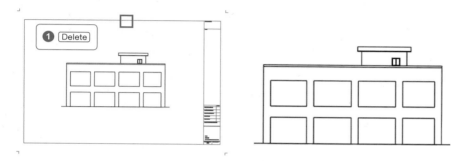

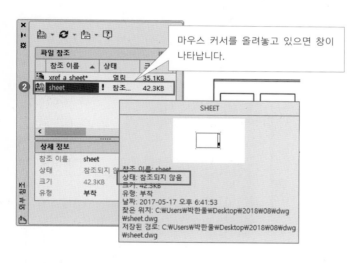

02. 참조한 정보 지우기

이 정보를 지우는 방법은 간단합니다. ❶ [외부 참조] 팔레트에서 삭제할 링크를 마우스 오른쪽 버튼으로 누른 후 ❷ [분리(D)] 버튼을 누르면 리스트에서 삭제됩니다.

03. 그렇다면 꼭 객체를 지우고 난 후에만 [분리]를 할 수 있을까요? 그렇지 않습니다. ❶ Ctrl + Z 를 눌러 다시 초기 상태로 돌아간 후 ❷ [외부 참조] 팔레트에서 [sheet]를 마우스 오른쪽 버튼으로 눌러 [분리]해 보세요. ❸ 링크에 대한 정보와 외부 참조 객체가 한꺼번에 사라집니다.

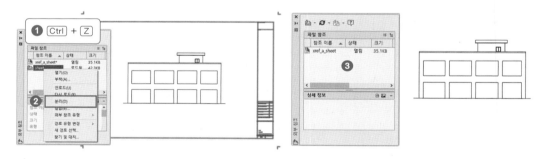

이렇게 외부 참조를 지우고자 할 때 [외부 참조]에서 [분리]하면 한꺼번에 깔끔하게 지울 수 있습니다.

참조된 도면을 합치는 방법

외부 참조를 분리하는 기능이 있다면, 이와 반대로 사용 중인 도면에 합치는 기능도 있습니다. 앞에서 배운 바와 같이 다른 도면에 참조로 사용된 도면을 수정하면, 그 수정된 내용이 다른 도면에도 반영됩니다. 만약, 참조된 도면을 바꿔도 반영되지 않게 하려면, 도면에 아예 합쳐 객체의 형태는 유지하면서 링크는 끊으면 됩니다.

▶ 지금까지 배운 기능만으로도 할 수는 있습니다. [삽입(INSERT)] 기능으로 외부 참조된 도면을 블록으로 집어넣고, 외부 참조를 [분리]해 버리면 되죠. 하지만 이렇게 하려면 번거롭습니다.

직접 해보세요! 참조된 도면을 도면에 블록으로 가져오기 — [결합]

준비 파일 · 08/bind_xref.dwg, sheet.dwg
완성 파일 · 08/bind_xref_fin.dwg

이번에도 [외부 참조]로 가장 많이 불러오는 도곽을 예제로 진행해 보겠습니다. 만약, 다른 도면에는 반영하지 않고 이 도면에서만 도곽을 조금 수정하고 싶다면 어떻게 해야 할까요? [결합] 기능으로 참조한 링크는 끊으면서, 블록으로 파일에 포함해야 합니다.

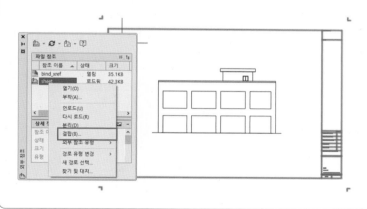

01. 외부 참조한 도면 [결합]하기

[bind_xref.dwg] 파일에는 입면도에 도곽이 외부 참조로 불러와 있습니다. 외부 참조 링크는 끊으면서 도곽과 도면을 합쳐 보겠습니다. ❶ [외부 참조] 팔레트를 열어 [sheet. dwg] 파일을 마우스 오른쪽 버튼으로 누른 후 [결합(B)]을 클릭합니다. ❷ [결합]과 [삽입]을 결정하는 창이 나타납니다. 기본값은 [결합]입니다. [확인] 버튼을 클릭해 보세요.

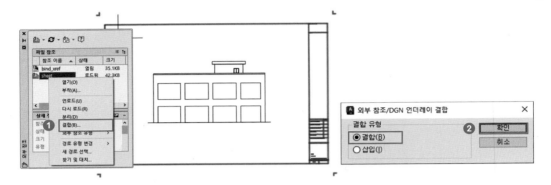

02. 블록으로 합쳐진 외부 참조 도면

외부 참조에서 [sheet] 항목이 사라졌지만, 도면에는 도곽이 남아 있습니다. ❶ 도곽을 클릭한 후 Ctrl + 1을 눌러 [특성] 팔레트를 확인해 보면, ❷ [sheet]라는 [블록]으로 도곽의 특성이 변경된 것을 알 수 있습니다. 즉, [sheet.dwg] 파일이 [sheet]라는 동일한 이름의 블록으로 [bind_xref.dwg] 파일과 합쳐진 것입니다.

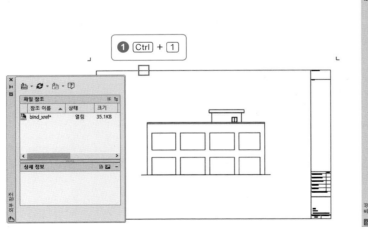

외부 참조 도면을 결합할 때 [결합]과 [삽입] 중 하나를 선택하는 창이 나타납니다. 두 가지 모두 눈에 보이는 결과는 같습니다. 하지만 좀 더 도면을 살펴보면, 다르다는 것을 알 수 있습니다.

두 경우 모두 '참조 파일의 이름'인 블록으로 변경됩니다. 하지만 [결합]하면 도면층의 이름, 선 종류의 이름, 문자 스타일의 이름 등 겉으로 보이지 않는 정보에 '머리말'이 붙습니다. 반면, [삽입]을 선택했다면 머리말이 붙지 않습니다.

[결합]으로 합치면, 머리말이 추가됩니다.

[삽입]으로 합치면, 머리말이 추가되지 않습니다.

이는 [삽입]을 사용하면 눈에 보이는 형태가 바뀔 수 있다는 의미입니다. 예를 들어, 외부 참조된 [sheet. dwg] 파일과 현재 작업 중인 도면에 같은 이름의 도면층이 사용되고 있는 경우를 생각해 볼까요?
두 도면에 모두 [sheet_form]이라는 도면층이 있지만, 색상과 선 종류가 다른 상태입니다. 이 상태에서 [삽입]하면, 결합되면서 [sheet | sheet_form] 도면층이 [sheet_form]으로 변경되고, 그로 인하여 객체의 형태가 빨간색 점선으로 변합니다.

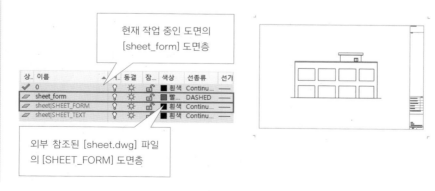

현재 작업 중인 도면의 [sheet_form] 도면층

외부 참조된 [sheet.dwg] 파일의 [SHEET_FORM] 도면층

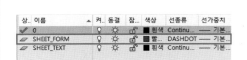

▶ [삽입]은 기존 도면의 정보를 우선시하기 때문에 [삽입]으로 도면을 합치면 객체의 형태가 변할 수도 있습니다.

[결합]을 사용하면 원본을 그대로 유지하는 대신 도면층 이름, 선 종류 이름 등이 지저분해질 수도 있습니다. 대신 나중에 다시 추출하거나 편집하기가 쉽습니다. [삽입]을 사용하면 도면층 이름 등이 지저분해지지 않는 대신, 눈에 보이는 객체의 형태가 바뀔 수도 있습니다.

😫 삽질 금지   외부 참조의 [부착(Attachment)]과 [중첩(Overlay)]의 차이점

외부 참조를 할 때 [참조 유형]을 선택할 수 있습니다. 기본값이 [부착(A)]이며, 차이점은 2단계 이상의 외부 참조를 지원하느냐 지원하지 않느냐입니다.

[부착]은 2단계 이상의 외부 참조도 가능하지만, [중첩]은 2단계 이상의 외부 참조가 불가능합니다.

예제 파일인 [overlay.dwg]에는 [CLIP_XREF.dwg]와 [SHEET.dwg]가 외부 참조로 들어가 있습니다. 그 중에 [SHEET.dwg]는 [중첩]으로 설정되어 있습니다. 새 도면을 만들어서 [overlay.dwg]를 외부 참조로 넣어 보면, [SHEET.dwg]는 외부 참조로 들어오지 않습니다. 참조 유형이 [중첩]으로 설정되어 있기 때문이죠.

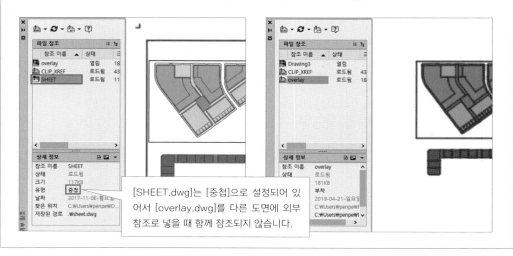

[SHEET.dwg]는 [중첩]으로 설정되어 있어서 [overlay.dwg]를 다른 도면에 외부 참조로 넣을 때 함께 참조되지 않습니다.

08-5 오토캐드에 엑셀, MS 워드, 파워포인트 연동하기

오토캐드는 특정 분야에서만 사용되는 프로그램이 아닙니다. 많은 분야에서 도면을 그리거나 수정하는 데 사용되며, 다른 프로그램과 함께 사용되는 경우도 많습니다. 예를 들어, 도면에 이미지를 넣거나, 다량의 문자를 집어넣거나, 엑셀의 표를 집어넣을 수 있습니다.

엑셀과 오토캐드와의 만남!

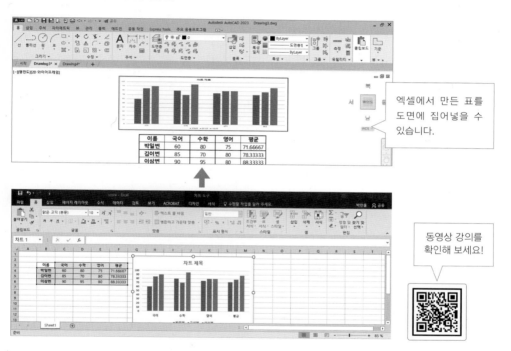

엑셀에서 만든 표를 도면에 집어넣을 수 있습니다.

동영상 강의를 확인해 보세요!

실무에서 자주 활용하는 OLE(Object Linking and Embedding) 객체는 마이크로소프트에서 개발한 OLE 기술을 활용한 것입니다. 이 기술 덕분에 엑셀, MS 워드, 파워포인트 등에서 만든 내용을 오토캐드에 간단히 집어넣을 수 있죠. 이와 반대로 오토캐드의 도면을 다른 프로그램에 넣을 수도 있고요. 물론 각 프로그램마다 지원하는 버전과 호환성이 다르거나 사용하는 컴퓨터 환경에 따라 문제가 발생할 수 있지만, 사용 방법이 간단하고 활용도가 높으므로 한번 시도해 보는 것이 좋습니다. 그럼, 엑셀 시트를 도면에 집어넣는 간단한 방법부터 알아볼까요? 이 작업은 OLE 기술들 중 실무에서 가장 자주 사용되는 방법입니다.

엑셀의 일부를 도면에 집어넣는 가장 쉬운 방법 — Ctrl + C, Ctrl + V

Ctrl + C, Ctrl + V를 사용하여 복사하고, 붙여 넣는 기능은 아마도 컴퓨터에서 가장 많이 사용하는 기능일 것입니다. 이 기능은 오토캐드에서 객체를 복사할 때도 사용되는데, 다른 프로그램에서 복사하여 객체로 넣을 때도 사용할 수 있습니다. 사용 방법이 아주 간단하고 친숙하기 때문에 실무에서도 많이 사용합니다.

 직접 해보세요! 엑셀에서 복사하여 오토캐드에 붙여 넣기

준비 파일 • 08/score.xlsx
완성 파일 • 08/excel.dwg

회사에서 오토캐드를 사용하다 보면 도면뿐만 아니라 표나 차트, 그래프를 넣어야 할 경우가 생깁니다. 이럴 때 엑셀로 작업한 시트를 가져오면 훨씬 편리하겠죠? 엑셀로 작업한 [score.xlsx]에서 필요한 부분만 복사하여 도면에 붙여 넣어 보겠습니다.

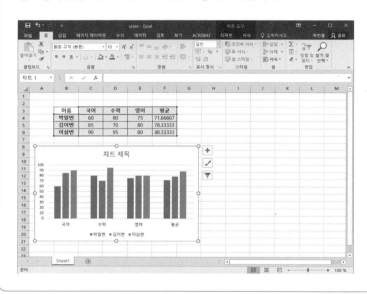

01. 엑셀 표 오토캐드로 붙여 넣기

[score.xlsx]를 열어 보면, 간단한 표와 차트가 있습니다. ❶ 이 중에서 표 부분의 셀만 선택한 후 Ctrl + C를 눌러 복사합니다. ❷ 오토캐드로 돌아와 새 도면을 만들고 Ctrl + V를 눌러 붙여 넣습니다. ❸ 그러면 [PASTECLIP]이라는 메시지와 함께 기준점을 지정해달라는 메시지가 나타납니다. ❹ 임의의 지점을 클릭합니다.

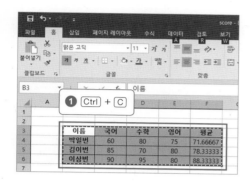
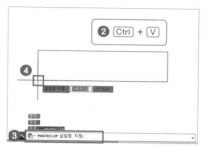

02. [OLE 문자 크기]라는 창이 나타납니다. ❶ [확인] 버튼을 클릭합니다. ❷ 엑셀에서 복사한 셀만 오토캐드에 들어왔습니다.

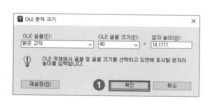

엑셀뿐만 아니라 MS 워드, 파워포인트 등의 다양한 프로그램에서 Ctrl + C로 원하는 부분을 복사하고, Ctrl + V로 오토캐드에 붙여 넣을 수 있습니다. 단, 이 기능은 사용 중인 프로그램 간의 호환성 문제가 발생할 수 있습니다. 즉, 두 프로그램이 출시한 시점이 너무 다르거나 높은 버전에서 낮은 버전으로 붙여 넣을 때(예를 들면, MS 워드 2016에서 오토캐드 2010으로 붙여 넣는 등)는 형태가 찌그러지거나 이미지로 들어가는 등의 오작동이 발생할 수 있습니다.

OLE 객체를 수정하려면? 더블 클릭!

이렇게 다른 프로그램에서 복사해 집어넣은 객체를 'OLE 객체'라고 합니다. 크기나 위치가 마음에 들지 않는다면, [이동(M)], [축척(SC)] 등의 기능을 사용하여 조절할 수 있고, [특성] 팔레트를 살펴보면 어떤 프로그램에서 그린 객체인지 확인할 수 있습니다.

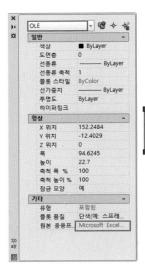

이름	국어	수학	영어	평균
박일번	60	80	75	71.66667
김이번	85	70	80	78.33333
이삼번	90	95	80	88.33333

▶ 'OLE 객체'를 집어넣을 때 어떤 프로그램을 사용했는지 [특성] 팔레트에 기록된 것입니다. 객체를 다시 열어서 편집할 때 해당 프로그램이 설치되어 있어야만 하죠.

직접 해보세요! 집어넣은 OLE 객체 수정하기

준비 파일 • 08/score.dwg
완성 파일 • 08/score_fin.dwg

엑셀에서 오토캐드로 붙여 넣은 표를 수정하고 싶을 땐 어떻게 해야 할까요? 엑셀을 다시 열어 수정한 후에 다시 불러오면 너무 번거로울 것입니다. 이럴 땐 외부 참조나 블록, 문자를 수정할 때와 마찬가지로 객체를 더블 클릭하면 됩니다.

이름	국어	수학	영어	평균
박일번	60	80	75	71.66667
김이번	85	70	80	78.33333
이삼번	90	95	80	88.33333

01. 더블 클릭해 원본 프로그램 열기

[score.dwg] 파일에는 앞에서 붙여 넣은 엑셀의 표가 포함되어 있습니다. 이 표의 내용을 조금 수정해 보겠습니다. ● 표를 수정하기 위해 [score.dwg] 파일의 표를 더블 클릭합니다. ● OLE 객체를 만들 때 사용한 프로그램이 자동으로 실행됩니다. 여기에서 데이터를 수정할 수 있습니다.

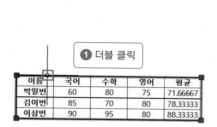

▶ 예제 파일은 엑셀 2016과 오토캐드 2018로 만들었습니다. 버전이 낮으면 엑셀 프로그램이 열리지 않을 수 있습니다.

02. 엑셀 내용 수정하기

● 표에서 [박일번]의 [국어] 점수를 [50]으로 수정합니다. ● A열에 [번호] 항목도 추가해 보세요. ● 다시 오토캐드로 돌아오면 수정된 부분이 반영되어 있습니다. 하지만 B3에서 F6까지의 셀만 복사하여 화면에 표시하고 있기 때문에 A열에 추가된 부분은 화면에 나타나지 않습니다.

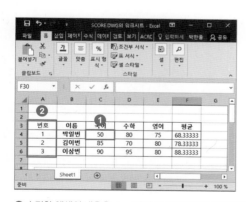

▶ 수정한 엑셀의 내용은 dwg 안에 즉시 저장되기 때문에 따로 저장하지 않고 닫아도 됩니다.

복사하여 붙여 넣은 OLE 객체는 원본과 링크되어 있지 않은 독립적인 파일로, dwg 내부에 저장됩니다. 아마 눈치가 빠르다면 알아챘을 수도 있는데, 독립적인 파일이기 때문에 앞의 예제에서 수정한 후, 엑셀을 닫을 때 '변동 사항이 있는데 저장하겠습니까?'라고 물어보지 않고 변경한 내용이 바로 도면에 반영됩니다.

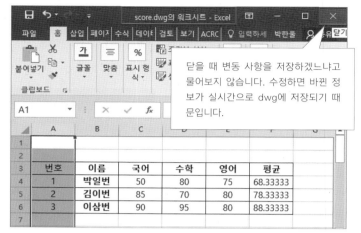

닫을 때 변동 사항을 저장하겠느냐고 물어보지 않습니다. 수정하면 바뀐 정보가 실시간으로 dwg에 저장되기 때문입니다.

파일 이름도 복사했던 [SCORE.XLSX]가 아닌, 도면에 포함되어 있는 엑셀 파일이라는 의미로 [score.dwg의 워크시트]라고 써 있습니다.

엑셀에서 복사한 내용을 꼭 OLE로만 넣을 수 있는 건 아니에요. 그림이나 문자로도 넣을 수 있고, 데이터 형식으로 [AutoCAD 도면요소]를 사용하면 테이블로도 넣을 수 있습니다. 그리고 [연결하여 붙여넣기]에서 [AutoCAD 도면요소]를 사용하면 데이터 링크까지 만들 수 있어요.

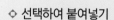
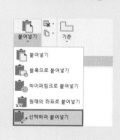

◇ 선택하여 붙여넣기

- **명령어** [PASTESPEC]
- **단축 명령어** [PA]
- **실행 방법** 붙여 넣고 싶은 객체를 Ctrl + C로 복사 → 오토캐드에서 [PASTESPEC] 기능 실행 → Enter → 데이터 형식 선택 → 확인 → 붙여 넣을 지점 클릭

▷ [선택하여 붙여 넣기] 기능을 실행해서 대화 상자를 띄워놓은 뒤에 붙여 넣을 객체를 복사하면, 복사한 객체의 유형에 따라 어떤 데이터 형식을 사용할 수 있는지가 대화 상자에 표시됩니다.

OLE 객체는 원본과는 독립적으로 dwg 파일에 정보가 포함됩니다. 원본을 수정한다 해도 OLE 객체는 수정되지 않습니다. 대부분의 경우에는 두 정보의 링크를 원하지 않는데, 엑셀과 같이 수시로 변경되는 내용은 링크를 걸어 사용하는 것이 편리합니다. 엑셀과 오토캐드의 도면을 링크로 연결하려면, 두 가지 기능을 사용해야 합니다. 이 두 기능에 대해 자세히 알아보고 싶다면 QR 코드를 스캔해 동영상을 확인해 보세요.

◇ 데이터 링크

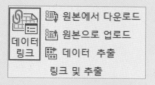

▶ 리본 메뉴의 [삽입] 탭에서 사용할 수 있습니다.

- **명령어** [DATALINK]
- **단축 명령어** [DL]
- **실행 방법** [DL] → (Enter) → 새 데이터 링크 입력 → 엑셀 파일 선택

▶ 이 기능은 특정 파일과 링크에 대한 정보만 입력하는 기능입니다. 링크된 정보를 도면에 표시하려면 [테이블] 기능을 사용해야 합니다.

◇ 테이블

- **명령어** [TABLE]
- **단축 명령어** [TB]
- **실행 방법** [TB] → (Enter) → 데이터 링크에서 테이블 삽입

▶ [테이블] 기능은 오토캐드에서 엑셀과 같은 표를 그리는 기능입니다. 데이터 링크를 입력하여 특정 파일과 연결할 수도 있습니다.

▶ [데이터 링크]와 [테이블]을 사용하면 엑셀에서 수정한 내용이 도면에 반영됩니다. 또한 오토캐드에서 수정한 테이블의 내용을 엑셀 파일에 저장할 수도 있습니다.

▶ [선택하여 붙여넣기(PASTESPEC, PA)]에서 [연결하여 붙여넣기] → [AutoCAD 도면요소]를 선택하면 데이터 링크와 테이블을 한 번에 만들 수 있어요.

▶ 다른 파일의 내용을 가져오는 기능이니, 사용하기 전에 엑셀 파일을 먼저 저장해야 합니다.

문서를 집어넣을 때는 [메모장]을 활용하세요

OLE 객체를 활용하면 도면에 다른 내용을 쉽게 넣을 수 있습니다. 주로 사용되는 것은 이미지, 엑셀, 문서 등입니다. 긴 문서를 복사하여 넣을 때는 가급적 윈도우의 기본 프로그램인 [메모장]을 활용하세요. 다른 프로그램, 예를 들어 MS 워드 등에서 복사한 문서는 OLE로 들어가 편집하기가 어렵지만, [메모장]에서 복사한 문서는 [여러 줄 문자]로 삽입되기 때문에 편집하기가 쉽습니다.

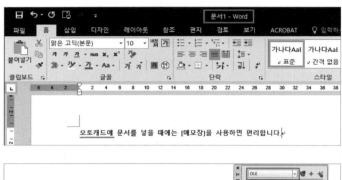

MS 워드에서 복사한 문서는 OLE 객체로 들어가 편집하기 어렵습니다.

메모장에서 복사한 문서는 [여러 줄 문자]로 삽입됩니다. [단일 행 문자]로 사용하려면 [분해(X)]하면 되겠죠?

◐ 메모장을 거치는 대신 [선택하여 붙여넣기(PASTESPEC)] 기능을 사용할 수도 있겠죠?

이미지를 도면에 OLE 객체로 넣으려면?

Ctrl + C, Ctrl + V를 사용하면 다른 프로그램에서 일부만 복사하여 도면에 집어넣을 수 있습니다. 윈도우 탐색기에서 복사하면, 파일 전체를 집어넣을 수 있죠. 그런데 [외부 참조]를 지원하는 이미지 파일들은 외부 참조 파일로 부착됩니다. 따라서 윈도우 기반의 모든 컴퓨터에 기본으로 설치되는 이미지 편집기인 [그림판]을 사용하면, 이미지를 OLE 객체로 집어넣을 수 있습니다.

❍ OLE로 삽입된 이미지는 [자르기(CLIP)]로 자를 수 없습니다. 외부 참조된 이미지만 자를 수 있어요!

❍ 이미지 파일을 [윈도우 탐색기]에서 복사하여 붙여 넣거나 드래그 앤 드롭으로 넣으면 [외부 참조]로 들어갑니다. [결합]할 수도 없습니다.

🔦 직접 해보세요! 이미지를 OLE 객체로 집어넣기

준비 파일 · 08/autocad.jpg
완성 파일 · 08/mspaint.dwg

[autocad.jpg] 파일을 오토캐드에 OLE 객체로 집어넣어 보겠습니다. 윈도우의 기본 프로그램인 [그림판]을 사용하면 어떤 컴퓨터에서도 이미지를 집어넣을 수 있고, 다시 열어 수정할 수도 있습니다.

01. 그림판으로 이미지 복사하기

이미지를 편집할 수 있는 프로그램이라면 어떤 프로그램이든 사용할 수 있습니다. 하지만 모든 컴퓨터에 기본적으로 설치되어 있는 [그림판]을 활용해 보겠습니다. ❶ [그림판]을 실행하여 [autocad.jpg] 파일을 엽니다. ❷ 전체를 선택하는 윈도우의 단축키인 Ctrl + A를 누르면 이미지가 모두 선택됩니다. ❸ 그런 다음 Ctrl + C를 눌러 복사합니다.

02. 오토캐드에서 붙여 넣기

❶ 오토캐드에서 새 도면을 만든 후 Ctrl + V를 눌러 붙여 넣습니다. 아주 간단하게 이미지가 dwg 파일에 포함되었습니다. ❷ 이미지를 선택한 후 [특성] 팔레트를 확인해 보면, OLE 객체로 들어간 것을 확인할 수 있습니다. 복사할 때 [그림판]을 사용했기 때문에 [원본 응용 프로그램]으로 [그림판]이 지정되어 있습니다.

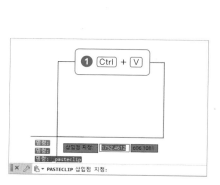

OLE로 들어간 이미지를 더블 클릭하면 그림판이 실행되고, 수정하거나 다른 이름으로 저장할 수 있습니다.

다른 이미지 편집 프로그램도 사용할 수 있지만 [그림판]을 추천합니다!

[그림판] 외에 다른 이미지 편집 프로그램을 사용할 수도 있습니다. 하지만 추천하지는 않습니다. 바로 버전 간의 충돌 문제가 있기 때문입니다. 오토캐드의 버전이 다를 때도 문제가 발생할 수 있지만, 이미지를 넣는 데 사용한 버전과 현재 사용하고 있는 컴퓨터에 설치되어 있는 버전이 맞지 않는 경우에도 열지 못하는 문제가 발생할 수 있습니다. 매년 3월에 출시하는 오토캐드와 상시 업데이트하는 어도비 포토샵 CC(Adobe Photoshop CC) 사이에서도 충돌이 일어나 이미지의 비율이 다르게 들어가는 등의 문제가 발생할 수 있습니다.

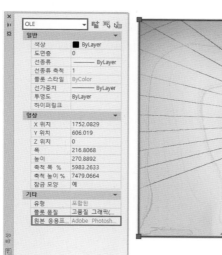

Adobe의 Photoshop에서 붙여 넣은 이미지입니다. 이렇게 소프트웨어의 호환 문제로 이미지가 깨져 삽입될 수도 있어요. 그리고 붙여 넣을 당시에는 정상으로 보일 수 있으나, 나중에 도면을 다시 열었을 때, 제대로 표시되지 않거나, 다른 컴퓨터에서 이미지가 표시되지 않는 등의 문제가 발생할 수 있습니다.

▶ 기본 프로그램이 가장 확실한 방법입니다. 이미지를 넣을 때는 [그림판]이 가장 확실합니다.

오토캐드에는 OLE 객체를 넣기 위한 전용 기능인 [OLE 객체(INSERTOBJ)]라는 기능이 있습니다. 이
기능을 사용하면 특정 프로그램을 지정하여 파일을 OLE 객체로 집어넣을 수 있습니다.

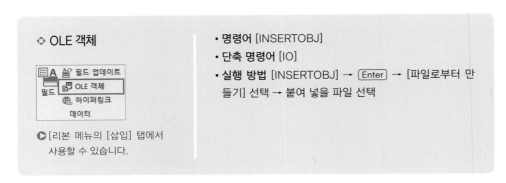

◇ OLE 객체

◖ [리본 메뉴의 [삽입] 탭에서
  사용할 수 있습니다.

• **명령어** [INSERTOBJ]
• **단축 명령어** [IO]
• **실행 방법** [INSERTOBJ] → Enter → [파일로부터 만
  들기] 선택 → 붙여 넣을 파일 선택

[새로 만들기]가 선택되어 있으면 실행할 응용 프로그램이 리스트로 나타납니다. 응용 프로그램을 선택한
후에 [확인] 버튼을 클릭하면, 선택한 프로그램이 실행되어 도면에 집어넣을 정보를 입력할 수 있습니다.

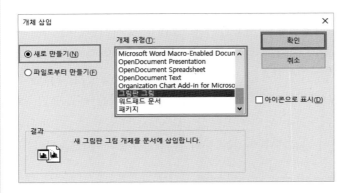

이미 넣을 파일이 있다면 [파일로부터 만들기]를 선택해야 합니다. [찾아 보기] 버튼을 클릭해 원하는
파일을 선택하면, 오토캐드에 OLE 객체로 들어갑니다.

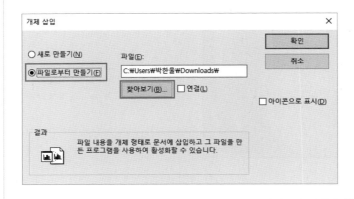

경로가 끊어진 외부 참조 파일 다시 연결하기

난이도 ★★☆

외부 참조를 사용하려면, 파일의 경로를 수정하는 방법을 알아야만 합니다. 파일의 경로를 설정하는 방법 중에서도 [상대 경로]가 가장 사용하기 쉬운데, 파일의 이름이 바뀌거나 경로가 바뀌면 링크가 끊어질 수 있습니다. 파일의 이름이 바뀌는 바람에 경로가 끊어진 도면을 다시 맞춰 주는 연습을 해봅시다.

준비 파일 • 08/exercise.dwg, elevation_part.dwg,
　　　　　　frame.dwg, plan_part.dwg
완성 파일 • 08/exercise_fin.dwg, elevation_part_fin.dwg,
　　　　　　frame_fin.dwg, plan_part_fin.dwg

동영상 강의를
확인해 보세요!

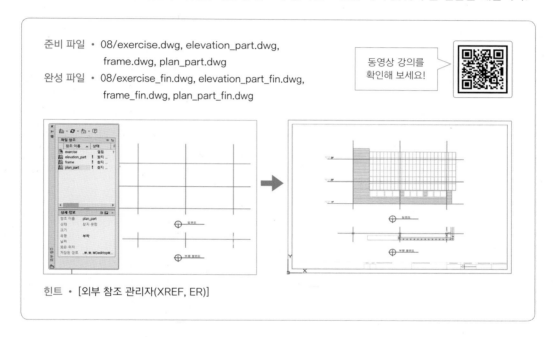

힌트 • [외부 참조 관리자(XREF, ER)]

캐드 고수의 비밀 10

참조 파일 빼먹어 욕 먹지 말고
[전자 전송]으로 전달하세요!

도면에는 여러 가지 데이터가 사용됩니다. [외부 참조] 기능으로 사용된 다른 도면 파일, PDF, 이미지뿐만 아니라 각종 글꼴, 플롯 스타일이 담겨 있는 CTB 파일 등도 사용되죠. 다른 사람에게 도면을 넘겨 줄 때는 이 파일들 모두 넘겨야 모든 객체를 화면에서 확인하고, 그대로 출력할 수 있습니다. 하지만 일일이 챙기기는 쉽지 않죠. [전자 전송(ETRANSMIT)] 기능을 사용하면 오토캐드가 도면에서 사용 중인 파일을 빠짐없이 챙겨 줍니다.

준비 파일 • 캐드 고수의 비밀 10/xref_a_sheet_image.dwg, sheet.dwg, version.jpg, png.png, easyspub.ctb
완성 파일 • 캐드 고수의 비밀 10/etransmit.zip

준비 파일에는 DWG, PNG, JPG 파일이 외부 참조로 들어가 있고, [DWG To PDF.pc3]과 [EASYSPUB.CTB]를 사용해 출력하도록 설정되어 있습니다. Ctrl + P만 눌러도, 어떻게 인쇄할 것인지가 설정되어 있죠. 이런 도면을 다른 사람에게 쉽게 넘겨 주기 위한 기능을 알아보겠습니다.

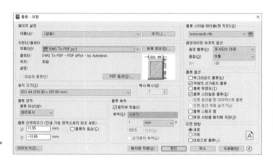

◐ 인쇄 설정을 도면에 저장하는 방법은 06-3을 참조하세요.

---

01. [전자 전송(ETRANSMIT)] 기능 사용하기

사용 중인 모든 파일을 한 번에 보내려면, [전자 전송(ETRANSMIT)]이라는 기능을 사용해야 합니다. 이 기능은 도면에서 사용 중인 모든 파일을 압축 파일로 만들어 주므로 다른 사람에게 도면을 전달할 때 사용하면 매우 편리합니다.

◇ 전자 전송

- **명령어** [ETRANSMIT]
- **실행 방법** [ETRANSMIT] → Enter → 전송 설정 선택 → [확인] 버튼 클릭

▶ 이 기능은 도면에서 사용 중인 모든 파일을 하나의 압축 파일(ZIP)로 만들어 주는 기능입니다.

▶ 기본 설정인 [STANDARD]는 글꼴이 포함되어 있지 않도록 설정되어 있습니다.

02. [xref_a_sheet_image.dwg] 파일을 열고 ❶ [전자 전송] 기능의 명령어인 [ETRANSMIT]을 입력한 다음 Enter 를 누릅니다. ❷ [전송 파일 작성]이라는 대화 상자가 나타납니다. 여기에서 어떤 파일을 압축할 것인지가 화면에 표시됩니다. ❸ [확인] 버튼을 클릭하면 ❹ 어떤 폴더에 어떤 이름으로 저장할 것인지를 지정할 수 있습니다. 적절한 폴더로 이동한 후, 파일 이름에 [ETRANSMIT]를 입력하고 [저장] 버튼을 클릭하면, 압축 파일이 만들어집니다.

도면에 포함된 파일들의 목록이 나타납니다.

[파일 추가] 버튼을 클릭하면 다른 파일을 추가해 압축할 수 있습니다. 이때 dwg 파일을 선택하면, 그 도면에서 사용 중인 다른 파일이 자동으로 포함됩니다.

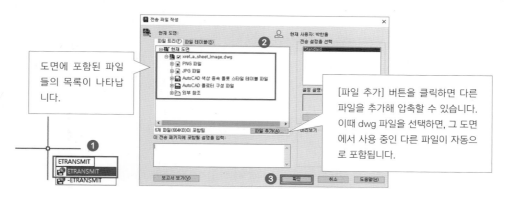

03. 압축을 풀어 파일 확인하기

압축을 풀어 어떤 파일이 포함되어 있는지 확인해 볼까요? 외부 참조로 사용된 이미지와 dwg 파일이 포함되어 있습니다. 그리고 txt 파일이 생겼네요? 원본 도면 파일의 이름으로 만들어진 이 문서 파일에는 언제 저장했는지, 어떤 파일이 포함되어 있는지가 자세히 적혀 있습니다.

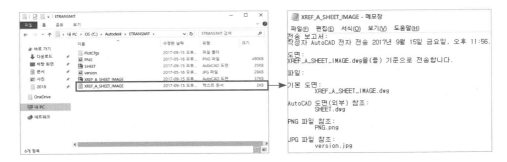

04. [PlotCfgs]라는 폴더도 있는데, 이 폴더에는 도면에서 사용된 플롯 스타일과 프린터 파일이 저장되어 있습니다. 이 프린터와 플롯 스타일을 사용하면, 도면을 설정해 둔 옵션 대로 출력할 수 있죠.

▶ 프린터 설정이 저장되어 있는 pc3 파일과 플롯 스타일이 저장되어 있는 CTB 파일을 설치하는 방법은 뒤이어서 나올 [캐드 고수의 비밀 11]을 참조하세요.

이렇게 버튼 몇 개만 누르면, 한 번에 여러 파일을 빠짐없이 전달할 수 있습니다.

글꼴까지 압축 파일에 포함시키려면 어떻게 해야 하나요?

[전자 전송]의 기본 설정에서 글꼴은 포함되지 않습니다. 일부 글꼴에는 저작권이 있기 때문이지요. 만약, 글꼴까지 포함하려면 어떻게 해야 할까요? 바로 [전송 설정]을 바꿔 주면 됩니다.

❶ [전송 파일 작성] 대화 상자의 오른쪽에 있는 [전송 설정(T)]을 클릭하면, 어떤 설정을 사용할지 선택할 수 있습니다. ❷ 기본 설정인 [STANDARD]밖에는 없네요. 글꼴이 포함되도록 설정을 수정하려면 [수정(M)]을 클릭합니다.

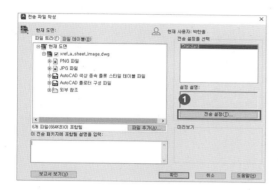
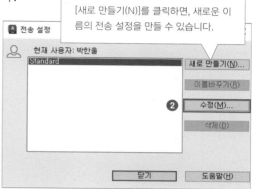

[새로 만들기(N)]를 클릭하면, 새로운 이름의 전송 설정을 만들 수 있습니다.

[전송 설정 수정]에서 많은 설정을 할 수 있는데 ❸ 글꼴을 압축 파일에 포함하려면 오른쪽 아래의 [옵션 포함]에서 [글꼴 포함(I)]에 체크하면 됩니다. ❹ [확인] 버튼을 클릭해 창을 닫고, 사용하면 도면에서 사용한 글꼴까지 압축 파일에 포함됩니다.

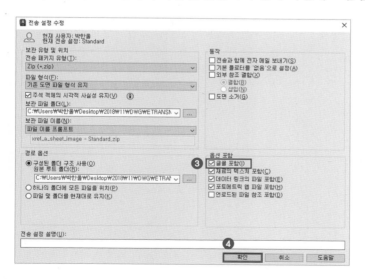

만들어진 압축 파일을 살펴보면, [Fonts]라는 폴더 안에 글꼴이 포함되어 있네요. 이렇게 글꼴까지 포함하면, 도면을 받은 상대방이 문제 없이 도면을 확인할 수 있습니다. 하지만 일부 유료 글꼴에는 저작권이 있기 때문에 주의해야 합니다.

캐드 고수의 비밀 11

다른 사람에게 받은 PC3, CTB 파일 설치하는 방법

때로는 도면을 일정한 형태로 출력하기 위해 출력할 때 사용한 설정 파일을 공유하기도 합니다. 회사 내에서 공통적으로 사용하는 파일이 있는 경우가 많은데, 도면을 다른 사람에게 전달할 때 함께 주기도 합니다. 다른 사람에게 확장자가 CTB인 [플롯 스타일 설정]이 담겨 있는 파일이나 [프린터]의 정보가 담긴, 확장자가 PC3인 파일을 전달받으면 어떻게 설치해야 할까요?

컴퓨터의 [제어판]에서 이 파일을 넣을 폴더를 쉽게 열 수 있습니다. [제어판]의 [보기 기준]을 [큰 아이콘]이나 [작은 아이콘]으로 바꾸면 [Autodesk Plot Style Manager]와 [Autodesk Plotter Manager]라는 아이콘이 나타납니다.

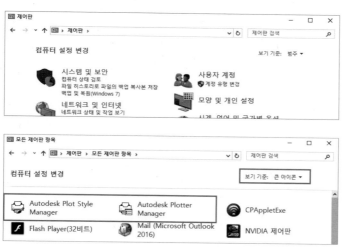

[Autodesk Plot Style Manager]를 클릭하면 폴더가 열리는데, 이곳에 확장자가 [CTB]인 파일을 집어넣으면 오토캐드에서 사용할 수 있습니다.

○ 오토캐드에서 [STYLESMANAGER] 명령어로 열 수도 있어요.

[Autodesk Plotter Manager]를 클릭하면 다른 폴더가 화면에 나타나는데, 이 폴더에는 확장자가 [PC3]인 파일을 집어넣으면 됩니다. 그리고 이 폴더의 [플로터 추가 마법사(Add-A-Plot Style Table Wizard)]를 사용해서 새로운 플롯 스타일을 만들 수도 있어요.

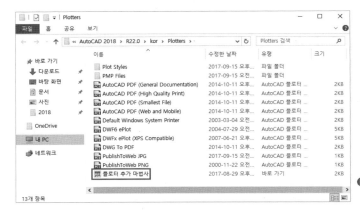

▶ 오토캐드에서 [PLOTTERMANAGER] 명령어로 열 수도 있어요.

한두 번만 사용할 스타일이라면, 사용할 도면과 같은 폴더에만 넣어 두어도 됩니다. 오래 사용할 스타일만 설치해 두세요. 너무 많으면 오히려 사용하기 불편할 수도 있으니까요.

레이어를 잘 다루는 사람이
오토캐드를 지배한다!

실무 도면에는 도면층이 많기 때문에 도면층을 어떻게 관리하느냐에 따라 작업 속도가 현저히 차이납니다. 복잡한 도면일수록 도면층을 잘 정리하면, 색상만 구분하여 그린 것보다 도면을 편리하게 수정할 수 있죠. 예를 들어, 치수만 들어간 도면층, 가구만 그려진 도면층 등으로 구분하여 도면을 그리면, 필요에 따라 가구만 지운 도면을 볼 수 있고, 치수만 지운 도면을 볼 수도 있습니다.

09장에서는 수많은 도면층을 정리하는 방법과 자유자재로 도면층을 다루며 결과 도면을 순식간에 바꾸는 방법까지 배워 보겠습니다.

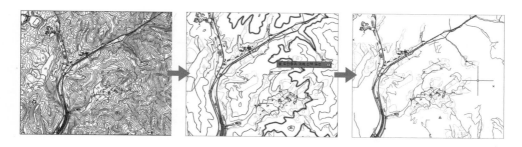

09-1 세 가지 기본 기능에서 도면층 미리 지정하는 방법

기본 기능도 다시 보자! 도면층을 지정해 놓고 기능을 실행해도 다른 도면층으로 지정되어 일을 두 번 하게 했던 기능들에 '도면층을 미리 지정하는 옵션'이 있습니다. 이 옵션은 자주 사용하는 [간격 띄우기], [해치], [치수]에 있습니다. 하나씩 차례대로 사용해 보겠습니다.

직접 해보세요! 도면층 미리 지정해 [간격 띄우기], [치수], [해치] 넣기

준비 파일 • 09/preset_layer.dwg
완성 파일 • 09/preset_layer_fin.dwg

지금까지 배운 방식으로 벽을 그릴 때, 보통 중심선을 그린 다음 [간격 띄우기(O)]로 선을 그리고 만들어진 선을 선택하여 도면층을 바꿔야 했습니다. 이 작업을 간단히 하기 위해 [간격 띄우기] 기능을 사용할 때 생성할 객체의 도면층을 [WALL]로 지정하여 그려 보겠습니다.

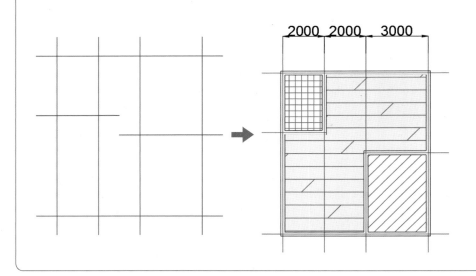

01. [WALL] 도면층에서 [간격 띄우기] 실행하기

중심선에 [간격 띄우기] 기능을 사용하여 벽을 만들겠습니다. ❶ 명령을 실행하기에 앞서, 현재 도면층을 [WALL]로 바꿉니다. ❷ [간격 띄우기(O)] 기능을 실행합니다. ❸ 간격을 입력하기 전, 명령행을 잠깐 살펴보면 옵션이 표시되어 있는 것을 알 수 있습니다. 여기에서 [도면층(L)] 옵션을 클릭해 실행합니다. ❹ 그러면 마우스 커서에 다른 선택지가 나타나는데, 앞으로 그릴 객체를 [원본] 도면층으로 설정하거나 [현재] 도면층으로 설정할 수 있습니다. 미리 [WALL] 도면층을 선택해 두었으므로 [현재(C)]를 클릭합니다.

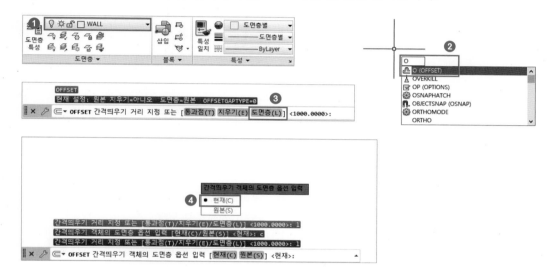

02. [간격 띄우기] 사용하기

[간격 띄우기]를 사용하면 객체는 현재 도면층인 [WALL]로 그려집니다. 간격을 [100]으로 지정하여 두께가 [200]인 벽체 선을 그린 후, 선을 [모깎기(F)]와 [자르기(TR)]로 정리합니다.

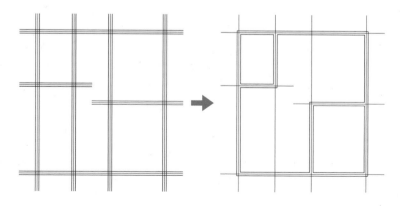

03. [도면층]을 미리 지정하여 해치 넣기

이번에는 [도면층]을 지정하여 해치를 넣어 보겠습니다. ❶ [해치(H)] 기능을 실행합니다.
❷ 리본 메뉴 중 [특성] 버튼을 클릭하면 숨어 있던 메뉴가 나타납니다. ❸ 기본값은 [현재
도면층]으로 설정되어 있는데, 이 도면층을 [HATCH]로 바꿉니다. 이제부터 그릴 해치는
[HATCH] 도면층으로 그려집니다.

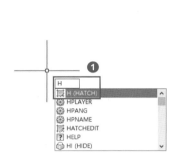

실무에선 이렇게! **해치를 넣을 도면층은 환경 변수로도 설정할 수 있습니다**

메뉴를 클릭하는 대신, 환경 변수인 [HPLAYER]를 사용해도 도면층을 지정
할 수 있습니다. 이때 특이하게 존재하지 않는 도면층으로도 지정할 수 있습
니다. 예를 들어 [임시해치]라는 임의의 도면층 이름을 입력하면, 해치를 넣을
때 [임시해치]라는 도면층이 생깁니다.

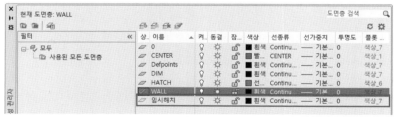

하지만 아쉽게도 이 변수는 오토캐드에 저장되는 값이 아니므로 다른 도면을 사용할 때도 적용하려면
다시 한 번 환경 변수를 바꿔야 합니다.

⊃ 이와 비슷하게 [CLAYER]로 현재 도면층을, [DIMLAYER]로 치수에 사용할 도면층을, [XREFLAYER]로 외부 참조
  에 사용할 도면층을 지정할 수 있습니다.
⊃ [HPLAYER]와 [DIMLAYER]에서 초깃값인 현재 도면층으로 지정하려면 도면층 이름 대신 마침표(.)를 입력해야 합니다.
⊃ 2021 버전부터 추가된 [TEXTLAYER]를 사용하면 문자를 만들 때 자동으로 특정 도면층에 들어가도록 지정할 수
  있습니다.

04. 먼저 왼쪽 위의 가장 작은 방부터 해치를 넣어 보겠습니다. ❶ [USER] 패턴으로 ❷ [이중]으로 설정하며 ❸ [해치 간격]은 [300]으로 설정하였습니다. ❹ 왼쪽 위의 가장 작은 방을 클릭하여 해치를 넣습니다.

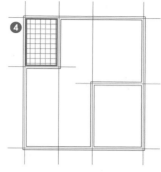

05. 같은 도면층이지만 [해치 색상]을 다르게 지정하기

이번에는 같은 도면층을 사용하되, 색상을 다른 색으로 설정하여 오른쪽 아래의 방에 해치를 넣어 보겠습니다. 다시 [해치]를 실행하고 ❶ 리본 메뉴에서 [도면층별]로 설정된 항목을 클릭하면 [해치 색상]을 설정할 수 있습니다. ❷ [빨간색]을 클릭하여 설정합니다.

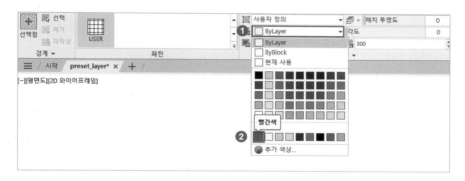

06. 이 상태로 해치를 넣으면 앞에서 설정한 [HATCH] 도면층이지만, 색상은 [빨간색]으로 그려집니다. ❶ [JIS_WOOD] 패턴 ❷ [해치 간격]은 [500]으로 설정하여 ❸ 오른쪽 아래 방을 클릭합니다. [HATCH] 도면층이지만, [빨간색]으로 해치가 들어갔습니다.

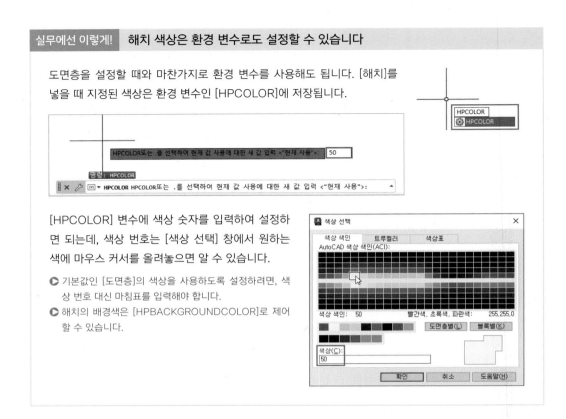

도면층을 설정할 때와 마찬가지로 환경 변수를 사용해도 됩니다. [해치]를
넣을 때 지정된 색상은 환경 변수인 [HPCOLOR]에 저장됩니다.

[HPCOLOR] 변수에 색상 숫자를 입력하여 설정하
면 되는데, 색상 번호는 [색상 선택] 창에서 원하는
색에 마우스 커서를 올려놓으면 알 수 있습니다.

▷ 기본값인 [도면층]의 색상을 사용하도록 설정하려면, 색
 상 번호 대신 마침표를 입력해야 합니다.
▷ 해치의 배경색은 [HPBACKGROUNDCOLOR]로 제어
 할 수 있습니다.

07. [배경색]을 지정해 해치 넣기

해치는 패턴과 '패턴이 들어가지 않는 빈 공간'으로 구성되는데, 이 두 군데에 다른 색을 지
정할 수 있습니다. 마지막으로 패턴이 들어가지 않는 배경에 색을 지정하여 해치를 넣겠습
니다. 다시 [해치]를 실행한 후 ❶ 리본 메뉴의 [배경색]을 클릭해 색을 지정할 수 있습니다.
❷ [노란색]을 클릭하여 설정합니다.

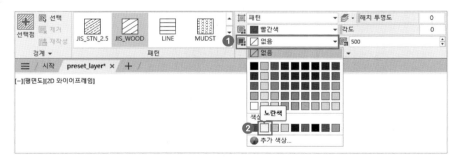

▷ 배경색의 색상은 [HPBACKGROUNDCOLOR]라는 환경 변수로도 조절할 수 있습니다.

08. 이 상태로 해치를 넣으면 앞에서 설정한 [HATCH] 도면층으로, 패턴은 [빨간색], 패턴의 배경에는 [노란색]이 들어갑니다. ❶ [DOLMIT] 패턴 ❷ [해치 간격]은 [100]으로 설정하여 ❸ 가운데 영역에 넣습니다. [노란색] 배경에 [빨간색] 패턴이 입혀졌습니다.

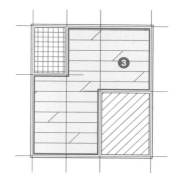

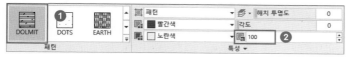

▶ 세 가지 옵션을 적절히 사용하면, 도면에 다양한 해치를 표현할 수 있습니다. 게다가 [투명도] 옵션까지 사용하면, 더 다양한 표현을 할 수 있습니다.

😫 삽질 금지   **[배경색]을 설정했다면, 출력할 때에 조심하세요!**

출력할 때 [monochrome.ctb]를 정말 많이 사용하죠. [monochrome.ctb]로 설정하면 객체가 있으면 검은색으로, 없으면 흰색으로 출력됩니다. 그래서 해치에 배경색이 설정되어 있으면 왼쪽 그림과 같이 새까만 색으로 출력됩니다. 이럴 땐 해치에 [투명도]를 설정하면 오른쪽과 같이 출력됩니다. 물론 플롯 설정에서 [플롯 투명도] 옵션도 켜야 해요.

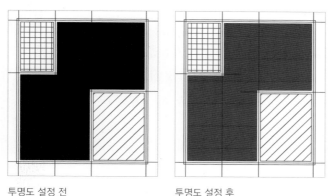

투명도 설정 전   투명도 설정 후

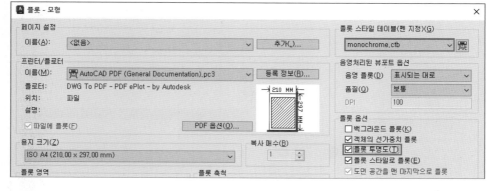

09. 치수를 넣을 도면층 바꾸기

이번에는 치수를 특정 도면층으로 넣어 보겠습니다. [홈] 탭에서는 치수를 특정 도면층으로 그리는 설정을 할 수 없습니다. ❶ [주석] 탭을 클릭해 리본 메뉴를 바꿉니다. ❷ [치수] 패널을 보면 [치수 도면층 재지정] 메뉴가 있습니다. 기본값은 '현재 사용 중인 도면층'을 사용하게 되어 있는데, 이 값을 [DIM] 도면층으로 바꿉니다.

▷ 어떤 종류의 치수를 넣더라도 특정 도면층으로 들어가도록 설정할 수 있습니다.

10. [스마트 치수] 기능 사용하기

이제 현재 도면층이 어떻게 설정되어 있더라도 모든 치수는 [DIM] 도면층으로 그려집니다. 그동안 사용했던 방법과 달리, [스마트 치수(DIM)]라는 기능으로 치수를 넣어 보겠습니다. 리본 메뉴에 [치수]라고 가장 크게 써 있는 버튼이 [스마트 치수] 기능입니다. ❶ 버튼을 클릭하거나 명령어인 [DIM]을 입력하고 Enter 를 눌러 기능을 실행합니다. ❷ 일반적인 치수를 입력하듯 두 점을 차례대로 클릭하고 ❸ 치수의 위치를 지정하면 치수가 입력됩니다.

▷ [스마트 치수]는 기능이 뭉쳐 있는 만큼 사용하기가 조금 까다로우니 하나씩 차근차근 따라 하세요.

◇ 스마트 치수

- 명령어 [DIM]
- 실행 방법 [DIM] → Enter → 객체 선택 → 치수 위치 클릭 → 작성을 끝내려면 Enter

▷ [스마트 치수]는 수많은 치수 기능이 하나로 합쳐 있는 복잡한 기능입니다. 클릭하는 객체마다, 사용하는 옵션마다 기능이 바뀌므로 많이 연습해야 합니다.

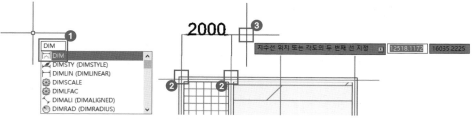

11. 연속적으로 치수 넣기

기능을 종료하지 않고 다시 치수를 넣을 수 있습니다. 이번에는 앞에서 넣었던 치수의 오른쪽 선에 이어지는 '연속 치수'를 넣어 보겠습니다. 이때 [객체 스냅]이 켜져 있으면 치수 보조선의 일정 부분에 스냅이 잡혀 잘 클릭되지 않습니다. ❶ [F3]을 눌러 잠시 객체 스냅을 끈 후, 치수 보조선의 오른쪽 선을 클릭합니다. ❷ 다시 [F3]을 눌러 [객체 스냅]을 켠 후, 중심선의 끝점을 클릭합니다.

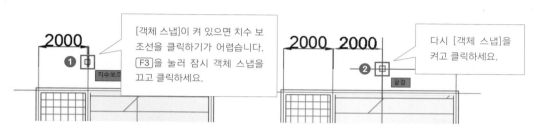

실무에선 이렇게! [스마트 치수]만 연습해도 치수를 모두 넣을 수 있어요!

[스마트 치수]는 치수를 넣는 대부분의 기능을 하나로 합친 복합 기능입니다. 기준선 치수, 연속 치수, 반지름, 지름, 정렬 치수 등 거의 모든 치수를 [DIM]이라는 명령어 하나로 모두 넣을 수 있습니다.

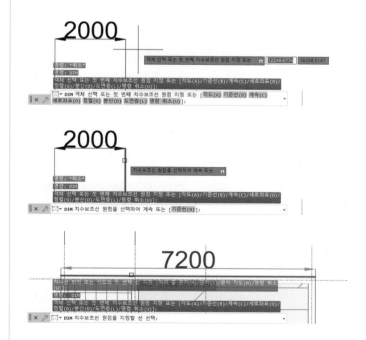

기능이 합쳐졌기 때문에 처음에 사용하기 힘들 수도 있습니다. 마우스가 어떤 객체 위에 있느냐에 따라 사용할 수 있는 옵션이 계속 바뀌는데, 차근차근 연습하다 보면 치수를 넣는 시간이 대폭 줄어듭니다.

12. ❶ 그런 다음, 중심선의 끝점을 클릭합니다. 이렇게 '이미 넣은 치수의 치수 보조선'을 클릭하면 선택한 치수와 연속되는 [연속 치수]도 별도의 명령어 없이 쉽게 넣을 수 있습니다. ❷ Enter를 한 번 누르면 [연속 치수] 기능이 끝납니다. 아직 [스마트 치수] 기능은 끝나지 않았습니다. ❸ Enter를 한 번 더 눌러 모든 기능을 종료합니다.

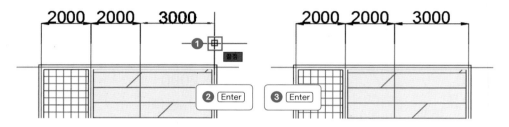

치수로 지정되는 도면층은 환경 변수로도 설정할 수 있습니다

[해치]와 마찬가지로 치수에 지정되는 도면층도 환경 변수로 설정할 수 있습니다. 이때 사용되는 환경 변수는 [DIMLAYER]입니다. 해치에 사용되는 [HPLAYER]와 동일하게 '존재하지 않는 도면층'으로도 지정할 수 있으며, 초깃값인 '현재 도면층'으로 설정하려면 도면층 이름 대신 마침표(.)를 입력해야 합니다.

도면층의 이름을 타이핑하기 귀찮다면 [스마트 치수] 기능의 [도면층(L)] 옵션으로도 설정할 수 있어요. 이 옵션을 사용하면 도면층의 이름을 입력하는 대신, 객체를 선택해서 설정할 수도 있습니다.

명령: DIM
× ↗ ▾ **DIM** 객체 선택 또는 첫 번째 치수보조선 원점 지정 또는 [**각도(A) 기준선(B) 계속(C) 세로좌표(O) 정렬(G)
분산(D) 도면층(L) 명령 취소(U)**]:

09-2 도면층의 컨트롤 타워, [도면층 특성 관리자]

02장에서 배웠듯이 어떤 객체를 그리기 전에 도면층을 설정하는 습관을 들이면, 도면을 수정하는 시간을 반으로 줄일 수 있습니다. 복잡한 도면에서 객체를 골라 선택하고, 특성을 수정하는 비생산적인 정리 작업을 줄일 수 있기 때문입니다.

실무의 수많은 도면층, 해법은 [도면층 특성 관리자]

필요한 도면층만 만들어 간단히 정리하면 좋겠지만, 실제 실무에서는 하나의 도면에 수많은 도면층이 사용됩니다. 혼자만 작업하는 게 아니라 여러 회사에서 도면을 공유하여 사용하는 경우가 많기 때문이죠. 회사마다 도면층을 만드는 규칙이 달라 알아보기 힘들다는 이유로 자꾸 새 도면층을 만들다 보면 비슷한 도면층이 많이 생기는 것입니다.

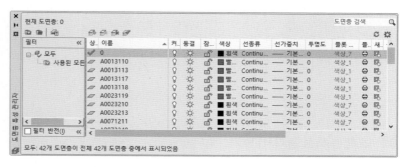

도면층을 제어하는 [도면층 특성 관리자]에는 훌륭한 기능들이 숨어 있습니다. 어떤 객체가 어느 도면층에 그려 있는지 알고 있다면, 여러 도면층에 대한 특성을 한 번에 바꿀 수 있습니다. 예제로 직접 해 보면서 알아보겠습니다.

◐ 오토캐드의 기능을 좀 더 익히면, 이름만으로는 알아보기 힘든 도면층을 쉽게 제어할 수 있습니다.

직접 해보세요!　여러 도면층의 특성 한 번에 바꾸기

준비 파일 • 09/layer_lt.dwg
완성 파일 • 09/layer_lt_fin.dwg

사무실 도면을 그릴 때 도면층을 잘 지정하여 그려 놓으면, 선 색상, 선 종류, 선 가중치 등을 한
꺼번에 바꿀 수 있습니다. 예를 들어, 창문을 모두 [WINDOW] 도면층에 그려 놓으면 나중에
[WINDOW] 도면층의 선 종류를 바꿔 일괄 적용할 수 있죠.

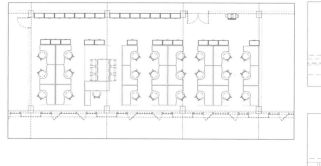
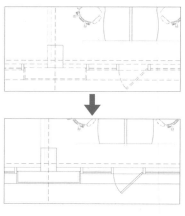

01. [도면층 특성 관리자] 열기

준비 파일을 열어 보면 벽과 문, 창문이 점선으로 그려져 있습니다. 이 선들을 실선으로 바
꿔 보겠습니다. 점선으로 그려진 객체들이 한 도면층에 있다면 한 번에 바꾸기가 훨씬 편
리하겠죠? 리본 메뉴에서 [도면층 특성] 버튼을 클릭하거나 명령어인 [LAYER] 또는 단축
명령어인 [LA]를 입력하고 Enter 를 눌러 [도면층 특성 관리자]를 열어 보세요.

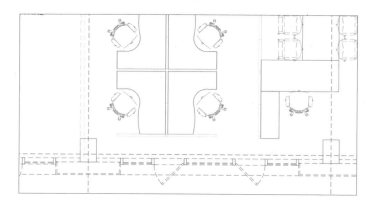
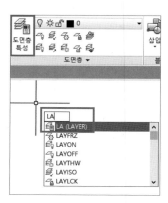

02. 도면층의 선 종류 수정하기

[도면층 특성 관리자]를 열어 보니 선 종류가 [HIDDEN]으로 되어 있는 도면층이 몇 개 보입니다. [DOOR], [WALL-EX], [WALL-IN], [WINDOW] 도면층의 선 종류를 바꿔야겠네요. 먼저 [WINDOW]를 바꿔 보겠습니다. ❶ [WINDOW]의 선 종류로 설정되어 있는 [HIDDEN]을 클릭하면, 사용할 수 있는 선 종류가 화면에 표시됩니다. ❷ [Continuous]를 클릭하여 선택한 후 ❸ [확인] 버튼을 클릭합니다. 도면을 확인해 보니 창문이 실선으로 바뀌었네요.

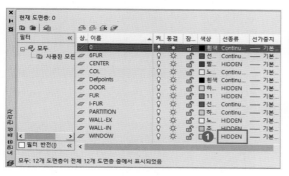

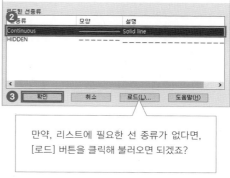

만약, 리스트에 필요한 선 종류가 없다면, [로드] 버튼을 클릭해 불러오면 되겠죠?

◐ 도면층을 잘 정리해 두면, 이름만으로도 쉽게 확인할 수 있습니다.

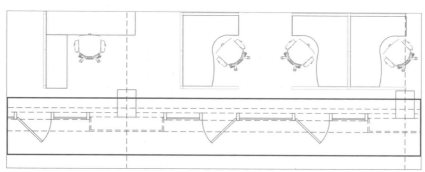

◐ 객체에 개별적으로 설정된 값이 있다면, 도면층의 [선종류]가 객체에 반영되지 않아요. 도면층의 설정을 그대로 사용하려면 [도면층별(ByLayer)]로 설정되어 있어야 합니다.

03. 여러 도면층의 선 종류 수정하기

아직 [DOOR], [WALL-EX], [WALL-IN] 이렇게 3개의 도면층이 남았습니다. 이 세 도면층을 한 번에 바꿔 볼까요? ❶ [도면층 특성 관리자]에서 Ctrl을 누른 상태에서 3개의 도면층을 선택합니다. ❷ 이 상태에서 선택된 도면층 중 하나의 [선 종류]를 클릭합니다. 앞에서 하나의 선 종류를 바꿀 때와 마찬가지로 선택하는 창이 나타나네요. ❸ [Continuous]를 선택한 후 ❹ [확인] 버튼을 클릭합니다. 한 번에 3개의 선 종류가 바뀌었습니다. 도면에도 바뀐 부분이 반영되었네요.

◐ 여러 항목을 한 번에 선택할 때 Ctrl을 누른 채 하나씩 선택하거나 Shift를 누른 채 시작과 끝을 선택할 수 있습니다.

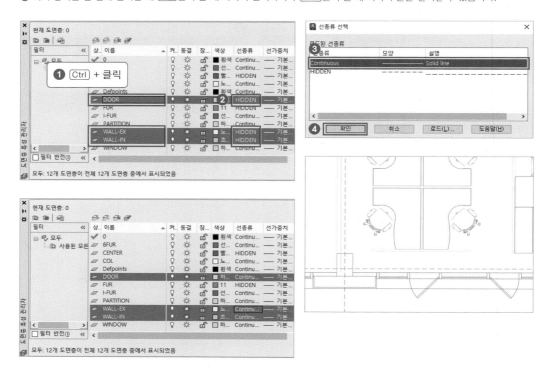

이렇게 [도면층 특성 관리자]를 사용하면 선 종류뿐만 아니라 선 색상, 선 가중치를 한 번에 조절할 수 있습니다. 더 나아가 한 번에 여러 도면층을 끄거나 켤 수도 있죠.

직접 해보세요! **여러 도면층의 특성 한 번에 바꾸기**

준비 파일 • 09/layer_off.dwg
완성 파일 • 09/layer_off_fin.dwg

경우에 따라 여러 도면층을 끄거나 켤 일이 있습니다. 예를 들어, 사무실에 파티션을 넣는 경우와
넣지 않는 경우를 비교하여 보고 싶을 때 해당하는 도면층을 끄면 좋겠죠. 그리고 작업 시 거추장
스러운 도면층을 끄거나 켤 때, 출력하고 싶지 않은 도면층을 꺼둘 때도 [도면층 특성 관리자]를 활
용합니다.

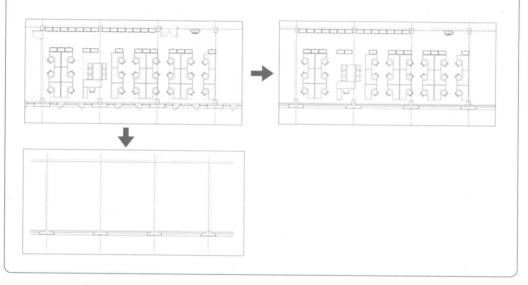

01. 특성에 따라 도면층 정렬하기

여러 도면층을 다룰 때 특성별로 정렬
하면 훨씬 편리합니다. [도면층 특성
관리자]의 항목이 표시된 버튼을 클릭
하면 특성에 따라 도면층을 정렬할 수
있습니다. [색상]을 클릭해 보면 도면
층이 색상별로 정렬됩니다.

02. 여러 도면층 끄기

하늘색의 도면층만 골라 도면층을 꺼 보겠습니다. ❶ 가장 위에 있는 [WINDOW] 도면층의 이름을 클릭한 후 ❷ Shift 를 누른 상태에서 [DOOR] 도면층의 이름을 클릭하여 한 번에 선택합니다. ❸ [켜기] 항목의 전구를 클릭하면 전구의 불이 꺼집니다. ❹ 그리고 도면에서 선택한 도면층의 객체가 화면에서 사라집니다.

◐ Ctrl 은 하나씩 선택해야 하지만, Shift 를 사용하면 일렬로 나열된 여러 도면층을 한 번에 선택할 수 있습니다.

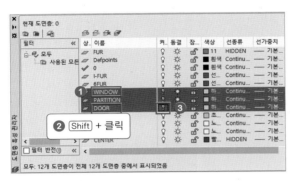

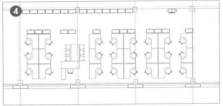

03. 마우스 오른쪽 버튼 클릭으로 선택한 도면층만 남기기

몇 개의 도면층을 끄는 기능이 있다면, 몇 개의 도면층만 남기고 나머지를 끄는 기능도 있겠죠? ❶ [도면층 특성 관리자]에서 Ctrl 을 클릭한 채 남기고 싶은 도면층인 [CENTER], [WALL-EX], [WALL-IN]을 선택합니다. ❷ 이 상태에서 마우스 오른쪽 버튼을 클릭하면, 사용할 수 있는 메뉴가 나타납니다. 선택한 도면층만 화면에서 확인하기 위해 [선택한 도면층 분리]를 클릭합니다. 그러면 순식간에 선택한 도면층을 제외한 다른 도면층이 한 번에 모두 꺼집니다.

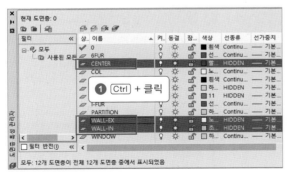

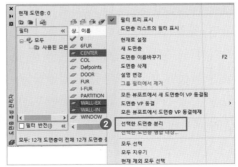

◐ [선택한 도면층 분리]를 사용하면 [LAYISO] 기능이 실행됩니다. 이 기능은 옵션에 따라서 선택하지 않은 도면층들을 끌 수도 있고 잠글 수도 있어요. 그런데 버전마다 초깃값이 달라서 꺼지는 게 아니라 잠길 수도 있습니다. 설정을 바꾸려면 [LAYISO] 명령어를 실행한 다음, [설정(S)] 옵션을 사용해야 해요.

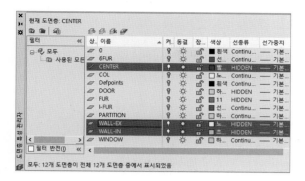

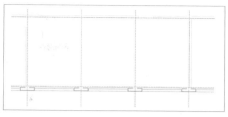

04. 선택 요소 반전해 나머지 도면층 선택하기

[선택한 도면층 분리]를 사용하면 원하는 도면층
만 켜서 도면을 확인할 수 있습니다. 하지만 아쉽
게도 나머지 도면층을 [동결]하는 메뉴가 따로 없
네요. 동결까지 해 볼까요? 3개의 도면층을 제외
한 나머지 도면층을 선택하고 싶을 때는 세 도면층
을 선택하고 마우스 오른쪽 버튼을 클릭한 후 [선
택요소 반전]을 클릭하면 됩니다.

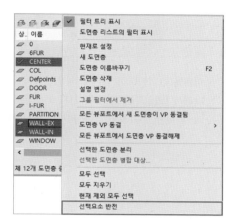

05. 나머지 도면층이 한 번에 선택되었습니다. [동결] 항목의 태양 모양의 아이콘을 클릭
하면 선택한 여러 개의 도면층이 한 번에 동결됩니다.

▶ [동결]은 언뜻 보면 [켜기/끄기]와 유사해 보이지만, 기능은 조금 다릅니다. 차이점은 66쪽을 참조하세요.

마우스 오른쪽 버튼에는 의외로 많은 기능이 숨어 있습니다. [도면층 특성 관리자]뿐만 아니
라 여러 메뉴에 다양한 기능이 숨어 있으니 한 번씩 사용해 보면 많은 도움이 될 것입니다.

[도면층 특성 관리자]의 오른쪽 위에는 돋보기 아이콘과 함께 [도면층 검색]이라는 메뉴가 있습니다. 이 메뉴를 사용하면 수많은 도면층 중에서 특정 도면층만 검색할 수 있습니다.

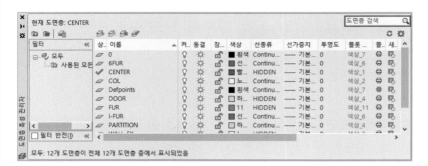

이름을 타이핑하여 검색할 수 있는데, 전체 이름을 모두 타이핑해야 한다면 쉽게 찾는 의미가 없겠죠? 그래서 [와일드카드]로 몇 가지 특수 문자를 사용할 수 있습니다. [와일드카드]에는 여러 종류가 있는데, 유용한 몇 가지만 알아 두면 쉽게 사용할 수 있습니다.

와일드카드	역할	예시
#	하나의 숫자	[FUR#]으로 검색하면 [FUR1], [FUR2]는 검색되지만, [1-FUR]이나 [FUR1]은 검색되지 않습니다. [FUR##]로 검색하면 [FUR1]은 검색되지 않지만, [FUR17]은 검색됩니다.
@	하나의 문자	[@FUR]로 검색하면 [AFUR], [FFUR]은 검색되지만, [FURA], [FUR1], [1FUR]은 검색되지 않습니다.
.	하나의 기호	[FUR.#]으로 검색하면 [FUR-1], [FUR-2]는 검색되지만, [FUR-A] 나 [1-FUR]은 검색되지 않습니다.
*	여러 숫자, 문자, 기호	[*FUR]로 검색하면 도면층 이름이 [FUR]로 끝나는 모든 도면층이 검색됩니다. [FUR*]로 검색하면 [FUR]로 시작하는 모든 도면층이 검색됩니다.

와일드 카드는 여러 개를 섞어 사용할 수 있습니다. 그중에서도 가장 활용도가 높은 [와일드카드]는 [*]입니다.

[*FUR*] 로 검색했기 때문에 도면층 이름에 [FUR]이 들어가는 모든 도면층이 검색되었습니다.

캐드 고수의 비밀 12

지저분해진 도면층 하나로 병합하기

여러 사람의 손을 거치고, 오랫동안 작업하다 보면 도면층은 엉망이 되기 쉽습니다. 예를 들어, 문자에 대한 도면층이 [TEX], [TEXT], [TEXT2] 등 여러 개로 나뉘어 있는 일은 실무에서 비일비재합니다. 여러 도면층을 하나로 합칠 수는 없을까요? 당연히 가능합니다.

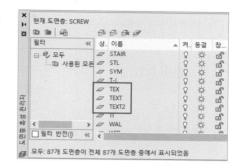

도면층을 하나로 합치는 기능을 '도면층 병합'이라고 합니다. 이 기능은 명령어를 사용하여 사용할 수도 있고, [도면층 특성 관리자]를 사용할 수도 있습니다. 여기서는 [도면층 특성 관리자]를 사용하는 방법을 알아보겠습니다.

준비 파일 • 캐드 고수의 비밀 12/laymrg.dwg
완성 파일 • 캐드 고수의 비밀 12/laymrg_fin.dwg

외부 참조로 링크된 도면을 [결합]하면 도면층, 블록 등의 이름에 파일의 이름이 들어가 도면층이 지저분해집니다. 게다가 도면층의 개수도 늘어나 작업하기가 불편하죠. 이 도면층들을 하나의 도면층으로 합쳐 보겠습니다.

ⓒ [외부 참조]는 다른 도면이나 이미지, PDF 등을 링크로 불러오는 기능입니다. 기능에 대한 자세한 내용은 08-1을 참조하세요.

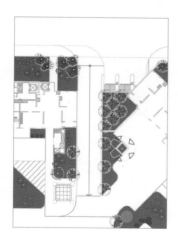

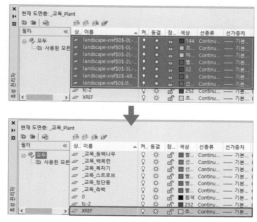

---

01. 도면층 선택해 병합하기

❶ [도면층 특성 관리자(LA)]를 엽니다. 도면층이 엄청 많네요. 도면층을 병합하기 위해 [landscape-xref]로 시작하는 도면층을 모두 선택합니다. ❷ 선택한 도면층 위에서 마우스 오른쪽 버튼을 클릭하면 나타나는 메뉴 중에서 [선택한 도면층 병합 대상]을 클릭합니다.

▶ 실무에서는 보통 결합된 외부 참조 도면의 도면층을 수정되지 않도록 잠가 사용합니다. 이 경우, 사용하지 않는 도면층이 많아 져 제어하기가 어려워집니다.

◇ **도면층 병합**

• **명령어** [LAYMRG]
• **실행 방법** [LAYMRG] → Enter → 병합할 도면층으로 그려진 객체 선택 → 변경할 도면층으로 그려진 객체 선택 → 미리 보기에서 확인 → [예(Y)] 선택

▶ 이 기능은 [도면층 특성 관리자]에서 마우스 오른쪽 버튼을 클릭하여 사용할 수도 있습니다.

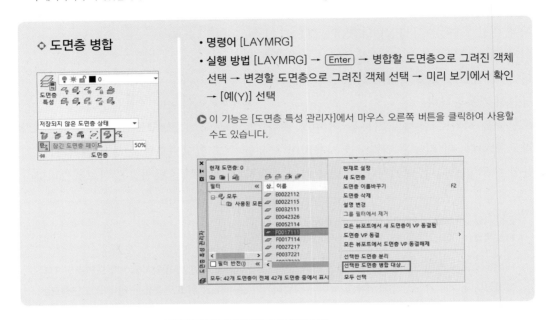

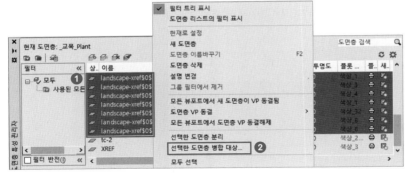

02. 어떤 도면층으로 합칠 것인지를 선택하는 창이 나타납니다. ❶ 합칠 도면층인 [XREF]를 선택한 후 ❷ [확인] 버튼을 클릭합니다. 도면층이 병합된다는 확인 메시지가 나타납니다. ❸ [예]를 클릭합니다. [landscape-xref]로 시작하는 도면층들이 [XREF]로 병합되었습니다.

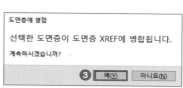

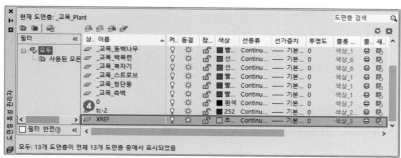

03. 명령어로 사용할 때는 병합할 도면층으로 작성된 객체를 선택해야 하는데, [이름(N)] 옵션을 사용하면 [도면층 병합] 대화 상자가 나타납니다. 이렇듯 명령어로 사용할 때도 합칠 도면층을 선택할 수 있어요.

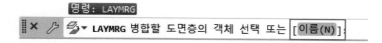

09-3 지적도에서 필요한 레벨만 골라 표시하기

[도면층 특성 관리자(LA)]를 사용하면 여러 도면층을 한 번에 끄거나 켤 수 있었는데요. 객체가 어떤 도면층에 있는지를 알아야만 선택하여 끄거나 켤 수 있었습니다. 그런데 도면층만 보고 어떤 객체가 있는지 파악하기 힘든 경우에는 어떻게 해야 할까요?

도면층 이름을 몰라도 도면층을 끄고, 켜고, 동결할 수 있습니다!

도면층의 이름만으로 파악하기 힘든 경우에는 객체를 선택하여 해당 도면층을 끌 수 있습니다. 동결도 물론 가능하고 잠그거나 하나의 도면층만 켜는 기능도 사용할 수 있습니다. 이 모든 기능은 리본 메뉴의 [도면층] 탭에 모여 있습니다. 한번 사용해 볼까요?

◐ 객체를 선택하여 도면층을 제어하는 기능은 모두 이곳에 모여 있습니다.

직접 해보세요! 객체를 선택하여 도면층 제어하기

준비 파일 • 09/layoff.dwg
완성 파일 • 09/layoff_fin.dwg

지적도는 많은 도면층을 가지고 있는 대표적인 도면입니다. 높이에 따라 도면층이 다양하게 지정되어 있기 때문입니다. 이렇게 복잡한 도면층을 가진 지적도에서 원하는 객체만 보이도록 제어하는 방법을 알아보겠습니다.

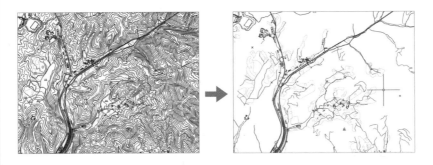

01. 도면층 살펴보기

준비 파일을 열었다면 [도면층 특성 관리자(LA)]를 열어 보세요. 지적도의 수많은 선들 중에서 어떤 객체가 어떤 도면층에 있는지 감이 오나요? 전문가라도 그건 쉽지 않을 것입니다.

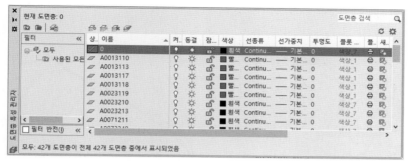

물론 도면층 이름들에도 규칙은 있지만, 어떤 객체가 어떤 도면층에 있는지 한 번에 알아채기는 어렵습니다.

02. 객체 선택해 도면층 끄기

지도에서 등고선을 골라 보이지 않게 해 볼까요? ❶ 리본 메뉴의 버튼을 클릭하거나 명령어인 [LAYOFF]를 입력하고 Enter 를 눌러 [도면층 끄기] 기능을 실행합니다. ❷ 끌 객체로 갈색 등고선을 클릭합니다. ❸ 그러면 클릭한 객체뿐만 아니라 같은 도면층에 있는 갈색 등고선이 모두 사라집니다.

 ◆ 도면층 끄기

- **명령어** [LAYOFF]
- **실행 방법** [LAYOFF] → Enter → 화면에서 끄고 싶은 도면층으로 그려진 객체 선택 → Enter

◐ 여러 객체를 한 번에 선택할 수는 없지만, 반복적으로 하나씩 클릭하여 끌 수 있습니다.

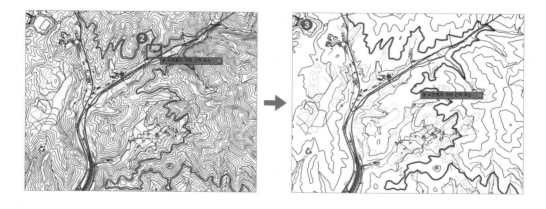

03. 아직 [도면층 끄기] 기능이 끝나지 않았기 때문에 다른 객체를 클릭하여 다른 도면층을 끌 수 있습니다. ❶ 검은색 등고선을 클릭합니다. ❷ 원하는 도면층을 모두 껐다면 [Enter]를 눌러 기능을 종료합니다.

◖ [도면층 끄기] 기능은 [윈도우 선택]이나 [걸치기 선택]으로 여러 객체를 한 번에 선택할 수는 없습니다. 하지만 여러 도면층을 이어서 끌 수는 있죠.

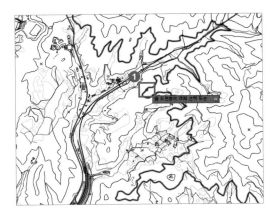 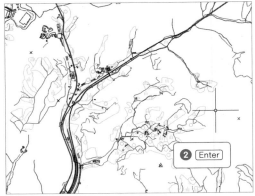

04. 모든 도면층 켜기

도면층을 다시 켜려면 어떻게 해야 할까요? 아주 간단합니다. ❶ 리본 메뉴에서 [모든 도면층 켜기] 버튼을 클릭하거나 명령어인 [LAYON]을 입력하고 [Enter]를 누르면 됩니다. ❷ 기능이 실행되자마자 도면의 모든 도면층이 한 번에 켜집니다.

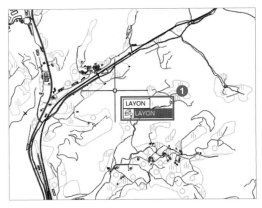 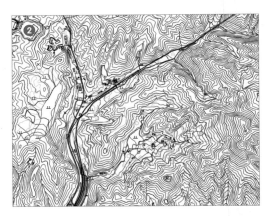

◖ 일부 도면층만 켜려면 [도면층 특성 관리자(LA)]를 사용해야 합니다.

◇ 모든 도면층 켜기

도면층
특성

도면층 ▾

• 명령어 [LAYON]
• 실행 방법 [LAYON] → Enter
▶ 사용 중인 도면의 모든 도면층을 한 번에 켜는 기능입니다.

▶ 도면층을 제어하는 기능은 끄기와 켜기, 분리와 분리 해제, 동결과 동결 해제, 잠금과 잠금 해제로 구성되며 리본 메뉴의 윗줄과 아래줄에 쌍을 이루고 있습니다.

▶ 명령어가 길어 사용하기 불편하다면 [부록 03 단축 명령어 추가/수정하기 - PGP 편집]을 참고해 단축 명령어를 정의해 보세요. 예를 들어 [LAYON]을 [ON]으로, [LAYOFF]를 [OFF], [LAYISO]를 [ISO]로 정의하면 한결 사용하기 편리합니다.

동결과 동결 해제도 가능합니다!

동결과 동결 해제도 같은 방법으로 사용할 수 있습니다. 02장에서 설명했듯이 [동결]을 사용하면 객체의 정보가 메모리에서 제거됩니다. 그렇기 때문에 도면을 좀 더 가볍게 사용할 수 있죠. [모든 도면층 동결 해제]를 할 때 여러 객체의 정보를 한 번에 메모리로 가져오기 때문에 갑자기 느려질 수도 있습니다.

◇ 도면층 동결

도면층
특성

도면층 ▾

• 명령어 [LAYFRZ]
• 실행 방법 [LAYFRZ] → Enter → 화면에서 동결하고 싶은 도면층으로 그려진 객체 선택 → Enter
▶ [LAYOFF]와 같은 방법으로 사용합니다.

◇ 모든 도면층 동결 해제

도면층
특성

도면층 ▾

• 명령어 [LAYTHW]
• 실행 방법 [LAYTHW] → Enter
▶ [LAYON]과 같은 방법으로 사용합니다.
▶ 동결되었던 모든 도면층의 객체를 메모리로 불러와야 하기 때문에 사양이 좋지 않은 컴퓨터는 멈출 수도 있습니다.

혹시 블록에 [도면층 끄기]와 [도면층 동결]을 사용해 보았나요? 두 기능의 차이점은 선택한 객체의 도면층을 끄느냐, 동결시키느냐 밖에는 없습니다. 사용하는 과정과 사용할 수 있는 옵션은 동일하죠. 그리고 블록에 사용했을 때의 결과가 옵션에 따라 달라집니다.

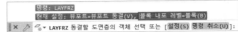

◗ 옵션의 초깃값은 버전마다 조금씩 달라요.

❶ 예제 도면인 [contour_block.dwg] 파일에는 블록으로 묶어 놓은 지도가 포함되어 있습니다. 그리고 이 블록은 [지도]라는 도면층으로 작성되어 있습니다. ❷ [LAYOFF] 명령을 실행하고 도면의 갈색 선을 클릭해도 ❸ 도면층은 꺼지지 않습니다. 대신 [지도] 도면층이 꺼지죠.

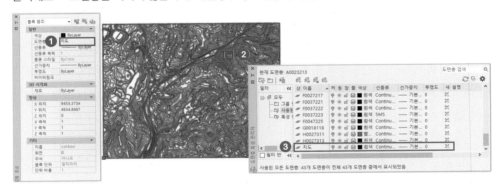

옵션의 [블록 내포 레벨]이 [블록]으로 설정되어 있기 때문에 갈색의 선 대신 [contour]라는 이름의 블록이 선택되었고, 그 블록이 [지도]라는 도면층으로 작성되었기 때문에 [지도] 도면층이 꺼진 거예요.

❹ 다시 [LAYOFF] 명령을 실행하고 [설정(S)]에서 [블록 선택(B)]의 옵션을 [도면 요소(E)]로 바꿔 주세요.

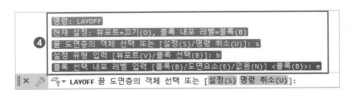

❺ 그리고 다시 갈색의 선을 클릭해서 선택하면, ❻ 이번에는 선택한 객체가 속한 도면층이 꺼질겁니다. [도면층 동결(LAYFRZ)]에서도 동일한 옵션을 사용할 수 있어요.

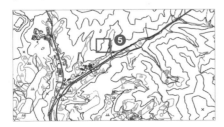
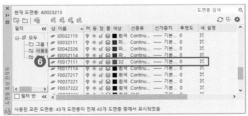

직접 해보세요! **선택한 도면층만 화면에 표시하기**

준비 파일 • 09/layiso.dwg
완성 파일 • 09/layiso_fin.dwg

선택한 것만 끄는 기능이 있다면, 선택한 것만 남기는 기능도 있겠죠? 이번엔 선택한 도면층만 화면에 표시해 보겠습니다.

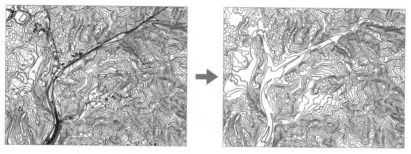

◐ [도면층 끄기]와 [도면층 동결]은 객체를 바로 화면에 보이지 않게 만들기 때문에 실수로 끄면 다시 켜기가 어렵습니다. 하지만 이 기능은 선택한 것만 남기기 때문에 실수로 다른 도면층을 남겼더라도 다시 도면층을 끄면 됩니다.

01. 도면층 분리하기

Ctrl + Z 를 눌러 처음 화면으로 되돌아갑니다. ❶ 리본 메뉴의 버튼을 클릭하거나 명령어인 [LAYISO]를 입력한 후 Enter 를 누릅니다. ❷ 갈색과 검은색의 등고선만 포함되도록 걸치기 선택을 해 볼까요? ❸ 이 기능도 여러 객체를 반복하여 선택할 수 있는데, 선택을 마치고 Enter 를 누르면 ❹ 선택한 객체의 도면층만 남고, 다른 도면층이 모두 화면에서 사라집니다. ❺ [도면층 특성 관리자(LA)]를 확인해 보면 선택하지 않은 모든 도면층이 [끄기]로 가려진 것을 확인할 수 있습니다.

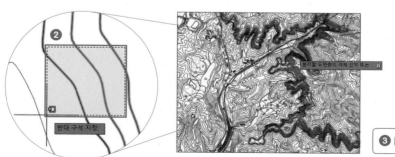

◐ [도면층 분리]의 초깃값이 버전마다 달라서 선택하지 않은 도면층들이 꺼질 수도 있고, 잠길 수도 있습니다. 원하는 대로 실행되지 않는다면 [설정(S)]을 확인해 보세요.

❸ Enter

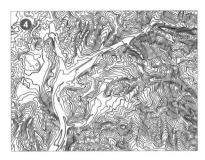

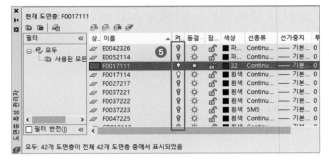

▶ 갈색과 검은색의 등고선만 선택하여 분리시켰습니다.

◇ 도면층 분리

- **명령어** [LAYISO]
- **실행 방법** [LAYISO] → [Enter] → 화면에서 동결하고 싶은 도면
  층으로 그려진 객체 선택 → [Enter]

▶ [윈도우 선택]과 [걸치기 선택]을 사용할 수 있습니다.
▶ [옵션]을 사용하여 도면층을 끌지, 동결할지, 잠글지를 선택할 수 있습니다.

02. 도면층 분리 해제하기

다시 다른 도면층이 보이도록 하려면 어떻게 해야 할까요? [도면층 분리 해제] 기능을 사용하면 됩니다. 리본 메뉴의 버튼을 클릭하거나 명령어인 [LAYUNISO]를 입력한 후 [Enter]를 누릅니다. 화면에 표시되지 않았던 다른 도면층이 한 번에 표시됩니다.

◇ 도면층 분리 해제

- **명령어** [LAYUNISO]
- **실행 방법** [LAYUNISO] → [Enter]

▶ [LAYON]과 같은 방법으로 사용합니다.

캐드 고수의 비밀 13

아무리 애써도 지워지지 않는 [도면층] 삭제 방법

만약, 사용하던 도면에서 더 이상 필요하지 않은 도면층이 있다면 어떻게 해야 할까요? 컴퓨터에서 뭔가를 지울 때에는 보편적으로 Delete 를 사용합니다. [도면층 특성 관리자 (LA)]에서 특정 도면층을 선택하고 지우기 위하여 Delete 를 눌러 보겠습니다.

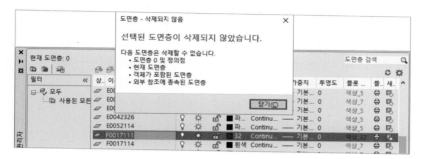

삭제할 수 없다는 경고 메시지가 나타나네요. 지우려는 도면층으로 그려진 객체가 있어서 지워지지 않는 것이죠. '객체가 없고, 어디에서도 사용되고 있지 않은 도면층'만 Delete 로 지울 수 있습니다. 더 이상 필요하지 않은 객체와 도면층을 한 번에 지우려면 어떻게 해야 할까요?

준비 파일 • 캐드 고수의 비밀 13/laydel.dwg
완성 파일 • 캐드 고수의 비밀 13/laydel_fin.dwg

객체를 그릴 때 참조하거나 다른 도면에서 한 번에 붙여 넣을 경우에는 불필요한 객체와 도면층 정보가 남아 있을 수 있습니다. 불필요한 도면층과 객체를 한 번에 지우는 기능을 사용해 보겠습니다.

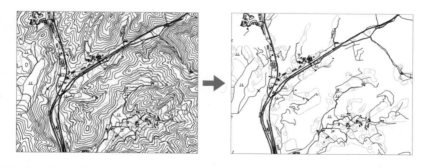

01. [도면층 삭제] 기능 실행하기

[도면층]을 제어하는 기능 중에 사용 방법이 복잡한 기능은 없습니다. 이 기능도 매우 간단합니다. ❶ 리본 메뉴의 버튼을 클릭하거나 명령어인 [LAYDEL]을 입력한 후 [Enter]를 누릅니다. ❷ 삭제할 도면층으로 그려진 객체를 선택합니다. [윈도우 선택]이나 [걸치기 선택]은 사용할 수 없습니다. 객체와 도면층을 한 번에 지워 버리는 만큼 신중하게 하나씩 선택해야죠. 갈색 등고선을 클릭하여 선택해 보세요. ❸ 선택한 객체와 같은 도면층으로 그려진 모든 객체가 화면에서 사라졌습니다.

▶ 삭제할 도면층의 객체를 연속으로 선택할 수 있습니다. 만약, 잘못 클릭했다면 [Ctrl] + [Z]로 되돌리면 됩니다.

◇ 도면층 삭제	• 명령어 [LAYDEL]
	• **실행 방법** [LAYDEL] → [Enter] → 삭제할 도면층으로 그려진 객체 선택 → 미리 보기에서 확인 → [예(Y)] 선택
	▶ [이름(N)] 옵션을 사용하면 사용 중인 도면의 모든 도면층 목록이 대화 상자로 표시됩니다. 여기에서 원하는 도면층을 선택해서 지울 수도 있어요.

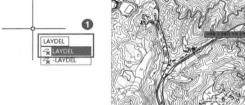 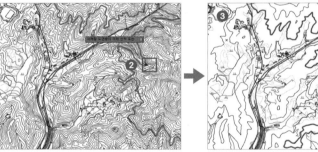

02. 다른 객체를 추가로 선택할 수 있습니다.

❶ 이번에는 검은색 등고선을 선택합니다. 삭제할 도면층을 모두 선택했다면 ❷ [Enter]를 누릅니다. ❸ 명령행에서 도면층을 정말 지울 것인지 한 번 더 물어보면 [예(Y)]를 클릭하거나 [Y]를 입력한 후 [Enter]를 누릅니다. 선택한 도면층과 그 도면층으로 그려진 모든 객체가 삭제되었습니다.

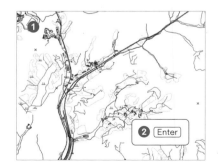

09-4 카멜레온처럼 도면층, 현재 도면층 바꾸기

지금까지는 도면층과 관련된 기능 중에서 자주 사용하는 내용이었습니다. 이 밖에도 도면층과 관련된, 잘 알려지지 않았거나 가끔씩만 사용되는 기능이 몇 가지 더 있습니다. 도면층과 관련된 소소한 기능에 대해 알아보겠습니다.

도면층 전용 [특성 일치]를 사용해 보세요!

[특성 일치(MATCHPROP, MA)]는 객체의 색상, 문자의 크기와 글꼴, 치수 스타일 등을 제어할 때 자주 사용하는 기능입니다. [설정] 옵션을 사용하면, 세세하게 어떤 특성을 사용할지도 선택할 수 있는 막강한 기능이죠.

◐ [특성 일치] 기능이 생각나지 않는다면 [캐드 고수의 비밀 05]를 참조하세요.

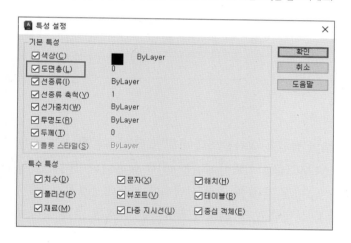

동영상 강의를 확인해 보세요!

객체의 많은 특성 중에서 가장 중요한 것은 [도면층]입니다. 도면층만 맞춰 놓으면, 가시성 조절을 통하여 다른 편집 기능을 빠르게 진행할 수 있고, [ByLayer]를 사용하여 색상, 선종류 등을 맞출 수 있기 때문입니다. 그래서 수많은 특성 중 [도면층]만 바꾸는 [도면층 일치]라는 기능이 있는 것입니다.

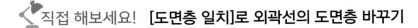
직접 해보세요! **[도면층 일치]로 외곽선의 도면층 바꾸기**

준비 파일 • 09/laymch.dwg
완성 파일 • 09/laymch_fin.dwg

[특성 일치(MA)]를 사용하면 원본 객체의 모든 특성을 붙여 넣기 때문에 원치 않는 정보가 바뀔 수도 있습니다. 물론 [설정]을 사용하면 세세하게 조절할 수 있지만, 조금 불편합니다. [도면층]에 관련된 정보만 바꾸는 [도면층 일치]를 연습해 보겠습니다.

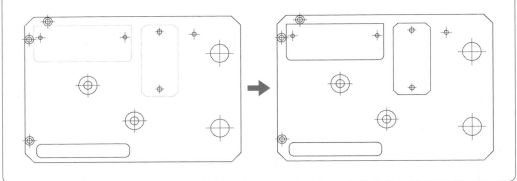

01. [도면층 일치] 기능 실행하기

[도면층 일치] 기능을 사용하여 녹색의 점선을 외곽선으로 바꿔 보겠습니다. ❶ 리본 메뉴의 버튼을 클릭하거나 명령어인 [LAYMCH]를 입력한 후 [Enter]를 누릅니다. ❷ [특성 일치(MA)]의 사용 순서와는 반대입니다. '바꿀 객체'를 먼저 선택해야 하는데, [걸치기 선택]으로 연두색 점선으로 그려진 객체를 선택하고, ❸ 선택이 끝났다는 신호를 주기 위하여 [Enter]를 누릅니다.

◖ [걸치기 선택]과 [윈도우 선택]을 사용하여 여러 객체를 한 번에 선택할 수 있습니다.

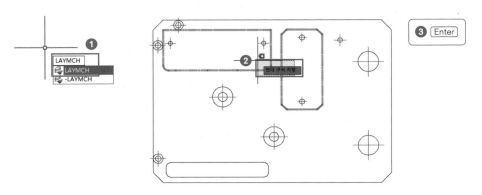

◇ 도면층 일치

- **명령어** [LAYMCH]
- **실행 방법** [LAYMCH] → Enter → 도면층을 바꿀 객체 선택 → Enter → 변경할 도면층으로 그려진 객체 선택

▶ 사용 방법이 [특성 일치(MA)]와 반대입니다. [특성 일치]는 변경할 도면층으로 그려진 객체를 먼저 선택하는 반면, [도면층 일치]는 도면층을 바꿀 객체를 먼저 선택합니다.

02. 원본 객체 선택하기

이제 원본 객체를 선택할 차례입니다. 외곽선을 마우스로 클릭하면 도면층 정보가 바뀌어 검은색 실선으로 표시됩니다.

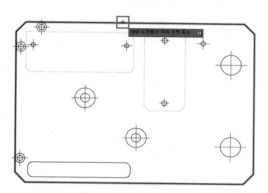 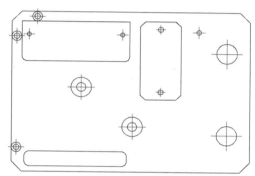

도면층 다루기 1 — 현재 도면층 쉽게 바꾸기

[현재 도면층]은 새로운 객체를 그릴 때 사용되는 도면층입니다. 리본 메뉴의 [도면층]에 표기되고 있는 도면층이 바로 [현재 도면층]이죠. [현재 도면층]과 관련하여 알아 두면 유용한 기능은 2개인데, 먼저 알아볼 것은 [현재 도면층]을 특정 객체의 도면층으로 바꾸는 기능입니다.

[현재 도면층]으로 [0] 도면층이 설정되어 있습니다. 객체는 앞으로 [0] 도면층으로 그려집니다.

뭔가를 그릴 때마다 [현재 도면층]을 바꿔야 하는데, 실제로
도면을 그리다 보면 상당히 귀찮습니다. 때로는 깜빡할 때도
있어서 신경 쓰지 않으면 도면층이 엉망이 되기도 합니다. 게
다가 도면에서 사용 중인 도면층이 많으면, 찾기도 어렵습니
다. 이럴 때 특정 객체의 도면층으로 바꾸는 기능을 알아 두
면 꼼꼼한 설계자가 될 수 있습니다.

직접 해보세요! [현재 도면층] 가장 정확하고 빠르게 바꾸기

> 준비 파일 • 09/laymcur.dwg
> 완성 파일 • 09/laymcur_fin.dwg
>
> 도면층을 잘 정리할수록 도면의 활용도가 커집니다. 수많은 도면층에서 원하는 도면층으로 순식간
> 에 바꾸는 기능을 연습해 보겠습니다.

01. [현재로 설정] 기능 사용하기

[특성] 팔레트나 리본 메뉴에서 현재 도면층을 바꿀 수 있는데, 이보다 쉽고 빠른 방법을
사용해 보겠습니다. ❶ [현재 도면층]은 [0]으로 설정되어 있습니다. ❷ 리본 메뉴를 클릭하
거나 명령어인 [LAYMCUR]을 입력하고 Enter 를 누릅니다.

◇ 현재로 설정

• **명령어** [LAYMCUR]
• **실행 방법** [LAYMCUR] → Enter → 변경할 도면층으로 그려진
  객체 선택

▶ 이 기능은 굉장히 유용하지만, 단축 명령어가 없어서 활용하기 힘듭니다.
  [부록 03]을 참조하여 단축 명령어를 만들어 활용해 보세요.

02. 현재 도면층 바꾸기

[현재 도면층]을 녹색의 [SHAPE]로 바꿔 볼까요? ❶ 녹색 객체를 선택하세요. ❷ 선택하자
마자 [현재 도면층]이 [SHAPE]로 바뀝니다. 이제 뭔가를 그리면 [SHAPE] 도면층이 적용
되어 그려집니다.

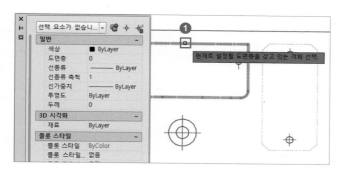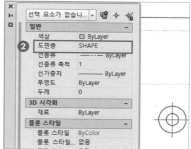

객체를 그릴 때는 [현재 도면층]을 자주 바꾸게 됩니다. [LAYMCUR]만 알아 두면, 훨씬
빠르고 정확하게 도면층을 제어할 수 있습니다.

도면층 다루기 2 — 이미 그린 객체를 현재 도면층으로 바꾸기

이번엔 이미 그린 객체의 도면층을 바꾸는 기능을 배워 보겠습니다. [도면층 일치
(LAYMCH)]는 원본을 선택하여 바꾸는 반면, 이 기능을 사용하면 선택하자마자 도면층이
바뀝니다. [도면층]을 바꾸는 기능은 생각보다 자주 사용됩니다. 이런 저런 상황에 대비하
여 이 기능까지 익혀 두면 조금이나마 작업에 도움이 될 것입니다.

직접 해보세요! 객체 정보를 [현재 도면층]으로 바꾸기

준비 파일 · 09/laycur.dwg
완성 파일 · 09/laycur_fin.dwg

[특성 일치(MA)]나 [도면층 일치(LAYMCH)]와 달리 원본 객체가 필요하지 않은 기능입니다. 새로
운 도면층을 만들어 객체를 옮길 때나 도면이 너무 복잡하여 객체를 찾기 어려울 경우에 활용하면
유용합니다.

01. [현재 도면층으로 변경] 기능 사용하기

이미 그린 객체를 파란색 [CIRCLE] 도면층으로 바꿔 보겠습니다. ❶ 먼저 [현재 도면층]을 [CIRCLE]로 설정합니다. ❷ 리본 메뉴의 버튼을 클릭하거나 명령어인 [LAYCUR]을 입력한 후 Enter를 누릅니다.

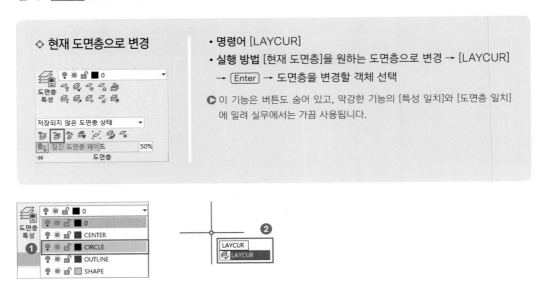

• **명령어** [LAYCUR]
• **실행 방법** [현재 도면층]을 원하는 도면층으로 변경 → [LAYCUR] → Enter → 도면층을 변경할 객체 선택

▶ 이 기능은 버튼도 숨어 있고, 막강한 기능의 [특성 일치]와 [도면층 일치]에 밀려 실무에서는 가끔 사용됩니다.

02. 도면층 바꿀 객체 선택하기

도면층을 바꿀 객체를 선택합니다. 반복하여 여러 번 선택할 수도 있고, [걸치기 선택]과 [윈도우 선택]도 사용할 수 있습니다. ❶ 객체를 모두 선택한 후, Enter를 누르면 ❷ 선택한 객체의 도면층이 [현재 도면층]으로 설정되어 있는 [CIRCLE]로 바뀝니다.

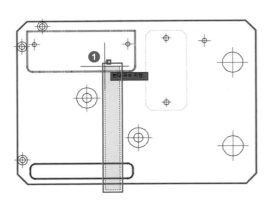

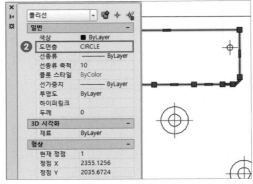

단축 명령어를 설정하여 사용해 보세요!

실무에서는 도면층을 바꾸는 방법으로 [특성] 팔레트를 주로 사용합니다. 객체를 선택한 후 [특성] 팔레트의 [도면층]을 바꾸는 것이죠. 하지만 작업 중인 도면에 도면층이 많으면, 찾는 시간이 오래 걸릴 수도 있습니다.

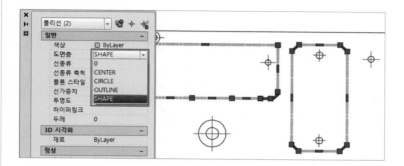

이럴 때 앞에서 배웠던 기능인, 화면에서 직관적으로 도면층을 제어하는 [도면층 일치], [현재로 설정], [현재 도면층으로 변경] 등의 기능을 알아 두면 도면층을 더 편리하게 제어할 수 있습니다. 이 기능들은 원래는 단축 명령어가 없는데, 단축 명령어를 추가로 설정해 두면 더 편리하게 사용할 수 있겠죠?

◐ 단축 명령어를 설정하는 방법은 [부록 03]을 참조하세요.

객체별로 가시성을 조절할 수도 있어요!

대부분은 [도면층]을 사용해서 객체를 화면에서 끄고 사용합니다. 하지만 도면을 사용하다 보면 수많은 도면층이 사용되고, 심지어 올바른 도면층으로 그려지지 않는 경우도 많습니다. 오토캐드에서는 '객체별로 가시성을 조절'하는 기능도 있습니다. 도면층이 무엇이든 직접 객체를 선택해서 화면에서 끄는 기능입니다.

◐ [객체 가시성 조절]로 객체가 꺼져 있는 상태로 저장했더라도 도면을 다시 열면 모든 객체가 화면에 표시됩니다.

◐ 가시성이 조절된 상태로 도면을 저장하고 싶다면, 환경 변수인 [OBJECTISOLATIONMODE]의 값을 [1]로 수정한 후에 저장해야 합니다. 초깃값이 [0]이라서 도면에 저장되지 않았던 거죠. 그리고 가급적 이 값은 바꾸지 않는 게 좋습니다. 이런 기능이 있는지 모르는 사용자도 많으니까요.

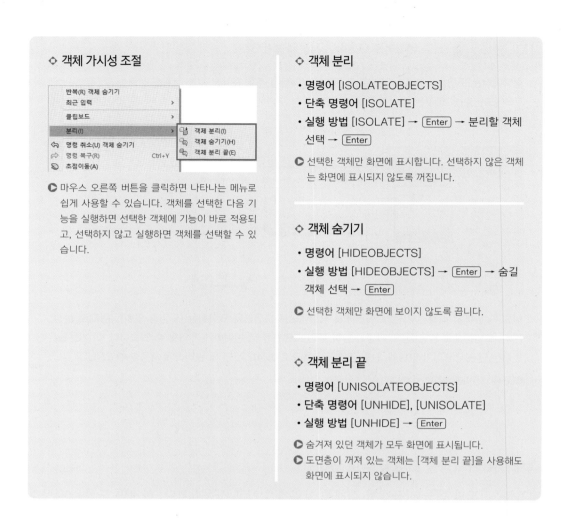

객체 가시성 조절

○ 마우스 오른쪽 버튼을 클릭하면 나타나는 메뉴로 쉽게 사용할 수 있습니다. 객체를 선택한 다음 기능을 실행하면 선택한 객체에 기능이 바로 적용되고, 선택하지 않고 실행하면 객체를 선택할 수 있습니다.

객체 분리

- **명령어** [ISOLATEOBJECTS]
- **단축 명령어** [ISOLATE]
- **실행 방법** [ISOLATE] → Enter → 분리할 객체 선택 → Enter

▶ 선택한 객체만 화면에 표시합니다. 선택하지 않은 객체는 화면에 표시되지 않도록 꺼집니다.

객체 숨기기

- **명령어** [HIDEOBJECTS]
- **실행 방법** [HIDEOBJECTS] → Enter → 숨길 객체 선택 → Enter

▶ 선택한 객체만 화면에 보이지 않도록 끕니다.

객체 분리 끝

- **명령어** [UNISOLATEOBJECTS]
- **단축 명령어** [UNHIDE], [UNISOLATE]
- **실행 방법** [UNHIDE] → Enter

▶ 숨겨져 있던 객체가 모두 화면에 표시됩니다.
▶ 도면층이 꺼져 있는 객체는 [객체 분리 끝]을 사용해도 화면에 표시되지 않습니다.

[객체 가시성 조절] 기능은 불필요한 객체를 직접 선택해서 끄는 기능이기 때문에 익혀 두면 매우 유용하게 사용할 수 있습니다. 객체를 마우스 오른쪽 버튼으로 클릭했을 때 나타나는 [팝업] 메뉴로 사용할 수도 있고, 상태 표시 막대에서 클릭해 사용할 수도 있습니다.

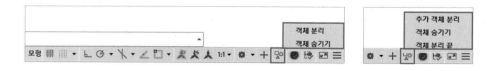

캐드 고수의 비밀 14

절대 수정하면 안 되는 도면층 잠그기

준비 파일 • 캐드 고수의 비밀 14/plate.dwg
완성 파일 • 캐드 고수의 비밀 14/plate_fin.dwg

어느 도면이나 '절대 수정되면 안 되는 부분'이 있습니다. 전체 형태의 외곽선이나 중심선 등이 바로 그것이죠. 빨간색의 중심선을 잠가 선택되지 않도록 하면 일이 훨씬 쉬워지겠죠? 복잡한 도면일수록 빛을 발하는 [도면층 잠금] 기능을 사용해 보겠습니다.

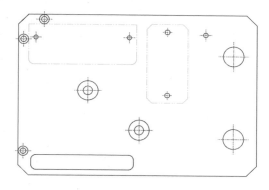

01. 중심선 잠그지 않고 수정하기

준비 파일을 열어 검은색 외곽선의 오른쪽을, 오른쪽으로 '30'만큼 키워 보겠습니다. ❶ [신축(S)] 기능을 사용해야 하는데, 빨간색의 중심선이 [걸치기 선택] 영역에 포함됩니다. ❷ 그래서 중심선까지 같이 길어지네요.

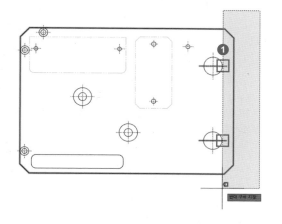

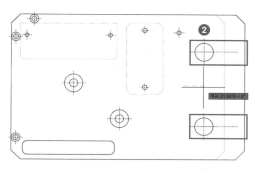

02. [도면층 잠금] 기능 사용하기

수정되면 안 되는 객체를 잠그는 [도면층 잠금] 기능을 사용해 보겠습니다. ❶ 리본 메뉴의 버튼을 누르거나 명령어인 [LAYLCK]를 입력한 후 (Enter)를 누릅니다. ❷ 잠글 객체인 중심선을 클릭하면, [CENTER] 도면층으로 그려진 모든 객체가 바로 잠깁니다. ❸ 이제 [신축(S)]을 사용하면, 잠겨 있는 중심선은 편집되지 않습니다. [신축]으로 외곽선을 오른쪽으로 '20'만큼 길게 수정해 보세요.

◈ **도면층 잠금**

- **명령어** [LAYLCK]
- **실행 방법** [LAYLCK] → (Enter) → 화면에서 잠글 도면층으로 그려진 객체 선택

▶ [도면층 잠금] 기능은 한 번에 하나의 도면층만 잠글 수 있습니다.

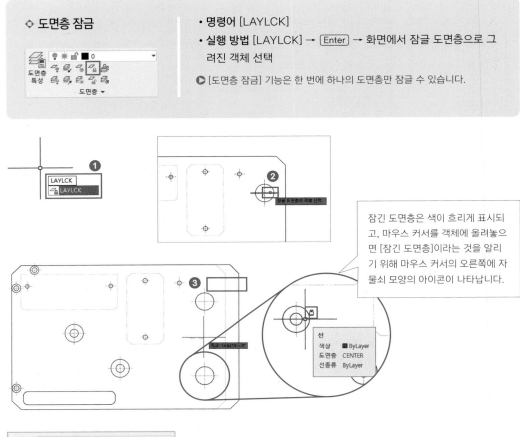

잠긴 도면층은 색이 흐리게 표시되고, 마우스 커서를 객체에 올려놓으면 [잠긴 도면층]이라는 것을 알리기 위해 마우스 커서의 오른쪽에 자물쇠 모양의 아이콘이 나타납니다.

▶ [홈] 탭의 [도면층] 패널을 확장하면 표시되는 [잠김 도면층 페이드]에서 얼마나 흐리게 표시할지를 조절할 수 있어요. 슬라이드가 비활성화되어 있다면 왼쪽의 버튼을 클릭해서 활성화시켜야 합니다.

▶ 이 값은 환경 변수인 [LAYLOCKFADECTL]로도 조절할 수 있습니다.

03. 잠긴 도면층을 푸는 [도면층 잠금 해제]

수정이 끝났다면, 잠가 놓은 도면층을 다시 풀어야겠죠? ❶ [도면층 잠금 해제] 기능의 명령어는 [LAYULK]입니다. 리본 메뉴의 버튼을 누르거나 명령어인 [LAYULK]를 입력한 후 Enter 를 누르세요. ❷ 잠겨 있는 빨간색 중심선을 클릭하면 색이 짙어지면서 잠금이 해제됩니다.

◇ 도면층 잠금 해제

- **명령어** [LAYULK]
- **실행 방법** [LAYULK] → Enter → 잠금 해제할 도면층으로 그려진 객체 선택

▶ [도면층 잠금 해제] 기능도 한 번에 하나의 도면층만 잠금 해제할 수 있습니다.

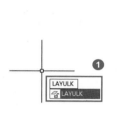

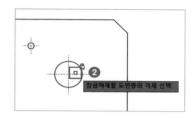

[도면층 특성 관리자]에서도 도면층을 잠글 수 있습니다

[도면층 잠금]과 [잠금 해제] 기능도 당연히 [도면층 특성 관리자]에서 사용할 수 있습니다. [켜기]와 [동결] 옆에 있는 자물쇠 아이콘을 클릭하면, 자물쇠가 잠긴 것으로 표시됩니다. 그리고 잠긴 객체는 수정되지 않습니다. 다시 한 번 클릭하면, 다시 자물쇠가 풀립니다. 하지만 본문에서 배운 것처럼 객체를 선택하여 잠그고 푸는 게 아무래도 더 쉽겠죠?

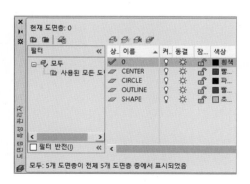

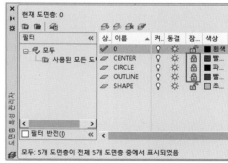

구조 평면도에 해치 표시하기

- 난이도 ★★★

준비 파일에 구조 평면도의 일부가 그려져 있습니다. 아래의 이미지를 참조해 [MARK] 도면층으로 해치 패턴 축척이 '200'인 [ANSI31] 패턴을 넣어 보세요. 문자와 타원 등 불필요한 객체를 화면에 보이지 않도록 하면 쉽게 넣을 수 있겠죠? 해치를 다 넣은 다음 숨겨둔 객체를 다시 보이게 만드는 것을 잊어서는 안 됩니다.

준비 파일 • 09/exercise.dwg
완성 파일 • 09/exercise_fin.dwg

동영상 강의를
확인해 보세요!

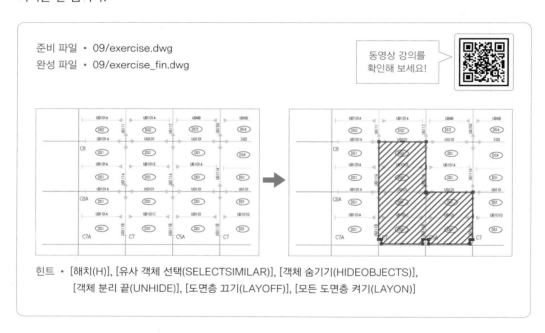

힌트 • [해치(H)], [유사 객체 선택(SELECTSIMILAR)], [객체 숨기기(HIDEOBJECTS)],
      [객체 분리 끝(UNHIDE)], [도면층 끄기(LAYOFF)], [모든 도면층 켜기(LAYON)]

실제 상황! 도면의 반은 문자다!

실무 도면엔 형태를 가지는 객체만큼 문자와 치수도 많이 들어갑니다. '필요한 내용만 적으면' 되지만, 도면을 보기 좋게 만들려면 글자 크기가 적절해야 하고, 가로, 세로 위치도 맞아야 하며, 내용에 따라 색상을 넣어야 하기도 합니다. 또한 다른 3D 프로그램에서 추출한 2D 도면을 오토캐드로 가져와 문자와 치수를 넣는 작업도 많이 합니다. 하지만 일일이 치수와 문자를 넣는 작업이 생각보다 시간이 많이 걸립니다. 따라서 조금이라도 빨리 작업하기 위한 방법을 꼭 알아 두어야 합니다.

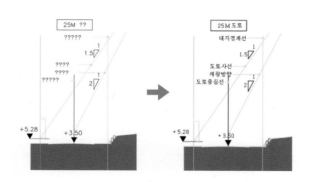
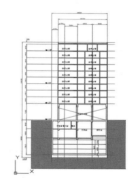

10-1 물음표로 나타난 문자,
[문자 스타일]로 나타내기

지금까지 배운 것은 객체에 대한 내용이 주를 이루기 때문에 (잘 알려져 있지 않은 기능도 일부 있기는 했지만) 어느 정도 익숙한 내용일 수 있습니다. 하지만 이제부터 다룰 내용은 조금 생소한 내용일 것입니다.

'문자 스타일' 이란?

컴퓨터의 화면에 글자를 표시하기 위해선 글꼴 혹은 폰트 설정이 필요하죠. 이렇게 '글자가 어떤 형태로 표시되는지'를 설정하는 것을 오토캐드에서는 '문자 스타일'이라 부릅니다. 오토캐드에서 문자 스타일을 어떻게 설정하고, 실무에서는 어떻게 사용하는지 알아보겠습니다.

워드나 엑셀에는 항상 화면에 표시되어 있지만, 도면을 구성하는 객체가 우선인 오토캐드에서는 메뉴가 한 단계 숨어 있습니다.

[주석] 탭으로 이동하면 문자와 관련된 기능들을 더 편리하게 사용할 수 있어요!

문자 스타일에는 어떤 설정이 포함될까요? 가정 먼저 떠올릴 수 있는 것은 글꼴(폰트)일 것입니다. 오토캐드에서는 윈도우에서 사용하는 [트루 타입 폰트(TTF)]와 오토캐드 전용 글꼴인 [셰이프(SHX)]를 사용할 수 있습니다. 각각 장단점이 있는데, 새 도면에서 문자 스타일을 만들어 보면서 어떤 장단점이 있는지 알아보겠습니다.

동영상 강의를 확인해 보세요!

직접 해보세요! 새 도면에서 문자 스타일 만들기

> 준비 파일 · 새 파일에서 시작합니다.
>
> 문자 스타일을 만드는 방법은 매우 간단합니다. 새 도면을 열어 문자 스타일을 원하는 대로 만들어 보세요.

01. 문자 스타일 설정 창 열기

새 도면을 만듭니다. ❶ 문자 스타일을 만들려면 리본 메뉴에서 버튼을 클릭하여 사용할 수도 있지만, 단축 명령어인 [ST]를 입력하고 (Enter)를 누르는 것이 가장 사용하기 편리합니다. 이 기능을 실행하면 문자 스타일을 설정하는 창이 나타납니다. ❷ 이미 사용되고 있는 스타일이 있다면 화면에 리스트로 표시되지만, 새 도면이라서 [Standard] 밖에는 나타나지 않네요. ❸ [새로 만들기] 버튼을 클릭합니다.

◇ 문자 스타일

- **명령어** [STYLE]
- **단축 명령어** [ST]
- **실행 방법** [ST] → (Enter) → 문자 스타일 생성 및 설정 변경 → [적용] 클릭

➡ 문자 스타일은 스타일을 수정하거나 만들 때도 사용하지만, '현재 스타일'을 변경할 때도 사용합니다. 리본 메뉴에서 [스타일의 이름]을 클릭하면 [현재 스타일]을 바꿀 수 있습니다. 만약, 명령어로 바꾸려면 [TEXTSTYLE]이라는 환경 변수를 사용해야 합니다.

➡ 문자 스타일 창을 나타내는 버튼은 한 단계 들어가야 클릭할 수 있으므로 단축 명령어인 [ST]를 사용하는 것이 가장 편리합니다.

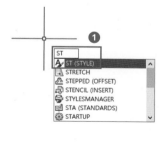

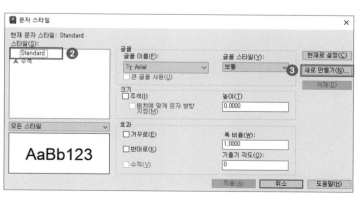

02. 이름 설정하기

❶ 팝업 창이 나타나면 설정할 이름으로 [굴림]을 입력한 후 ❷ [확인] 버튼을 클릭합니다.

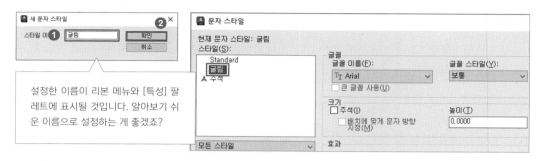

설정한 이름이 리본 메뉴와 [특성] 팔레트에 표시될 것입니다. 알아보기 쉬운 이름으로 설정하는 게 좋겠죠?

03. 글꼴 설정하기

❶ 그러면 방금 만든 문자 스타일이 스타일 목록에 나타납니다. 이제 어떤 글꼴을 어떤 크기로 넣을지 설정해야 합니다. 글꼴을 먼저 넣어 볼까요? ❷ [글꼴 이름] 아래에 있는 항목을 클릭하면 컴퓨터에서 사용하고 있는 폰트 목록이 나타납니다. ❸ 이 중에서 [굴림]을 찾아 클릭합니다. ❹ [적용] 버튼을 클릭하면 설정이 저장됩니다. ❺ 이어서 [닫기]를 클릭하여 창을 닫습니다.

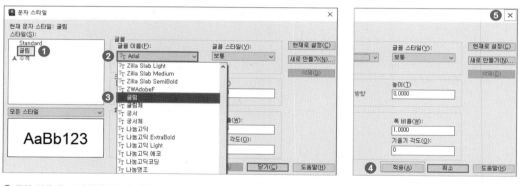

◐ 글꼴 이름 중 @가 붙은 폰트는 '세로 쓰기 폰트'입니다. 글자가 270도 회전된 상태로 써지죠. 하지만 거의 쓰이지 않습니다.

04. 새로 만든 문자 스타일로 문자 쓰기

새로 만든 [굴림] 문자 스타일로 간단한 문자를 써 볼까요? ❶ 문자를 쓰기 전 [주석] 탭을 눌러 [문자 스타일]을 [굴림]으로 바꿔 줍니다. ❷ [단일 행 문자]를 넣는 단축 명령어인 [DT]를 입력하고 (Enter)를 누릅니다. ❸ 문자의 기준점을 마우스로 클릭한 후 ❹ [높이] 값을 [100]으로 입력하고 (Enter)를 누릅니다. ❺ 각도를 정해야 하는데, 글자를 수평으로 쓰기 위해 [0]을 입력하고 (Enter)를 누릅니다. ❻ 이제 도면에 적을 내용을 입력할 수 있어요. 내용을 모두 입력했다면 (Ctrl) + (Enter)를 눌러 완료합니다.

◐ (Ctrl) + (Enter)를 누르지 않고 마우스 왼쪽 버튼을 클릭하면, 클릭한 지점에 문자를 추가로 넣을 수 있습니다.

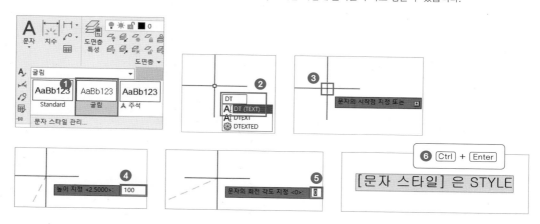

[문자 스타일] 은 STYLE

😖 **삽질 금지   글자가 잘 보여도 문자 스타일에 문제가 있을 수 있어요!**

실무에서는 문자 스타일이 문제가 되는 경우가 많습니다. 글꼴에도 버전이 있어서 문자의 위치가 움직이거나, 글꼴이 있는데도 문자를 표시하지 못하는 경우가 생기죠. 심지어 문자를 복사할 때 미리 보기와 원본 문자가 다르게 보이는 경우도 있습니다. 이 현상은 모두 문자 스타일에 글꼴이 정확하게 지정되어 있지 않기 때문에 나타나는 현상입니다.

뒤에서 설명할 대체 글꼴을 설정해도 완벽하지 않습니다. 도면을 작성했을 때의 상태 그대로 보고 싶다면, 반드시 도면을 작성했을 때 사용한 글꼴이 있어야 합니다.

문자 스타일을 만들 때 [높이]를 설정하면 두 가지 장점이 있습니다.

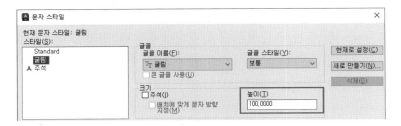

첫째, 스타일에서 문자의 높이를 이미 지정했기 때문에 [문자(DT)] 기능을 사용할 때 [높이]를 별도로 입력하지 않아도 됩니다. 그래서 시작점을 클릭하면 바로 각도를 입력하라는 메시지가 나타나죠.

둘째, [특성] 팔레트를 사용하여 [스타일]을 바꿀 때, 문자의 크기가 스타일에서 지정한 크기로 자동 조정됩니다. 예를 들어, [높이] 값이 다른 문자를 선택한 후 [특성] 팔레트에서 [높이] 값이 지정된 문자 스타일로 변경하면 높이까지 한 번에 수정됩니다.

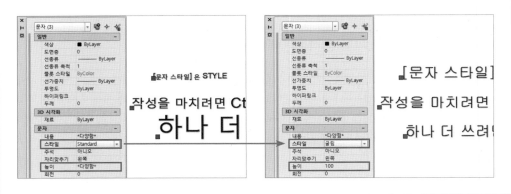

문자 스타일은 문자를 넣을 때 자동으로 설정됩니다. 직접 지정하지 않았더라도 [현재 문자 스타일]로 지정된 값이 자동으로 설정되죠. 다음으로 배울 글꼴 설정은 대부분의 사용자들이 제대로 알지 못하는 내용입니다. 그래서 문자가 표시되지 않는 문제가 발생하면 대부분 당황하죠. 글꼴에 대해 좀 더 알아볼까요?

오토캐드에서 사용하는 두 가지 글꼴

오토캐드에서는 크게 두 종류의 글꼴을 사용할 수 있습니다. 하나는 흔히 사용하는 '윈도우에 설치된 글꼴'입니다. 윈도우를 설치하면 수많은 글꼴이 자동으로 설치되는데, [트루타입 폰트(TTF)]라고 하는 글꼴이 바로 이 글꼴입니다. 오토캐드에서 글꼴을 사용하려면 [제어판]에서 [글꼴]을 선택하여 폴더를 열거나 [C:₩Windows₩Fonts] 폴더에 파일을 집어넣어 설치해야 합니다.

▶ 글꼴에는 유료도 많습니다. 설치할 글꼴에 대한 라이선스를 보유하고 있는지 확인해야 합니다.

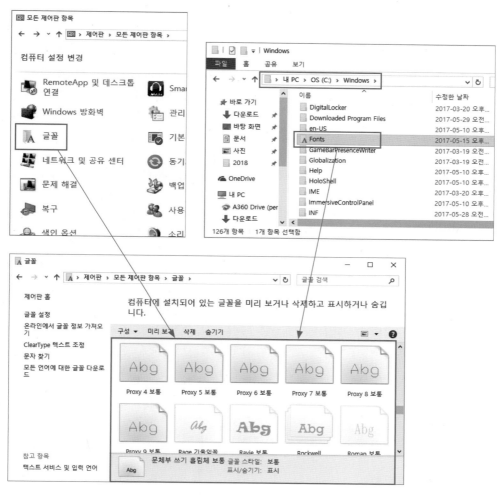

또 다른 폰트 형식은 보통 'SHX 글꼴'라고도 부르는 오토캐드 전용 글꼴 파일입니다. 이 파일은 쉽게 말해 특정한 형태가 저장된 파일입니다. [선 종류], [블록] 등 여러 가지 방법으로 활용되는데, 그중에서 [글꼴]로 가장 많이 사용됩니다. SHX 글꼴은 오토캐드가 설치되어 있는 폴더의 [Fonts] 폴더에 설치되어 있습니다. 설치되는 폴더는 일반적으로 [C:\Program Files\Autodesk\AutoCAD 2025\Fonts] 경로를 따릅니다.

◉ 오토캐드 버전마다 폴더의 숫자는 조금씩 다릅니다.

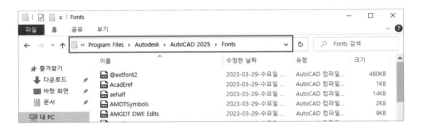

경로를 따라 들어가 보면 이미 여러 SHX 파일이 있는데, 이는 오토캐드를 설치하면 설치되는 파일들입니다. 이 중에서 한글 글꼴 파일은 'wh'로 시작하는 4개의 파일(whgdtxt, whgtxt, whtgtxt, whtmtxt)밖에는 없으며, 다른 파일에는 영어, 일본어, 중국어 등의 언어가 저장되어 있습니다.

실무에선 이렇게! **SHX 글꼴로 한글을 사용하려면 [큰 글꼴]을 사용해야 합니다!**

오토캐드에서 SHX 파일을 글꼴로 사용하려면, 영어와 한글을 분리해 글꼴을 지정해야 합니다. 글꼴을 [SHX]로 바꾸면 아래쪽에 [큰 글꼴 사용]이라는 항목을 사용할 수 있습니다. 이곳에 체크해야 한글을 사용할 수 있는 [큰 글꼴]을 지정할 수 있습니다.

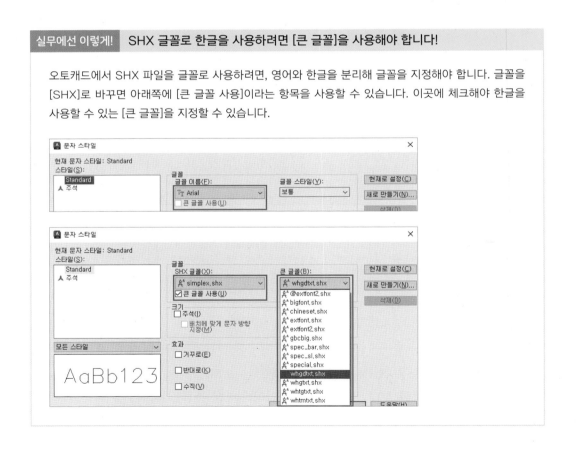

[트루 타입 폰트(TTF)]와 [SHX 글꼴]의 차이점

TTF는 윈도우에서 제어하고, SHX 글꼴은 오토캐드에서 제어하기 때문에 명확한 차이를 보이는데, 장단점을 간단히 정리하면 다음과 같습니다.

	장점	단점
트루 타입 폰트(TTF)	윈도우의 기본 글꼴로 설정하면 도면을 다른 사람에게 보낼 때 글꼴이 누락되지 않을까 신경 쓰지 않아도 됩니다.	오토캐드의 '대체 글꼴(FONTALT)'을 사용할 수 없습니다. 대신 윈도우에서 사용 중인 글꼴로 자동 대체해 줍니다. '글꼴이 없다'는 경고 메시지가 나타나지 않기 때문에 문제가 발생하면 글자가 아예 화면에 표시되지 않을 수도 있습니다.
SHX 글꼴	각 글자가 오토캐드의 선으로 이루어져 있어서 도면을 여닫는 속도가 빠릅니다. 도면에서 사용한 글꼴이 컴퓨터에 없는 경우, '임시 글꼴'을 사용할 수 있도록 경고 메시지가 표시됩니다.	같은 이름의 SHX 글꼴이 있더라도 버전이 다르면 글자가 표시되지 않을 수도 있습니다. 따라서 도면을 공유할 때는 글꼴도 함께 공유해야 상대방이 문자를 확인할 수 있습니다.

🔵 [대체 글꼴(FONTALT)]이란, 도면에 설정된 글꼴이 컴퓨터에 없을 때 다른 글꼴로 대체하는 기능으로, [FONTALT] 환경 변수를 사용하거나 [옵션(OP)]의 [파일] 탭에서 설정할 수 있습니다.

대부분의 도면은 SHX 글꼴을 사용하고 있으므로 도면을 공유할 때 글꼴을 함께 공유해야하는데, 같은 글꼴이라도 버전이 달라 도면에 문자가 표시되지 않는 경우가 자주 발생합니다. 그래서 요즘에는 [트루 타입 폰트]를 주로 사용하죠. 다만, [트루 타입 폰트]에는 오토캐드의 [대체 글꼴(FONTALT)] 기능을 사용할 수 없기 때문에 보편적으로 사용하는 [굴림], [돋움] 등의 일반 글꼴로 설정하는 것이 좋습니다.

그렇다면 실제로 오토캐드에서 두 글꼴을 어떻게 구분할까요? [문자 스타일]에서 [TTF]인지, [SHX]인지를 작은 아이콘으로 확인할 수 있습니다.

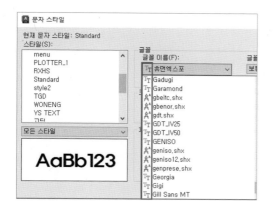

아이콘	설명
T̅T̲	[트루 타입 폰트(TTF)]입니다. 윈도우의 폰트 폴더에 저장되어 있는 글꼴을 사용합니다.
𝄢ᵃ	[SHX 글꼴]입니다. 오토캐드의 폰트 폴더에 저장되어 있는 글꼴을 사용합니다.
🔲T̲	도면을 그릴 때 사용한 [글꼴] 파일이 설치되어 있지 않으면 노란색 느낌표가 표시됩니다.

글자가 물음표로 표시돼요!

실제 현장에서 일하다 보면, 다른 사람이 그린 도면을 열었는데 글자가 화면에 표시되지 않거나 물음표로 나타나는 경우가 자주 발생합니다. 실제로 인터넷에서 검색해 보면 수많은 질문이 올라와 있는데, 원인은 단 하나, '도면을 그릴 때 사용한 글꼴'이 없어서 발생하는 문제입니다.

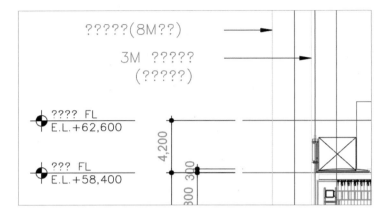

이런 상황에서 문자를 나타내는 데에는 크게 세 가지 방법이 있습니다. 첫째, 글꼴을 '설치'하는 것입니다. '설치'라고 해서 어려운 것이 아니라 글꼴로 사용되는 파일을 앞에서 설명했던 폴더에 저장하는 간단한 작업입니다. 일부 글꼴은 유료이기 때문에 설치하기 전, 라이선스 보유 여부를 반드시 확인해야 합니다. 둘째, 보이지 않는 문자 객체의 글꼴을 '설치되어 있는 글꼴로 바꾸는 것'입니다. 문자 스타일을 수정하여 설치된 다른 글꼴로 바꾸는 것이죠. 셋째, '대체 글꼴'을 설정하는 것입니다.

글꼴을 설치하는 쉬운 방법을 제외하고 [문자 스타일]을 수정하는 방법과 [대체 글꼴]을 설정하는 방법에 대해 간단히 알아보겠습니다.

 글자가 빈 사각형으로 표시되는 경우도 있습니다. 동영상 강의로 해결법을 찾아보세요!

▶ [대체 글꼴]은 완벽하지 않습니다. 도면을 전달받을 때에 글꼴까지 같이 받는 게 가장 좋습니다. 물론 유료 글꼴이 포함되어 있는지도 반드시 확인해야 합니다.

직접 해보세요! [문자 스타일] 수정해 물음표 글자 나타내기

준비 파일 · 10/textstyle_ttf.dwg
완성 파일 · 10/textstyle_ttf_fin.dwg

도면을 전달받았는데, 아래와 같이 문자가 보이지 않는 경우가 자주 발생합니다. [문자 스타일]을
수정하여 글자가 화면에 제대로 보이도록 설정해 보겠습니다.

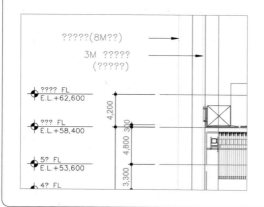 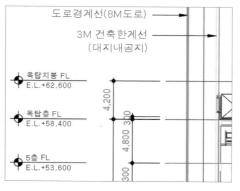

01. 준비 파일 살펴보기

준비 파일을 열면 경고 메시지가 나타나지 않고 도면이 바로 열립니다. 하지만 글자 부분
을 확대해 보면 글자가 있어야 할 부분이 물음표로 표시되네요. [특성] 팔레트를 확인해 보
면 내용은 있는데 도면에 표시되지 않고 있다는 것을 확인할 수 있습니다.

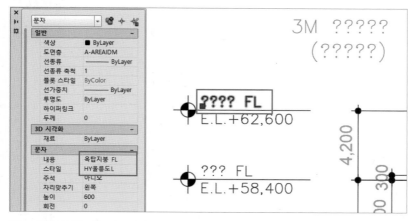

[TTF] 글꼴이 없을 때는 아무런 경고 메시지가 나타나지 않습니다. 대신 윈도우에서 다른 글꼴로 자동으로 대체해 주기 때문에 글
자가 보일 수도 있어요!

02. 글꼴 바꾸기

[문자 스타일(ST)]을 열어 어떤 글꼴이 없는지 확인해 볼까요? [HY울릉도L]이라는 스타일과 [울릉도L]이라는 스타일에 지정되어 있는 글꼴이 없어 노란색 느낌표가 표시돼 있습니다. ❶ [HY울릉도L]로 지정되어 있는 글꼴을 [돋움]으로 바꾸고 ❷ [적용(A)] 버튼을 클릭해 바꾼 내용을 저장합니다. ❸ [울릉도L]도 동일하게 [돋움]으로 바꿔 저장합니다.

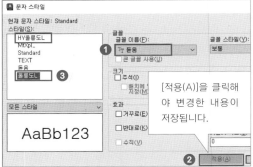

03. 변경된 글꼴 반영하기

[문자 스타일] 창을 닫고 도면을 다시 확인해 볼까요? 여전히 글자가 표시되지 않습니다. 변경된 내용이 화면에 반영되지 않았기 때문입니다. 바꾼 글꼴을 반영하려면 도면을 닫았다가 다시 열거나 [재생성(REGEN)]이라는 기능을 사용해야 합니다. 닫았다가 다시 여는 것보다는 [재생성] 기능을 사용하는 게 아무래도 더 편리하고 빠르죠. 단축 명령어인 [RE]를 입력한 후 Enter를 누르면 오토캐드가 도면을 다시 읽어 들이면서 바꾼 글꼴을 반영하여 글자가 화면에 나타납니다.

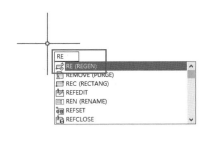

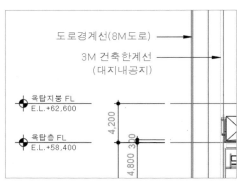

도면에서 글자가 물음표로 뜰 때 [문자 스타일]에서 [글꼴]을 바꾸는 방법은 가장 근본적인 해결책입니다. dwg 파일에 저장되어 있는 정보를 아예 바꾸기 때문이죠. 두고두고 사용할 도면이라면 이 방법으로 바꾸는 것이 좋습니다. 하지만 바꿔야 할 [스타일]이 너무 많다면 하나하나 일일이 바꾸기엔 시간이 오래 걸릴 수도 있습니다. 그때는 아래 방법을 사용해 보세요.

직접 해보세요! [대체 글꼴] 지정해 물음표 글자 나타내기

준비 파일 • 10/textstyle_shx.dwg

이번 도면에서도 글자가 물음표로 표시되고 있습니다. [문자 스타일]의 [글꼴]을 수정할 수도 있지만, [대체 글꼴]이라는 설정을 수정하여 글자가 화면에 제대로 보이도록 설정해 보겠습니다. 이 설정은 도면에 저장되는 설정이 아니기 때문에 완성 파일이 없습니다. 직접 따라 해 보세요.

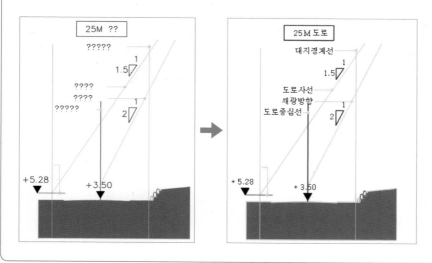

01. 임시 글꼴 지정하기

준비 파일을 열면 'SHX 파일이 누락되었다'는 경고 메시지가 나타납니다. 도면을 그릴 때 사용한 [SHX] 파일이 없어서 나타나는 메시지입니다. [문자 스타일]에서 사용할 수 있는 글꼴로 변경하는 게 정석이지만, 바쁘게 일하면서 수많은 도면을 하나씩 다 바꾸기는 힘들죠. 그래서 오토캐드에는 '오토캐드를 끄기 전까지, 임시로 이 글꼴을 사용'하도록 설정할 수 있습니다.

❶ 경고 메시지가 나타나면 임시로 대체할 글꼴을 지정하기 위해 [각 SHX 파일에 대한 대치 지정]을 클릭합니다. 글꼴을 지정하는 창이 나타납니다. [cadhs]라는 파일 대신 어떤 파일을 사용할지를 선택해야 합니다. ❷ [whgtxt.shx]를 선택한 후 ❸ [확인] 버튼을 클릭합니다. ❹ 도면의 [cadhs] 글꼴이 [whgtxt.shx]로 대체되어 글자가 화면에 표시됩니다.

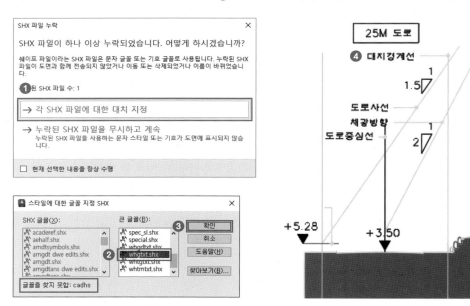

이 방법은 '지금 당장 도면을 사용할 때'만 적용됩니다. 오토캐드를 닫았다가 다시 도면을 열면 동일한 메시지가 나타나고, 계속 바꿔 줘야만 하죠. 오토캐드가 자동으로 글꼴을 대체하도록 만들려면 어떻게 해야 할까요? 이때는 [대체 글꼴]을 지정하는 일반적인 방법과 [글꼴 매핑 파일]을 수정하는 방법이 있습니다. 널리 알려져 있는 [대체 글꼴]을 지정하는 방법부터 알아보겠습니다.

▷ [대체 글꼴(FONTALT)] 기능이 모든 걸 해결해 주지는 않습니다. [대체 글꼴]에 없는 글자나 특수 문자가 쓰였을 수도 있으니까요!

02. [옵션]에서 대체 글꼴 지정하기

[대체 글꼴]은 [옵션] 창에서 바꿀 수도 있고, 환경 변수를 입력하여 바꿀 수도 있습니다. 두 가지 방법 모두 어렵지 않습니다. ❶ [옵션(OP)] 창을 열어 [파일] 탭으로 이동합니다. ❷ 아래에 있는 메뉴 중에 [문자 편집기, 사전 및 글꼴 파일 이름]이라는 메뉴가 있습니다. ❸ 확장해 보면 하위 메뉴로 [대체 글꼴 파일]이 있습니다. ❹ 그 아래

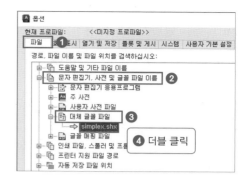

에 [simplex.shx]가 지정되어 있네요. 기본으로 설정되어 있는 [simplex.shx]에는 한글이 포함되어 있지 않습니다. 그래서 한글이 물음표로 표시되죠. [simplex.shx]를 더블 클릭합니다.

03. 대체 글꼴을 선택할 수 있는 메뉴가 나타납니다. ❶ [굴림]을 클릭한 후 ❷ [확인] 버튼을 클릭해 모든 창을 닫습니다. 그리고 ❸ 저장하지 않고 오토캐드를 닫습니다. 다시 [textstyle_shx.dwg] 파일을 엽니다. 이번에도 [SHX] 파일이 없다고 물어보네요. ❹ 이번에는 [누락된 SHX 파일을 무시하고 계속]을 클릭합니다. 도면에 한글이 표시됩니다. 없는 글꼴에 대해 [굴림]으로 표시하도록 설정했기 때문에 [굴림]으로 표시됩니다.

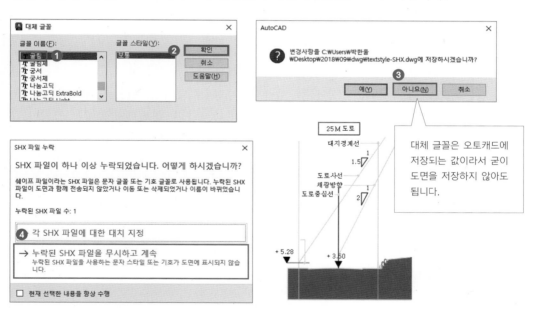

04. 명령어로 대체 글꼴 지정하기

이 기능은 명령어로도 사용할 수 있습니다. ❶ 환경 변수인 [FONTALT]를 입력한 후 Enter
를 누릅니다. ❷ 그러면 파일의 이름을 지정할 수 있습니다. [굴림]이라고 입력한 후 Enter
를 누르면 [굴림] 글꼴로 지정됩니다.

◇ **대체 글꼴** · **명령어** [FONTALT]
· **실행 방법** [FONTALT] → Enter → 변경할 글꼴 입력 → Enter

◉ 버튼이 따로 없 ◉ [글꼴 파일]의 이름을 알아야만 명령어로 사용할 수 있습니다.
습니다. [옵션]
에서 사용해야
합니다.

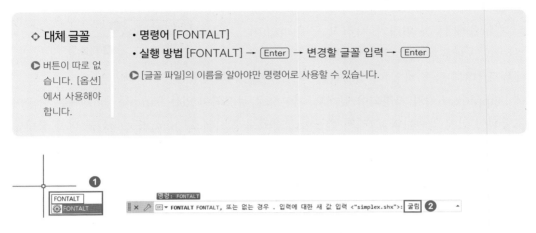

글꼴의 정확한 이름을 알지 못하면 명령어로 사용하기 힘들기 때문에 [옵션]을 통해 바꾸
는 방법을 기억해 두는 것이 더 편리할 수도 있습니다.

[대체 글꼴]을 지정했는데도 글자가 안 나와요!

[대체 글꼴]은 완벽한 기능이 아닙니다. 오토캐드에서 글꼴을 사용하는 순서는 조금 복잡
한데, 결론적으로 [TTF]와 [SHX] 모두 '컴퓨터가 임의로 대체'합니다. 따라서 문자 객체
를 만들 때 사용했던 원본 글꼴과 대체 글꼴이 많이 다르다면, 대체되지 않아서 글자가 나
타나지 않습니다.

글꼴	첫 번째	두 번째	세 번째	네 번째
TTF	[FMP]에 지정되어 있는 글꼴 사용	[문자 스타일]의 글꼴 사용	윈도우가 자동으로 글꼴을 대체	
SHX			[대체 글꼴] 사용	[SHX 파일 누락] 경고 메시지

◉ 글꼴이 없을 경우 [두 번째], [세 번째], [네 번째] 순으로 실행됩니다.
◉ [대체 글꼴(FONTALT)]를 지정했더라도 글자가 나오지 않는 경우, 주로 대체된 글꼴에 없는 특수 문자 때문입니다.
◉ [FMP] 기능의 한 가지 단점은 [여러 줄 문자(MTEXT)]에만 적용된다는 것입니다. 따라서 [대체 글꼴]과 병행해서 사용하는 게
좋습니다.

글꼴을 도면마다 바꾸지 않고, 글꼴을 설치하지 않고도 문자를 보려면 어떻게 해야 할까요? 오토캐드의 글꼴 적용 순서를 보면, 가장 먼저 [FMP]에 지정되어 있는 글꼴을 사용하도록 설정되어 있습니다. [FMP]란 파일의 확장자인데, 'A 글꼴을 B 글꼴로 바꿔 표시하겠다'라는 내용이 리스트로 저장되어 있는 파일입니다. 그래서 글꼴의 지도, 즉 [FONTMAP]이라 부르죠. 이 파일을 편집하면 번거로운 과정 없이도 문자를 오토캐드에서 확인할 수 있습니다. 없는 글꼴이 있을 때마다 리스트를 한 줄 늘려 주면 되는 거죠.

직접 해보세요! [FONTMAP] 지정해 글자 나타내기

준비 파일 · 10/textstyle_fontmap.dwg

준비 파일의 왼쪽 도면은 [TTF], 오른쪽 도면은 [SHX]를 사용해 문자를 적어 두었습니다. 하지만 두 글꼴 모두 윈도우와 오토캐드의 기본 글꼴이 아니기 때문에 문자가 제대로 표시되지 않네요. [FMP] 파일을 수정하여 화면에 다른 글꼴로 표시되도록 설정해 보겠습니다.

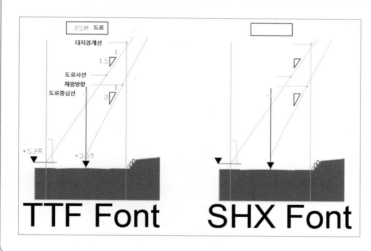

01. 어떤 글꼴이 없는지 확인하기

일단 어떤 글꼴이 없는지 확인해 봐야겠죠? [문자 스타일(ST)]을 확인해 보니 [cadhs.shx], [HY울릉도M]이라는 글꼴이 없네요. 이 두 글꼴을 다른 글꼴로 교체하겠습니다.

02. [FMP] 파일이 저장되어 있는 폴더 찾기

[FMP] 파일에 '두 글꼴을 다른 글꼴로 바꾸겠다'라는 설정을 추가해야 합니다. 이 파일은 [사용자 환경 저장 폴더]에 [acad.fmp]로 저장되어 있는데, [옵션(OP)] → [파일] 탭 → [문자 편집기, 사전 및 글꼴 파일 이름] → [글꼴 매핑 파일]을 누르면, 저장되어 있는 폴더 경로를 알 수 있습니다.

▶ 오토캐드 2018 버전의 경우엔 [C:\Users\[윈도우 계정 이름]\AppData\Roaming\Autodesk\AutoCAD 2018\R22.0\[언어]\Support] 경로지만, 2021에서는 [C:\Users\[윈도우 계정 이름]\AppData\Roaming\Autodesk\AutoCAD 2021\R24.0\[언어]\Support]에 저장되어 있습니다. 사용하는 오토캐드 버전마다 경로의 숫자가 조금씩 달라요!

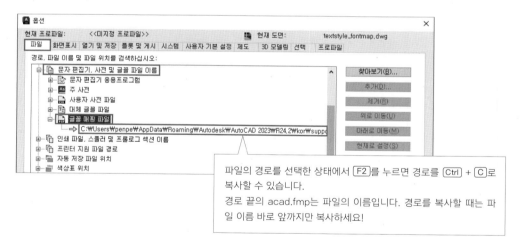

[AppData] 폴더는 숨어 있는 폴더라서 윈도우의 탐색기에서 보이지 않을 수도 있습니다. 탐색기에서 숨어 있는 폴더도 보이도록 설정해야만 찾아갈 수 있어요. [옵션(OP)]에서 찾은 폴더의 경로를 탐색기에 붙여 넣어도 [FMP]가 저장되어 있는 폴더로 갈 수 있습니다.

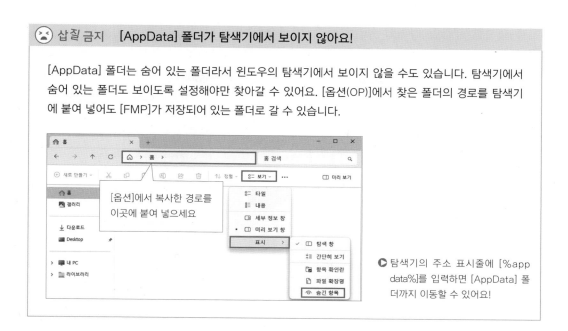

[옵션]에서 복사한 경로를 이곳에 붙여 넣으세요

▶ 탐색기의 주소 표시줄에 [%app data%]를 입력하면 [AppData] 폴더까지 이동할 수 있어요!

03. [acad.fmp] 파일 메모장으로 수정하기

[acad.fmp] 파일을 메모장으로 엽니다. 메모장에서 [Ctrl] + [O]를 눌러 열려고 하면, 폴더를 다시 찾아가야 하기 때문에 불편해요. 메모장을 먼저 열어 두고, 윈도우의 탐색기에서 [acad.fmp] 파일을 드래그 앤 드롭으로 열면 편리하게 열 수 있습니다. 파일 이름이 [acad]로 되어 있는 파일이 많은데, [파일 유형]이 [AutoCAD 글꼴 맵]으로 되어 있는 파일을 열면 됩니다.

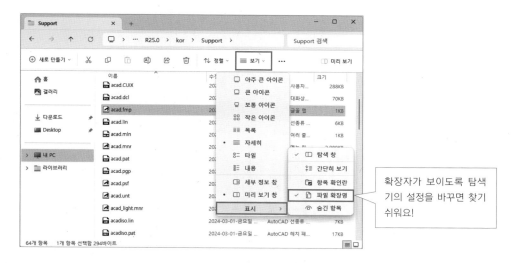

확장자가 보이도록 탐색기의 설정을 바꾸면 찾기 쉬워요!

이제 표시할 글꼴을 입력할 차례입니다. 메모장의 가장 아래에 대체 글꼴을 입력하는데, 규칙은 [누락된 글꼴;화면에 표시할 글꼴]입니다. ❶ [cadhs.shx] 글꼴을 [whgtxt.shx]로 바꿔 표시하려면, [cadhs.shx;whgtxt.shx]라고 입력하면 됩니다. 예를 들어, [HY울릉도 M;whgtxt.shx]을 추가하면 [HY울릉도M] 글꼴도 오토캐드 기본 글꼴인 [whgtxt.shx]로 바뀌어 화면에 표시됩니다. ❷ 바꾼 내용은 당연히 저장해야 합니다.

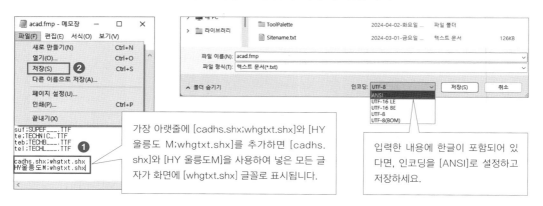

04. 오토캐드를 껐다 켜서 적용하기

바뀐 [acad.fmp] 파일의 내용은 오토캐드를 껐다가 다시 켜야만 적용됩니다. 오토캐드를 끄고, 다시 실행해서 [textstyle_fontmap.dwg] 파일을 열어 보세요. 도면에 사용된 두 글꼴이 모두 오토캐드 기본 글꼴인 [whgtxt.shx]로 바뀌어 화면에 표시됩니다.

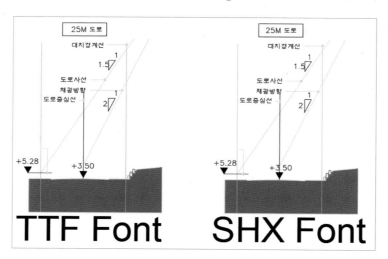

이렇게 5분 정도 투자해 글자가 보이지 않을 때마다 한 줄씩 추가하면 글꼴 걱정 없이 사용할 수 있습니다.

10-2 일람표 속 [문자] 정렬해 각 잡기

문자가 화면에 표시되는 형태는 [문자 스타일]을 사용하여 수정할 수 있습니다. 그렇다면 그 밖의 내용은 어떻게 수정할 수 있을까요? [특성] 팔레트를 사용하면 문자의 크기, 색상, 도면층 등을 수정할 수 있습니다. 이번에는 여러 문자를 한 번에 움직이거나 크기 등을 바꾸는 기능을 알아보겠습니다.

문자의 크기를 바꾸려면?

가장 먼저 여러 문자의 크기를 바꿔 보겠습니다. 문자의 크기는 [축척(SCALE)]을 사용해도 바꿀 수 있지만, [축척]은 기준점을 기준으로 크기가 변하기 때문에 여러 문자를 한 번에 크게 만들 수는 없습니다. [특성] 팔레트를 활용하면 위치 이동 없이, 여러 문자의 크기를 한 번에 바꿀 수 있어요. 한번 바꿔 볼까요?

🔦 직접 해보세요! 문자 높이 한 번에 바꾸기

준비 파일 • 10/textsize.dwg
완성 파일 • 10/texxtsize_fin.dwg

여러 문자의 높이를 한 번에 바꿔 보겠습니다. 하나씩 바꿀 때는 [축척(SC)] 기능을 사용해도 되지만, 여러 문자를 한 번에 수정하면 위치가 흔들립니다. 하나를 먼저 바꾼 후에 [특성 일치(MA)] 기능을 사용하는 것도 좋지만, [특성] 팔레트로 여러 문자 높이를 한 번에 바꿔 보겠습니다.

01. [걸치기 선택]으로 높이 바꿀 문자들 선택하기

준비 파일을 열면 각 항목에 대한 제목이 녹색으로 써 있습니다. 다른 문자보다 조금 크긴 하지만 좀 더 크게 수정해 보겠습니다. ❶ 각 항목의 제목만 선택합니다. 그런데 때로는 문자와 다른 객체가 겹쳐 있거나 수정할 양이 너무 많아 하나씩 선택하기 힘들 때도 있습니다. ❷ [걸치기 선택]으로 여러 객체를 한 번에 선택해 보세요! 다른 객체가 같이 선택되더라도 상관없습니다. 다만, 다른 문자가 선택되면 안 됩니다. 선택한 문자의 크기를 한 번에 바꿀 거니까요.

02. 문자 객체만 선택해 높이 수정하기

[특성] 팔레트를 열어 보면 문자, 선 등을 걸치기 선택으로 한 번에 선택해 [일반] 항목밖에는 수정되지 않습니다. ❶ 여기에서 [전체]라고 표시되어 있는 항목을 클릭해 객체의 유형으로 [문자]를 클릭해 보세요. 그러면 선택된 객체 중 문자 3개에 대한 특성만 수정할 수 있도록 [특성] 팔레트에 [문자] 항목만 나타납니다. ❷ [높이] 값의 [4]를 [7]로 바꿔 보세요. 여러 객체를 선택했지만 문자에 대한 특성만 바뀝니다.

▷ 색상, 도면층 등도 수정하면 선택한 객체들 중에서 [문자]만 바뀝니다.

[특성] 팔레트에서 객체의 유형을 조절하면 선택된 객체들 중 특정 유형에 대해서만 수정할 수 있습니다. 문자의 스타일이나 높이 등을 일괄 수정할 때나 치수의 축척 등을 수정할 때 매우 유용합니다.

실무에선 이렇게! [축척(SCALE)] 대신 [문자 축척(SCALETEXT)]을 사용해 보세요!

[축척(SCALE)] 기능으로도 문자의 크기를 조절할 수 있습니다. 하지만 기준점 위치에 따라 문자가 움직이므로 여러 문자를 한 번에 조절할 수는 없습니다.

[축척]을 사용하면 문자의 위치까지 바뀝니다.

문자 전용 축척인 [문자 축척(SCALETEXT)]을 사용해 보세요. 객체를 선택할 때 여러 객체가 한 번에 선택되더라도 문자의 높이만 수정되기 때문에 훨씬 편리합니다.

◇ 문자 축척

· 리본 메뉴의 [주석] 탭에서 사용할 수 있습니다.

· 명령어 [SCALETEXT]
· 실행 방법 [SCALETEXT] → Enter → 크기를 조절할 문자를 선택 → 문자 축척의 기준 설정 → 문자 높이 입력 → Enter

◎ [문자 축척] 기능은 [축척]과 달리 배율을 입력하지 않고 문자의 높이를 입력합니다.

문자의 위치를 한 줄로 맞추려면?

'문자의 크기' 외에도 자주 수정하는 부분은 '문자의 위치'를 맞추는 것입니다. 제멋대로인 글자의 위치를 한 줄로 정렬하면 깔끔해지죠. 예전에는 아래 그림처럼 수직이나 수평의 보조선을 그어 놓고 하나씩 [이동(M)] 기능을 사용해서 맞췄습니다. 문자가 100개 있으면 100번 이동해야 했죠. 하지만 오토캐드 2015 버전에 추가된 기능으로 순식간에 맞출 수 있습니다.

◐ 2014 이하의 버전에서도 일부 기능을 비슷하게 사용할 수 있는 방법이 있는데, 뒤이어서 나옵니다.

```
─────────  일련번호 ELEVATION LETTER

─────────  방향 DIRECTION DN

─────────    도면번호 DRAWING NUMBER

─────────  일련번호 ELEVATION LETTER

─────────    방향 DIRECTION
```

직접 해보세요! 여러 문자를 한 줄에 정렬하기

준비 파일 • 10/textalign.dwg
완성 파일 • 10/textalign_fin.dwg

여러 문자를 급하게 넣다 보면 글자 시작 위치가 달라 지저분해질 수 있습니다. 이렇게 삐뚤삐뚤한 문자를 [문자 정렬(TEXTALIGN)] 기능으로 한 번에 보기 좋게 정렬해 보겠습니다.

01. [문자 정렬] 기능 실행하기

준비 파일에는 여러 지시선이 있습니다. 그런데 위치가 조금 맞지 않네요. 위치를 맞춰 볼 까요? ❶ 리본 메뉴의 버튼을 클릭하거나 단축 명령어인 [TA]를 입력하고 [Enter]를 눌러 [문자 정렬] 기능을 실행합니다. ❷ 줄을 맞출 문자를 선택한 후 [Enter]를 누릅니다.

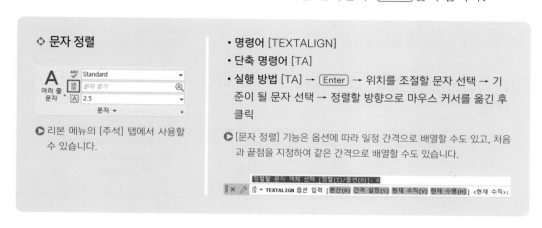

◇ **문자 정렬**

A ᴬᴮᶜ Standard
여러 줄 ᴵᴬ 문자 찾기 🔍
문자 Ⓐ 2.5
문자 ▾

▶ 리본 메뉴의 [주석] 탭에서 사용할 수 있습니다.

• **명령어** [TEXTALIGN]
• **단축 명령어** [TA]
• **실행 방법** [TA] → [Enter] → 위치를 조절할 문자 선택 → 기 준이 될 문자 선택 → 정렬할 방향으로 마우스 커서를 옮긴 후 클릭

▶ [문자 정렬] 기능은 옵션에 따라 일정 간격으로 배열할 수도 있고, 처음 과 끝점을 지정하여 같은 간격으로 배열할 수도 있습니다.

정렬할 문자 객체 선택 [정렬(H)/옵션(O)]: 0
TEXTALIGN 옵션 입력 [분산(D) 간격 설정(S) 현재 수직(V) 현재 수평(H)] <현재 수직>:

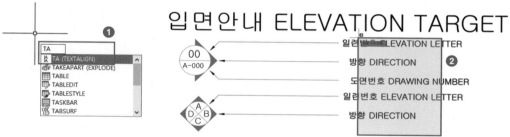

▶ 지시선 옆의 글은 [다중 지시선(MLEADER, MLD)] 기능으로 쓸 수도 있지만, 대부분 이렇게 [문자]로 그립니다.
▶ [선], [폴리선] 등의 객체가 함께 선택되더라도 [문자]만 영향을 받기 때문에 상관 없습니다. 하지만 다른 [문자]가 함께 선택되어 서는 안 됩니다.

😣 **삽질 금지**   [문자 정렬]은 좌표를 정렬해 주진 않아요!

문자는 어디서부터 시작할 것인지를 의미하는 '기준점'과 기준점에서 어느 방향으로 내용을 적을 것인 지를 의미하는 '정렬점'에 의해 위치가 정해집니다. 그런데 [문자 정렬] 기능이 이 좌표를 동일하게 정 렬해 주진 않아요. 글꼴을 적용 했을 때의 형상을 기준으로 정렬 합니다. 그래서 정렬시킨 문자들 을 선택해 보면, [특성] 팔레트의 [형상]에 표시되는 좌표가 '*다양 함*'으로 표시됩니다.

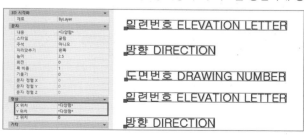

02. [문자 정렬] 기능 실행하기

❶ 기준이 될 문자를 선택합니다. 위치가 적절하다고 판단되는 어떤 문자라도 상관없는데, 여기서는 가장 위에 있는 [일련번호]를 클릭하겠습니다. 기준이 될 문자를 클릭하면 마우스 커서를 따라 문자가 일렬로 정렬됩니다. 일렬로 맞추려면 직교 모드를 켜는 게 좋겠죠? ❷ F8 을 눌러 직교 모드를 켠 후 ❸ 커서를 아래로 옮겨 아무 점을 클릭합니다. 한 번에 5 개의 문자가 일렬로 정렬되었습니다.

▶ [옵션]인 [점(P)]을 사용하면 문자가 아닌 다른 객체나 좌표점을 선택할 수도 있습니다. 하지만 대부분 그렇게까지 정교할 필요가 없어 자주 사용하지는 않습니다.

▶ 방향을 사선으로 지정하면 사선으로 나열됩니다.

[문자 정렬(TEXTALIGN)]은 문자의 위치를 조절하는 편리한 기능입니다. 이 기능이 없었을 때는 하나씩 조절해야만 했죠. 게다가 일정 거리를 N등분하여 문자를 배치하는 [분산(D)], 입력한 간격으로 문자의 위치를 이동하는 [간격 설정(S)] 등과 같은 옵션도 사용할 수 있습니다.

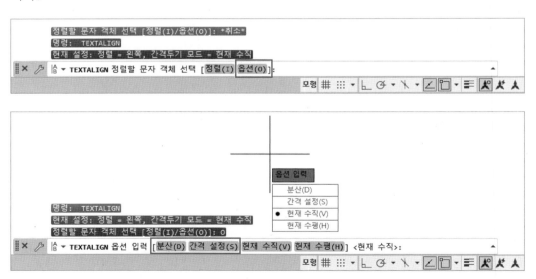

▶ [분산]이나 [간격 설정] 옵션을 사용하면 문자들 간의 간격을 일정하게 맞추는 동시에 일렬로 정렬할 수 있습니다.

2014 이하의 버전에서 문자의 위치를 맞추려면?

[문자 정렬] 기능이 없는 2014 이하의 버전에서는 문자의 위치를 어떻게 맞출까요? [문자]의 요소들 중 '문자 위치의 기준'이 되는 [시작점] 좌표를 이용하면 낮은 버전에서도 문자의 위치를 맞출 수 있습니다. 이번에도 역시 [특성] 팔레트를 활용하면 되죠. 문자를 간단히 정렬해 보겠습니다.

직접 해보세요! [특성] 팔레트로 문자 정렬하기

준비 파일 • 10/textalign_2014.dwg
완성 파일 • 10/textalign_2014_fin.dwg

이번에는 '단면 안내' 부분의 지시선 글을 [특성] 팔레트를 사용해 정렬해 보겠습니다.

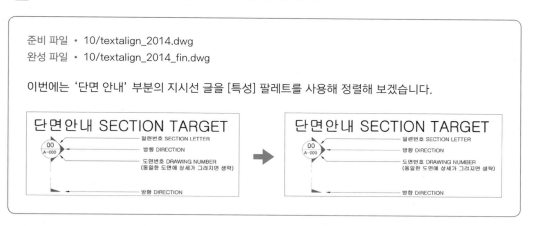

여러 문자들을 세로로 나열하고 싶다면 X축 좌표를 동일하게 만들면 됩니다. 가로로 나열하고 싶다면 Y축 좌표를 동일하게 만들면 되겠죠. 그런데 이 방법은 문자라는 객체를 나열시키는 것일 뿐, 화면에 표시되는 문자가 정렬되는 건 아닙니다. 그래서 글꼴에 따라 미세하게 들쭉날쭉해 보일 수도 있어요.

01. 준비 파일 살펴보기

먼저 정렬할 문자를 선택합니다. 그런데 클릭해 보니 가운데 있는 2개의 문자에 표시된 그립이 조금 다르네요. 따로 선택해서 특성을 한번 확인해 보세요. 다른 점이 쉽게 눈에 들어오나요? [그립]이 표시되는 위치가 조금 다르죠? 바로 [자리 맞추기] 값이 달라 다르게 표시되고 있는 겁니다.

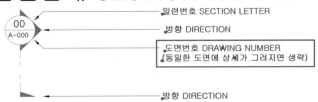

▶ [자리 맞추기]는 문자의 시작점을 전체 문자 중에 어떤 위치에 놓을 것인지를 설정하는 값입니다. 이 값을 기준으로 왼쪽에 문자가 있을 수도 있고, 이 값이 전체 문자의 중심에 위치하도록 설정할 수도 있습니다. 기본값은 [왼쪽]입니다.

😣 삽질 금지 [자리 맞추기]란?

객체를 중요하게 여기는 도면에서는 문자의 위치를 정교하게 지정하기 위해서 여러 지점을 문자의 기준점으로 지정할 수 있습니다. 예를 들어 문자의 기준점이 왼쪽 아래라면, 문자의 높이는 기준점에서 위쪽으로 설정되고, 내용은 오른쪽으로 쓰이는 거죠.

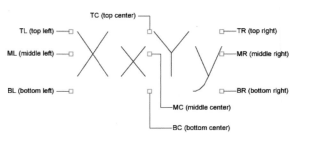

[자리 맞추기] 값이 [왼쪽]이 아니면 설정할 수 있는 좌푯값이 달라요!

여기서 문제가 발생합니다. [자리 맞추기]의 기본값인 [왼쪽]으로 설정하면 [형상]의 [위치] 좌표를 수정할 수 있는 반면, [중간], [오른쪽] 등 다른 점으로 지정하면 [문자 정렬]의 좌표를 수정할 수 있게 설정되어 있습니다. 그래서 [왼쪽]과 다른 점으로 설정되어 있는 객체가 섞이면 한 번에 수정할 수 없는 것이죠.

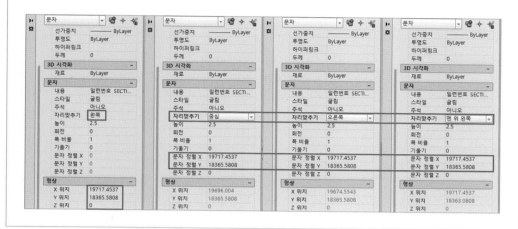

02. [문자 정렬(TA)] 기능은 [자리 맞추기] 값이 달라도 한 번에 정렬할 수 있습니다. 하지만 [특성] 팔레트를 활용할 때는 [자리 맞추기]를 먼저 하나로 맞춰야 합니다. 그렇다고 해서 [특성] 팔레트에서 바꿔 버리면 문자의 위치가 흔들립니다. 따라서 이 방법은 사용할 수 없습니다. 문자의 위치는 유지한 상태에서 기준점만 바꾸는 [자리 맞추기] 기능을 사용해야 합니다.

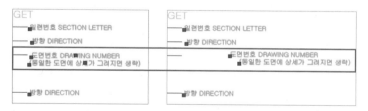

▶ [특성] 팔레트에서 [자리 맞추기] 값을 바꾸면 문자가 움직입니다. 좌우로 움직인 문자는 [좌표]를 사용해서 맞출 수 있지만, 위아래로 움직인 문자는 [특성] 팔레트로 맞추기가 힘듭니다.

03. [자리 맞추기] 기능 실행하기

❶ 리본 메뉴의 버튼을 클릭하거나 명령어인 [JUSTIFYTEXT]를 입력한 후 Enter 를 누릅니다. ❷ 객체를 선택합니다. 객체 선택을 마치기 위해 Enter 를 누르면, 어떤 자리로 맞출지를 선택하는 메뉴가 나타납니다. ❸ [왼쪽(L)]을 클릭합니다. 문자를 다시 선택해 보면 [자리 맞추기] 값이 모두 [왼쪽]으로 변경된 것을 확인할 수 있습니다. 문자의 위치는 바뀌지 않고 [자리 맞추기] 값만 변경되었습니다.

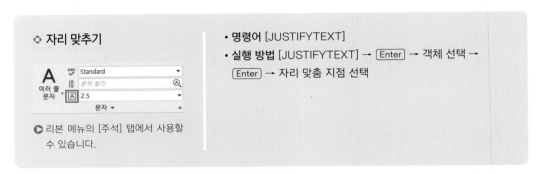

◇ 자리 맞추기

◉ 리본 메뉴의 [주석] 탭에서 사용할 수 있습니다.

• 명령어 [JUSTIFYTEXT]
• 실행 방법 [JUSTIFYTEXT] → Enter → 객체 선택 → Enter → 자리 맞춤 지점 선택

◉ 문자 외의 객체가 선택되어도 상관 없지만, [자리 맞추기]를 바꾸지 않을 문자는 선택에서 제외해야 합니다.

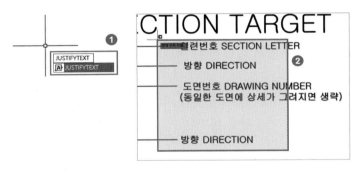

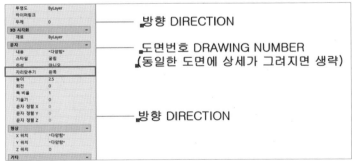

04. 문자 시작점의 X 좌표 복사하기

[자리 맞추기]를 일정하게 바꿨다면, 이제는 한 줄로 정렬할 차례입니다. ❶ 기준으로 삼을 문자를 하나 선택한 후 [특성] 팔레트를 확인해 봅니다. [형상]에 가 보면 문자의 시작점 좌표가 있습니다. 세로로 문자가 나열되려면 [X 위치]의 값이 같아야 하죠. ❷ [X 위치]의 값을 마우스로 클릭하면 수정할 수 있는데, Ctrl + C로 복사합니다.

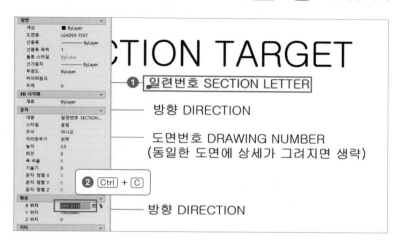

05. X 좌표 통일하기

❶ 정렬할 문자를 모두 선택한 후 [특성] 팔레트를 확인해 보면 [X 위치] 값이 모두 달라 [*다양함*]으로 나타납니다. ❷ 앞에서 복사한 값으로 바꿔 주면 문자가 세로로 정렬됩니다.

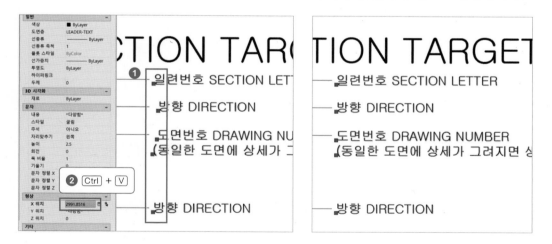

이렇게 몇 가지 기능을 조합하면 최신 버전이 아니라도 문자를 정렬할 수 있습니다. 과정이 다소 복잡하게 보일 수 있지만, 하나씩 옮기는 것보다 훨씬 빠르게 정렬할 수 있습니다.

창호 일람표 속 문자 찾기/바꾸기

[찾기] 기능은 MS 워드, 엑셀 등은 물론, 웹 브라우저인 크롬, 심지어 메모장에도 있습니다. 대부분 Ctrl + F로 사용하죠. 이 [찾기] 기능이 오토캐드에도 있다는 것 알고 있나요? 오토캐드도 도면 내의 문자를 검색해 찾아 줍니다. 단, 다른 프로그램에서 단축키로 자주 사용되는 Ctrl + F로는 사용할 수 없고, 명령어를 사용해야 합니다.

준비 파일 • 캐드 고수의 비밀 15/find.dwg
완성 파일 • 캐드 고수의 비밀 15/find_fin.dwg

도면의 문자들 중, '방화문'이라는 글자만 찾으려면 어떻게 해야 할까요? 또 '방화문'이라는 글자를 '갑종 방화문'으로 바꿔야 할 때는 어떻게 해야 할까요? 화면을 확대, 축소해 가며 직접 찾지 않아도 오토캐드가 알아서 찾아 줍니다. [찾기 및 대치] 기능에 대해 알아보겠습니다.

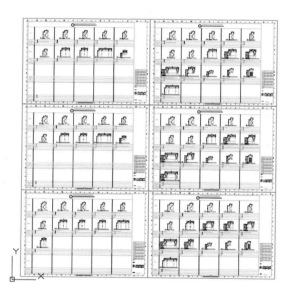

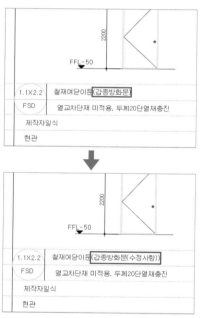

01. [찾기/대치] 기능 실행하기

사용 방법은 다른 프로그램과 크게 다르지 않지만, 단축키 대신 명령어를 알아야만 사용할 수 있습니다. ❶ 명령어인 [FIND]를 입력한 후 [Enter]를 누릅니다. [찾기/대치]라는 팝업 창이 나타납니다. ❷ 왼쪽 아래의 화살표 ◉를 누르면 문자를 찾을 때 얼마나 자세하게 찾을지 설정할 수 있습니다. ❸ 초기 설정은 '도면층이 꺼져 있거나, 동결되어 있거나, 숨어 있는 객체를 제외한 모든 객체'에 대해 검색하고 '블록 내부의 문자도 검색'하도록 설정되어 있습니다.

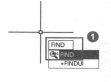

◈ **찾기 및 대치**

리본 메뉴의 [주석] 탭에서 사용할 수 있습니다.

• **명령어** [FIND]
• **실행 방법** [FIND] → [Enter] → 찾길 원하는 문자 입력 → [찾기] 클릭

[찾기 및 대치] 기능으로 문자를 찾거나 다른 문자로 바꿀 수 있습니다.

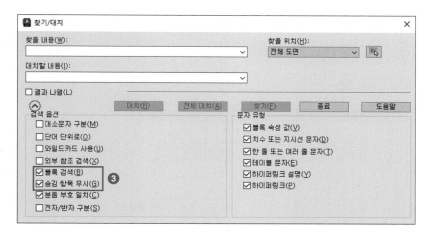

02. '갑종방화문' 글자 찾기

일단 문자를 찾아볼까요? ❶ [찾을 내용]에 [갑종방화문]이라고 입력한 후 ❷ 아래쪽의 [찾기] 버튼을 클릭하면 화면에 찾은 문자가 확대되어 나타납니다. ❸ [다음 찾기]를 클릭하면 다음 객체로 이동합니다. ❹ [결과 나열]에 체크하면 도면에서 찾은 개수와 포함되어 있는 문자열을 확인할 수 있고, 찾은 리스트에서 하나를 더블 클릭하면 화면이 그 부분으로 이동합니다.

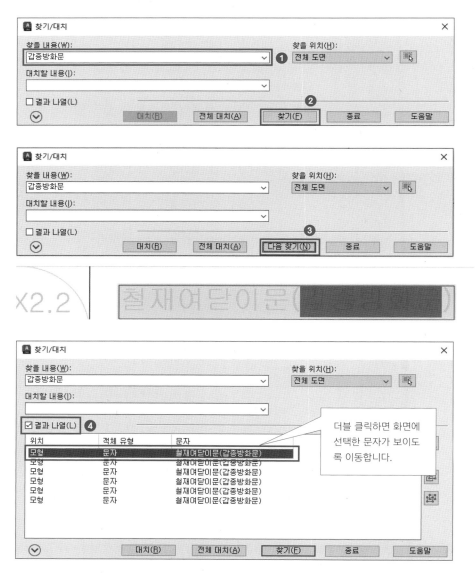

03. 찾은 문자 중 일부만 선택하기

오토캐드는 다른 소프트웨어와 달리 각각의 문자가 객체로 그려집니다. 그래서 객체들을 골라 선택하는 기능도 있습니다. ❶ 결과에서 원하는 객체들을 Ctrl 을 누른 상태에서 클릭한 후, ❷ 오른쪽의 [선택 세트 작성(강조됨) 🔳]을 클릭합니다. ❸ 그러면 찾은 결과 중에 선택한 것만 골라 선택됩니다.

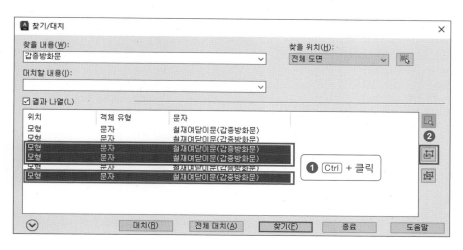

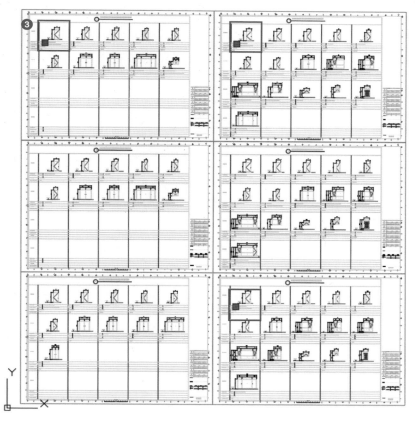

04. 찾은 문자 모두 선택하기

찾은 결과를 모두 선택하려면 ❶ [선택 세트 작성(모두) 🔲]를 클릭합니다. ❷ 찾은 모든 문자 객체가 선택됩니다. 이렇게 문자를 골라 선택하면 색상을 바꾸기도 편리하고, 도면층을 한 번에 바꾸거나 문자의 높이를 한 번에 조절할 수 있겠죠?

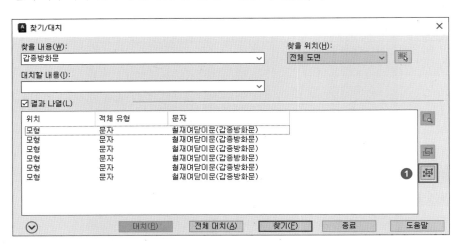

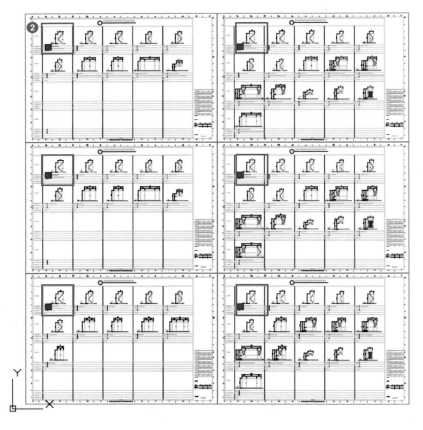

05. 글자 찾아 바꾸기

이번에는 찾은 글자를 다른 글자로 수정해 보겠습니다. ❶ [찾을 내용]에 [갑종방화문]이라고 입력하고, [대치할 내용]에 [갑종 방화문(수정사항)]이라고 입력합니다. [전체 대치]를 누르면 바로 문자를 모두 일괄 수정하고 몇 개가 변경되었는지 화면에 표시해 줍니다. ❷ 보다 정확히 하려면 [찾기]를 눌러 몇 개가 어떻게 찾아졌는지를 먼저 확인한 후 ❸ [전체 대치]를 누르는 것이 좋습니다.

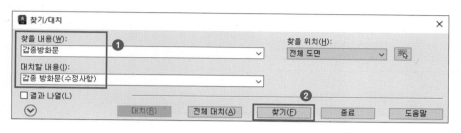

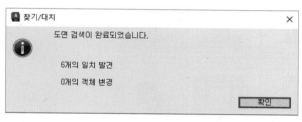

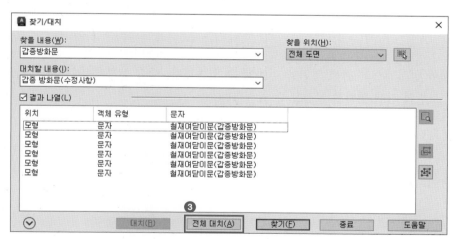

찾으려는 영역을 먼저 선택하고 [찾기 및 대치]를 사용해 보세요

아무런 객체가 선택되어 있지 않은 상태에서 [찾기 및 대치] 기능을 사용하면 [전체 도면]에서 문자를 찾습니다. 만약, 도면의 일부분에서만 검색하도록 하려면 객체를 먼저 선택해 둔 상태에서 [FIND] 명령어를 사용하면 됩니다. 그러면 선택한 객체들 중에서만 검색하고 대치할 수 있습니다.

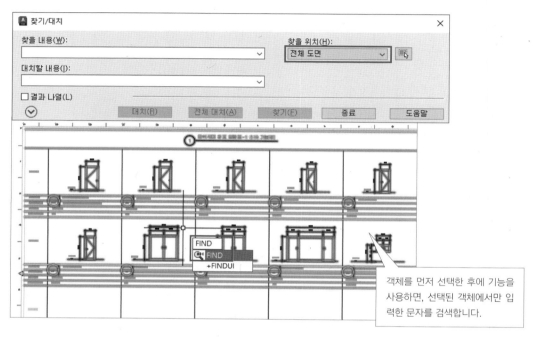

객체를 먼저 선택한 후에 기능을 사용하면, 선택된 객체에서만 입력한 문자를 검색합니다.

[찾기/대치] 대화 상자에서도 검색 영역을 선택할 수 있습니다. 대화 상자에서 [객체 선택] 버튼을 누르면 도면의 검색 영역을 설정할 수 있습니다.

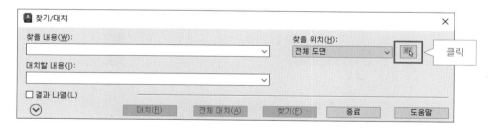

클릭

10-3 숫자는 잘 보이게, 화살표는 점으로! [치수 스타일] 만지기

도면에 치수를 넣는 작업은 오토캐드를 사용하는 주된 이유입니다. 치수를 넣기 전에 치수를 어떤 모양으로 넣을지 설정하는 [치수 스타일]부터 알아보겠습니다. [문자]에서는 글자의 크기와 모양만 정했던 반면, [치수]는 더 많은 요소를 설정해야 합니다.

치수 스타일을 이루는 요소

치수는 5개의 요소로 구성됩니다. 각각의 요소마다 설정할 수 있는 값이 있어서 많은 유형을 만들 수 있는데, 그중에서도 자주 사용하는 요소에 대해 알아보겠습니다.

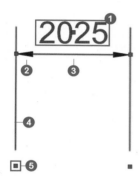

❶ **문자**: 측정한 거리를 나타냅니다. [문자 스타일]에서 지정된 글꼴을 사용합니다.
❷ **화살표**: 측정한 거리를 알아보기 쉬운 형태로 표시합니다. 특정 블록을 사용할 수도 있습니다.
❸ **치수선**: 치수 보조선을 잇는 선입니다. 측정한 거리를 표시합니다.
❹ **치수 보조선**: 원점에서 치수선까지 자동으로 그려지는 선입니다.
❺ **원점**: 치수를 넣을 때 마우스로 클릭한 지점입니다. 두 지점 사이의 거리를 측정합니다.

[도면층]을 조절하여 한 번에 선 종류, 색상 등을 조절했듯이 [치수 스타일]을 조절하면 한 번에 치수의 형태를 바꿀 수 있습니다. 물론 [특성] 팔레트를 사용해서 개별적으로 조절할 수도 있죠. 문자에서 사용한 글꼴과 높이, 화살표의 형태와 크기, 치수선 위로 삐죽 튀어나온 치수 보조선의 길이를 설정할 수도 있고, 원점부터 치수 보조선의 시작점까지 벌어진 공백의 거리를 조절한다거나 치수 보조선의 길이를 일정하게 만드는 등 다양한 설정을 할 수 있습니다.

치수 스타일 만드는 방법!

직접 해보세요! [치수 스타일]을 만들어 치수 넣기

준비 파일 • 10/dimstyle.dwg
완성 파일 • 10/dimstyle_fin.dwg

새 도면을 만들면, 치수가 [ISO-25]와 [STANDARD]라는 기본 스타일로 그려집니다. 하지만 이 두 설정은 문자와 화살표의 크기가 너무 작아 눈에 보이지 않습니다. 새로운 [치수 스타일]을 만들어 사용해 보겠습니다.

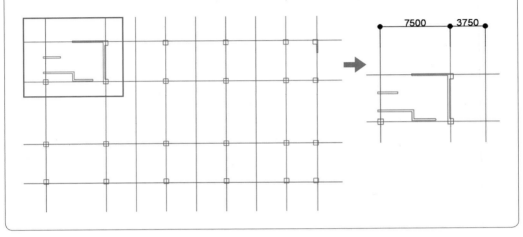

01. 기본 스타일로 치수 넣기

❶ [선형 치수(DLI)] 기능을 사용해 ❷ 왼쪽 위의 첫 번째 구간에 치수를 넣어 보세요. 치수는 넣었지만, 화살표와 문자가 보이지 않네요. 화면을 확대해 보면 아주 작게 그려져 있습니다. ❸ [특성] 팔레트를 확인해 보니 화살표의 크기와 문자의 높이가 모두 [2.5]로 설정되어 있습니다. 전체 길이가 [7500]인데, 문자의 높이가 [2.5]밖에 안 되니 작아서 눈에 보이지 않는 것입니다.

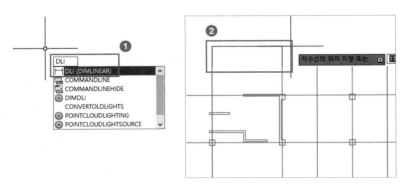

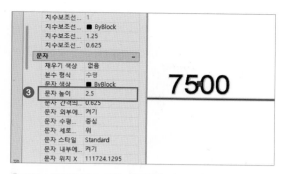

○ 기본 스타일인 [ISO-25]는 문자의 높이와 화살표의 크기가 [2.5]로 설정되어 있습니다. [2.5]는 전체 거리인 [7500]에 비해 너무 작기 때문에 문자가 작성되지 않은 것처럼 보였던 거죠. 하지만 확대해 보면 문자가 작성된 것을 확인할 수 있습니다.

02. [치수 스타일] 만들기

새로운 [치수 스타일]을 만들겠습니다. [치수 스타일]에서 가장 중요한 것은 길이가 얼마인지를 표시하는 [문자]의 크기와 '어디부터 어디까지 쟀는지'를 표시하는 화살표입니다. ❶ 리본 메뉴의 버튼을 클릭하거나 단축 명령어인 [D]를 입력한 후 [Enter]를 눌러 [치수 스타일 관리자]를 실행합니다. ❷ 창이 열리면 [새로 만들기(N)] 버튼을 클릭합니다. ❸ [치수 스타일]에 설정할 이름으로 [DIM]을 입력하고 ❹ [계속] 버튼을 클릭합니다.

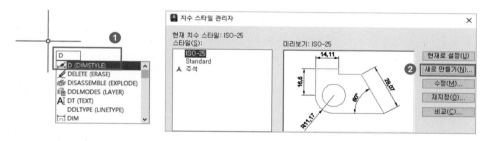

◇ 치수 스타일 관리자

- **명령어** [DIMSTYLE]
- **단축 명령** [D], [DDIM], [DST], [DIMSTY]
- **실행 방법** [D] → Enter → 치수 스타일 생성 및 설정 변경

◐ [치수 스타일]의 단축 명령어는 많지만, 가장 간단한 [D]만 알아 두면 사용할 수 있습니다.

◐ [치수]에만 사용할 도면층을 설정할 수도 있습니다. 환경 변수로 는 [DIMLAYER]를 사용하여 설정할 수 있습니다.

◐ [치수 스타일 관리자]에서는 치수를 어떻게 표시할지 수많은 설정 으로 제어할 수 있습니다. 설정이 너무 많아서 모두 다루지는 못 했지만, 최소한 책에서 다룬 내용 정도는 알아두어야 합니다.

03. 기호 및 화살표 크기 설정하기

새로 만들 치수 스타일에 대한 설정 창이 화면에 표시됩니다. ❶ 먼저 화살표의 크기를 수 정하기 위해 [기호 및 화살표] 탭으로 이동합니다. 화살표의 형태는 [화살촉]에서 정해집니 다. ❷ 치수에는 처음 클릭한 자리와 두 번째 클릭한 자리가 있는데, 모두 [점]으로 설정합 니다. ❸ [화살표 크기]를 조절하여 화면에 표시될 크기를 조절할 수 있습니다. 값을 [500] 으로 설정합니다.

◐ 첫 번째와 두 번째 클릭한 자리의 형태를 다르게 설정할 수도 있습니다.

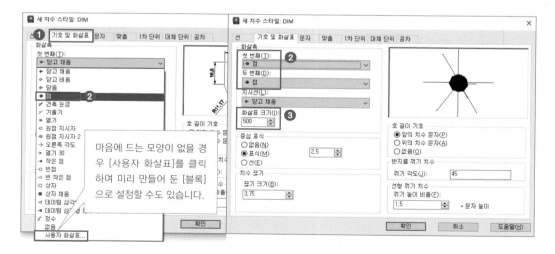

마음에 드는 모양이 없을 경 우 [사용자 화살표]를 클릭 하여 미리 만들어 둔 [블록] 으로 설정할 수도 있습니다.

04. 문자 스타일 지정하기

글자를 크게 만들 차례입니다. ❶ [문자] 탭으로 이동합니다. 문자에서 중요한 것은 문자의 높이와 글꼴입니다. 글꼴은 미리 설정해 둔 [문자 스타일]을 사용합니다. ❷ 기본값인 [Standard]를 클릭하여 [굴림]으로 바꿉니다. [문자 높이] 항목의 값이 너무 작으면 화면에 점처럼 표시됩니다. ❸ 값을 [750]으로 바꿉니다. ❹ 모든 설정이 끝났으면 [확인] 버튼을 클릭하여 창을 닫습니다.

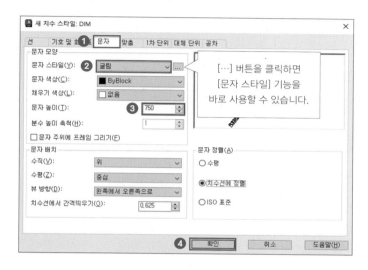

▶ [문자 색상]이 [블록별(ByBlock)]으로 되어 있으면 [치수] 객체에 설정되어 있는 색으로 문자가 표시됩니다.

05. [현재 치수 스타일] 바꿔 치수 넣기

다시 치수를 넣어 볼까요? ❶ 먼저 [현재 치수 스타일]을 바꿔야 합니다. 리본 메뉴의 [홈] 탭이나 [주석] 탭에서 치수 스타일을 방금 만든 [DIM]으로 바꿉니다. 추가로 도면층까지 설정하면 좋겠죠? ❷ [치수]의 전용 도면층인 [DIM]으로 설정합니다. ❸ 이제 다시 [선형 치수(DLI)]를 넣어 보세요. 이제는 화살표와 문자가 모두 잘 보이네요.

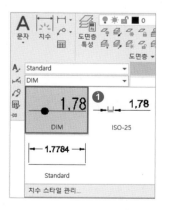

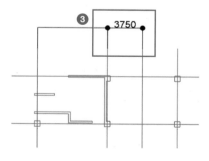

06. 미리 넣은 치수의 스타일 바꾸기

앞서 넣었던 치수도 [특성] 팔레트에서 [치수 스타일]을 바꾸면 변경된 내용이 적용됩니다.
혹은 [특성 일치(MA)] 기능을 사용할 수도 있습니다.

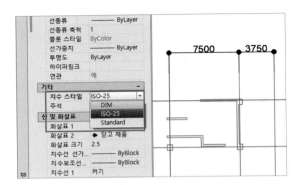

치수 스타일 수정하기

간단하게 문자의 크기와 화살표만 바꿔 치수 스타일을 만들어 보았습니다. 그런데 [문자]
와 바로 아래에 표시되는 [치수선]이 너무 가깝게 붙어 보기 좋지 않네요. 방금 만든 치수
스타일을 수정하여 좀 더 보기 좋게 바꿔 보겠습니다.

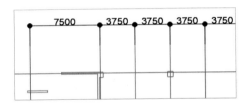

직접 해보세요! [치수 스타일] 수정하기

준비 파일 · 10/dim_modify.dwg
완성 파일 · 10/dim_modify_fin.dwg

치수의 형태가 맘에 들지 않으면 [치수 스타일]을 수정하면 됩니다. [치수 스타일]을 수정하면, 모든
치수의 형태를 한 번에 바꿀 수 있습니다.

01. [치수선에서 간격 띄우기] 값 수정하기

치수 스타일을 수정할 때도 같은 기능을 사용합니다. ❶ 단축 명령어인 [D]를 입력한 후 Enter 를 눌러 [치수 스타일 관리자]를 실행합니다. ❷ 바꿀 스타일인 [DIM]을 선택한 후 ❸ [수정(M)] 버튼을 클릭합니다. ❹ 창이 나타나면 [문자] 탭으로 이동합니다. 문자의 위치는 왼쪽 아래의 [문자 배치]에서 바꿀 수 있습니다. 지금은 치수선에 문자가 너무 가깝게 붙어서 문제인데, [치수선에서 간격 띄우기]의 값이 너무 작게 설정되어 있습니다. ❺ 이 값을 [100]으로 수정한 후 [확인] 버튼을 클릭하여 창을 닫습니다. 변경된 값이 적용되어 문자가 치수선에서 살짝 떨어졌습니다.

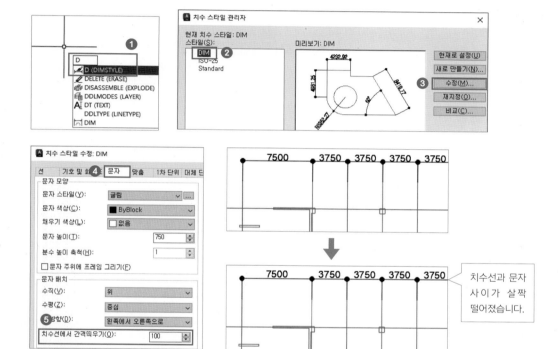

▶ [치수선에서 간격 띄우기] 값을 더 크게 만들면 더 많이 떨어지며, 음수로 지정할 수는 없습니다.

02. 치수 색상 변경하기

색상을 지정하는 옵션도 자주 사용합니다. 다시 [치수 스타일 관리자(D)]를 열고 [DIM]을
수정하는 창을 열어 보세요. ❶ [선] 탭에서 ❷ [치수선]과 [치수 보조선]의 색상을 [선홍색]
으로 바꿉니다. ❸ [문자] 탭에서 ❹ [문자 색상]을 [초록색]으로 바꾸고 변경한 설정을 저장
합니다. 치수의 색상이 바뀌었습니다. 이렇게 특정 색을 지정해 버리면 도면층이 바뀌거나
객체의 색상이 바뀌더라도 치수선의 색상은 변경되지 않습니다.

▶ [화살표]는 [치수선]의 색상을 그대로 사용하기 때문에 따로 바꾸지 않아도 됩니다.

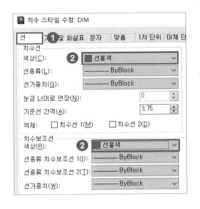 

▶ 이렇게 색상을 고정하면, 도면
층을 바꾸거나 도면층의 색을
바꾸더라도 치수 문자에 적용
된 색은 바뀌지 않습니다.

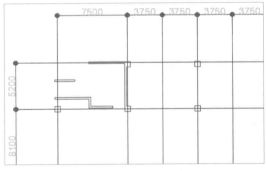

치수에 사용된 각 요소의 크기는 [치수 스타일]에서 지정합니다. 그리고 치수 자체에 [축척]을 설정할 수 있으므로 이 값에도 영향을 받습니다. 따라서 문자와 화살표 등 각각의 요소를 하나씩 수정할 필요 없이 [전체 치수 축척] 값만 바꿔도 한 번에 바꿀 수 있습니다. 이 값은 [특성] 팔레트의 [맞춤] 항목에서 수정할 수 있습니다.

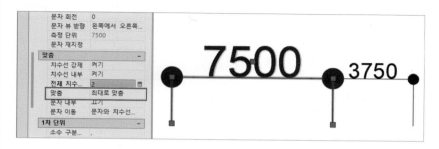

새로 치수를 넣을 경우, 크기를 조절하여 새로 치수 스타일을 만드는 것이 가장 좋겠지만, [전체 치수 축척]에 해당하는 환경 변수 [DIMSCALE]를 수정한 후에 치수를 넣는 방법을 많이 사용합니다. 예를 들어, 환경 변숫값을 [2]로 바꾸고, 치수를 넣으면 문자 높이와 화살표가 2배로 커집니다.

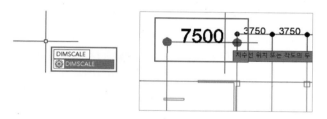

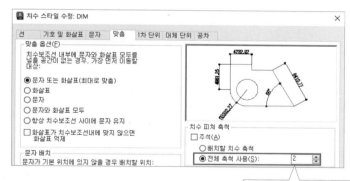

> [전체 치수 축척(DIMSCALE)]은 [맞춤] 탭의 [전체 축척 사용]에서도 수정할 수 있습니다. 단, [치수 스타일]을 수정하면 이미 입력한 치수들의 크기가 바뀔 수도 있으니 주의해야 합니다.

한 가지만 더 기억해 둘까요? 이렇게 치수 스타일을 조절하는 환경 변수를 수정한 후 [치수 스타일 관리자]를 열면, [스타일 재지정]이라는 스타일이 생깁니다. [DIM]에서 임의로 일부 값만 바뀐 치수 스타일이라는 의미입니다. 이 스타일을 자주 사용하려면 [새로 만들기]를 클릭하여 [DIM-2배] 등의 알아보기쉬운 이름으로 저장해 두면 두고두고 사용할 수 있습니다.

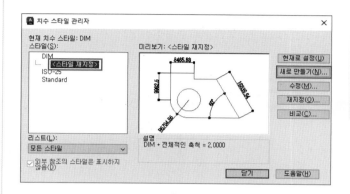

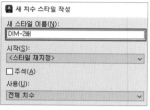

솔직히 실무에서는 치수 스타일을 거의 활용하지 않습니다. 설정이 너무 많다 보니 활용하지 못하는 거죠. 그래서 이미 작성된 치수에 설정을 덮어쓰는 작업을 많이 합니다. 치수를 일단 작성합니다. 어떤 스타일, 어떤 설정을 사용했는지는 중요하지 않아요. 어차피 치수와 관련된 설정을 덮어쓸 거니까요. ❶ [DIMSCALE] 환경 변수의 값을 [1.5]로 바꾸고, ❷ [주석] 탭의 [치수 스타일 업데이트] 기능을 실행합니다. 이 기능은 실무에서 정말 자주 사용하는 기능이라서 뒤에서 다시 한번 다룰 거예요. ❸ 그리고 설정을 덮어쓸 치수들을 선택합니다. [선], [폴리선] 등의 다른 객체가 함께 선택되도 [치수]만 영향을 받기 때문에 상관없어요. ❹ 객체 선택이 끝났다는 의미로 [Enter]를 누르면, 선택한 치수들에 현재 치수스타일의 설정이 덮어써집니다.

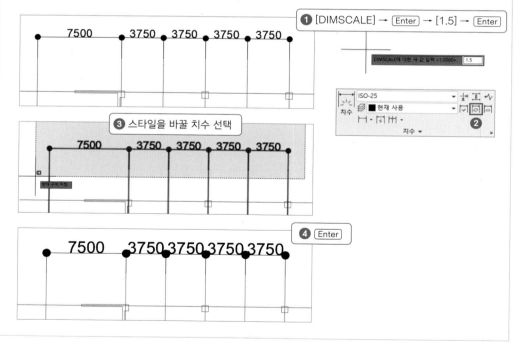

상세도에서 실제 크기의 1/2 축척 치수 넣기

도면은 실물 크기로 객체를 그리고, 치수를 측정하
여 적어야 합니다. 그래서 치수는 실물 크기 그대로
의 숫자를 적어야 하죠. 그런데 한 장의 종이에 여
러 축척의 도면을 넣어야 하거나 일부분을 확대해
야 할 경우에는 어떻게 해야 할까요? [치수 스타일]
에 그 답이 있습니다.

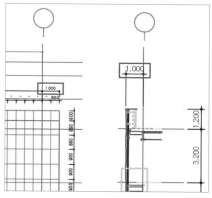

객체의 크기는 다르지만, 같은 치수가 적혀 있습니
다. [치수 스타일]을 활용하면, 이처럼 여러 축척을
하나의 도면에 적용할 수 있습니다.

준비 파일 • 캐드 고수의 비밀 16/dim_detail.dwg
완성 파일 • 캐드 고수의 비밀 16/dim_detail_fin.dwg

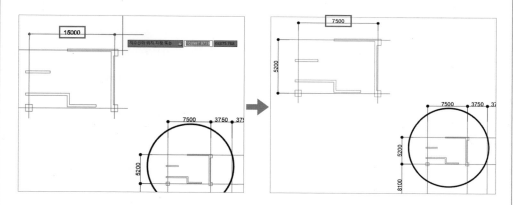

축척이 다른 도면을 한 장에 넣으려면 어떻게 해야 할까요? 준비 파일에는 실제 크기의 도면과 그중에
서 일부분만 2배로 크게 넣은 도면이 있습니다. 각각에 치수를 넣어 보겠습니다.

01. 더블 클릭해 치수 수정하기

❶ 먼저 치수를 넣어 보면 왼쪽 위의 도면은 일부분만 2배 크게 넣었기 때문에 실제 크기인 [7500]이 아닌 [15000]으로 적힙니다. 이 값을 [7500]으로 바꾸려면 어떻게 해야 할까요? ❷ 대부분 치수의 문자를 더블 클릭하여 숫자를 [7500]으로 수정할 것입니다. 수정해야 하는 것이 한두 개라면 이 방법이 가장 간단하고 편리하겠지만, 수십 개라면 하나씩 일일이 수정해야 합니다.

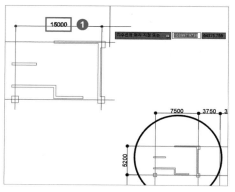
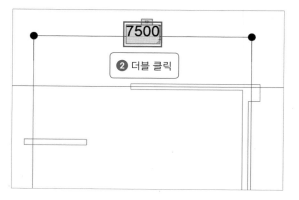

몇 개만 수정한다면, 더블 클릭해서 수정할 수 있습니다.

02. [특성] 팔레트에서 축척 수정하기

여러 치수를 수정할 때 가장 간단한 [특성] 팔레트를 활용하는 방법부터 알아보겠습니다. ❶ [치수]를 선택한 후 [특성] 팔레트를 살펴보면 ❷ [1차 단위] 항목 중에 [선형 치수 축척]이라는 항목이 있습니다. 문자로 적히는 치수는 [측정한 거리]와 [선형 치수 축척]의 곱으로 표기됩니다. 여기선 객체가 2배로 커졌지만, 원래의 치수로 표기하기 위해서는 [0.5]를 곱해야겠죠? ❸ [선형 치수 축척]의 값을 [0.5]로 수정하면 ❹ 원본 도면과 같은 치수로 나타납니다. 이렇게 [특성] 팔레트를 사용하면 새로운 치수 스타일을 만들지 않아도 원하는 축척의 치수를 넣을 수 있습니다.

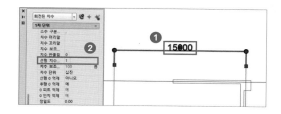
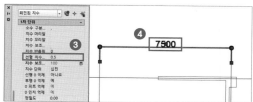

03. 축척이 다른 치수 스타일 만들기

이번에는 치수 스타일을 만들어 설정해 볼까요? ❶ [치수 스타일 관리자(D)]를 열어 [새로 만들기]를 클릭합니다. ❷ 문자 크기, 화살표 크기 등을 원래 사용하던 것과 같이 설정하기 위해 [시작]을 [DIM]으로 설정하고 ❸ 알아보기 쉬운 이름인 [DIM-SCALE-2]로 지정합니다. ❹ [계속] 버튼을 클릭합니다.

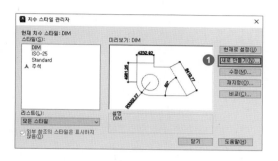
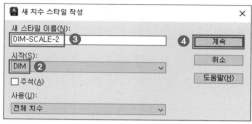

04. ❶ [1차 단위] 탭에서 [축척 비율]의 값은 [특성] 팔레트의 [선형 치수 축척]을 의미합니다. ❷ 값을 [0.5]로 수정하고 변경된 내용을 저장합니다. ❸ [현재 치수 스타일]을 방금 만들었던 [DIM-SCALE-2]로 바꿉니다. ❹ 이제 치수를 넣으면 반으로 줄어든 치수가 나타납니다.

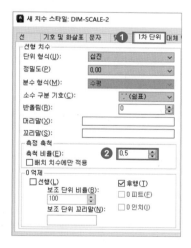
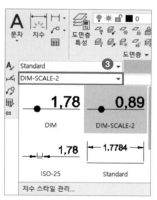
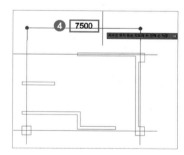

10-4 연속된 그리드 치수, 빠르고 간편하게 넣기

치수 기능은 간단하지만, 치수를 넣을 때마다 기능을 실행해야 합니다. 100개의 치수를 넣으려면 기능을 100번 사용해야 하죠. 몇 가지 기능을 알아 두면 여러 치수를 한결 편리하게 넣을 수 있습니다.

연속된 치수를 넣는 [연속 치수]

한 번에 여러 치수를 계속 넣어야 할 경우가 많습니다. 직선에서 각 구간마다 거리를 넣는 경우가 매우 많은데, 이때 [연속 치수]를 사용하면 유용합니다.

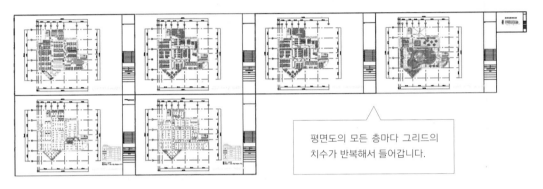

평면도의 모든 층마다 그리드의 치수가 반복해서 들어갑니다.

직접 해보세요! 그리드 구간에 [연속 치수] 넣기

준비 파일 • 10/dimcontinue.dwg
완성 파일 • 10/dimcontinue_fin.dwg

도면에 가로와 세로로 각각 하나의 치수만 들어가 있습니다. [연속 치수] 기능을 활용하여 그리드의 각 구간마다 치수를 넣어 보겠습니다.

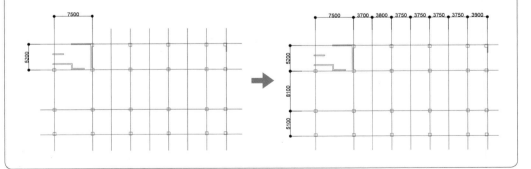

01. [연속 치수] 기능 실행하기

도면에 이미 들어간 치수에 연속으로 치수를 넣어 보겠습니다. ❶ 리본 메뉴의 버튼을 클릭하거나 단축 명령어인 [DCO]를 입력하고 [Enter]를 눌러 기능을 실행합니다. ❷ 기준이 될 치수를 선택해야 하는데, [7500]이 써 있는 치수의 오른쪽을 클릭합니다.

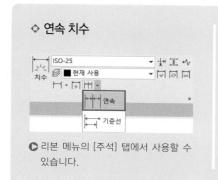

- **명령어** [DIMCONTINUE]
- **단축 명령어** [DIMCONT], [DCO]
- **실행 방법** [DCO] → [Enter] → 기준 치수 선택 → 치수 작성 → [Enter]

◗ 리본 메뉴의 [주석] 탭에서 사용할 수 있습니다.

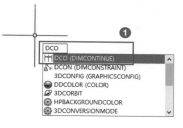

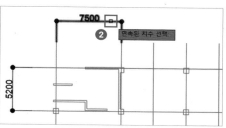

◗ 도면을 열자마자 [연속 치수] 기능을 실행하면 넣었던 치수가 없기 때문에 '기준이 될 치수'를 선택해야 합니다. 도면을 한창 수정하던 중에 실행하면 '마지막에 넣은 치수에 연결'하여 치수를 넣습니다.

😫 삽질 금지   [연속 치수]가 왼쪽에 생겼어요!

기준이 될 객체를 선택할 때는 클릭하는 위치에도 주의해야 합니다. 만약, [7500] 치수의 왼쪽을 클릭했다면 왼쪽 치수 보조선이 기준이 되어 버립니다. 따라서 기준을 선택해야 할 때는 방향과 클릭할 위치도 주의해야 합니다. 시작 위치를 바꾸고 싶다면 [선택(S)] 옵션을 사용하면 간단하죠.

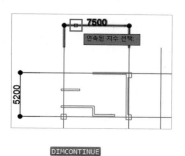

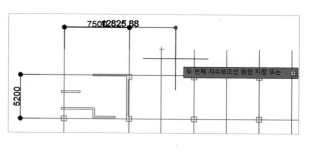

02. 기준 치수를 선택하면 선택된 기준 지점부터 치수가 미리 보기로 화면에 나타납니다. 치수를 지정할 지점을 연속으로 클릭하여 치수를 순서대로 넣습니다. [연속 치수] 기능을 모두 사용한 후 Enter를 누르면, 다시 기준이 될 치수를 선택해 계속 치수를 그릴 수 있습니다. 기능을 완전히 종료하려면 Enter를 두 번 눌러야 합니다.

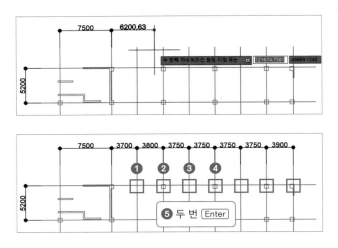

03. 기준이 될 치수 바꿔 [연속 치수] 넣기

이번에는 세로 치수를 넣을 차례입니다. [연속 치수(DCO)] 기능을 다시 한 번 실행합니다. 마지막으로 사용했던 기능을 다시 사용하는 것이기 때문에 명령어 없이 Enter를 눌러도 실행됩니다. 그런데 이번에는 기준이 이미 선택되어 있네요! [연속 치수] 기능은 마지막에 입력한 치수를 기준으로 자동 선택되기 때문입니다.

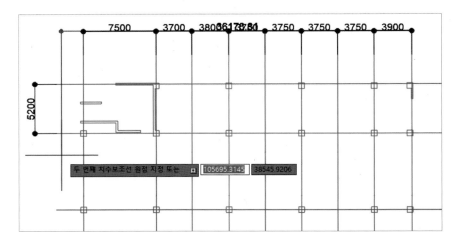

04. ❶ 기준을 다시 선택하기 위해 [선택(S)]이라는 옵션을 써야 하는데, 기본값으로 [선택]이 이미 입력되어 있네요. 굳이 옵션을 사용하지 않아도 [Enter]를 한 번 더 누르면 기준을 선택할 수 있습니다. [Enter]를 한 번 더 누릅니다. ❷ 기준이 될 치수를 선택합니다. ❸ 치수를 넣고 ❹ [Enter]를 두 번 눌러 기능을 종료합니다.

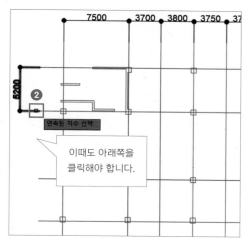

이때도 아래쪽을 클릭해야 합니다.

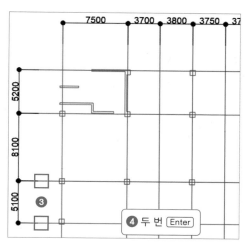

직접 해보세요! 누적 치수로 [기준선 치수] 넣기

준비 파일 • 10/dimbaseline.dwg
완성 파일 • 10/dimbaseline_fin.dwg

일직선으로 각 구간마다 치수를 넣는 기능이 있다면, 일정한 지점에서 누적된 거리를 치수로 넣는 기능도 있습니다. 이번에는 가장 왼쪽 위의 지점부터 누적된 거리를 넣어 보겠습니다. 사용 방법은 [연속 치수]와 동일합니다.

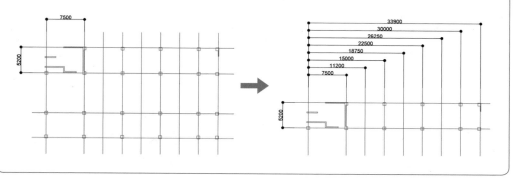

01. [기준선 치수] 기능 실행하기

❶ 리본 메뉴의 버튼을 클릭하거나 단축 명령어인 [DBA]를 입력한 후 Enter 를 눌러 기능을 실행합니다. ❷ 기준이 될 치수를 선택해야 하는데, 이때도 방향이 중요합니다. 이번엔 [7500]이 써 있는 치수의 왼쪽을 클릭합니다. ❸ 그런데 치수를 넣으려고 하니 모든 치수가 겹쳐 들어가네요. 무엇이 문제일까요?

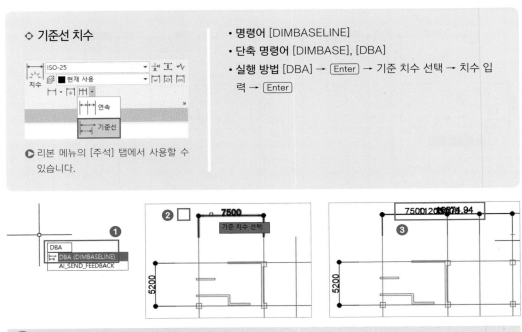

◈ 기준선 치수

▶ 리본 메뉴의 [주석] 탭에서 사용할 수 있습니다.

- **명령어** [DIMBASELINE]
- **단축 명령어** [DIMBASE], [DBA]
- **실행 방법** [DBA] → Enter → 기준 치수 선택 → 치수 입력 → Enter

😫 삽질 금지   치수선과 문자가 너무 붙어 있어요!

여기까지 진행하면서 문자와 치수선이 겹쳐 있어서 불편하진 않았나요? 이 간격도 당연히 설정할 수 있습니다. [치수 스타일 수정]의 [문자] 탭의 왼쪽 아래에 있는 [치수선에서 간격띄우기] 값을 조절하면 됩니다. 문자의 높이가 [750]이니까 [300] 정도로 설정하면 한결 편할 거예요.

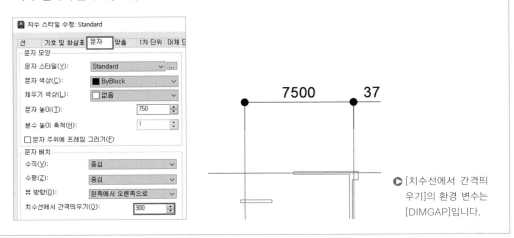

▶ [치수선에서 간격띄우기]의 환경 변수는 [DIMGAP]입니다.

02. [기준선 간격] 조절하기

문제는 [치수 스타일(D)]에 있습니다. [기준선 치수]를 사용할 때는 치수선 간의 간격을 지정해야 하는데, 지금 사용 중인 [DIM]이라는 치수 스타일에서는 [3.75]로 너무 작게 설정되어 있기 때문에 모두 겹쳐 버린 것입니다. 이 값을 [1500]으로 수정합니다.

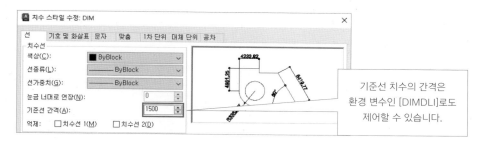

기준선 치수의 간격은 환경 변수인 [DIMDLI]로도 제어할 수 있습니다.

03. 다시 [기준선 치수] 넣기

잘못된 치수는 모두 삭제하고 다시 시도해 봅시다. ❶ 다시 [기준선 치수(DBA)] 기능을 실행하고 [7500] 치수의 왼쪽을 기준으로 선택합니다. ❷ 이번에는 치수가 서로 겹치지 않네요. 치수를 모두 넣었으면 ❸ Enter 를 두 번 눌러 기능을 마칩니다.

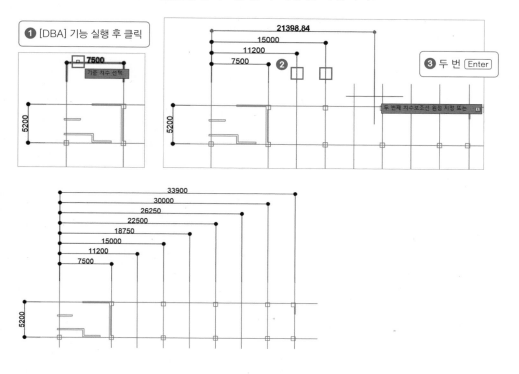

치수를 선택하면 나타나는 그립에서 많은 기능을 사용할 수 있습니다. 예를 들어, [문자]에 표시되는 그립 위에 마우스 커서를 올려놓으면 치수에 포함된 문자를 움직이는 기능을 사용할 수 있습니다. 또한 [치수선] 양쪽 끝의 그립에서 나타난 기능들 중 [치수 기입 계속하기]를 선택하면 [연속 치수]를 넣을 수 있고, [기준선 치수]를 클릭하면 [기준선 치수]를 넣을 수 있습니다.

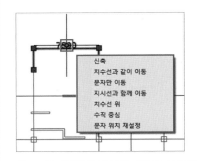
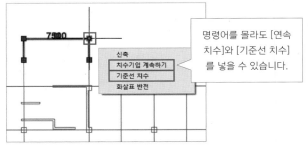

> 명령어를 몰라도 [연속 치수]와 [기준선 치수]를 넣을 수 있습니다.

◐ 그립을 이용해 치수를 넣는 방법은 10-5에서 다룹니다.

직접 해보세요! [빠른 작업]으로 한 번에 치수 넣기

준비 파일 • 10/qdim.dwg
완성 파일 • 10/qdim_fin.dwg

[연속 치수]와 [기준선 치수]는 각 구간을 마우스로 클릭해야만 했습니다. 더 빠르게 치수를 넣는 [빠른 작업] 기능을 사용해 볼까요? 이 기능을 사용하면 일일이 클릭하지 않고 치수를 측정할 객체를 선택해서 치수를 일괄적으로 넣을 수 있습니다!

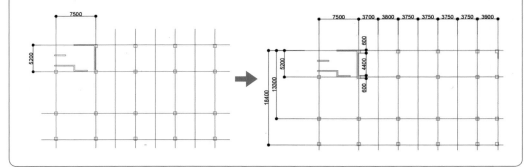

01. [빠른 작업] 기능 실행하기

앞서 [기준선 치수]의 간격을 위해 [DIM] 치수 스타일의 간격을 바꿨죠? ❶ 리본 메뉴의 버튼을 클릭하거나 명령어인 [QDIM]을 입력하고 Enter 를 누릅니다. ❷ 객체를 선택할 차례입니다. 반복해서 여러 객체를 선택할 수 있는데, 그림처럼 그리드만 선택합니다.

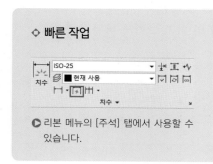

◇ 빠른 작업

▶ 리본 메뉴의 [주석] 탭에서 사용할 수 있습니다.

• 명령어 [QDIM]
• 실행 방법 [QDIM] → Enter → 치수를 넣을 객체 선택 → Enter → 치수의 위치 클릭

▶ [빠른 작업]은 선택한 객체의 모든 점을 수집하여 각 구간에 대한 치수를 일괄적으로 넣습니다. [옵션]을 사용하면 측정하지 않을 점을 제거할 수 있으며, [연속 치수], [기준선 치수] 등을 사용할 수 있습니다.

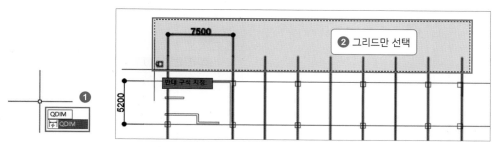

❷ 그리드만 선택

▶ 실수로 다른 객체가 포함되었다면 Shift 를 누른 채 선택하여 빼 주세요.

02.

❶ 객체 선택을 끝내기 위해 Enter 를 누르면 치수가 미리 보기로 나타납니다. ❷ 적절한 위치에서 마우스 왼쪽 버튼을 클릭하면 한 번에 연속 치수가 들어갑니다. 그런데 처음에 있던 치수가 사라졌네요? [빠른 작업]으로 객체를 선택할 때 치수까지 선택하면 그 치수는 지워지고 새로운 치수가 들어갑니다. 따라서 꼭 있어야 할 치수라면, 선택하지 말아야죠.

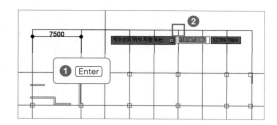

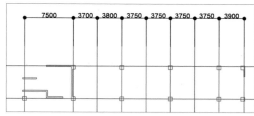

03. [빠른 작업]으로 [기준선 치수] 넣기

[빠른 작업]으로 [기준선 치수]를 넣으려면 어떻게 해야 할까요? ❶ 다시 [빠른 작업 (QDIM)] 기능을 실행하고 ❷ 이번에는 세로 방향의 그리드를 선택합니다. 화면에 [연속 치수]가 미리 보기로 나타나네요. [기준선 치수]로 바꾸려면 명령행의 옵션을 사용해야 합니다. 많은 옵션 중에서 [기준선(B)]을 사용합니다. ❸ [B]를 입력한 후 Enter 를 누르거나 명령행의 [기준선(B)]을 클릭합니다. ❹ 이제야 기준선 치수의 미리 보기가 나타나네요.

◑ 사용 빈도가 상대적으로 많다 보니 [연속 치수]가 기본 설정으로 되어 있습니다.

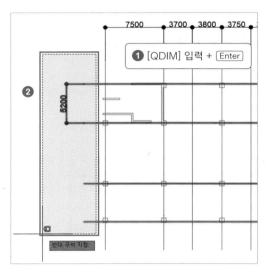
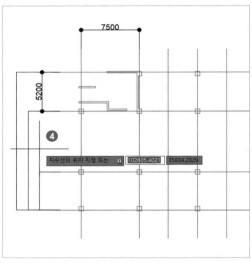

```
연관 치수 우선순위 = 끝점(E)
치수 기입할 형상 선택: 반대 구석 지정: 5개를 찾음
치수 기입할 형상 선택:                                           ❸
QDIM 치수선의 위치 지정 또는 [연속(C) 다중(S) 기준선(B) 세로좌표(O) 반지름(R)
지름(D) 데이텀 점(P) 편집(E) 설정(T)] <연속(C)>:
```

[연속(C)] 옵션 사용 예시   [다중(S)] 옵션 사용 예시   [기준선(B)] 옵션 사용 예시   [세로좌표(O)] 옵션 사용 예시

04. 그런데 기준선 치수가 위쪽이 아닌 아래쪽부터 나타나네요. 누적을 시작할 지점을 바꿔 보겠습니다. 다시 명령행에서 옵션을 써야 하는데, 기준을 설정하는 옵션은 [데이텀 점 (P)]입니다. ❶ [P]를 입력한 후 Enter 를 누르거나 명령행의 [데이텀 점(P)]을 클릭합니다. ❷ 마우스로 측정을 시작할 점인 가장 위쪽의 점을 클릭하세요. 기준선 치수의 방향이 바뀌었습니다. ❸ 적절한 위치를 마우스로 클릭하면 치수가 들어갑니다.

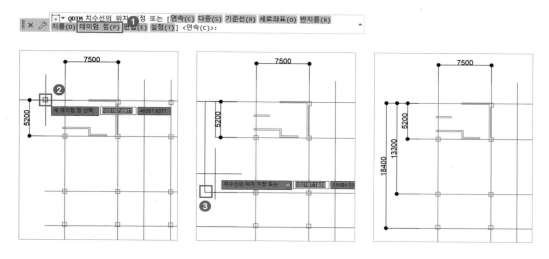

05. 치수 넣지 않을 일부 객체 선택 해제하기

이렇게 [빠른 작업]을 실행하고 객체를 선택하면 객체에 포함된 점을 모두 수집하여 치수가 일괄적으로 들어갑니다. 그렇다면 점을 추가하거나 빼는 기능도 알아 두는 것이 좋겠죠? ❶ 다시 한 번 [빠른 작업(QDIM)]을 실행합니다. ❷ 이번에는 벽체만 골라 선택합니다. ❸ [연속 치수]로 다시 바꾸기 위해 [C]를 입력한 후 Enter 를 누르거나 명령행의 [연속(C)]을 클릭합니다. ❹ 마우스를 오른쪽으로 옮겨 미리 보기를 확인해 보니 기둥의 폭이 나와야 하는데 벽의 두께 때문에 기둥의 두께가 2개로 쪼개져 나타나네요.

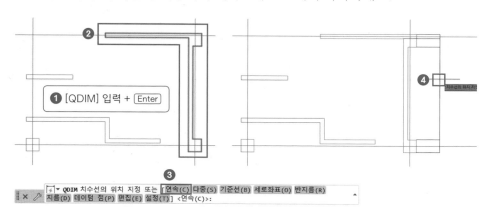

06. 벽의 폭을 지우려면 벽을 구성한 선에서 수집한 좌표를 빼야 합니다. 이때 [편집(E)] 옵션을 사용합니다. ❶ [E]를 입력하고 (Enter)를 누르거나 명령행의 [편집(E)]을 클릭합니다. 그러면 화면에 객체의 어느 점이 수집되었는지가 [X]로 표시됩니다. 이 점들 중에서 가로 벽체를 빼야 합니다. ❷ 마우스로 하나씩 클릭하면 [X]가 사라지는데, 사라진 지점에는 치수를 넣지 않습니다. ❸ 측정할 점을 모두 편집했다면 (Enter)를 누릅니다. ❹ 미리 보기를 확인해 보니 벽체의 두께에 대한 치수는 사라졌네요.

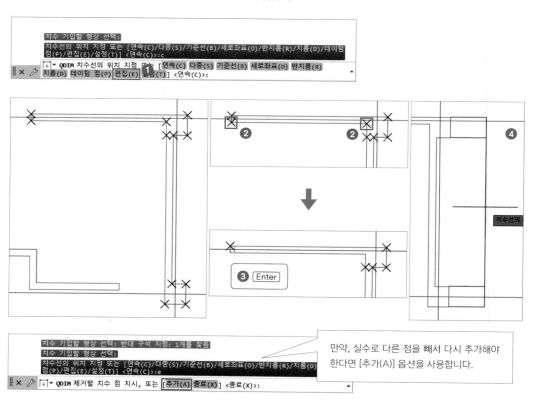

만약, 실수로 다른 점을 빼서 다시 추가해야 한다면 [추가(A)] 옵션을 사용합니다.

07. 그립으로 겹친 문자 분리하기

적절한 위치를 마우스로 클릭하면 치수가 들어갑니다. [빠른 작업]은 한 번에 치수를 넣다보니 문자가 겹칠 경우가 많습니다. ❶ 겹쳐진 치수를 클릭하면 그립이 표시되는데, ❷ 문자에 표시된 그립을 클릭하면 위치를 옮길 수 있습니다. ❸ 적절한 위치로 문자를 옮겨 치수를 완성합니다.

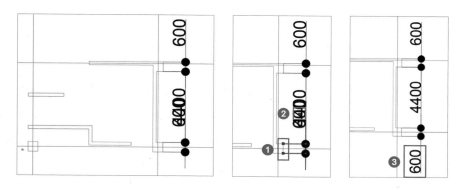

치수를 넣을 때는 객체 스냅의 [노드]를 끄는 것이 좋습니다

치수는 기본적으로 객체에 연관되도록 설정되어 있습니다. 즉, 객체가 수정되면 자동으로 치수가 변하도록 설정되어 있습니다. 예를 들어, [dim_modify.dwg] 파일에서 그리드를 왼쪽으로 [50]만큼 움직이면 치수가 자동으로 변합니다.

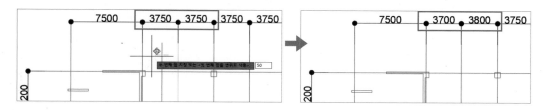

이처럼 치수가 객체에 잘 구속되어 있으면, 수정한 사항이 치수에 자동으로 반영됩니다. 하지만 구속되어 있지 않거나 치수를 측정한 두 점 중 하나만 구속되어 있다면, 일부분만 자동으로 바뀌면서 오작동처럼 느껴집니다.

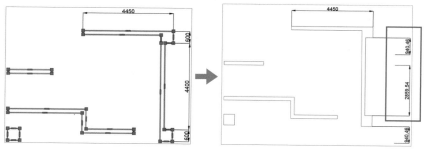

가로로 긴 치수는 객체를 따라 자동으로 이동했는데, 다른 치수들은 그렇지 않을 때 발생하는 현상

이 증상은 치수를 넣을 때 [객체 스냅] 때문에 '치수가 객체에 연결되지 않아서' 발생합니다. 처음 치수를 넣을 때는 객체만 있어서 이상 없이 객체의 끝점이 잘 잡히지만, 두 번째 치수를 넣으려면 객체보다 치수가 나중에 그려져서 [끝점] 대신 치수를 측정한 [노드]가 객체 스냅으로 잡히는 실수가 발생합니다. 그래서 치수의 한 점은 객체에 구속되지 못해 이상하게 바뀌는 것입니다.

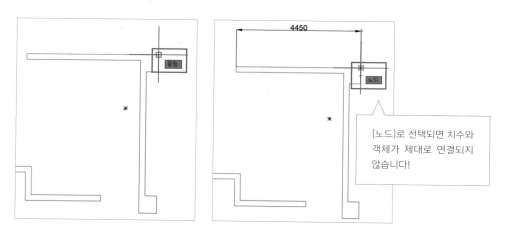

치수를 넣기 전, [객체 스냅]에서 [노드]를 끄면 이와 같은 실수를 예방할 수 있습니다. 가장 말썽을 일으키는 설정은 [노드]이지만, [직교]와 [근처점] 등도 말썽을 자주 일으키므로 치수를 넣기 전에 끄는 것이 좋습니다.

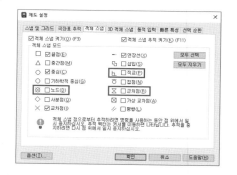

◐ [노드]를 꺼두면 [점(POINT)]에도 객체 스냅을 사용할 수 없어요.

10-5 보기 좋은 치수가 시공하기도 좋다!
─ 실무 맞춤 치수 정리법

치수를 보기 좋게 정리하는 것도 치수를 넣는 작업 못지않게 중요합니다. 이번에는 치수선을 보기 좋게 조절하는 기능들에 대해 알아봅시다. 치수선을 일렬로 정렬하는 기능도 있고, 어지러운 치수선 스타일을 한 번에 다른 스타일로 바꾸는 기능도 있습니다.

어떤 치수 스타일을 써야 하는지 모를 땐? [ADDSELECTED]

실무에서는 치수 스타일이 너무 많아서 어떤 스타일을 써야 원하는 형태로 그려지는지 알아보기 힘든 경우가 많습니다. 다수의 실무자들은 치수를 일단 집어넣고 [특성 일치(MA)]로 형태를 맞추곤 하는데, [특성 일치]를 쓰려면 치수만 골라 선택해야 하므로 번거롭습니다. 이때 가장 편리한 방법은 [선택된 항목 추가(ADDSELECTED)]입니다.

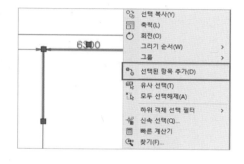

▶ [ADDSELECTED]는 개별적으로 [특성] 팔레트에서 수정된 사항까지 반영하여 치수를 넣습니다.
▶ [ADDSELECTED]를 사용하는 방법은 231쪽을 참조하세요.

이미 넣은 치수의 스타일을 통일할 땐? [치수 스타일 업데이트]

그렇다면 이미 넣은 치수의 치수 스타일을 바꾸려면 어떻게 해야 할까요? [유사 선택(SELECTSIMILAR)] 기능과 [특성] 팔레트를 사용하면 쉽게 바꿀 수 있습니다. 하지만 [유사 선택]에는 치수와 관련된 옵션이 없습니다. 치수 스타일이 다르더라도 일괄 선택해 버리죠. 그래서 도면의 모든 치수가 한 번에 선택됩니다.

원하는 치수만 골라 치수 스타일을 바꾸는 [치수 스타일 업데이트] 기능을 알아 두면 개별적으로 제어하기 편리합니다.

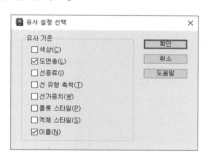

치수와 관련된 기타 기능!

▶ [유사 선택]을 사용하는 방법은 [캐드 고수의 비밀 04]를 참조하세요.

직접 해보세요! 이미 넣은 치수의 [치수 스타일] 하나로 통일하기

준비 파일 • 10/dim_update.dwg
완성 파일 • 10/dim_update_fin.dwg

고층 오피스텔 건물의 단면도입니다. 각 층의 높이를 나타내는 치수가 써 있는데요. 이미 넣은 치수의 치수
스타일을 바꾸려면 어떻게 해야 할까요? [치수 스타일 업데이트]를 사용하면 간단히 바꿀 수 있습니다.

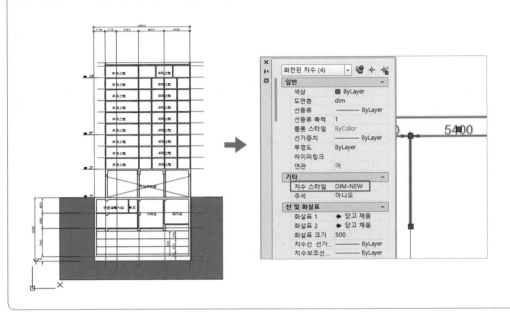

실무에선 이렇게! **[치수 스타일 업데이트]는 명령어가 없어요!**

오토캐드 기능의 대부분은 버튼을 클릭해서 실행할 수도 있지만, 명령어로 실행할 수도 있습니다. 거기
에 단축 명령어까지 설정할 수 있죠. 그런데 [치수 스타일 업데이트]는 명령어가 없습니다. 리본 메뉴에
선 [-DIMSTYLE]이 명령어라고 쓰여 있는데, 실행해 보면 옵션만 표시되죠. [치수 스타일 업데이트]
버튼을 클릭하면 [적용(APPLY, A)] 옵션
이 자동으로 실행됩니다. 버튼을 클릭한
다음 명령행을 확인해 보면 쉽게 확인할
수 있어요.

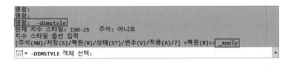

그리고 이렇게 특정 기능의 특정 옵션을 명령어로 사용하고 싶다면, 메모장에서 아래처럼 간단한 명령어를
만들면 됩니다. 이걸 리습이라고 합니다. 사
용 방법은 [기술 지원편 08 나만의 명령어,
간단한 리습 만들기]를 참조하세요.

```
(defun c:up( )(command-s "-dimstyle" "a"))
```

01. 준비 파일 살펴보기

먼저 이미 들어간 치수의 스타일을 살펴보겠습니다. ❶ 가장 위에 있는 치수는 [DIM]이라는 치수 스타일로 들어가 있고, 화살표가 [점]으로 설정되어 있습니다. ❷ 왼쪽 아래에 있는 치수는 [DIM]이라는 치수 스타일로 되어 있고, 위쪽과 달리 화살표가 [닫고 채움]으로 설정되어 있습니다. 둘 중 하나는 [특성] 팔레트로 수정한 것이겠네요. ❸ 오른쪽 아래의 치수들은 생긴 것은 비슷하게 생겼지만, [ISO-25]라는 스타일로 입력되었습니다. 이렇게 다양한 치수의 스타일을 한 번에 다른 스타일로 바꿔 보겠습니다.

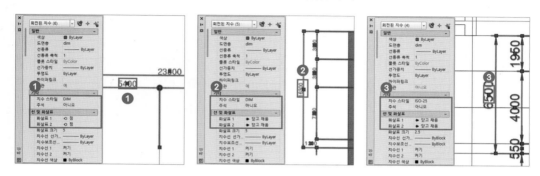

02. [치수 스타일 업데이트] 기능 실행하기

치수 스타일을 통일하기 위해 [치수 스타일 업데이트] 기능을 사용해 보겠습니다. 이 기능은 선택한 치수의 스타일을 [현재 치수 스타일]로 바꾸는 기능입니다. ❶ 먼저 [현재 치수 스타일]을 [DIM-NEW]로 바꿉니다. ❷ 리본 메뉴의 [주석] 탭에서 [치수 스타일 업데이트] 버튼을 클릭하면 기능을 사용할 수 있습니다. ❶ 명령어로 사용하려면 조금 번거로운데, [-DIMSTYLE]을 입력하고 [Enter]를 누른 후 ❷ [적용(A)]을 클릭하거나 [A]를 입력하고 [Enter]를 눌러 옵션을 실행해야 합니다.

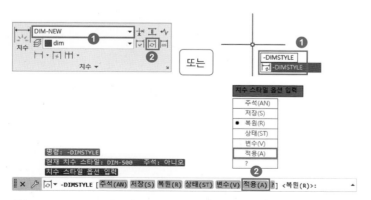

◐ [치수 스타일 업데이트] 기능은 리본 메뉴의 버튼으로 사용하는 것이 편리합니다.

03. ❶ 그림을 참조해 [치수 스타일]을 변경할 모든 치수를 선택합니다. 다른 객체가 함께 선택되더라도 괜찮습니다. 선택된 객체들 중 [치수]만 바뀌니까요. 반복해서 여러 번 선택할 수 있고, Enter 를 누르면 [치수 스타일]이 바뀝니다. ❷ [특성] 팔레트를 확인해 보면 [일반] 항목은 바뀌지 않고 [치수]와 관련된 항목들만 [DIM-NEW] 치수 스타일의 설정대로 바뀌었습니다.

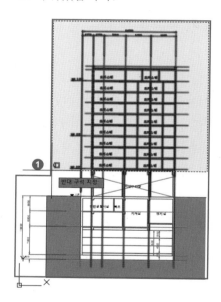

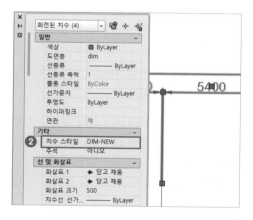

만약, 치수의 문자를 더블 클릭하여 기존에 있던 내용을 지우고 새로운 글자를 입력한 치수가 있다면, 이런 치수는 [치수 스타일 업데이트] 기능을 사용해도 문자가 바뀌지 않습니다.

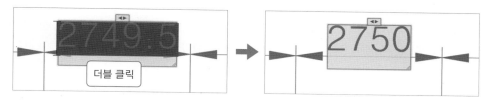

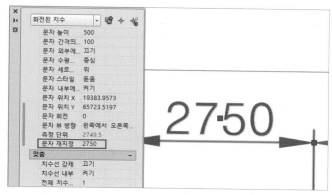

치수를 더블 클릭으로 수정하면, [특성] 팔레트의 [문자] 항목 중 [문자 재지정]에 문자가 써집니다.

이렇게 재지정된 문자는 [특성] 팔레트에서 [문자 재지정]의 내용을 지워야 원래 치수로 되돌아옵니다. 개수가 많아 [특성] 팔레트를 사용하기 힘든 경우에는 오토캐드를 설치할 때 추가로 설치할 수 있는 [Express Tools]의 [RESET TEXT(DIMREASSOC)] 기능을 사용해야 합니다.

◇ 치수 문자 재설정

- **명령어** [DIMREASSOC]
- **실행 방법** [DIMREASSOC] → [Enter] → 문자 재지정을 지울 객체 선택 → [Enter]

▶ 이 기능은 리본 메뉴의 [Express Tools] 탭에서 사용할 수 있습니다.
▶ [Express Tools]는 AutoCAD LT에서는 사용할 수 없습니다.
▶ 2022 버전부터는 [Express Tools]가 자동으로 함께 설치되지만, 2021 이하의 버전은 설치할 때 설정을 바꿔 줘야 합니다. 자세한 방법은 [부록 01]을 참조하세요.
▶ [재연관(DIMREASSOCIATE, DRE)]과는 다른 기능입니다.

직접 해보세요! [그립]을 사용해 치수 수정하기

준비 파일 • 10/dim_grip.dwg
완성 파일 • 10/dim_grip_fin.dwg

치수를 선택하면 나타나는 [그립]을 활용하여 치수를 추가하고, [신축 치수 그룹]으로 위치를 한 번에 바꿔 보겠습니다. [신축]을 사용하여 위치를 바꿀 경우, 복잡한 도면에서 치수만 골라 선택해야 하므로 번거롭지만, [그립]을 사용하면 여러 치수의 위치를 쉽게 바꿀 수 있습니다.

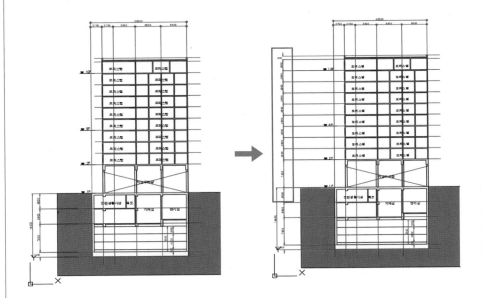

선택한 객체와 그립의 위치에 따라 사용할 수 있는 기능이 다르다는 거, 아직 잊지 않았죠? 치수에 표시되는 그립에도 여러 가지 기능을 사용할 수 있어요.

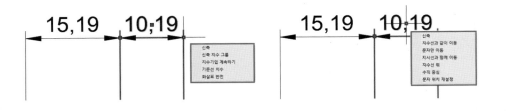

01. 치수선 [그립]에서 [치수 기입 계속하기]

준비 파일의 지하 부분은 각 층의 높이가 써 있는데, 지상 구간에는 없습니다. [그립]을 사용하여 이 부분의 치수를 빠르게 넣어 보겠습니다. ❶ 지하층의 치수 하나를 선택하면 화면에 그립이 표시됩니다. ❷ [치수선]에 표시된 그립에 마우스 커서를 잠깐 올려놓으면 사용할 수 있는 옵션이 화면에 표시됩니다. ❸ [치수 기입 계속하기]를 클릭합니다. 그러면 [연속 치수] 기능이 실행됩니다. ❹ 치수를 넣을 지점을 클릭해 각 층의 높이를 쉽고 빠르게 넣을 수 있습니다. 필요한 치수를 모두 넣었다면 ❺ (Enter)를 눌러 기능을 종료합니다.

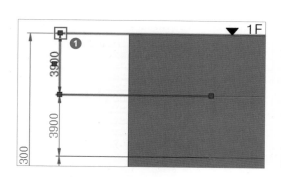

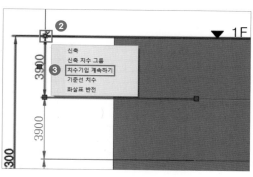

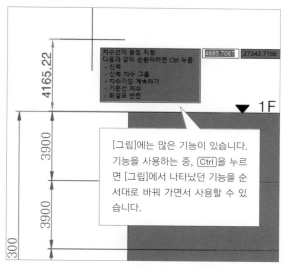

[그립]에는 많은 기능이 있습니다. 기능을 사용하는 중, (Ctrl)을 누르면 [그립]에서 나타났던 기능을 순서대로 바꿔 가면서 사용할 수 있습니다.

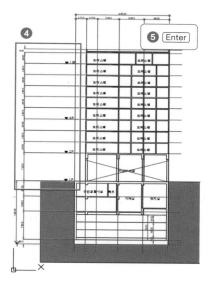

02. [그립]의 [신축 치수 그룹]으로 치수 위치 옮기기

이번에는 [그립]을 사용해 위치를 좀 옮겨 볼까요? ❶ 치수들 중 하나를 선택하고 [치수선] 끝의 그립에 마우스 커서를 잠시 올려놓으면 메뉴가 나타납니다. ❷ [신축 치수 그룹]을 클릭합니다. ❸ 원하는 위치로 마우스 커서를 옮기면 연관된 치수들이 한 번에 움직이는 게 표시됩니다. ❹ 마우스 왼쪽 버튼을 클릭하면 위치가 조절됩니다.

▷ [신축(S)] 기능을 사용해도 되지만, 치수만 선택하기는 번거롭죠. 치수를 한 번에 옮길 때는 [그립]을 사용하는 게 더 편리합니다.

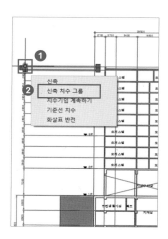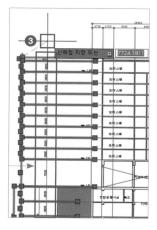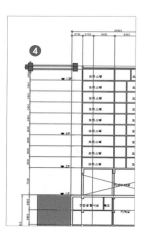

직접 해보세요! 여러 치수 일렬로 각 잡기

준비 파일 • 10/dimspace.dwg
완성 파일 • 10/dimspace_fin.dwg

치수를 넣다가 위치가 조금 흔들리거나 간격이 일정하지 않은 경우가 있습니다. 이럴 때 [공간 조정 (DIMSPACE)] 기능을 사용하면 여러 치수의 간격을 쉽게 조절할 수 있습니다. 또한 간격을 [0]으로 설정하면 치수를 일렬로 맞출 수 있습니다.

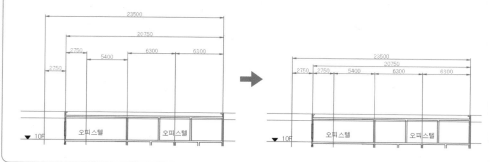

01. 치수 일렬로 정렬하기

치수들을 알아보기 쉽도록 정렬해 보겠습니다. ❶ 리본 메뉴의 [공간 조정] 버튼을 클릭하거나 명령어인 [DIMSPACE]를 입력하고 Enter 를 눌러 기능을 실행합니다. ❷ 기준이 될 치수로 가장 왼쪽 아래의 치수를 마우스로 클릭합니다. ❸ 기준 치수의 오른쪽에 있는 치수들을 선택한 후 Enter 를 누릅니다. ❹ 치수 간격을 입력하라는 메시지가 나타나네요. 일렬로 나열할 경우에는 간격이 없어야겠죠? [0]을 입력하고 Enter 를 누릅니다. ❺ 선택한 치수가 일렬로 정렬되었습니다.

◈ 공간 조정

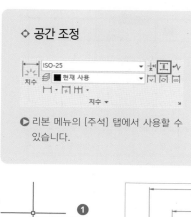

ISO-25
현재 사용
치수 ▾

◐ 리본 메뉴의 [주석] 탭에서 사용할 수 있습니다.

- **명령어** [DIMSPACE]
- **실행 방법** [DIMSPACE] → Enter → 기준이 될 치수 선택 → 간격을 조절할 치수 선택 → Enter → 간격 입력 → Enter

◐ 간격은 [자동(A)]이 기본값입니다. 숫자를 입력하지 않고 Enter 를 누르면 간격이 조절되는데, 이때 사용되는 간격은 '기준으로 설정한 치수의 문자 높이의 2배'입니다.

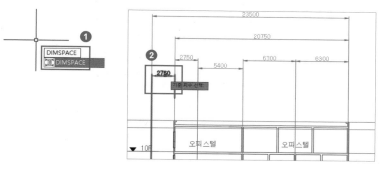

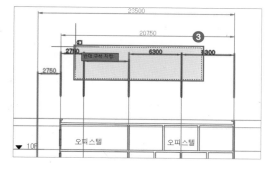

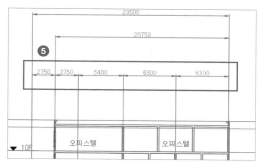

02. 위쪽 치수들과 간격 조절하기

그런데 위쪽 치수들과 간격이 너무 떨어진 것 같네요. 다른 치수들의 간격도 맞춰 볼까요?
❶ 다시 한 번 [공간 조정] 기능을 실행하기 위해 Enter 를 누르고 ❷ 기준이 될 치수로 오른쪽 아래 치수를 선택합니다. ❸ 그런 다음, 위의 2개 치수를 선택하고 Enter 를 누릅니다. 간격을 입력할 차례인데, 특정 숫자를 입력해 조절할 수도 있지만, ❹ 아무런 값을 입력하지 않고 Enter 를 누르면 [자동(A)] 옵션이 사용됩니다. ❺ 치수의 간격이 조절되었습니다.

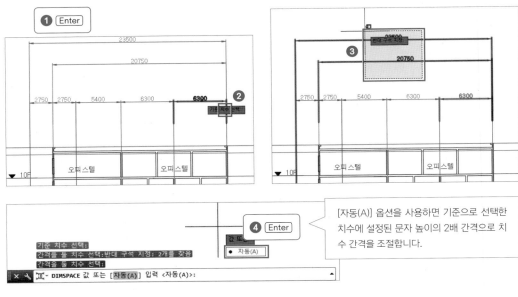

[자동(A)] 옵션을 사용하면 기준으로 선택한 치수에 설정된 문자 높이의 2배 간격으로 치수 간격을 조절합니다.

[치수 보조선]의 길이를 일정하게 만들려면?

치수를 넣기 위해 마우스로 클릭하는 지점부터 치수 보조선이 그려집니다. 그런데 복잡한 도면에서는 치수 보조선이 도면을 가로지르거나 문자를 가로지르는 경우가 많이 발생합니다. 특히, 도면의 가장 외곽에 들어가는 그리드의 간격을 넣을 때 가장 많이 발생하죠. 치수 보조선을 짧게 만들려면 어떻게 해야 할까요? 대부분은 보조선을 하나 그려 놓고 [원점]의 그립을 하나씩 클릭해서 옮기곤 합니다. 하지만 이렇게 하나씩 옮기면 시간이 무척 오래 걸리지요.

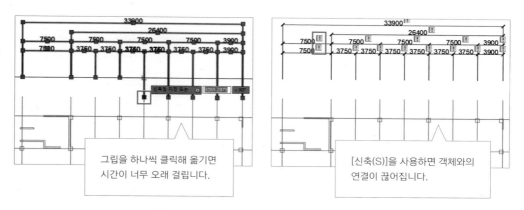

그림을 하나씩 클릭해 옮기면 시간이 너무 오래 걸립니다.

[신축(S)]을 사용하면 객체와의 연결이 끊어집니다.

[신축(S)]을 사용하면 조금 편리하게 움직일 수도 있습니다. 하지만 치수와 객체의 연결이 끊어집니다. 그리고 도면이 복잡하면 [신축] 기능을 쓸 때 [원점]만 골라 선택하기도 불편합니다.

이보다 더 쉬운 방법은 없을까요? 정답은 [치수 스타일]에 있습니다. [치수 스타일]의 수많은 옵션 중 [고정 길이 치수 보조선]이라는 옵션을 사용하면 되죠. 원점이 어디에 있든 치수 보조선을 기준으로 일정 길이 만큼만 표시하도록 만드는 옵션입니다.

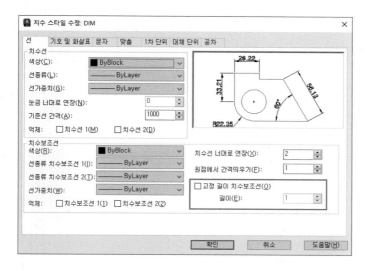

직접 해보세요! **[고정 길이 치수 보조선]으로 그리드의 치수 보조선 조절하기**

준비 파일 · 10/dim_fixed.dwg
완성 파일 · 10/dim_fixed_fin.dwg

치수를 선택하면 나타나는 [그립]을 활용하여 치수를 추가하고 [신축 치수 그룹]으로 위치를 한 번에 바꿔 보겠습니다. [신축]을 사용하여 위치를 바꿀 경우, 복잡한 도면에서 치수만 골라 선택해야 하므로 번거롭지만, [그립]을 사용하면 쉽게 여러 치수의 위치를 바꿀 수 있습니다.

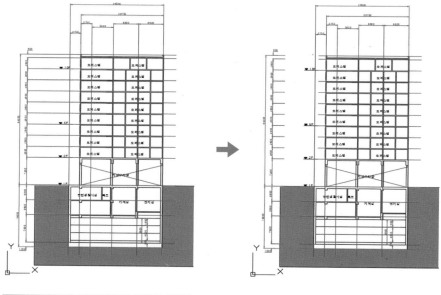

선 및 화살표	▼
화살표 1	➤ 닫고 채움
화살표 2	➤ 닫고 채움
화살표 크기	2.5
치수선 선가중치	——— ByBlock
치수보조선 선가중치	——— ByBlock
치수선 1	켜기
치수선 2	켜기
치수선 색상	■ ByBlock
치수선 선종류	——— ByBlock
치수선 연장	0
치수보조선 1 선종류	——— ByBlock
치수보조선 2 선종류	——— ByBlock
치수보조선 1	켜기
치수보조선 2	켜기
치수보조선 고정됨	켜기
치수보조선 고정 길이	1500
치수보조선 색상	■ ByBlock ▼
치수보조선 연장	1.25
치수보조선 간격띄...	0.625

◐ 치수 스타일을 사용하지 않고 객체별로 조절하고 싶다면, [특성] 팔레트의 [선 및 화살표] 항목에서 [치수 보조선 고정됨]을 [켜기]로 설정하고, [치수 보조선 고정 길이]를 원하는 값으로 설정하세요.

01. 새 치수 스타일 만들기

치수 스타일을 조절해야 하는데, 이미 사용되고 있는 스타일을 조절하면 다른 치수선에 영향을 미칩니다. 따라서 치수 스타일을 새로 만들어야 하는데, 치수의 형태가 바뀌지 않도록 치수에서 사용하고 있는 스타일을 복사해야 합니다. ❶ [특성] 팔레트로 확인해 보니 세로로 써 있는 치수들 모두 [DIM-NEW] 스타일을 사용하고 있습니다. ❷ [D]를 입력한 후 Enter를 눌러 [치수 스타일 관리자]를 엽니다. ❸ [새로 만들기] 버튼을 클릭합니다. ❹ [새 스타일 이름]을 [OUTLINE]으로 입력하고 [시작]을 [DIM-NEW]로 설정합니다. ❺ 설정을 마쳤으면 [계속] 버튼을 클릭합니다.

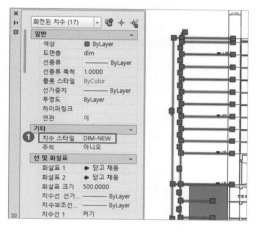

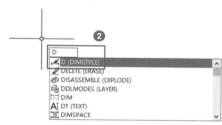

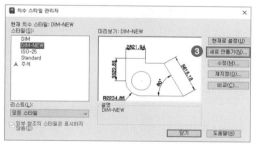

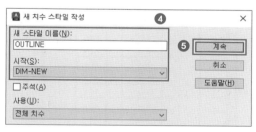

⊙ 치수 스타일을 만들 때마다 하나하나 모든 걸 설정하긴 힘들죠. 그래서 [시작]에 설정된 특정 치수 스타일을 바탕으로 원하는 값만 바꿀 수 있게 기능이 구성되어 있습니다.

02. [고정 길이 치수 보조선] 조절하기

현재 치수에서 사용 중인 스타일을 [시작] 값으로 설정했기 때문에 다른 값은 바꿀 필요가 없습니다. ❶ [선] 탭에서 ❷ [고정 길이 치수 보조선]에 체크한 후 [길이] 값에 [3000]을 입력하고 ❸ [확인] 버튼을 클릭해 저장합니다. ❹ 치수선을 선택하고 [특성] 팔레트를 활용하여 [치수 스타일]을 [OUTLINE]으로 바꿉니다.

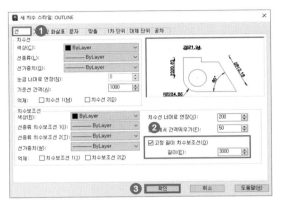

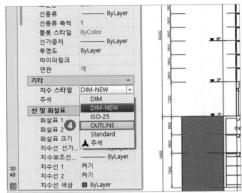

03. 치수 보조선이 짧아졌죠? 치수를 선택해 보면, 원점은 움직이지 않았고 객체와의 연결도 끊어지지 않았습니다. 치수 보조선의 길이를 확인해 보면 정확히 [3000]입니다.

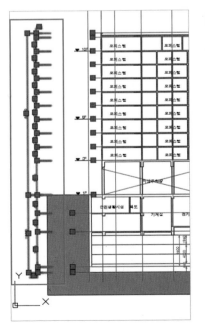

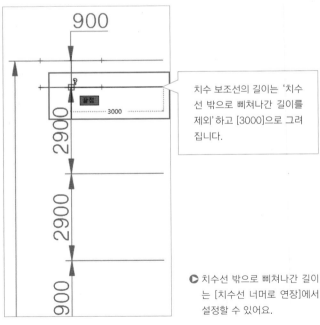

치수 보조선의 길이는 '치수선 밖으로 삐쳐나간 길이를 제외'하고 [3000]으로 그려집니다.

◐ 치수선 밖으로 삐쳐나간 길이는 [치수선 너머로 연장]에서 설정할 수 있어요.

구조 평면도에 치수 넣기

-- 난이도 ★★★

도면을 그릴 때 가장 많은 시간을 소비하는 작업은 치수를 넣는 일입니다. 치수를 보기 좋게 정리하는 데도 오랜 시간이 걸리죠. 하지만 앞에서 배웠던 기능들을 활용하면, 쉽고 빠르게 치수를 넣을 수 있습니다. [DIM] 치수 스타일에서 치수 보조선의 길이가 '1200'으로 고정되도록 수정한 후, 아래 그림처럼 치수를 넣어 보세요.

준비 파일 • 10/exercise.dwg
완성 파일 • 10/exercise_fin.dwg

동영상 강의를
확인해 보세요!

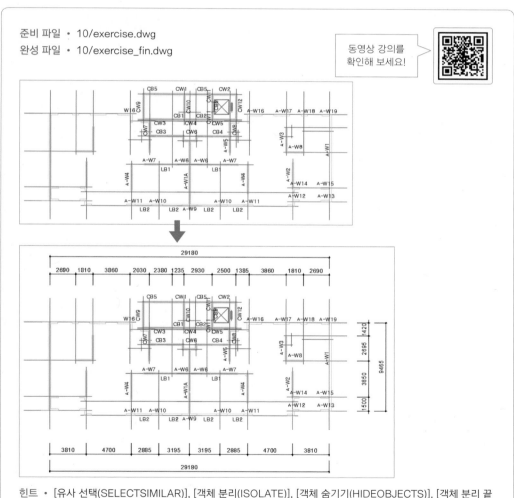

힌트 • [유사 선택(SELECTSIMILAR)], [객체 분리(ISOLATE)], [객체 숨기기(HIDEOBJECTS)], [객체 분리 끝 (UNHIDE)], [빠른 작업(QDIM)], [연속 치수(DIMCONT)], [스마트 치수(DIM)], [치수 스타일(D)]

캐드 고수의
비밀

이럴 땐 이렇게! — 기술 지원 편

01 | 자주 발생하는 19가지 오류와 해결법 총망라!

⑴ 도면 열기 — 호환되지 않는 버전

도면을 열 때, 높은 버전에서 저장한 파일은 낮은 버전에서 열리지 않습니다. 도면이 저장되는 dwg 파일에는 버전이 있는데, 저장된 dwg 파일의 버전보다 높은 버전의 오토캐드에서만 도면을 열 수 있죠. 예를 들어, 오토캐드 2018에서 2013 버전의 dwg 파일로 저장하면, 2013보다 높은 버전의 오토캐드에서만 도면을 열 수 있습니다.

그렇다면 더 높은 버전으로 저장된 도면을 열기 위해 새 버전의 오토캐드를 구입해야 할까요? 그렇지 않습니다. 도면의 버전을 변환하는 방법은 [기술 지원 편 02]를 참조하세요.

⑵ 열기 — 외부 dwg 파일

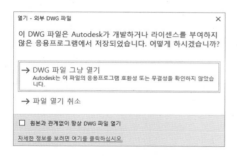

도면을 열 때 나타나는 이 메시지는 오토데스크에서 만든 프로그램에서 만들어진 도면이 아니라는 의미입니다. 이 메시지는 솔리드웍스, 라이노 등과 같은 프로그램에서 만든 도면을 오토캐드에서 열 때 나타납니다. 도면을 만든 프로그램이 다르기 때문에 약간의 오차가 있거나 도면이 만들었던 대로 표현되지 않을 수 있다는 의미입니다.

일단 도면을 연 다음, 오토캐드에서 저장하면 메시지가 다시 나타나지 않습니다.

❸ 교육용 버전 — 플롯 스탬프 탐지

오토캐드 2015~2018과 2022 이상의 버전을 제외한
나머지 버전에서 나타나는 메시지입니다. 오토데스크
의 라이선스는 상업용과 교육용 등으로 구분되어 있습
니다. 과거에는 학교와 교육 기관을 위한 라이선스를
상대적으로 저렴하게 판매했으나, 교육용 라이선스 정
책이 무료로 바뀌었고, 상업용 라이선스도 실시간 온라

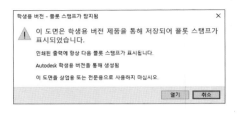

인 인증 방식으로 바뀌면서 '교육용'이라는 문구가 표시되지 않도록 바뀌었습니다. 2022년 4월 기
준으로 2022 이상의 버전에서는 표시되지 않으나, 정책이 변하면 다시 '교육용' 문구가 표시될 수도
있습니다.

'교육용 라이선스를 사용한 오토캐드에서 작성하거나 수정된 객체가 하나라도 포함되어 있는 도면'
을 사용하면 이 메시지가 나타납니다. 그리고 이 메시지가 나타나는 도면의 객체를 다른 도면에 붙
여 넣으면, 그 도면에도 이 메시지가 나타납니다. 메시지가 나타나지 않게 하려면, 2022 버전 이상
의 오토캐드를 사용하거나, 상업용 라이선스의 오토캐드에서 도면을 dxf 파일로 저장했다가 닫고,
다시 dxf 파일을 열어 dwg 파일로 저장해야 합니다.

❹ shx 파일 누락

'shx 파일 누락' 메시지가 나타나는 원인은 크게 글꼴
로 사용된 파일이 없거나 선 종류 또는 블록으로 사용
된 파일이 없는 경우로 나눌 수 있습니다. [각 SHX 파
일에 대한 대치 지정]을 클릭했을 때 [스타일에 대한 글
꼴 지정] 대화 상자가 나타난다면, 글꼴이 없는 경우입
니다. 이때는 글꼴을 다른 것으로 교체하거나 대치하면
됩니다.

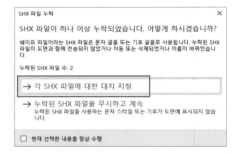

[각 SHX 파일에 대한 대치 지정]을 클릭했을 때 윈도
우 탐색기와 비슷한 [쉐이프 파일 선택] 대화 상자가 나
타난다면, 선 종류나 블록으로 사용된 파일이 없는 경
우입니다. 이때는 도면을 전달받은 곳에 누락된 shx 파
일을 요청해야 합니다.

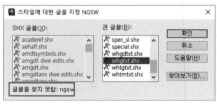

◗ 글꼴을 대체하는 자세한 방법은 10-1에서 확인하
세요.

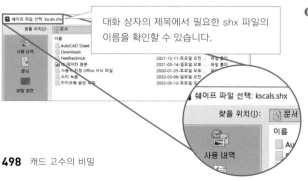

대화 상자의 제목에서 필요한 shx 파일의
이름을 확인할 수 있습니다.

⑤ 파일 로드 — 보안 경고

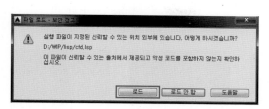 

이 메시지는 캐드 바이러스로부터 오토캐드를 보호하기 위한 일종의 보호 장치입니다. 사용자가 지정한 안전한 위치 외의 다른 폴더에서 리습이나 ARX 등의 프로그램을 불러올 때 '진짜 불러올 것인지'를 확인하는 메시지입니다. [로드] 버튼을 클릭하면 이 기능을 사용할 수 있습니다.

매번 [로드] 버튼을 클릭하는 번거로움을 줄이려면 불러올 파일이 저장된 위치를 오토캐드에 등록해야 합니다. [옵션] 창의 [파일] 탭에서 [신뢰할 수 있는 위치]에 폴더의 경로를 추가하면, 경고 메시지가 나타나지 않고 바로 불러옵니다.

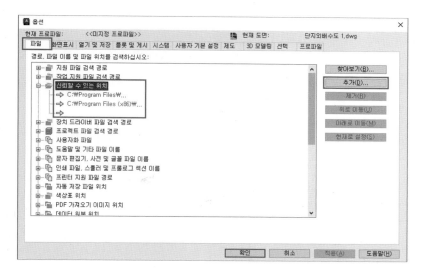

▶ 환경 변수 [SECURE LOAD] 값을 [0]으로 설정하면 경고 메시지가 나타나지 않습니다. 다만, 캐드 바이러스에 의해 생긴 파일들까지 불러올 수 있어서 추천하진 않아요.

⑥ 하드웨어 가속 사용

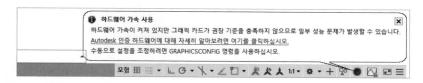

이 메시지는 다른 것들과 달리 화면의 오른쪽 아래에 말풍선 형태로 나타납니다. 사용 중인 컴퓨터의 그래픽카드가 오토캐드와 호환되지 않는다는 의미입니다. 오토데스크에서 인증한 그래픽카드는 매우 제한적이며, 그래픽 성능에 대한 패치가 거의 없어 최신 그래픽카드를 사용하더라도 호환되지 않을 수 있습니다. 예를 들어, 2019년 3월에 출시된 오토캐드 2020은 2020년에 출시된 최신 그래픽카드와 호환되지 않을 수 있습니다. 추후 그래픽카드 드라이버의 업데이트로 호환되는 경우도 있지만, 초기에는 호환되지 않아 본래 성능을 발휘하지 못할 수 있습니다.

제도하지 않은 이상한 선이 화면에 나타나는 경우

그래픽카드가 호환되지 않더라도 큰 문제는 없지만, 간혹 문제가 발생할 수 있습니다. 대표적인 예로는 오토캐드가 갑자기 느려지거나 위 그림처럼 제도하지 않은 이상한 선이 화면에 나타나는 것을 들 수 있습니다. 대부분 오토데스크 홈페이지(www.autodesk.com)에서 오토캐드 버전에 맞는 핫픽스(Hot Fix)와 서비스팩(Service Pack)을 설치하면 해결됩니다.

그래도 해결되지 않는 경우에는 [하드웨어 가속] 기능을 꺼야 합니다. [하드웨어 가속] 기능을 끄려면 ❶ 명령어인 [3DCONFIG]나 [GRAPHICSCONFIG]를 입력하고 Enter를 누릅니다. ❷ [하드웨어 가속]의 [켜기]를 클릭해 [끄기]로 바꾸고 ❸ 아래의 체크를 모두 해제합니다.

◑ 버전에 따라 제어할 수 있는 항목이 다릅니다. 설명을 읽어 보고, 필요하지 않은 항목을 하나씩 꺼 보면서 조절하세요.

◑ 상태 표시 막대의 [사용자화] 버튼으로 [그래픽 성능] 버튼을 꺼낼 수 있어요.

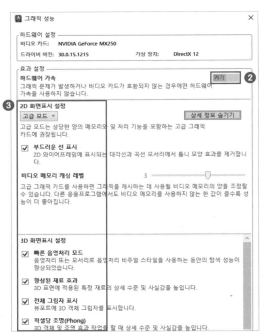

오토데스크 홈페이지에서 사용하는 버전에 맞는 핫픽스와 서비스팩을 설치하는 방법은 다음과 같습니다.

▶ 구글이나 오토데스크의 홈페이지에서 [autocad service pack] 등으로 검색하면 다운로드 파일을 찾을 수 있습니다.

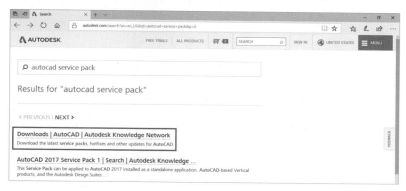

▶ 라이선스를 보유하고 있다면, 제품을 관리하는 Autodesk Account에서 핫픽스 및 업데이트, 언어팩 등을 다운로드 받을 수 있습니다(accounts. autodesk.com).

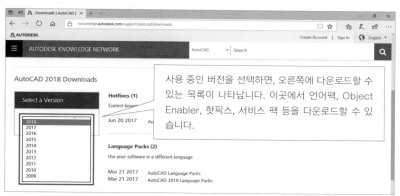

사용 중인 버전을 선택하면, 오른쪽에 다운로드할 수 있는 목록이 나타납니다. 이곳에서 언어팩, Object Enabler, 핫픽스, 서비스 팩 등을 다운로드할 수 있습니다.

7 프록시 정보

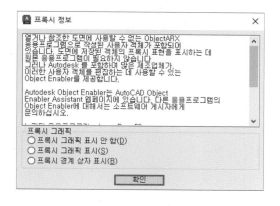

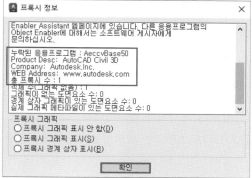

[프록시 정보] 메시지는 오토캐드에 포함되어 있지 않은 프로그램으로 그린 객체가 도면에 포함되어 있을 경우에 나타납니다. 스크롤을 조금 내리면 어떤 프로그램이 사용되었는지 확인할 수 있고, 그 프로그램의 제조사에서 만든 Object Enabler를 추가로 설치해야 정확한 도면을 확인할 수 있습니다. 예를 들어, 오토데스크의 다른 프로그램에서 만든 객체에 대한 Object Enabler는 오토데스크 홈페이지에서 [autocad object enabler]로 검색하면 다운로드할 수 있습니다.

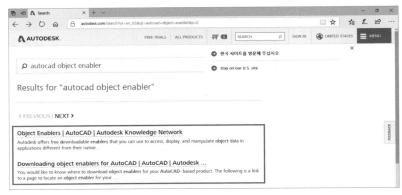

◐ 대부분 아래 8에서 다루는 [AECTOACAD] 명령어를 사용해 도면을 정리하면 해결됩니다.

8 도면 열기 — 이전 버전의 AEC 객체 탐지

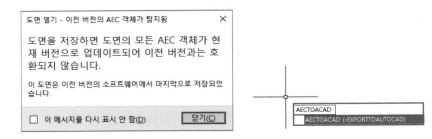

이것도 '프록시' 관련 메시지입니다. AEC는 'Architecture, Engineering, Construction'의 약자로, 오토데스크의 프로그램 중 건축 및 건설 분야 전용의 프로그램에서 만든 객체가 포함되어 있을 경우에 메시지가 나타납니다. 이 메시지가 나타난 경우, Object Enabler를 설치하지 않아도 [AECTOACAD]라는 명령어를 사용하면 도면을 정리할 수 있습니다.

9 참조 — 확인되지 않은 참조 파일

도면을 열 때 이 메시지가 나타난다면, 외부 참조로 링크된 다른 파일이 지정한 경로에 없는 것입니다. 이 문제는 [외부 참조 관리자(XREF)]를 사용해 경로를 맞추면 해결됩니다. 자세한 방법은 08장을 확인해 보세요.

10 주석 축척 — 대량 축척

도면의 객체는 1:1로 그리고, 문자나 치수 등의 주석은 출력할 때 보기 좋도록 크기를 설정합니다. 그런데 같은 도면을 1:10으로 출력할 때도 있고, 1:100으로 출력할 때도 있죠. 출력할 때마다 상황에 맞춰 주석의 크기를 조절해야 한다면 시간을 많이 소요되기 때문에 오토캐드에는 주석에 축척을 지정할 수 있습니다. 1:30으로 출력할 때는 크게, 1:10으로 출력할 때는 작게 보이도록 설정할 수 있는 것이죠.

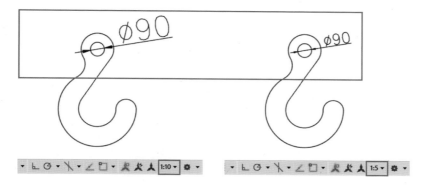

도면을 오래 사용하거나 Ctrl + C, Ctrl + V로 여러 도면의 객체를 붙여 넣다 보면, 이 주석 축척에 대한 설정이 쌓입니다. 도면에서 사용하지 않는 축척이 쌓이면, 경고 메시지가 나타납니다. 이 경고 메시지에서 [예]를 클릭하면 도면에서 사용하지 않는 축척을 삭제할 수 있습니다.

경고 메시지에서 [예]를 클릭하면 [도면 축척 편집] 대화 상자가 나타나는데, 여기에서 [재설정]을 클릭하고 [미터 축척]을 클릭하면 쉽게 정리할 수 있습니다.

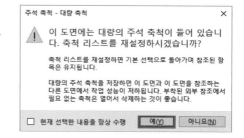

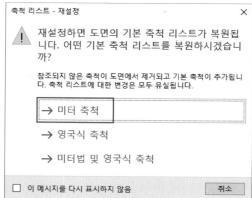

만약, 경고 메시지에서 [아니오]를 클릭했다면 명령어인 [SCALELISTEDIT]
를 사용해 [도면 축척 편집] 대화 상자를 열어 재설정하면 됩니다.

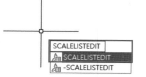

⑪ 도면층 — 도면층 필터 초과

이 메시지는 [도면층 특성 관리자]를 열 때 나타납니다.
많은 도면층을 사용할 때 [도면층 특성 관리자]에 모든
리스트가 나타나면 사용하기가 어렵죠. [도면층 필터]
를 설정하면 원하는 도면층의 리스트만 나타나게 할 수
있습니다.

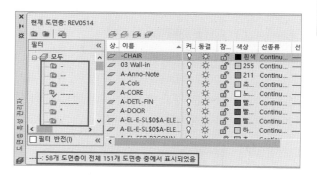

[도면층 – 도면층 필터 초과] 메시지는 현재 작업 중인 도면에 있는 도면층 필터의 수가 도면층의 개
수보다 많을 때 나타납니다. [모든 도면층 필터 삭제]를 클릭하면 모든 필터가 사라져 버립니다. 오
히려 사용할 필터만 골라서 지우는 게 더 편할 수도 있죠. 만약 필터를 사용하지 않는다면, 성능 향
상을 위해 모두 지우는 게 좋습니다.

⑫ 객체가 이상하게 움직여요!

뭔가를 그릴 때 옆에 작은 아이콘이 나타나는 경우가
있습니다. 이는 객체의 위치를 고정시키거나 두 객체가
항상 직각을 유지하도록 만드는 [파라메트릭]이라는
기능 중 [기하학적 구속 조건]이라는 기능입니다. 오토
캐드에서는 [동적 블록]을 만들 때를 제외하고는 잘 사
용하지 않는데, 자동으로 구속 조건을 만들도록 설정하
는 [기하학적 구속 조건 추론]이라는 기능이 켜져 있는
상태에서 객체를 만들면, 아이콘이 자동으로 생깁니다.
객체가 이상하게 움직이지 않게 만들려면, [구속 조건
삭제(DELCONSTRAINT, DELCON)] 기능으로 설정되어

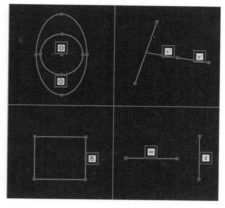

있는 구속 조건을 지워야 합니다. 이어서 [기하학적 구속 조건 추론] 기능도 꺼야 아이콘이 생기지
않는데, 환경 변수인 [CONSTRAINTINFER]의 값을 [0]으로 바꾸거나 단축키인 Ctrl + Shift + I
를 눌러 꺼야 합니다.

주로 도면을 열기 위해 Ctrl + O
를 누를 때, 실수로 Ctrl + Shift +
I가 눌려 이 증상이 발생하곤 합
니다.

⑬ 치수에 노란색 느낌표가 나타나요!

도면 작업을 할 때 노란색 느낌표가 나타나는 경
우도 있습니다. 이 노란색 느낌표는 객체와 주석
의 연관이 깨졌다는 것을 의미합니다. 객체와 치
수가 서로 연관되어 있으면 객체만 움직여도 치

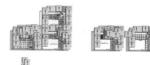

수가 따라 움직이고, 객체의 길이나 방향을 바꾸면 치수가 자동으로 바뀝니다.

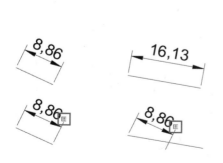

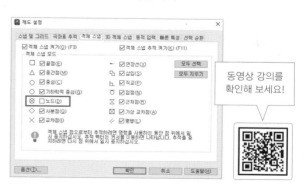

연관이 깨진 관계를 다시 연결하기는 번거롭기 때문에 가급적 연관을 유지한 상태에서 작업하는 것이 좋습니다. 대부분은 치수를 넣을 때 객체를 선택하는 대신 다른 치수를 선택해 연관이 깨지는데 [객체 스냅]의 [노드]를 끈 상태에서 치수를 넣으면 연관을 유지하면서 치수를 넣을 수 있습니다. 노란색 느낌표는 [상태 표시 막대]에서 십자가로 표시되는 [주석 감시] 버튼을 클릭해 끄면 됩니다.

⓮ 도면 저장 — 버전 충돌

이 메시지는 도면을 저장할 때 나타나는 메시지입니다. 오토캐드가 아닌 다른 프로그램에서 그린 객체가 포함된 경우나 도면의 버전을 낮춰 저장할 때 나타날 수 있습니다. 오토캐드 2017에서 추가된 새로운 기능이나 설정은 2000 버전의 dwg로 저장할 수 없기 때문에 경고 메시지가 나타나는 것입니다. 경고 메시지를 무시하고 저장해도 객체의 형상은 변하지 않지만, 일부 정보는 소실될 수 있습니다.

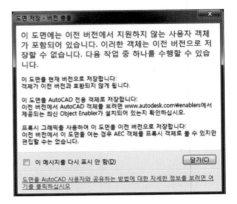

⓯ AutoCAD 경고 — 플로터 구성을 사용할 수 없습니다

이 메시지는 도면을 출력할 때 나타날 수 있습니다. '어떤 프린터로 어떻게 출력하겠다'라는 값이 도면에 저장되어 있는데, 저장되어 있는 프린터가 사용 중인 컴퓨터에 설치되어 있지 않을 때 나타나는 메시지입니다. [확인] 버튼을 클릭하면 다시 [플롯] 대화 상자가 나타납니다.

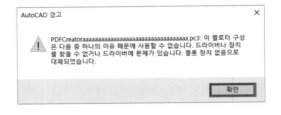

경고 메시지가 신경 쓰여 나타나지 않길 원한다면, 출력 설정을 한 후에 [배치에 적용] 버튼을 클릭해 출력 설정을 덮어쓰면 됩니다.

● 출력 설정은 [PAGESETUP] 명령어로도 할 수 있습니다.

🔢 복사가 안 돼요! 명령어를 누르면 선택이 풀려요!

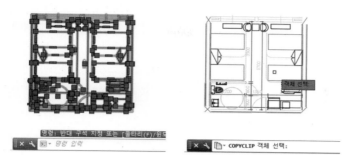

객체를 먼저 선택하고 명령어를 입력했는데 객체를 다시 선택해야 한다는 메시지가 나타날 수 있습니다. 예를 들어, 객체를 선택한 후 Ctrl + C를 눌러 복사하려고 하면, 객체를 다시 선택해야 한다는 메시지가 나타납니다.

오토캐드는 기능을 먼저 사용하고 객체를 선택할 수도 있지만, 객체를 먼저 선택하고 기능을 사용할수도 있습니다. 이 순서는 환경 변수인 [PICKFIRST]에 의해 제어되는데, 기본값인 [1]로 설정되어 있어야 두 가지 경우를 모두 사용할 수 있습니다. 명령어를 입력하고 Enter를 눌렀을 때 객체의 선택이 풀린다면, 이 값이 [0]으로 설정되어 있는 것입니다. 이때는 다시 [PICKFIRST]의 값을 [1]로 설정해야 합니다.

🔢 객체를 추가로 선택하면, 먼저 선택된 객체가 풀려요!

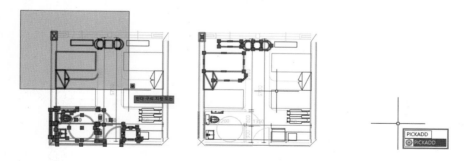

미리 선택한 객체가 있을 때, 다른 객체를 추가로 선택하면 먼저 선택되어 있던 객체의 선택이 풀리는 경우가 있습니다. 오토캐드에서 객체의 추가 선택은 환경 변수인 [PICKADD]에 의해 제어됩니다. 이 값이 [0]으로 설정되어 객체 선택이 풀리는 것입니다. 이 값을 초깃값인 [2]로 설정하면, 다시 누적해서 객체를 선택할 수 있습니다.

이 증상은 버튼을 잘못 클릭한 경우에 자주 발생합니다. [특성] 팔레트의 가장 오른쪽 위에는 작은 버튼이 모여 있는데, 그중 가장 왼쪽에 있는 버튼이 [PICKADD] 환경 변수를 제어합니다. [특성] 팔레트를 사용하다가 실수로 클릭하는 경우가 많은데, 이 버튼을 다시 한 번 클릭하면 객체를 누적해 선택할 수 있습니다.

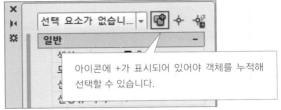

아이콘에 +가 표시되어 있어야 객체를 누적해 선택할 수 있습니다.

18 복사할 수 없어요!

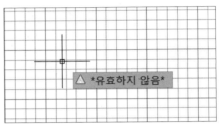

Ctrl + C로 객체를 복사하려고 할 때, 이러한 메시지가 나타날 수 있습니다. Ctrl + C로 객체를 복사하면, 오토캐드는 윈도우의 임시 저장 폴더에 복사한 객체를 새로운 dwg 파일로 잠시 저장합니다. 선택한 객체에 문제가 있어서 복사하지 못할 때 이 경고 메시지가 나타납니다. 오랜 시간 동안 같은 도면을 여러 명이 사용하다 보면, 보이지 않는 오류가 파일 안에 누적됩니다. 이 오류를 정리해야 도면을 제대로 사용할 수 있는데, 도면을 정리하는 방법은 [기술 지원 편 04]를 참조하세요.

19 저장이 되지 않아요!

도면을 다른 이름으로 저장하기 위해 Ctrl + Shift + S를 누르면, 위의 이미지처럼 파일의 경로와 이름을 적어야 한다는 메시지가 나타날 수 있습니다. 기본 설정에서는 폴더와 파일 이름을 적을 수 있는 대화 상자가 나타나야 하는데, 환경 변수가 바뀌어 대화 상자가 나타나지 않는 것입니다. 다른 도면을 열기 위해 Ctrl + O를 누를 때도 파일 이름을 입력하라는 메시지가 나타납니다.

저장하거나 열 때 나타나는 탐색기는 환경 변수인 [FILEDIA]에 의해 제어됩니다. 이 값이 [1]로 설정되어 있어야 대화 상자가 나타나는데, [0]으로 설정되어 있어서 파일의 이름을 직접 입력하라는 메시지가 나타나는 것입니다.

그 외 자주 묻는 질문과 해결법

콘크리트객체를 다시 선택하라는
메시지가 나온다면?
https://youtu.be/iksri0-S6lo

객체의 선택이 자꾸 풀린다면?
https://youtu.be/
PEpbowwGgG8

[대화 상자]와 [팔레트]가
화면에 안 나와요!
https://youtu.be/yDdZShfHi58

화면 가득 표시되는 노란색
느낌표를 끄는 방법
https://youtu.be/
tZ2Mt751wCo

새로 그린 객체 옆에
작은 아이콘이 자꾸 표시돼요!
https://youtu.be/
InPRnnHWQME

객체 옆에 표시되는
작은 아이콘을 지우는 방법
https://youtu.be/
FL2BXJEYDz0

콘마우스의 움직임이 끊기면,
[F9]를 눌러서 [스냅]을 꺼 보세요.
https://youtu.be/VsPvgG2phYM

리본 메뉴가 작아졌어요!
https://youtu.be/
uNkQOQiAn5Q

다른 문제가 있나요?
블로그에 질문해 보세요!
더 많은 팁과 정보도
유튜브와 블로그에서
알아보세요!

[블로그] blog.naver.com/trusted_dwg
[유튜브] www.youtube.com/Trusteddwg

02 | 남에게 부탁하지 않고 낮은 버전으로 변환하기

오토캐드에서 저장하는 dwg 파일에는 버전이 있습니다. 버전을 생각하지 않고 무심코 저장해서 전달하면 상대방이 사용하는 오토캐드의 버전이 낮아 열지 못할 수 있습니다.

그렇다고 해서 수많은 도면을 일일이 열어 낮은 버전으로 저장하기는 번거롭습니다. 하지만 오토캐드 2012 이상의 버전에는 [DWG 변환]이라는 기능을 사용할 수 있습니다. 그리고 이 기능은 무료 dwg 뷰어인 DWG Trueview에서도 사용할 수 있습니다. 즉, 도면을 열기 위해 굳이 새 버전의 오토캐드를 구입할 필요가 없다는 것이죠. 이제부터 사용법을 알아보겠습니다.

DWG Trueview로 버전을 변환하는 방법을 동영상으로 확인해 보세요.

1 여러 도면을 한 번에 다른 버전으로 저장하기

> 준비 파일 · 11/find.dwg, hpgaptol.dwg, laylck.dwg
>
> 여러 도면을 한 번에 다른 버전의 dwg 파일로 저장해 보겠습니다. 이 기능은 무료 뷰어인 DWG Trueview에서도 사용할 수 있어요.

01. [DWG 변환] 기능 실행하기

오토캐드를 먼저 실행한 후 이미지를 참조해 [DWG 변환] 버튼을 클릭합니다. 이 기능은 도면이 열려 있지 않은 상태에서도 사용할 수 있습니다. 만약, 명령어로 사용하려면 새 도면을 만든 후 [DWGCONVERT]를 입력합니다.

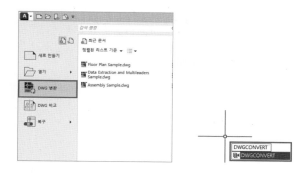

02. 2010 버전의 dwg 파일로 변환하기

기능을 실행하면 [DWG 변환] 대화 상자가 나타납니다. 대화 상자의 아래쪽에 나타나는 아이콘 중 가장 왼쪽 버튼이 변환할 dwg 파일을 선택하는 [파일 추가(A)] 버튼입니다. ❶ 이 버튼을 클릭하면 탐색기가 열립니다. ❷ 여기에서 변환할 파일을 선택하고 [열기] 버튼을 클릭합니다.

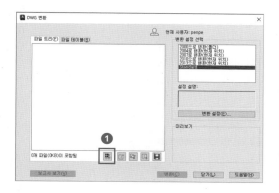
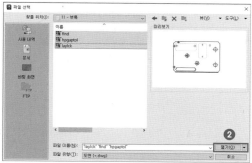

03. 리스트에 선택한 파일이 추가된 걸 확인할 수 있습니다. 오른쪽 위의 [변환 설정 선택]에서 어떤 버전으로 바꿀지를 선택합니다. ❶ dwg의 버전별로 미리 구성되어 있는데, [2010으로 변환(현재 위치)]을 선택하고 ❷ [변환(C)]을 클릭합니다. ❸ 잠시 변환하는 과정을 거친 후에 창이 사라지면 도면의 버전이 바뀌어 저장됩니다.

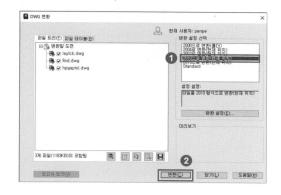
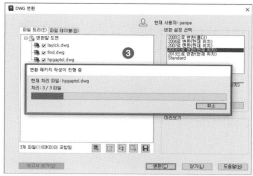

04. 도면이 저장되어 있던 폴더를 확인해 보면 2018 버전의 원본 파일은 백업 파일인 bak 파일로 저장되었고, dwg 파일은 2010 버전으로 변환된 것을 알 수 있습니다.

[변환 설정]을 변경하면 간단한 도면 정리도 할 수 있습니다

[DWG 변환] 기능을 사용할 때, 설정을 조금 바꾸면 간단한 도면 정리도 할 수 있습니다. 오토캐드에는 [감사(AUDIT)]라는 자체 오류를 검사하는 기능과 사용하지 않는 정보를 삭제해 주는 [소거(PURGE, PU)]라는 기능이 있습니다. 이 기능을 사용해 정리하려면 각 도면을 열어야 하는데, [DWG 변환] 기능에서 설정을 조금 변경하면 여러 도면을 일괄 정리할 수 있습니다.

❶ [DWG 변환] 대화 상자에서 [변환 설정(S)]를 클릭합니다. ❷ 그런 다음, 저장되어 있는 설정 리스트 중 어떤 설정을 바꿀 것인지 선택하고 ❸ [수정(M)] 버튼을 클릭합니다.

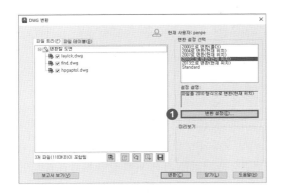

여기에서 여러 가지를 수정할 수 있는데, ❹ 오른쪽의 [동작]에서 [오류 확인 및 수정(H)]에 체크하면 [감사(AUDIT)] 기능으로 도면을 검사하고, ❺ [도면 소거(G)]에 클릭하면 [소거(PU)] 기능으로 도면의 정보를 검사합니다. 이 기능을 활용하면 여러 장의 도면을 한 번에 정리할 수 있습니다.

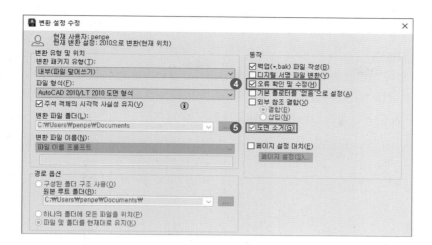

○ 문제가 많은 도면에서는 오류가 발생할 수 있어요!

원본 도면을 덮어쓰기 하고 싶지 않아요!

[DWG 변환]의 기본 설정에서는 원본 도면을 bak 파일로 변경합니다. 원본 도면을 유지하고 싶다면, [변환 설정]을 통해 설정을 조금 바꿔야 합니다. ❶ 오토캐드가 원본을 백업하는 이유는 [변환 패키지 유형]에서 [내부(파일 덮어쓰기)]로 설정되어 있기 때문입니다.

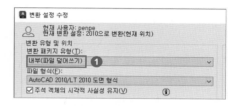

이 설정은 [폴더(파일 세트)]와 [ZIP(*.zip)]으로 바꿀 수 있습니다. ❷ [폴더]를 선택하면 경로를 [변환 파일 폴더]에서 다른 위치에 저장하도록 설정할 수 있습니다. 원본은 유지하고, 같은 이름의 새로운 도면으로 다른 폴더에 저장하는 것이죠. ❸ [ZIP]을 선택하면 압축 파일로 만들 수 있습니다. [변환 파일 폴더]에서 압축 파일이 생성될 경로를 설정할 수 있는데, 이때 주의할 점은 [경로 옵션]입니다. 기본값인 [파일 및 폴더를 현재대로 유지]를 설정해 두면, 압축 파일 안에 'C:\AutoCAD\프로젝트\도면…' 등 변환할 dwg 파일이 저장되어 있는 경로까지 저장되어 압축을 풀 때 불편합니다. [ZIP]을 사용할 때는 [하나의 폴더에 모든 파일을 위치]를 선택해야 사용하기 편리합니다.

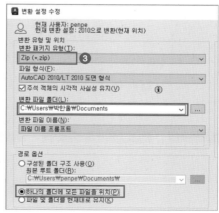

2 DWG Trueview에서 도면 버전 변환하기

DWG Trueview가 무엇인가요?

DWG Viewer는 도면을 열어 형태를 확인하고, 길이를 재고, 종이로 출력하는 등 아주 간단한 기능을 사용할 수 있는 무료 뷰어입니다. 문자를 추가하거나 치수를 추가하는 등의 기능은 사용할 수 없으며, 명령어도 사용할 수 없습니다. 또한 안타깝게도 한글 버전은 없습니다.

어디에서 구할 수 있나요?

DWG Trueview는 오토데스크 홈페이지에서 다운로드할 수 있습니다. 홈페이지의 이미지나 버튼 위치는 바뀔 수 있지만, [DWG Trueview]나 [DWG VIEWER]로 검색하면 쉽게 찾을 수 있습니다.

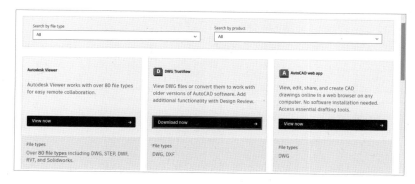

저자의 블로그에도
다운로드 링크가 있어요!
https://blog.naver.com/trusted_
dwg/222228007669

DWG Trueview에서 도면 버전 변환하기

[DWG 변환] 기능은 DWG Trueview에서도 사용할 수 있습니다. 최신 버전의 오토캐드가 없더라도
직접 변환해서 낮은 버전으로 저장할 수 있는 것이죠.

DWG Trueview는 한글이 지원되지 않기 때문에 사용하기가 조금 어려울 수 있습니다. 하지만 오토
캐드의 [DWG 변환] 기능은 모두 사용할 수 있습니다.

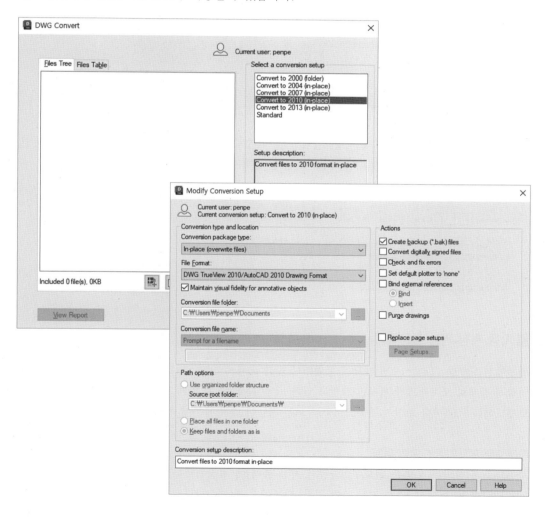

03 | 저장을 잘해야 도면이 날아가지 않는다!

1 특정 버전으로 저장하도록 dwg 버전 지정하기

도면을 저장하면 선택되는 dwg 파일에도 '버전'이 있습니다. 높은 버전의 dwg 파일은 낮은 버전의 오토캐드에서 열 수 없죠. 예를 들어, 2018 버전의 dwg 파일은 오토캐드 2017에서 열 수 없습니다. 다른 사람과 협업하려면 도면의 버전을 낮춰 저장해야 합니다.

물론 도면을 저장할 때 버전을 선택할 수 있지만, 매번 바꿔 저장하기는 번거롭기 때문에 특정 버전으로 저장하도록 설정하는 방법은 반드시 알아 두어야 합니다.

이 설정은 [옵션(OP)]의 [열기 및 저장] 탭에서 할 수 있습니다. 이때 너무 낮은 버전으로 설정하면, 신기능으로 그려진 객체의 일부분이 저장되지 않는 문제가 생길 수도 있으니 주의해야 합니다.

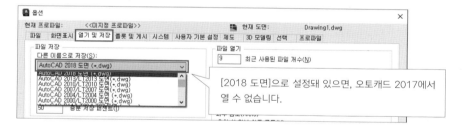

[2018 도면]으로 설정돼 있으면, 오토캐드 2017에서 열 수 없습니다.

2 자동 저장 기능 활용하기

실무에서 도면을 그리다 보면 메모리 부족이나 잦은 오류로 강제 종료되는 증상이 자주 발생합니다. 이렇게 강제로 오토캐드가 꺼지면 그리고 있던 도면이 저장되지 않아 난감하겠죠? 하지만 다행히 오토캐드에는 10분마다 도면이 자동으로 저장되는 기능이 있기 때문에 어느 정도 되살릴 수 있습니다.

자동으로 저장되는 도면의 위치

자동으로 저장되는 도면은 윈도우의 [임시 저장 폴더]에 저장됩니다. 정확한 파일의 경로는 [옵션(OP)]의 [파일] 탭에서 [자동 저장 파일 위치] 항목에 적혀 있습니다.

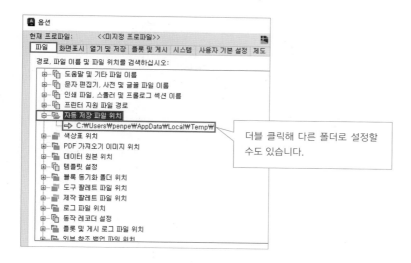

더블 클릭해 다른 폴더로 설정할
수도 있습니다.

자동 저장된 도면을 사용하는 방법

[자동 저장 파일 위치]에 설정된 폴더로 이동해 보면, 컴퓨터에서 사용하는 수많은 임시 파일이 있습니다. [탐색기]의 [유형]을 클릭하면 파일의 종류별로 정렬돼 원하는 임시 도면을 쉽게 찾을 수 있습니다.

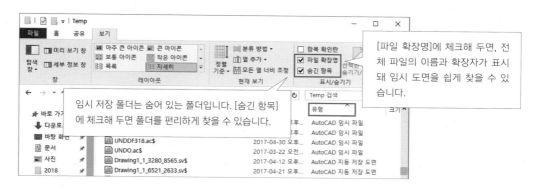

[파일 확장명]에 체크해 두면, 전체 파일의 이름과 확장자가 표시돼 임시 도면을 쉽게 찾을 수 있습니다.

임시 저장 폴더는 숨어 있는 폴더입니다. [숨긴 항목]에 체크해 두면 폴더를 편리하게 찾을 수 있습니다.

임시로 저장되는 도면의 확장자는 ac$, sv$, bak의 세 가지 종류입니다. 이 세 가지 파일 모두 dwg 파일로 바꾸면 도면으로 복구할 수 있습니다. ❶ [수정한 날짜] 항목과 파일의 이름을 참조해 복구할 파일을 확인한 후 마우스 오른쪽 버튼을 누르고 [이름 바꾸기] 버튼을 클릭합니다. ❷ 파일의 확장자인 'sv$'를 'dwg'로 바꿉니다. 도면이 복구돼 오토캐드에서 사용할 수 있습니다.

▶ ac$와 bak는 특정 기능을 사용할 때 자동으로 그려지는 임시 도면에 붙는 확장자이고, sv$는 [자동 저장] 기능으로 일정 시간마다 만들어지는 임시 도면에 붙는 확장자입니다.

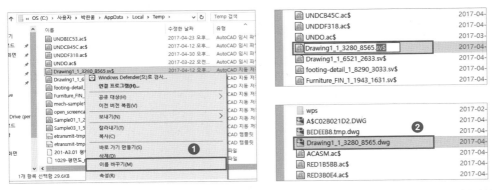

▶ 임시 저장 도면은 복구되지 않을 수도 있습니다. Ctrl + S를 생활화하는 것만이 도면을 안전하게 저장하는 지름길입니다.

자동 저장 기능의 간격을 조절하는 방법

실무에서 사용되는 '오류가 많이 쌓인 무거운 도면'은 저장할 때도 시간이 오래 걸립니다. 자동 저장의 기본 간격은 [10분]으로 설정돼 있는데, 10분마다 도면을 저장하느라 멈춰버려 불편할 수도 있습니다. 이 간격을 적절히 수정하면 저장되는 시간 간격을 조절할 수 있습니다.

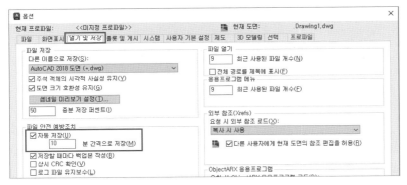

▶ 도면을 저장하는 시간이 긴 이유는 대부분 도면의 오류 때문입니다. [기술 지원 편 04]에서 이 오류를 수정하는 보편적인 방법을 확인할 수 있습니다.

04 | 도면 용량을 다이어트하는 방법

하나의 도면을 오래 사용하거나 여러 명이 사용하다 보면 불필요한 데이터가 누적되는 경우가 많습니다. 다른 프로그램에서 만든 객체가 넘어오거나 사용하지 않는 도면층과 블록이 누적되면, 도면의 용량은 쓸데없이 커지고 오토캐드는 느려집니다. 아래 몇 가지의 기능을 사용하면, 이러한 도면을 쉽게 정리할 수 있습니다.

동영상 강의를 확인해 보세요!

○ 여러 장의 도면이 그려져 있기는 하지만, 용량이 100MB나 필요할 것 같지는 않습니다. 이런 도면을 정리하면, 훨씬 가볍게 사용할 수 있습니다.

01. [감사(AUDIT)]로 도면 검사하기

가장 먼저 [감사] 기능으로 검사합니다. ❶ 명령어인 [AUDIT]를 입력하고 Enter를 누르면, ❷ 오류를 수정할 것인지를 한 번 더 물어봅니다. [Y]를 입력하고 Enter를 누릅니다. ❸ 오토캐드가 도면을 자체적으로 검사한 후, 어떤 오류가 수정되었는지를 명령행에 표시해 줍니다.

◈ 감사

- **명령어** [AUDIT]
- **실행 방법** [AUDIT] → Enter → [Y] → Enter

○ 현재 사용 중인 도면에서 오류를 찾아 수정합니다.
○ [응용 프로그램]의 [도면 유틸리티]에서 버튼을 찾을 수 있어요. 리본 메뉴의 [관리] 탭에서도 사용할 수 있습니다.

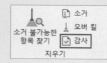

◗ F2 를 눌러 명령행을 확장하면, 내용을 한눈에 확인할 수 있습니다.

02. [소거(PURGE)]로 불필요한 데이터 삭제하기

이어서 [소거(PU)] 기능을 사용하여 불필요한 데이터를 지워야 합니다. ❶ 단축 명령어인 [PU]를 입력하고 Enter 를 누르면 ❷ [소거] 대화 상자가 나타납니다. 여기에서 아래쪽 3개의 항목에 모두 체크합니다. ❸ [모두 소거] 버튼을 클릭하면 ❹ 검사된 데이터를 지울 것인지를 물어봅니다. 모든 항목을 일괄 삭제하기 위해 [모든 항목 소거]를 클릭합니다.

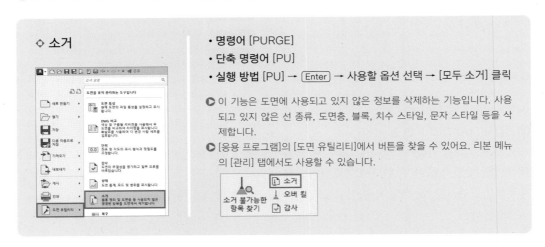

- **명령어** [PURGE]
- **단축 명령어** [PU]
- **실행 방법** [PU] → Enter → 사용할 옵션 선택 → [모두 소거] 클릭

◗ 이 기능은 도면에 사용되고 있지 않은 정보를 삭제하는 기능입니다. 사용되고 있지 않은 선 종류, 도면층, 블록, 치수 스타일, 문자 스타일 등을 삭제합니다.

◗ [응용 프로그램]의 [도면 유틸리티]에서 버튼을 찾을 수 있어요. 리본 메뉴의 [관리] 탭에서도 사용할 수 있습니다.

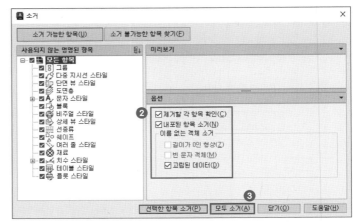

◗ 2020 버전에서 인터페이스가 바뀌었습니다. 2019 이하의 버전에서도 조금 다른 위치에 같은 버튼이 있습니다.

03. 검색한 항목을 지우면, [소거] 대화 상자가 다시 한 번 나타나는데 ❶ [닫기]를 클릭해 창을 닫습니다. ❷ 명령행에서 어떤 데이터가 지워졌는지 확인할 수 있습니다.

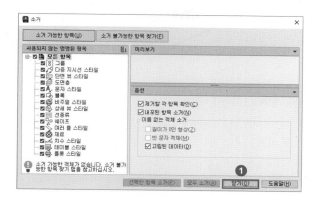

04. [주석 축척 리스트] 재설정하기

[주석 축척 리스트]가 많아도 오토캐드는 현저히 느려집니다. ❶ [SCALELISTEDIT]를 입력하고 Enter 를 눌러 [도면 축척 편집] 대화 상자를 엽니다. ❷ [재설정]을 클릭하고 ❸ [미터 축척]을 클릭해 재설정합니다. ❹ [확인] 버튼을 클릭해 대화 상자를 닫습니다.

◈ **주석 축척 리스트**

▶ 리본 메뉴의 [주석] 탭에서 사용할 수 있습니다.

- **명령어** [SCALELISTEDIT]
- **실행 방법** [SCALELISTEDIT] → Enter → [재설정] 클릭 → [미터 축척] 클릭 → [확인] 버튼 클릭

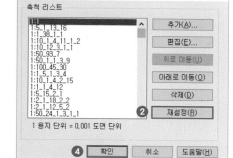

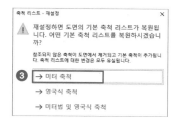

05. [중복 객체 삭제]로 겹쳐진 선을 합치기

[중복 객체 삭제]는 겹쳐 있는 객체를 하
나의 객체로 합쳐 주는 기능입니다. 여러
선이 겹쳐 있으면, 하나의 긴 선으로 합
쳐 도면의 불필요한 객체를 지웁니다.

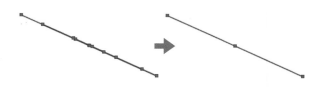

◇ **중복 객체 삭제**

- 명령어 [OVERKILL]
- 실행 방법 [OVERKILL] → Enter → 객체 선택 → 옵션 선택 →
  [확인] 버튼 클릭

▶ [옵션]에 체크되어 있는 속성을 무시하고 객체를 합칩니다. 예를 들어, [도
면층]에 체크하면 도면층이 다르게 겹쳐 있는 객체를 하나로 합칩니다. 원
본 정보가 손실될 수 있으니 가급적이면 옵션에는 체크하지 않는 것이 좋습
니다.

06.

이 기능은 일부 객체만 선택해 사용할 수 있지만, 전체 도
면에 적용해야 할 경우가 많습니다. ❶ Ctrl + A를 눌러 도면
의 모든 객체를 한 번에 선택합니다. ❷ [OVERKILL]을 입력하
고 Enter를 누릅니다.

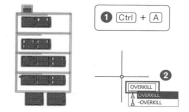

▶ 명령어를 먼저 사용한 다음 Ctrl + A를 누르면 기능이 취소되어 버립니다.
꼭 Ctrl + A로 객체를 선택한 다음, 기능을 실행하세요.

07.

[중복 객체 삭제] 대화 상자에서 어떻게 정리할 것인지를 선택할 수 있습니다. 체크할수록 많은
객체를 지우지만, 원본 데이터를 유지하기 위해 가급적이면 체크하지 않는 것이 좋습니다. ❶ [확인]
버튼을 클릭합니다. ❷ 대화 상자가 닫히면서 중복된 객체도 한 번에 지워집니다. 명령행에서 몇 개
의 객체가 지워졌는지 확인할 수 있습니다.

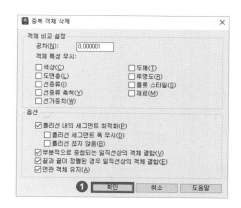

08. 정리한 도면 저장하기

이렇게 네 단계를 거치면, 도면은 어느 정도 정리됩니다. 용량을 확인해 보면, 현저히 줄어든 것을 확인할 수 있습니다.

100MB 가량의 도면이 1.6MB로 줄어들었습니다. 이렇게 현저하게 줄어드는 경우는 드물지만, 확실히 도면이 가벼워집니다.

그래도 도면이 무거워요!

그 밖에도 도면을 무겁게 하는 요인에는 선 종류가 너무 많이 사용되고 있는 경우, Ctrl + Shift + V 로 무분별하게 많은 블록을 사용하는 경우, '내용이 없는 빈 블록'이 도면에 많이 들어가 있는 경우, 하나의 도면에서 너무 많은 문자 스타일을 사용하는 경우, 글꼴(폰트)이 누락된 경우, [도면층 필터] 가 너무 많은 경우 등이 있습니다.

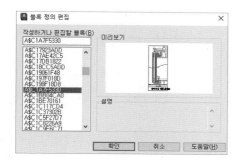

▶ 글꼴은 10-1의 다른 글꼴로 대체하는 방법을 참조하세요. [외부 참조]를 더 이상 사용하지 않는 [외부 참조]는 반드시 [분리]해야 합니다. 분리하는 방법은 348쪽을 참조하세요.

위의 네 단계를 거치더라도 이 정보들은 이미 사용 중인 것으로 인식하여 삭제되지 않습니다. 게다가 한 번에 정리하기 어렵고, 일괄 삭제할 수도 없기 때문에 다른 방법을 사용해야 하는데, 가장 쉬운 방법은 '사용할 객체만 따로 저장'하는 것입니다.

❶ 도면에서 다른 파일에 저장할 객체만 선택합니다. 이때 [Ctrl] + [A]를 사용하면 '객체가 없는 블록', '내용이 없는 문자' 등과 같은 불필요한 객체까지 선택되니 사용해선 안 됩니다. ❷ [W]를 입력하고 [Enter]를 눌러 [블록 쓰기] 기능을 실행합니다. ❸ [대상]에서 [⋯] 버튼을 클릭해 도면을 저장할 폴더와 이름을 입력합니다. ❹ [확인] 버튼을 클릭합니다.

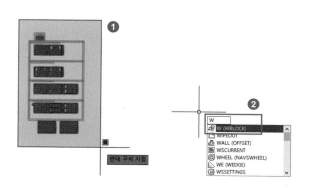

◈ 블록 쓰기

▶ 리본 메뉴의 [삽입] 탭에서 사용할 수 있습니다.

• **명령어** [WBLOCK]
• **단축 명령어** [W]
• **실행 방법** [W] → [Enter] → 객체 선택 → 저장할 경로 지정 → [확인] 버튼 클릭

▶ 실무에서는 흔히 [WB]라고 부릅니다.

05 | 초간단 작업 환경 바꾸기

1 화면 색상 바꾸기

밝은 색의 모니터를 계속 바라보면 눈이 쉽게 피로해지고, 노란색과 같은 밝은 색을 구분하기 힘듭니다. 이런 이유로 2015 버전부터는 어두운 색이 기본으로 설정됐습니다. 하지만 사용자의 취향에 따라 리본 메뉴의 색상과 작업 공간의 배경을 바꿀 수 있습니다.

리본 메뉴를 밝은 색으로 바꾸는 방법

환경 설정의 대부분은 [옵션] 창에서 변경할 수 있습니다. ❶ 오토캐드 로고를 클릭하면 나타나는 메뉴에서 아래쪽의 [옵션] 버튼을 클릭해 [옵션] 창을 열 수 있고 ❷ [OPTIONS] 명령어 또는 단축 명령어로는 [OP]를 입력한 후 Enter를 눌러 열 수도 있습니다.

옵션 창에서 메뉴의 색상을 밝게 변경하려면 [화면 표시] 탭에서 [색상 구성표]의 항목을 [밝음]으로 변경해야 합니다. 색을 바꾼 후 [확인] 버튼을 클릭하면 리본 메뉴가 밝은 색으로 바뀝니다.

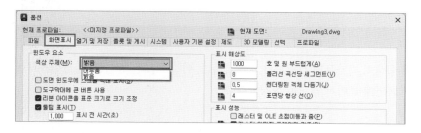

▶ 2024 버전까지는 [경량]
으로 표시됩니다.

[어두움]으로 설정했을 때의 리본 메뉴

[밝음]으로 설정했을 때의 리본 메뉴

작업 공간의 색을 바꾸는 방법

작업 공간 배경색도 옵션 창에서 바꿀 수 있습니다. ❶ [옵션(OP)]의 [화면 표시] 탭에서 왼쪽 중간의 [색상] 버튼을 클릭합니다. [도면 윈도우 색상]이라는 새로운 창이 나타나는데, 여기서 사용되는 다양한 메뉴의 색을 바꿀 수 있습니다. ❷ 일반적인 2D 작업 공간의 배경색은 [2D 모형 공간]의 [균일한 배경] 요소로 설정합니다. 순차적으로 선택한 후 ❸ [색상]을 [흰색]으로 선택합니다. ❹ [적용 및 닫기] 버튼을 클릭하면 화면의 색이 바뀝니다.

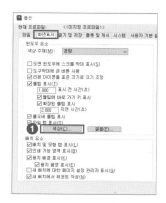

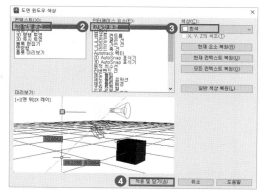

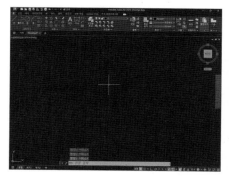

배경색을 [흰색]으로 바꾸기 전

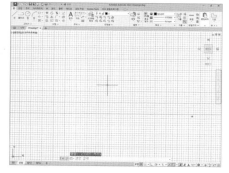

배경색을 [흰색]으로 바꾼 후

2 격자무늬 없애기

새 도면을 만들면 배경에 회색의 격자무늬 그리드가 나타납니다. 이 그리드는 작업할 때 걸림돌처럼 느껴질 때가 많아 대부분 화면에 보이지 않도록 설정합니다.

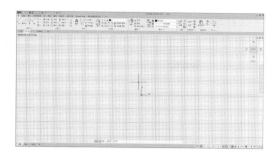

상태 표시 막대에서 [그리드]의 아이콘을 마우스 왼쪽 버튼으로 클릭하거나 단축키인 F7을 누르면, 그리드를 쉽게 끄거나 켤 수 있습니다. 단, 격자무늬의 표시 여부는 도면에 저장되는 값이기 때문에, 다른 도면을 열었을 때 켜 있을 수 있습니다.

❸ 명령행 내 맘대로 조작하기

명령행에서 더 많은 히스토리를 확인하고 싶다면, F2를 눌러 확장할 수도 있습니다.

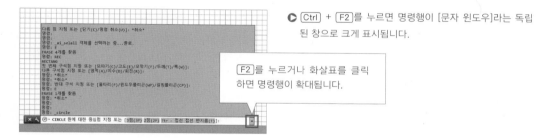

◑ Ctrl + F2 를 누르면 명령행이 [문자 윈도우]라는 독립된 창으로 크게 표시됩니다.

F2 를 누르거나 화살표를 클릭하면 명령행이 확대됩니다.

또한 한 줄로만 표시되는 명령행이 답답할 때 명령행의 위, 아래 경계선에 마우스 커서를 올려놓으면 화살표로 바뀌는데, 이때 마우스로 드래그하면 명령행의 높이를 조절할 수 있습니다.

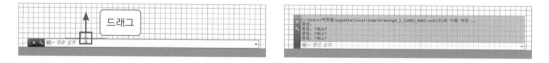

만약, 예전 버전에서처럼 아래쪽에 고정된 명령행이 더 편리하다면 명령행 왼쪽에 여러 개의 점이 표시된 부분을 아래로 드래그해 화면의 하단에 고정할 수 있습니다.

06 | 오토캐드 클래식 메뉴로 만들기

예전부터 오토캐드를 사용했던 분들이라면 예전에 사용했던 클래식 메뉴에 너무 익숙해서 환경 설정을 바꾸고 싶을 것입니다. 클래식 메뉴를 만드는 가장 간단하고 정확한 방법을 알아볼까요?

🔾 작은 버튼으로 구성된 예전 오토캐드의 메뉴를 '클래식 메뉴' 혹은 '클래식 모드'라고 합니다.
🔾 인터넷을 검색해 보면 '환경 설정이 저장되어 있는 CUIX 파일을 다운로드하여 불러오는 방법' 등 여러 가지 방법이 나옵니다. 하지만 이렇게 환경 설정 파일을 불러오면, 그동안 설정해 둔 메뉴나 이미 설치한 추가 응용 프로그램에 관련된 메뉴가 사라져 버릴 수도 있습니다.

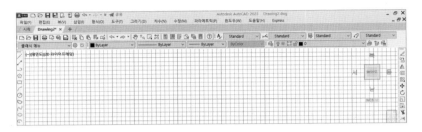

1 메뉴 막대를 먼저 꺼내세요

클래식 메뉴를 만들려면 가장 먼저 '메뉴 막대'라는 한 줄짜리 메뉴를 꺼내야 합니다. ❶ 신속 접근 도구 막대의 가장 오른쪽에 있는 ▤ 버튼을 클릭하면 여러 가지 메뉴가 나오는데, ❷ 아래에서 두 번째 [메뉴 막대 표시]를 클릭하면 신속 접근 도구 막대 바로 아래에 한 줄짜리 메뉴가 추가됩니다. 이 메뉴를 '메뉴 막대'라고 하며, 이 메뉴를 사용하면 클래식 메뉴에서 사용했던 버튼들을 쉽게 꺼낼 수 있습니다.

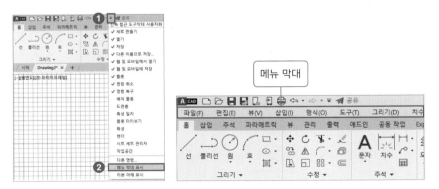

🔾 [MENUBAR] 환경 변수를 [1]로 바꿔도 메뉴 막대가 화면에 표시됩니다.

② 사용할 도구 막대를 꺼내세요

사용할 버튼을 꺼낼 차례입니다. 클래식 메뉴에 구성되어 있던 작은 버튼들을 '도구 막대'라고 하는데, '메뉴 막대'를 사용하면 쉽게 꺼낼 수 있습니다. ❶ 메뉴 막대의 [도구(T)]를 클릭하면 여러 메뉴가 나오는데, 위에서 ❷ 세 번째 [도구 막대]에 마우스 커서를 올려놓으면 다른 메뉴들이 나타납니다. ❸ 마우스 커서를 [AutoCAD]로 옮기면, 꺼낼 수 있는 도구 막대들이 나타나고, ❹ [그리기]를 클릭하면 그리기 기능과 관련된 메뉴가 나타납니다.

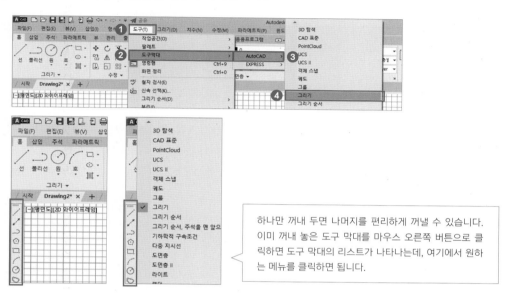

하나만 꺼내 두면 나머지를 편리하게 꺼낼 수 있습니다. 이미 꺼내 놓은 도구 막대를 마우스 오른쪽 버튼으로 클릭하면 도구 막대의 리스트가 나타나는데, 여기에서 원하는 메뉴를 클릭하면 됩니다.

③ 어떤 도구 막대를 꺼내야 하나요?

예전의 오토캐드에는 [그리기], [그리기 순서], [도면층], [수정], [스타일], [작업 공간], [특성], [표준]의 총 8개 도구 막대가 설정되어 있었고, 버튼은 아래 그림과 같이 배치되어 있었습니다. 차례대로 하나씩 꺼내 보세요.

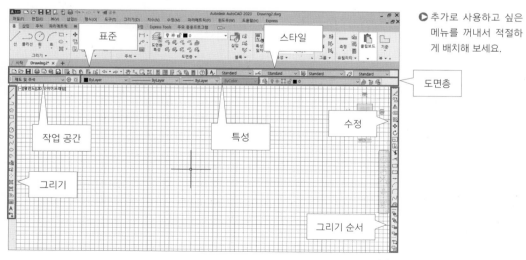

ⓒ 추가로 사용하고 싶은 메뉴를 꺼내서 적절하게 배치해 보세요.

4 리본 메뉴를 닫으세요

리본 메뉴와 도구 막대를 모두 꺼내 놓으면 작업할 공간이 너무 좁아집니다. 그렇다면 리본 메뉴는 어떻게 꺼야 할까요? 리본 메뉴는 [RIBBON]이라는 명령어로 열고, [RIBBONCLOSE]라는 명령어로 닫을 수 있습니다. [RIBBONCLOSE]로 리본 메뉴를 닫으면, 클래식 메뉴가 완성됩니다.

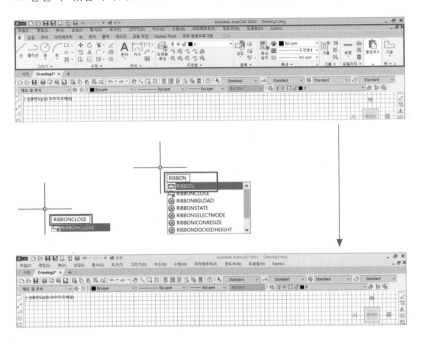

5 메뉴를 작업 공간으로 저장하세요

여기까지만 따라 해도 클래식 메뉴를 사용할 수 있습니다. 그런데 이렇게 만들어 둔 메뉴를 저장해 두면 실수로 조금 틀어졌더라도 다시 불러올 수 있습니다. 저장은 어떻게 해야 할까요?
도구 막대의 [작업 공간] 메뉴를 클릭하거나 화면 가장 아래의 상태 표시 막대에서 톱니바퀴 모양으로 생긴 [작업 공간] 버튼을 클릭하면 됩니다. [다른 이름으로 현재 항목 저장] 버튼을 클릭하면 이름을 정할 수 있고, [저장] 버튼을 클릭하면 끝입니다. 이렇게 저장해 두면, 오토캐드를 사용하다가 메뉴가 살짝 틀어졌을 때 쉽게 다시 불러올 수 있습니다.

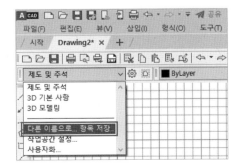

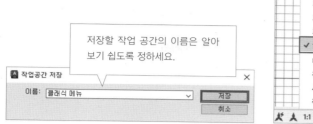

저장할 작업 공간의 이름은 알아
보기 쉽도록 정하세요.

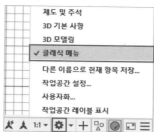

도구 막대의 위치를 옮기고 싶어요

도구 막대를 꺼내다 보면 엉뚱한 위치에 나타나는 막대들을 볼 수 있습니다. 화면 왼쪽 위의 구석에 있기도 하고, 가운데에 홀로 떨어져 있기도 합니다. 도구 막대의 위치를 옮기려면 가장 왼쪽의 짙은 색으로 표시된 부분을 마우스로 클릭하여 움직이면 됩니다.

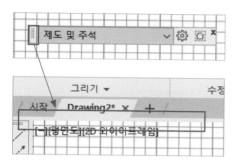

화면의 위나 아래쪽으로 옮기면 적절한 위치에 고정할 수 있습니다. 점선으로 어떤 모양으로 고정될지 표시되니, 원하는 위치로 옮겨 사용하면 됩니다.

도구 막대 버튼이 너무 작아요!

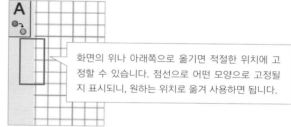

리본 메뉴는 모니터의 해상도에 맞춰 버튼 크기가 자동으로 조정됩니다. 하지만 아쉽게도 도구 막대의 크기는 픽셀 단위로 고정되어 있습니다. 그래서 사용하는 모니터의 해상도가 높을수록 버튼이 작아져 마우스로 클릭하기가 너무 힘듭니다.

이 버튼을 크게 만드는 설정은 [옵션(OP)]의 [화면 표시] 탭에 있습니다. [도구 막대에 큰 버튼 사용] 항목에 체크하면, 두 배로 크게 만들 수 있습니다.

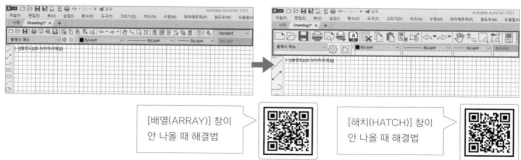

[배열(ARRAY)] 창이
안 나올 때 해결법

[해치(HATCH)] 창이
안 나올 때 해결법

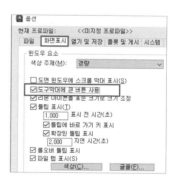

07 | '지름이 50인 원 그리기'를 나만의 버튼으로 만든다! — 7가지 매크로 공개!

오토캐드는 자유도가 아주 높은 프로그램입니다. 버튼의 위치를 옮기거나 새로운 버튼을 만들 수도 있습니다. 오토캐드에 구성되어 있는 버튼 기반의 메뉴는 크게 '신속 접근 도구 막대'와 '리본 메뉴' 그리고 클래식 메뉴에서 사용하는 '도구 막대'가 있습니다. 이 버튼들은 모두 [사용자 인터페이스 사용자화(Customize User Interface, CUI)]라는 기능으로 편집할 수 있는데, 명령어인 [CUI] 하나만 알아 두면 충분합니다.

1 신속 접근 도구 막대 편집하기

01. 신속 접근 도구 막대에서 제거하기

버튼들 중에서 편집하기 가장 쉬운 '신속 접근 도구 막대'부터 알아볼까요? 기본 설정으로 구성된 버튼들은 사실상 필요 없는 것들입니다. 모두 익숙한 단축키로 실행할 수 있기 때문이죠. 이런 불필요한 메뉴는 제거하면 되는데, 마우스 오른쪽 버튼을 사용하면 쉽게 제거할 수 있습니다. ❶ 제거할 버튼을 마우스 오른쪽 버튼으로 클릭한 후 ❷ [신속 접근 도구 막대에서 제거]를 클릭하면 됩니다. 자주 사용하지 않거나 없어도 되는 버튼은 과감하게 제거하세요.

🔾 [새로 만들기]는 Ctrl + N, [열기]는 Ctrl + O, [저장]은 Ctrl + S, [다른 이름으로 저장]은 Ctrl + Shift + S, [플롯] 은 Ctrl + P, [명령 취소]는 Ctrl + Z, [명령 복구]는 Ctrl + Y로 사용할 수 있습니다.

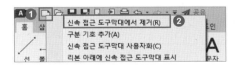

02. 신속 접근 도구 막대에 추가하기

그런 다음, 이곳에 자주 사용하는 기능을 넣으면 됩니다. [현재 도면층]은 언제나 자주 사용하는 메뉴죠. 추가하고 싶은 리본 메뉴의 버튼에서 마우스 오른쪽 버튼을 클릭한 후, [신속 접근 도구 막대에 추가] 버튼을 클릭하기만 하면 됩니다.

03. 버튼 클릭하는 대신 단축키로 사용하기

이렇게 쉽게 여러 버튼을 추가할 수 있습니다. 이번에는 추가한 버튼을 간단히 사용하는 방법을 알아볼까요? 굳이 힘들게 작은 버튼을 클릭하려고 노력할 필요가 없습니다. 키보드의 왼쪽 [Alt] 버튼을 클릭해 볼까요? 메뉴에 작은 알파벳과 숫자가 나타나네요. 표시되는 문자나 숫자를 누르면, 기능이 실행됩니다.

▶ 알파벳을 입력해 리본 메뉴의 탭을 바꿔 가며 기능을 사용할 수 있지만, 단축 명령어를 사용하는 것보다 복잡하고 힘들기 때문에 추천하지는 않습니다.

예를 들어, 신속 접근 도구 막대의 [2]번에 [복사(CO, CP)]를 넣어 놓았습니다. [CO]를 입력하고 [Enter]를 누르는 것이 편리할까요, [Alt]를 누른 후 [2]를 누르는 것이 편리할까요? 자주 사용하는 기능을 신속 접근 도구 막대에 넣어 두면, 기능을 훨씬 편리하게 사용할 수 있습니다.

메뉴 막대가 표시되어 있으면, [Alt]로 기능을 사용할 수 없어요!

메뉴 막대가 꺼내져 있을 때는 리본 메뉴나 신속 접근 도구 막대보다 메뉴 막대가 우선시됩니다. [Alt]를 누르면 신속 접근 도구 막대의 단축키 대신, 메뉴 막대의 단축키로 인식합니다. 따라서 메뉴 막대를 마우스 오른쪽 버튼으로 눌러 메뉴 막대 표시를 끄세요.

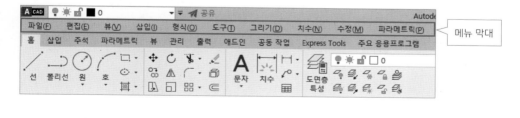

❷ [사용자 인터페이스 자동화] 기능으로 신속 접근 도구 막대 편집하기

01. 신속 접근 도구 막대에 [치수] 추가하기

오토캐드에서 가장 자주 사용하는 기능은 치수를 넣는 것입니다. 치수 버튼을 넣으려고 앞에서 사용했던 방법대로 하면, 들어가긴 하는데 사용하기가 불편합니다. Alt를 누른 후 5를 누르면 기능이 실행되는 게 아니라 버튼이 확장돼 나타나기 때문이죠.

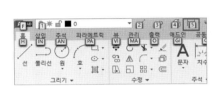

이렇게 여러 버튼이 하나로 뭉쳐 있는 버튼들을 신속 접근 도구 막대에서 쉽게 사용하려면, 약간의 작업이 필요합니다. 1분만 작업해 메뉴를 꺼내 놓으면, 치수를 쉽게 넣을 수 있으니 꼭 버튼을 추가해 보세요.

02. [사용자 인터페이스 자동화] 기능 실행하기

❶ 명령어 [CUI]를 입력한 후 Enter를 눌러 [사용자 인터페이스 사용자화] 대화 상자를 엽니다.
❷ 뭔가 어려워 보이는 내용이 화면에 나타나는데, 알고 보면 하나도 어렵지 않습니다. 대화 상자는 3개의 영역으로 나뉘어 있는데, 지금처럼 아이콘을 펼쳐 놓으려 할 때는 왼쪽 위의 영역만 살펴보면 됩니다.

◇ **사용자 인터페이스 사용자화**

ℂ 리본 메뉴의 [관리] 탭에서 사용할 수 있습니다.

- 명령어 [CUI]
- 실행 방법 [CUI] → Enter → 버튼 편집

03. 왼쪽 위에 위치한 영역이 화면에 나타나는 버튼의 구성을 의미합니다. ❶ [신속 접근 도구 막대]를 더블 클릭해 펼쳐 보세요. 신속 접근 도구 막대에 있는 기능들이 보이네요. 이곳에 기능을 추가하면, 화면에 버튼으로 표시됩니다. ❷ 가장 아래에 [치수 드롭다운]이 있고, 이 메뉴도 펼칠 수 있게 구성되어 있습니다.

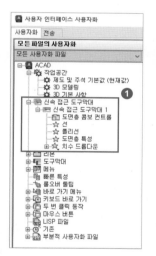
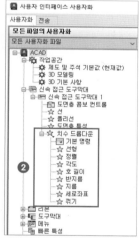

04. 하위 기능 끌어올리기

이렇게 여러 기능이 하나로 묶여 있어서 Alt 를 활용해 쓸 수 없었던 것입니다. ❶ 치수들 중 가장 많이 사용하는 [선형]을 마우스로 눌러 위로 끌어 올립니다. ❷ [정렬]도 위로 끌어 올립니다. 이렇게 묶여 있지 않도록 메뉴를 구성해야 Alt 로 기능을 편리하게 사용할 수 있습니다.

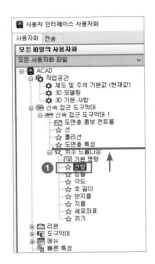

05. 사용할 메뉴를 꺼냈다면, 이제 나머지를 지우겠습니다. ❶ [치수 드롭다운]을 마우스 오른쪽 버튼으로 클릭한 후 ❷ [제거]를 클릭해 사용하지 않는 메뉴를 제거합니다.

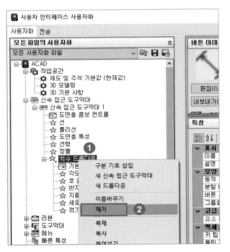

06. 신속 접근 도구 막대에 새 기능 추가하기

리본 메뉴에서 마우스 오른쪽 버튼을 눌러 신속 접근 도구 막대에 추가하면, 필요에 따라 이렇게 편집하는 과정을 거쳐야 합니다. 하지만 처음부터 [사용자 인터페이스 사용자화] 대화 상자를 사용하면, 원하는 기능을 바로 집어넣을 수 있습니다. [폴리선(PL)] 기능을 넣어 볼까요?

이번에는 왼쪽 아래의 영역도 사용해야 합니다. 이곳에는 오토캐드에 있는 모든 명령이 리스트로 나타납니다. 수많은 명령어 중에서 [폴리선]을 찾기는 힘들죠. ❶ [명령 리스트 검색]에 [폴리선]을 입력하면, '폴리선'이 포함된 기능이 화면에 표시됩니다. ❷ 명령 리스트에 표시된 [폴리선]을 마우스로 눌러 [신속 접근 도구 막대]에 집어넣어 주면 끝입니다.

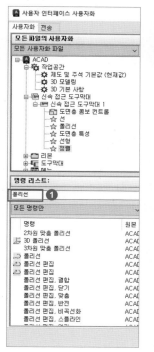
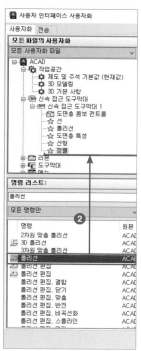
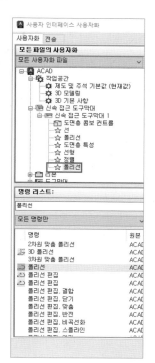

07. [확인] 버튼을 클릭해 [사용자 인터페이스 사용자화] 대화 상자를 닫으면, 추가한 기능을 확인할 수 있습니다. 버튼이 합쳐 있지 않기 때문에 Alt로 기능을 사용할 수도 있죠.

3 도구 막대 편집하기

도구 막대는 클래식 메뉴에서 많이 사용됩니다. 그리고 구조가 가장 단순해 편집하기 쉬운 메뉴이기도 하죠. 각각의 도구 막대에는 이름이 정해져 있고, 사용할 수 있는 버튼도 나열되어 있습니다.

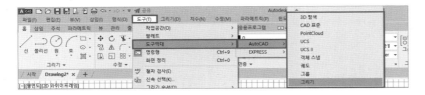

01. 여기저기 흩어져 있는 버튼들 중에서 자주 사용하는 것만 하나의 도구 막대로 모으면 사용하기가 조금이나마 편리해질 것입니다. 이렇게 기능을 모을 때도 [CUI]를 사용합니다. 이번에는 [도구 막대]를 더블 클릭해 펼쳐 보겠습니다. 여러 가지 이름이 있는데, 이 이름 하나하나가 각각의 도구 막대입니다.

02. 새로운 도구 막대 만들기

새로운 도구 막대를 만들려면 ❶ [도구 막대] 리스트 중 하나의 항목을 마우스 오른쪽 버튼으로 클릭한 후 ❷ [새 도구 막대]를 클릭합니다. 리스트의 가장 아래에 새로운 항목이 생깁니다. ❸ 알아보기 쉽도록 이름을 [나만의 도구 막대]로 정합니다.

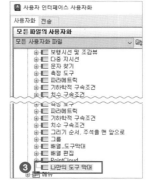

03. 새로 만든 도구 막대에서 사용할 기능을 넣을 차례입니다. 방법은 앞에서 사용했던 것과 같습니다. ❶ [명령 리스트]에서 [치수]로 검색한 후 ❷ 필요한 기능을 선택합니다. ❸ 선택한 기능을 마우스로 드래그해 [나만의 도구 막대]에 집어넣습니다. [확인] 버튼을 클릭해 대화 상자를 닫으면, ❹ 새로 만든 도구 막대를 사용할 수 있습니다.

○ Ctrl과 Shift를 활용하면 여러 기능을 한 번에 선택할 수 있죠.

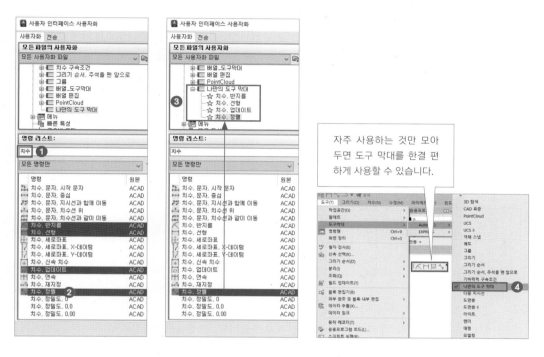

> 자주 사용하는 것만 모아 두면 도구 막대를 한결 편하게 사용할 수 있습니다.

자세히 설명하느라 내용이 길어 보이지만, 직접 따라 해 보면 5분도 걸리지 않는 간단한 작업입니다. 이 짧은 노력으로 작업 시간을 대폭 단축시킬 수 있습니다.

4 리본 메뉴 편집하기

이번에는 리본 메뉴를 편집해 볼까요? 기본적인 방법은 도구 막대를 편집할 때와 같습니다. 원하는 기능을 원하는 위치에 마우스로 끌어 넣기만 하면 되죠. 하지만 리본 메뉴에서는 좀 더 알아야 할 내용이 있는데, 그것은 바로 '버튼의 구성'입니다.

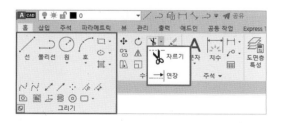

리본 메뉴는 일렬로만 나열되는 도구 막대와 달리, 버튼의 형태가 여러 가지입니다. [선]은 버튼이 크고 [사각형]은 작죠. 그리고 [구름형 수정 기호] 버튼은 아래쪽에 숨어 있습니다. [자르기]처럼 다른 기능과 합쳐 있는 버튼도 있죠. 이 구성을 알아야 버튼을 원하는 대로 넣을 수 있습니다. 차근차근 자주 사용하는 버튼을 모아 보겠습니다.

01. 리본 메뉴 구성 살펴보기

[사용자 인터페이스 사용자화(CUI)] 대화 상자를 엽니다. 이번에는 [리본]을 더블 클릭해 트리를 확장해 보세요. [탭], [패널], [상황별 탭 상태]로 구성되어 있네요. [패널]은 메뉴에 표시되는 버튼들의 묶음입니다. [선], [폴리선] 등의 기능이 [그리기]라는 패널로 묶여 있죠. 그리고 [탭]은 [패널]의 묶음이며 [홈] 탭은 [그리기], [수정], [주석] 등의 패널 묶음입니다.

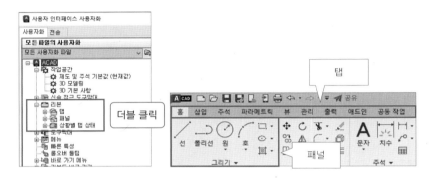

02. 그런데 메뉴에 표시되는 아이콘의 크기와 위치가 모두 다르네요. 좀 더 자세히 알아볼까요? [CUI]에서 [홈 2D - 그리기] 패널을 확장해 살펴보겠습니다. 가장 큰 카테고리로 행이라는 것이 있고, 그 아래 버튼이 모여 있네요.

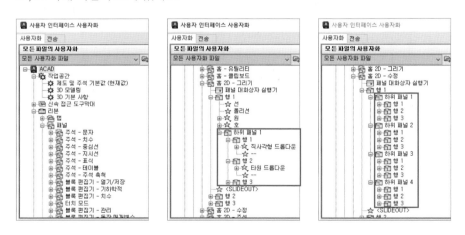

03. CUI의 구성에는 [행], [하위 패널], [드롭 다운] 등이 사용됩니다. [행]은 가로로 버튼이 나열되도록 만드는 묶음입니다. [하위 패널]은 세로로 버튼을 나열하기 위해 사용하는 묶음이고, [드롭다운]은 하나의 버튼에 여러 기능을 묶는 메뉴입니다. 버튼은 이렇게 간단한 규칙으로 구성되어 있습니다.

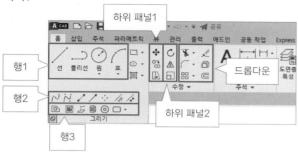

04. 마지막으로, [SLIDEOUT]은 버튼이 평소에 계속 보이게 할지를 조절하는 역할을 합니다. [SLIDEOUT]보다 아래에 있는 버튼은 평소에는 화면에 보이지 않도록 가려져 있죠.

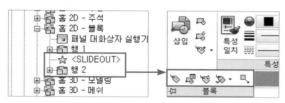

[SLIDEOUT] 보다 아래에 있어 숨겨져 있는 모습

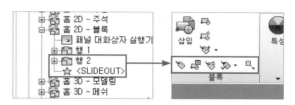

[SLIDEOUT] 보다 위에 있어 평소에도 보이는 모습

05. 새 탭 만들기

구성을 알아봤으니 직접 만들어 볼까요? ❶ [탭] 항목에 마우스 오른쪽 버튼을 클릭한 후 ❷ [새 탭]을 클릭해 새로운 탭을 만듭니다. ❸ [탭]의 이름에 [즐겨찾기]를 입력하세요.

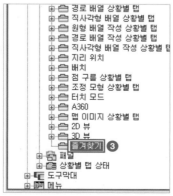

06. 패널 구성하기

탭에 넣을 패널을 구성할 차례입니다. 패널을 새로 만들 수도 있지만, 이미 있는 패널을 넣을 수도 있는데, 이때 이미 있는 패널을 그대로 집어넣으면 편집이 곤란해지기 때문에 주의해야 합니다. [즐겨찾기] 탭에서 사용하기 좋도록 수정하면, 다른 탭에도 수정한 내용이 반영되니까요. 따라서 이미 있는 패널을 넣을 때는 [복제]한 후에 넣는 것이 좋습니다.

❶ [패널] 리스트 중에서 [홈 - 도면층]을 마우스 오른쪽 버튼으로 클릭한 후 ❷ [복제]를 클릭합니다.
❸ 복제된 패널의 이름을 [즐겨찾기 - 도면층]으로 바꾸세요.

07. 패널에 기능 추가하기

패널을 손볼 차례입니다. 패널을 클릭하면, 오른쪽 화면에 어떻게 표시될지가 미리 보기로 표시됩니다. 이걸 보면서 편집하면 쉽게 바꿀 수 있죠. 자주 사용하는 [도면층 일치(LAYMCH)]와 [모든 도면층 켜기(LAYON)], [도면층 끄기(LAYOFF)]를 크게 만들고, 나머지는 지워 보겠습니다.

선택한 [즐겨찾기 - 도면층]이 리본 메뉴에서는 이렇게 표시됩니다.

08. ❶ [행 1 → 하위 패널 1 → 행 3]에 있는 [도면층 일치]를 마우스로 드래그해 [도면층 특성]이 있는 곳으로 옮깁니다. ❷ 사용하지 않을 [도면층 특성]은 지우세요. ❸ [패널 미리 보기]를 확인해 보니 잘 옮겨졌습니다. 그런데 아이콘이 작네요. 이 작은 아이콘을 크게 만들 차례입니다.

  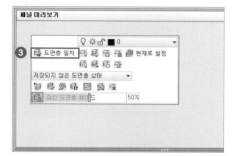

09. 버튼 크기 수정하기

[도면층 일치]를 선택한 상태에서 [패널 미리 보기] 아래에 보면 [특성]이라는 영역이 있습니다. 이 곳에서는 화면에 버튼이 어떻게 보일지, 어떤 이름으로 보일지, 클릭하면 어떤 기능이 실행될지가 적혀 있습니다. 물론, 수정도 할 수 있지요.

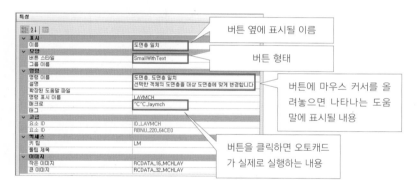

10. ❶ [버튼 스타일]을 [SmallWith Text]에서 [문자 있는 큰 이미지(수직)]으로 바꿉니다. ❷ 미리 보기를 보면, 버튼이 커져 클릭하기가 한결 쉬워졌네요.

11. [하위 패널 1]의 [행 2]와 [행 3]에 있는 리스트에서 ❶ [끄기]와 [모든 도면층 켜기]만 남겨 두고 모두 지웁니다. ❷ [SLIDEOUT] 아래에 있는 사용하지 않을 버튼들도 모두 지웁니다.

◐ Delete를 사용할 수도 있습니다.

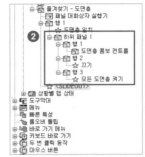

12. 이제 자주 사용하는 버튼만 남았는데, [끄기]와 [모든 도면층 켜기]의 버튼이 너무 작아 누르기 힘들어 보이네요. [특성]의 [버튼 스타일]이 [SmallWithoutText]로 설정되어 있어서 어떤 버튼인지 알 수 없고, 버튼도 너무 작습니다. [문자 있는 큰 이미지(수평)]로 모양을 바꿔 주면 편리하게 클릭할 수 있습니다.

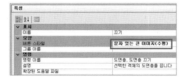

13. 탭에 패널 집어넣기

패널을 만들었으면, 패널을 탭에 집어넣어야 합니다. ❶ [패널] 리스트에서 [즐겨찾기 - 도면층]에 마우스 오른쪽 버튼을 클릭한 후 [복사]를 클릭합니다. ❷ [탭] 리스트에서 [즐겨찾기]에 마우스 오른쪽 버튼을 클릭한 후 [붙여넣기]를 클릭합니다.

◐ 앞에서 패널에 기능을 넣을 때처럼 마우스로 끌어 넣을 수도 있지만, 리스트가 너무 길어 불편합니다. 복사해서 붙여 넣는 게 훨씬 더 편리해요.

14. 같은 방식으로 자주 사용하는 버튼만 모아 새로운 탭을 구성해 보세요.

15. 새로 만든 탭을 작업 공간으로 불러오기

아직 끝이 아닙니다. 한 가지 과정이 더 있는데, 만든 탭을 지금 사용하는 작업 공간에 불러와야 합니다. [작업 공간] 리스트는 총 3개의 작업 공간으로 구성되어 있습니다. 주로 2D 도면을 그릴 때는 기본값인 [제도 및 주석 기본값(현재값)]을 사용하는데, 여기에 방금 만든 탭을 추가해야 합니다.

❶ [제도 및 주석 기본값(현재값)]을 선택하면, 오른쪽에 [작업 공간 컨텐츠]라는 메뉴가 나타납니다. ❷ 여기에서 [작업 공간 사용자화(C)]를 클릭합니다. 그러면 화면이 조금 바뀌는데, 왼쪽 리스트에 체크한 메뉴가 [제도 및 주석 기본값] 작업 공간에 표시됩니다. ❸ [리본]의 [탭]을 확장해 [즐겨찾기]에 체크하면 오른쪽에 추가됩니다.

16. 추가된 탭은 위에서부터 순서대로 오토캐드 리본 메뉴에 표시됩니다. ❶ [즐겨찾기]를 가장 위로 올리고 ❷ [종료(D)]를 클릭합니다. [확인] 버튼을 클릭해 [사용자 인터페이스 사용자화] 대화 상자를 닫고 오토캐드로 되돌아옵니다.

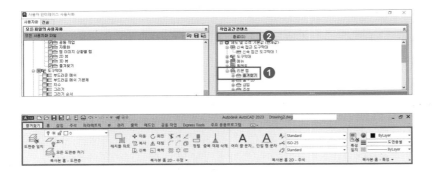

자주 사용하는 버튼만 모아 두면 훨씬 사용하기 편리하겠죠? 마지막으로 오토캐드의 기능을 응용해 더 편리한 버튼을 한번 만들어 보겠습니다.

⑤ 나만의 오토캐드 버튼 만들기

앞에서 설명했듯이, [CUI]에서 기능을 선택하면 [매크로]라는 부분에 오토캐드가 실행할 내용이 표시되어 있습니다. 몇 가지 간단한 규칙만 알면, 이 내용을 편집해 나만의 버튼을 만들 수 있습니다.

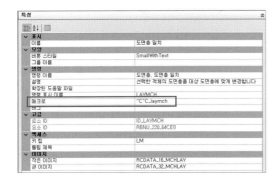

매크로 규칙

여러 기능의 매크로를 살펴보면, 대략적인 규칙을 알 수 있습니다. 오토캐드의 기능을 사용해야 하는 버튼들은 모두 '^C^C'로 시작합니다. 그리고 오토캐드 명령어 앞에는 '_'가 들어가 있고, 간단한 기호도 있지만 알아보기 힘든 기호들도 있습니다.

매크로	^C^C_laymch
매크로	^C^C_break ₩_f ₩@
매크로	^C^C_PDFSHXTEXTSETTINGS 1;_pdfshxtext _settings

가장 기본이 되는 기호는 아래와 같습니다. 이 5개만 알면, 기본 기능을 사용하기 편리하도록 조합할 수 있습니다.

기호	기능
각 기능의 명령어	각 기능의 명령어를 넣으면, 버튼을 클릭했을 때 해당 기능을 실행합니다. 단, 단축 명령어로 적으면 기능이 실행되지 않습니다. 꼭 명령어로 적어야 합니다. 예) LAYER, PLINE, LINE 등
^C	Esc의 입력을 의미합니다. 다른 기능을 사용하다가 버튼을 눌렀을 때, 사용 중인 기능을 취소하고 버튼의 기능을 실행하기 위해 Esc를 두 번 누르도록 만들어야 합니다.
-	명령어 앞에 위치하여 사용할 기능의 대화 상자가 나타나는 것을 억제합니다. 매크로는 컴퓨터가 자동으로 값을 입력해 주는데, 대화 상자가 나타나면 기능이 중단되기 때문에 반드시 넣어야 합니다.
; (공백)	세미 콜론과 공백(Space)은 모두 Enter를 의미합니다. 따라서 매크로의 띄어쓰기에 주의해야 합니다.
₩	사용자의 입력값을 대기합니다. 객체를 선택하거나 숫자를 입력해야 할 경우에 사용합니다.
*	매크로 앞에 넣으면, Esc를 눌러 기능을 종료할 때까지 매크로를 반복 실행합니다.

▶ 더 많은 규칙을 알고 있다면, 기능을 사용하면서 객체 스냅을 조절하는 등 더욱 쓰기 편한 버튼을 만들 수 있습니다. 하지만 그런 내용은 익히기도 힘들고, 실제 원하는 기능을 만들려면 시간이 조금 오래 걸리죠. 아주 간단한 규칙만 알고 넘어가겠습니다.

01. 명령어만으로 기능 실행해 보기

몇 가지 간단한 버튼을 만들어 볼까요? 가장 먼저 새 도면층을 만드는 버튼을 만들어 보겠습니다. 오토캐드에서 명령어만으로 도면층을 만드는 순서를 먼저 알아야 컴퓨터가 자동으로 입력하도록 매크로를 집어넣을 수 있습니다. ❶ 도면층을 명령어만으로 만들려면 명령어로 [-LAYER]를 사용해야 합니다. ❷ [LAYER]를 사용하면 [도면층 특성 관리자]를 열지만, [-LAYER]를 사용하면 [도면층 특성 관리자]에서 사용할 수 있는 모든 기능을 명령어로 입력할 수 있습니다. 새 도면을 만들기 위해 [새로 만들기(N)] 옵션의 단축키인 [N]을 입력하고 Enter를 누릅니다.

02. 도면층에 대한 설정을 해야 합니다. 그중에 가장 먼저 해야 할 일은 도면층의 이름을 입력하는 것입니다. ❶ [콘크리트]를 입력하고 Enter를 누릅니다. ❷ 다시 여러 옵션이 나타납니다. 새로 만든 [콘크리트] 도면층의 색을 바꿔 볼까요? [색상(C)]의 단축키인 [C]를 입력하고 Enter를 누릅니다.

❸ 어떤 색으로 바꿔야 하는지 입력하라고 하네요. 색상을 숫자로 입력해도 되지만, 기본 색상은 영문으로 입력해도 됩니다. [YELLOW]를 입력하고 Enter를 누릅니다. ❹ 노란색을 적용할 도면층의 이름을 입력하라고 하네요. [콘크리트]를 입력하고 Enter를 누릅니다. 이렇게 옵션을 반복 사용해 [선 종류(L)], [선 가중치(LW)] 등을 설정할 수도 있습니다.

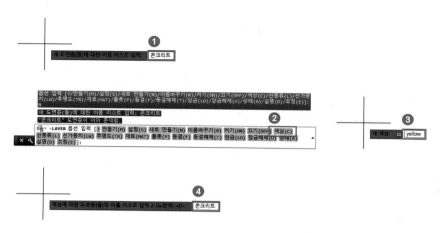

03. 설정이 모두 끝나면, [-LAYER]의 기능을 마치기 위해 Enter를 한 번 더 누릅니다. 잘 만들어졌는지 도면층 특성 관리자에서 확인해 보는 것도 잊지 마세요.

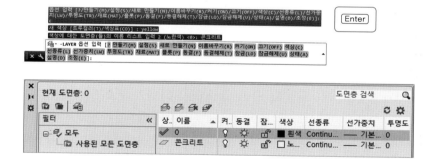

04. 이 과정에서 키보드로 입력한 것만 정리해 보면, 다음과 같습니다.

[-LAYER] → Enter → [N] → Enter → [콘크리트] → Enter →
[C] → Enter → [YELLOW] → Enter → [콘크리트] → Enter → Enter

◐ [YELLOW] 대신 색상 번호 [2]를 넣어도 노란색으로 설정됩니다.

05. 새 명령 만들기

이걸 매크로로 정리하면 되겠죠? [CUI]를 사용해 [사용자 인터페이스 사용자화] 대화 상자를 엽니다. 이번에는 메뉴를 만드는 게 아니라 기능을 만들어야 하는데, 왼쪽 아래의 [명령 리스트]에서 만들 수 있습니다.

❶ [명령 리스트]에서 마우스 오른쪽 버튼을 클릭한 후 [새 명령]을 클릭합니다. ❷ [명령 1]이라는 기능이 만들어졌네요. 설정한 게 없어서 [특성]이 모두 공백으로 나타납니다. ❸ 알아보기 쉽도록 이름을 바꿉니다. [콘크리트 도면층]으로 정해 볼까요?

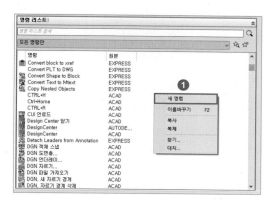

06. 매크로 지정하기

이제 [특성]을 설정해야 하는데, 가장 중요한 [매크로]부터 넣겠습니다. ❶ 위에서 정리한 순서에 매크로의 기호를 적용해 아래와 같이 입력합니다. ❷ 나머지 설정은 알아보기 쉽도록 적습니다.

[-LAYER] → [Enter] → [N] → [Enter] → [콘크리트] → [Enter] → [C] → [Enter] →
[YELLOW] → [Enter] → [콘크리트] → [Enter] → [Enter]

-LAYER;N;콘크리트;C;YELLOW;콘크리트;;

띄어쓰기도 [Enter]로 인식하니 주의해야 합니다!

▶ [이름]은 버튼에 표시되기 때문에 신경 써서 적는 게 좋지만, 나머지는 굳이 적지 않아도 상관 없습니다.

07. 아이콘 이미지 지정하기

아직 메뉴에 들어갔을 때 사용되는 아이콘인 [이미지]를 설정하지 않았습니다. 버튼은 16×16픽셀의 작은 이미지와 32×32픽셀의 큰 이미지가 있어야 하는데 ❶ […] 아이콘을 클릭해 이미지 파일을 불러올 수 있습니다. 그렇게까지 신경 쓰고 싶지 않다면, [특성] 위의 [버튼 이미지] 영역에서 적당한 것을 고르면 됩니다. ❷ 마땅한 이미지가 없다면, 일단 아무 이미지나 고른 후 [편집]을 클릭해 만들수도 있습니다.

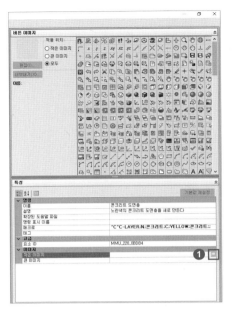
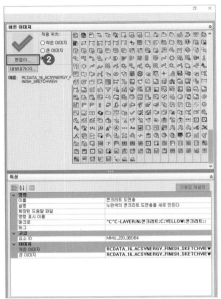

08. 노란색 도면층이기 때문에 노란색으로 [L]을 적었습니다. ❶ [저장] 버튼을 누르고 ❷ 아이콘의 이름을 정한 다음 ❸ [확인] 버튼을 클릭하면 이미지가 추가됩니다.

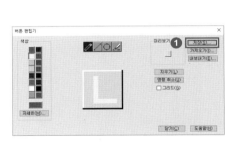
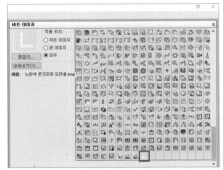

09. 이렇게 기능을 만들었다면, 앞에서 사용했던 방법으로 리본 메뉴나 도구 막대, 신속 접근 도구 막대에 추가해 사용할 수 있습니다.

다른 기능도 나만의 버튼으로 만들어 보세요!

'반지름이 50인 원 그리기', '객체 색상을 빨간색으로 바꾸기', 심지어 'A4 용지에 출력하기' 버튼도 만들 수 있습니다. [자르기(TR)]를 사용할 때, Enter 를 한 번 더 누르게 만들 수도 있고, '두께가 50인 폴리선', '컬리그래피 스타일로 빨간색의 구름형 수정 기호'를 버튼으로 만들 수도 있습니다. 자주 사용하는 옵션이 담긴 기능을 버튼으로 만들어 보세요.

① 클릭한 위치에 지름이 50인 원 그리기

```
단일 매크로: ^C^C_circle;₩d;20;
반복 매크로: *^C^C_circle;₩d;20;
```

② 선택한 객체의 색상을 빨간색으로 바꾸기

```
^C^C_change;₩₩;p;c;red;;
```

▶ W 를 두 번 입력해 마우스로 두 점을 클릭하길 대기합니다. 객체 선택 방법은 여러 방법으로 조절할 수 있습니다.

③ 캘리그래피 스타일로 반지름이 30~50으로 설정된 빨간색의 구름형 수정 기호 그리기

```
^C^C_color;red;_revcloud;s;c;a;30;50;
```

▶ [COLOR]는 현재 색상을 바꾸는 환경 변수입니다.

④ REVCLOUD 도면층으로 빨간색의 구름형 수정 기호 그리기

```
^C^C_clayer;revcloud; _revcloud;s;c;a;30;50;
```

▶ REVCLOUD 도면층이 있어야 사용할 수 있습니다. [CLAYER]는 [현재 도면층]을 바꾸는 환경 변수입니다.

⑤ 영역 선택해 종이로 출력하기

```
^C^C-plot;y;;printer.pc3;a4;m;l;n;w;₩₩y;a;n;n;y;
```

▶ 프린터 이름에 공백이 들어간다면, [제어판]의 [Autodesk Plotter Manager]로 간단한 이름의 프린터 설정 파일(PC3)을 만들어 설정해야 합니다. 이때 용지 이름도 간단하게 설정하면 더욱 편리합니다.

자주 사용하는 도면 소스를 블록으로 넣을 수도 있어요!

[삽입(INSERT)]을 사용하면, 대화 상자를 통해 다른 dwg 파일을 블록으로 불러올 수 있습니다. 즉, [-INSERT]를 사용하면, 키보드만으로 다른 dwg 파일을 블록으로 넣을 수 있다는 뜻이죠.

[-INSERT] → Enter → [C:₩Autodesk₩1] → Enter → 마우스로 삽입점 클릭 → Enter → Enter → Enter

---

▶ 파일의 이름을 입력할 때는 확장자(dwg)를 입력하면 안 됩니다.

키보드로 기능을 실행할 때 위와 같은 순서대로 입력하지만, 파일의 경로가 문제가 됩니다. 파일의 경로를 적을 때 필수적으로 사용되는 ₩가 매크로에서는 Enter이기 때문이죠. 이렇게 파일의 경로에 역슬래시(₩)를 사용하지 못하기 때문에 그 대신 슬래시(/)를 사용해야 합니다. 'C:₩Autodesk₩1.dwg'를 삽입하는 매크로는 아래와 같습니다.

---

^C^C_insert;c:/autodesk/1;₩;;;

---

08 | 나만의 명령어, 간단한 리습 만들기

오토캐드에서는 단축 명령어와 버튼뿐만 아니라 나만의 명령어를 새로 만들 수도 있습니다. 새로운 명령어를 만들려면 '리습'이라 불리는 AutoLISP을 사용해야 합니다. AutoLISP은 문법과 구조가 간단하기 때문에 쉽게 익힐 수 있습니다. 처음 보면 어려워 보이지만, 기본적인 몇 가지 함수만 알고 있어도 다양하게 응용할 수 있습니다. 지금부터 간단한 리습을 만들어 보겠습니다.

- ⬤ AutoLISP이란, 오토캐드에서 사용할 수 있는 간단한 구조의 컴퓨터 언어입니다. AutoLISP을 활용하면 오토캐드의 기본 기능 외에도 많은 기능을 만들 수 있어요.
- ⬤ 리습 활용법만 빠르게 알고 싶다면 3번 과정부터 보세요.

1 리습을 만들기 전에 알아야 할 것

명령어를 만들려면 가장 먼저 '무엇을 만들 것인지'를 정해야겠죠? 이때 막연히 '선택한 원을 크게 만드는 명령어를 만들고 싶다'라는 식으로 접근해서는 안 됩니다. 어디를 기준으로 크게 만들 것인지, 얼마나 크게 만들 것인지, 크게 만든 다음에는 원본을 지울 것인지의 여부도 생각해야 합니다. 더 나아가 원을 1개만 클릭해 크게 만들 것인지, 여러 원을 선택할 것인지, 여러 객체를 한 번에 선택했는데 그중에서 원만 크게 만들 것인지 등도 정해야 합니다.

이 밖에도 명확한 순서와 방법이 있어야 합니다. 얼마나 크게 만들지를 배율로 할 것인지, 치수로 할 것인지를 정해야 하며, 배율이나 치수로 사용될 숫자를 마우스 클릭으로 지정할 것인지, 숫자를 키보드로 입력할 것인지도 정해야 합니다.

리습은 컴퓨터 언어입니다. 컴퓨터가 이해할 수 있도록 일을 명확하게 시켜야 제대로 된 결과를 얻을 수 있죠. 매 과정이 명확하게 정의되어 있어야만 내가 원하는 명령어를 만들 수 있습니다.

2 리습 규칙 살펴보기

리습은 간단한 구조로 만들 수 있습니다. 하지만 지금까지 시도해 보지 못했던 이유는 아마도 '무슨 소린지 몰라서'일 것입니다. 예제를 통해 리습이 어떤 규칙으로 구성되는지 살펴보겠습니다.

- ⬤ 인터넷을 검색해 보면 수많은 리습을 찾을 수 있습니다.

알아보지 못하는 영어가 많아 뭔가 복잡해 보이네요. 천천히 뜯어 보면서 가장 기본적인 규칙을 알아보겠습니다.

규칙 1: 리습은 메모장으로 만드세요

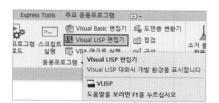

오토캐드에는 리습을 만드는 [Visual LISP 편집기]가 내장되어 있습니다. 이 편집기를 사용하면 괄호의 개수가 맞는지, 함수가 문법에 맞게 잘 적혀 있는지를 검사할 수도 있고, 디버깅하기도 편리합니다. 하지만 새로운 프로그램을 접하는 것은 쉽지만은 않죠.

윈도우의 메모장을 사용해도 리습을 만들 수 있습니다. 저장할 때 확장자를 'lsp'로 저장하기만 하면 됩니다. 물론, 이와 반대로 이미 만들어져 있는 리습을 열어 내용을 확인할 수도 있습니다.

규칙 2: 괄호로 시작해서 괄호로 끝납니다

리습에는 수많은 괄호가 사용됩니다. 괄호로 시작해서 괄호로 끝납니다. 이 괄호는 여는 개수와 닫는 개수가 같아야 합니다. 예제 리습의 다섯째 줄처럼 2개를 열었다면, 2개를 닫아야 합니다. 그리고 괄호 안에는 하나의 함수밖에 사용할 수 없습니다.

```
(setq ar (getvar "area"))
```

[setq]를 쓰기 위해 처음 괄호를 열었고, [getvar]를 사용하기 위해 하나의 괄호를 더 열었습니다. 이렇게 괄호를 중첩해 사용할 수는 있지만, 하나의 영역에는 하나의 함수만 있어야 합니다.

```
(setq ar getvar "area")
```

하나의 괄호 안에 2개의 함수를 사용할 수 없습니다. 따라서 이 소스는 작동하지 않습니다.

규칙 3: 오토캐드의 명령행에 입력해 보면 진짜로 실행되는지 확인할 수 있습니다

리습은 한 줄씩 입력됩니다. 여러 줄의 리습을 만들다가 이 값이 어떤 건지 기억나지 않을 수도 있죠. 그럴 때에는 직접 써 보면 됩니다. ❶ 오토캐드의 새 도면에서 (setq a "Hello")라고 입력해 보세요. ❷ Enter 를 눌렀을 때 명령행에 표시되면 [setq]라는 함수에 의해 a라는 변수의 값이 "Hello"로 지정된 것입니다.

그럼 진짜 [a]가 잘 지정되었는지 확인해 볼까요? ❸ 변수의 값을 호출할 때는 느낌표를 사용합니다. [!a]를 입력하고 Enter 를 눌러 보세요. ❹ 변수 [a]의 값이 명령행에 나타난 것을 보니 "Hello"로 잘 지정되었네요.

◐ 리습은 모든 문자를 대문자로 받습니다. 단, 문자열(큰따옴표로 묶여 있는 string)은 언어로 인식하지 않으므로 입력한 대소 문자를 구분합니다.

규칙 4: 함수마다 지정되어 있는 양식으로만 사용할 수 있습니다

함수란, '미리 지정되어 있는 식으로 주어진 변수를 계산'하는 일종의 수식입니다. 그렇기 때문에 양식이 각 함수마다 지정되어 있습니다. 1개의 변수만 필요한 함수도 있고, 2개의 변수만 필요한 함수도 있죠. 1개의 변수만 필요한데, 2개를 입력하면 계산하지 못합니다.

예를 들어, 위의 리습에서 자주 사용하는 [setq] 함수는 (setq A B)라는 규칙으로 사용되는데, 이는 'A를 B로 인식하게 만든다'라는 뜻을 가진 함수입니다. 수학에서의 '='과 같다고 생각하면 됩니다. 예제 리습의 두 번째 줄과 세 번째 줄, 열두 번째 줄에서는 아래와 같이 사용되고 있습니다.

```
(setq echo (getvar "cmdecho") ──❶
(setq "cmdecho" 0)      ──❷
...
(setq "cmdecho" echo) ──❸
```

하나씩 살펴보면, ❶ 두 번째 줄에서는 [setq] 함수를 사용하여 '(getvar "cmdecho")'를 [echo] 변수로 설정하였습니다. [cmdecho]는 리습이 작동하는 동안 작동된 세부 내용이 표시될지를 제어하는 환경 변수로, 대부분의 리습을 살펴보면 이와 비슷한 내용을 찾을 수 있습니다. 리습이 작동하는 동안 자동으로 실행될 부분이 계속 화면에 깜빡이면서 지나가는 것을 막기 위해 변수를 조절합니다. 이 환경 변수에 저장되어 있는 값을 [getvar] 함수를 사용하여 가져온 것이죠. [getvar]는 이렇게 오토캐드에 저장되어 있는 환경 변수를 호출할 때 사용합니다. 그리고 값을 [setq] 함수를 사용하여 [echo]라는 변수로 저장했습니다.

❷ 세 번째 줄에서는 [setq] 함수를 사용하여 [cmdecho]라는 환경 변수의 값을 [0]으로 지정했습니다. 이렇게 지정해 두면 자동으로 실행되는 부분에 관련된 내용이 나타나지 않죠.

❸ 열두 번째 줄에서는 다시 [cmdecho]의 값으로 [echo]를 지정했습니다. [echo]는 두 번째 줄에서 설정한 원래 오토캐드에 저장되어 있던 [cmdecho]의 값이죠. 이렇게 세 줄을 사용해 [cmdecho]에 저장되어 있던 변수를 리습이 실행되는 동안만 [0]으로 바꿨다가 다시 원래 상태로 돌린 것입니다.

규칙 5: 사용자의 입력값을 받는 데에는 여러 가지 방법이 있습니다

리습은 결국 오토캐드의 기능이고, 복잡한 과정을 컴퓨터가 대신 진행하도록 만들어져 있습니다. 이 과정에서 사용자가 상황에 맞게 입력해야 하는 경우가 발생합니다. 그 예로는 오토캐드에서 객체를 선택하는 경우, 특정 좌표를 마우스 클릭으로 입력하는 경우, 문자의 높이 등 원하는 숫자를 사용자가 직접 입력해야 하는 경우를 들 수 있습니다. 이렇게 다양한 방법에 따라 다른 함수를 사용해야 합니다. 사용자의 입력값을 받는 데에는 [initget], [getint], [getreal], [getpoint], [getcorner], [getdist], [getkword], [getstring], [getangle], [getorient], [getfiled] 등의 많은 함수가 있습니다. 예제에서는 객체를 ❹ 네 번째 줄에서 [ssget]로 선택하도록 지정했고, ❺ 일곱 번째 줄에서 [getpoint]로 문자가 시작될 점을 사용자가 클릭해 입력받도록 지정했으며, ❻ 아홉 번째 줄에서 [getreal]로 문자의 크기를 입력하도록 지정했습니다.

```
(command "area" "o" (ssget)) —❹
...
(setq point (getpoint "                              CLICK TEXT POINT")) —❺
...
(setq txtsize (getreal "Enter Text Size = ")) —❻
```

예제는 간단하게 구성되어 있으므로 선택한 객체의 면적값을 문자로 입력하게 되어 있죠. 그래서 면적값을 가지고 있는 폴리선, 해치, 영역 등만 선택해야 기능이 실행됩니다. [ssget]는 여러 객체를 선택할 수 있기 때문에 이 예제에서 오작동이 날 가능성이 크죠. 이 경우에는 [entsel]이라는 '하나의 객체만 선택'하는 함수로 바꿔 사용할 수도 있습니다.

```
(command "area" "o" (entsel))
```

그리고 [entsel] 함수는 (entsel "메시지")라는 아주 간단한 규칙으로 객체를 선택하는 동안 원하는 메시지를 화면에 띄울 수도 있습니다.

```
(command "area" "o" (entsel "하나의 폴리선을 클릭하세요"))
```

규칙 6: 주석을 추가하세요

한 번 만들어 놓은 것을 나중에 다시 보면 전체 흐름을 파악하기 힘들 수 있습니다. 예제는 10줄이 조금 넘는 간단한 구조이기 때문에 금방 파악할 수 있습니다. 다섯 번째 줄에서 선택한 객체의 area 값을 ar이라는 변수로 저장하고, 여섯 번째 줄에서 단위를 밀리미터 제곱에서 미터 제곱으로 변환(/ ar 1000000)하고, 이와 동시에 문자열로 변환(rtos 함수)했습니다. 그리고 변환한 단위를 ar1로 저장

했죠. 열 번째 줄에서 ar1에 단위인 미터 제곱을 붙여(strcat 함수) realarea라는 변수로 저장한 후, 열한 번째 줄에서 문자의 내용으로 집어넣었습니다.

```
(setq ar (getvar "area"))
(prompt "AREA (m\U+00B2) =")(prin1 (setq ar1 (rtos (/ ar 1000000) 2 1)))
(princ)
...
(setq realarea (strcat ar1 " m\U+00B2"))
(command "text" "m" point txtsize "" realarea)
```

리습의 흐름이 복잡할수록 한참 동안 분석해야 하는데, 이를 막기 위해 주석을 추가할 수도 있습니다. 입력해 놓은 수식이 어떤 내용인지 알려면 주석 앞에 [;]를 추가하면 됩니다. 세미콜론 기호를 넣으면, 그 줄이 끝날 때까지는 컴퓨터가 뒤의 내용을 인지하지 않습니다.

```
(defun C:AT()                                    ;명령어는 at
```

규칙 7: 간단한 내용만 가지고도 원하는 리습을 만들 수 있습니다

리습을 직접 만들지 못하는 가장 큰 이유는 어떤 함수를 어떻게 써야 하는지 모르기 때문입니다. 뭔가 만들고 싶긴 한데, 어디서 정보를 얻어야 할지 모르는 경우가 많죠. 사실 정답은 아주 가까운 곳에 있습니다. 바로 오토캐드를 만든 오토데스크의 홈페이지와 오토캐드의 도움말입니다. 오토데스크의 홈페이지에서 [autolisp] 등으로 검색하면 많은 정보를 얻을 수 있습니다.

오토캐드에서 F1 을 누르면 나타나는 [도움말]에서도 많은 정보를 얻을 수 있습니다. 오토캐드의 각 기능에 대한 것뿐만 아니라 각종 환경 변수가 어떻게 조절되는지도 알아볼 수 있습니다. 그리고 리습에 대한 정보도 얻을 수 있습니다. 특히, 많은 도움이 되는 것은 간단한 예제와 함께 사전 식으로 정리되어 있는 함수(Function) 참조입니다.

그래도 어려운 분들은 [command] 함수만으로도 충분히 많은 기능을 만들 수 있습니다. 간단한 리습을 직접 만들어 볼까요?

3 하나의 함수만으로 쉽게 리습 만들기

준비 파일 • 새 메모장에서 시작합니다.
완성 파일 • brr.lsp

오토캐드의 기능 중, [끊기(BREAK, BR)]는 폴리선이나 선, 원 등의 객체 중 일부를 지우는 기능입니다. 313쪽에서 잠깐 살펴봤던 [점에서 끊기] 기능은 [끊기] 기능을 활용한 것인데, 객체의 일부를 지우지 않고, 하나의 점을 기준으로 객체를 나눠 주는 기능이죠. 그런데 이 기능의 명령어는 2021 버전에 처음 생겼습니다. 2020 이하 버전에서는 버튼으로만 사용해야 하죠. 리습을 이용해 이 기능을 명령어로 만들어 보겠습니다.

▶ 앞에서 다룬 규칙을 이해해야 응용할 수 있습니다.

01. [사용자 인터페이스 사용자화]에서 명령 살펴보기

[사용자 인터페이스 사용자화(CUI)]에서 버튼을 누르면 어떤 기능이 실행되는지 살펴볼까요? [BREAK]를 입력한 후 Enter 를 누르고 사용자의 입력(₩)을 한 번 기다립니다. 사용자가 객체를 선택하면, [F]를 입력한 후 Enter 를 눌러 옵션을 실행하고, 다시 한 번 사용자의 입력(₩)을 기다립니다. 그런 다음 [@]를 입력하고 Enter 를 누릅니다. 여기에서 [@]는 어떤 뜻인지 기억하시나요? [@]는 상대 좌표로 변환한다는 의미입니다. 뒤에 [0,0]이 생략되어 있는 거죠. [@0,0]으로 바꿔도 동일하게 작동합니다.

명령 표시 이름	BREAK
매크로	^C^C_break ₩_f ₩@
태그	

명령 표시 이름	BREAK
매크로	^C^C_break ₩_f ₩@
태그	

◐ 매크로를 수정하기 위해 선택해 보면 [@] 뒤에 공백이 한 칸 있습니다. 공백이 없다면 [@]를 입력하고 Enter 를 누르지 않겠죠. 직접 만들 때는 공백보다 세미콜론을 사용해야 알아보기 쉽습니다.

02. 오토캐드에서 기능 실행해 보기

이 과정을 오토캐드에서 사용해 보겠습니다. ❶ 가장 먼저 명령어인 [BREAK]를 입력하고 Enter 를 누릅니다. ❷ 그런 다음, 나눌 객체를 마우스로 클릭합니다. 객체 선택은 사용자가 직접 해야겠죠? ❸ [끊기] 기능은 객체를 선택한 점부터 객체를 지워 나갑니다. 정확히 어떤 점에서부터 나눌지를 설정하려면 [첫 번째 점(F)] 옵션을 꼭 사용해야죠. [F]를 입력하고 Enter 를 누릅니다. ❹ 다시 어디서부터 끊을 것인지 사용자가 클릭합니다. ❺ 마지막으로 두 번째 끊을 점을 클릭해야 하는데, 한 점에서 끊기 위해서는 첫 번째 점으로 선택했던 점을 그대로 사용하면 됩니다. 상대 좌표로 [@0,0]을 입력하면 되겠죠. 상대 좌표 [@0,0]은 [@]으로도 사용할 수 있습니다.

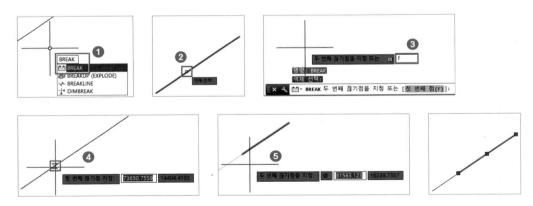

03. 리습으로 만들기

리습에서는 어떻게 입력해야 할까요? 가장 먼저 메모장을 열어야 합니다. 그런 다음, 명령어를 정의해야 하는데, 명령어를 [BRR]로 만들면 [끊기(BR)]와 비슷하면서도 쓰기가 편리할 것 같네요. 리습에서 뭔가를 정의할 때는 [defun] 함수를 사용합니다. [defun] 함수는 [defun(정의할 함수의 이름)(함수에서 사용할 변수)]의 규칙으로 구성됩니다. 예를 들어, 입력한 숫자를 3배로 만드는 [x3]이라는 이름의 함수를 만들려면, [(defun x3 (input)(* input 3))]이라고 정의하면 되죠. [x3] 함수를 사용할 때 [(x3 180)]과 같이 변수를 함께 입력하면, 컴퓨터가 [x3]에 정의된 수식대로 계산해 줍니다.

▶ 숫자의 계산은 (기호 숫자1 숫자2 …)의 규칙으로 구성할 수 있습니다(예: (+ 2 5 10), (- 10 8)…).

04. 다시 예제로 돌아와서 기능이 아닌 명령어를 정의해야 하는데, [정의할 함수의 이름] 앞에 [C:]을 붙이면 됩니다. 즉, [defun c:brr]로 입력하면 되죠. 그리고 이용할 변수가 없기 때문에 끝에 [()]를 꼭 붙여 주어야 합니다. 메모장에 오른쪽과 같이 입력해 보세요. 이렇게 하면 [defun] 앞에 열어 둔 괄호가 닫힐 때까지의 내용을 [BRR] 명령어로 사용할 수 있습니다.

```
📄 제목 없음 - 메모장
파일(F) 편집(E) 서식(O) 보기(V) 도움말(H)
(defun c:brr()
```

05. 나중에 알아보기 쉽도록 줄을 바꿔 컴퓨터가 자동으로 입력할 부분을 써야겠네요. 컴퓨터가 오토캐드의 기능을 대신 입력하게 만들려면 [command]라는 함수를 사용하면 됩니다. [BREAK]를 사용하려면 [(command "break")라고 입력하면 됩니다.

```
📄 제목 없음 - 메모장
파일(F) 편집(E) 서식(O) 보기(V) 도움말(H)
(defun c:brr()
(command "break"
```

▶ [command "명령어" "옵션"…]의 규칙으로 적어야 하며, 단축 명령어는 사용할 수 없습니다. 오토캐드가 대신 입력할 부분은 큰따옴표("")로 묶어 줘야 하고, 큰따옴표로 묶으면 내용을 입력하고 Enter를 누릅니다. 즉, 그냥 Enter를 한 번만 눌러야 할 때에는 큰따옴표를 열었다가 닫으면 됩니다.

06. 이제 나머지 부분을 순서대로 입력해 주면 됩니다. [객체 선택 → [F] 입력 → Enter → 끊을 점 선택 → 상대 좌표 (0,0) 입력]의 내용을 이어서 적어 주면 되겠네요. 이때 사용자가 두 번 객체를 선택해야 하는데 [CUI]에서 [₩]를 사용해 사용자의 입력을 기다렸다면, 리습의 [command] 함수에서는 [pause]를 사용합니다.

```
📄 제목 없음 - 메모장
파일(F) 편집(E) 서식(O) 보기(V) 도움말(H)
(defun c:brr()
(command "break" pause "f" pause "@0,0"
```

07. 기능에 필요한 모든 내용이 들어갔네요. 그럼 모든 명령을 마쳐야겠죠? [command] 함수를 끝내기 위해 [)]를 하나 넣고, [defun] 함수를 끝내기 위해 [)]를 한 번 더 넣습니다.

```
📄 제목 없음 - 메모장
파일(F) 편집(E) 서식(O) 보기(V) 도움말(H)
(defun c:brr()
(command "break" pause "f" pause "@0,0")
)
```

▶ 리습에서 줄바꿈와 들여쓰기는 나중에 알아보기 쉽도록 하기 위해 사용합니다. 기능에는 큰 영향을 미치지 않습니다.

08. 새로 만든 리습 저장하기

지금까지 만든 리습을 저장합니다. 저장할 때의 파일명은 중요하지 않지만, 가급적 기억하기 쉽도록 입력하는 게 좋습니다. 확장자를 반드시 [LSP]로 저장해야 오토캐드에서 읽어올 수 있습니다.

파일 형식을 [모든 파일]로 바꿔야만 확장자
를 지정할 수 있습니다. 파일 형식을 바꾸지
않으면 [brr.lsp.txt] 파일로 저장되기 때문
에 오토캐드에서 읽을 수 없습니다.

▶ 리습의 내용에 한글이 포함되어 있을 경우, 반드시 ANSI로 저장해야 합니다.

④ 새로 만든 리습 불러오기

준비 파일 · 이어서 실습합니다.

새로 리습을 만들었으면, 오토캐드에 불러와야 명령어로 사용할 수 있습니다. [응용 프로그램 로드(APPLOAD)]
라는 기능으로 불러올 수 있는데, 이왕이면 매번 사용할 수 있도록 [시작하기 세트]에 추가해 두는 것이 좋습니다.

01. [응용 프로그램 로드] 기능 실행하기

명령어인 [APPLOAD]나 단축 명령어는 [AP]를 입력하고 Enter 를 누릅니다. ❶ [응용 프로그램 로
드/언로드] 대화 상자가 나타납니다. 앞에서 만든 [brr.lsp] 파일이 저장되어 있는 경로로 이동합니
다. [brr.lsp] 파일을 선택하고 ❷ [로드] 버튼을 클릭합니다. ❸ 왼쪽 아래에 [성공적으로 로드되었습
니다.]라는 메시지가 나타납니다.

◇ **응용 프로그램 로드**

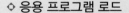

▶ 리본 메뉴의 [관리] 탭에서 사
용할 수 있습니다.

- 명령어 [APPLOAD]
- 단축 명령어 [AP]
- 실행 방법 [AP] → Enter → 불러올 파일 선택 → [로드] 클릭

▶ [시작하기 세트]의 리스트에 추가해 두면, 오토캐드를 실행할 때마다
자동으로 불러옵니다.

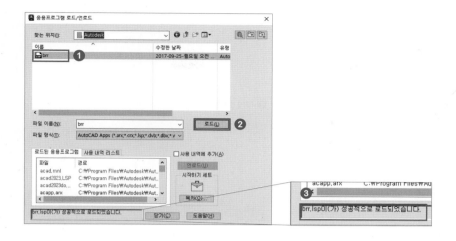

02. 여기까지 진행했다면 [BRR] 명령어를 오토캐드에서 사용할 수 있습니다. 하지만 오토캐드를 켤 때마다, 새로운 도면을 열 때마다 불러와야만 합니다.

😫 **삽질 금지   리습을 불러올 수 없습니다!**

오토캐드에서 다양한 컴퓨터 언어로 만들어진 여러 응용 프로그램을 불러와 사용할 수 있습니다. 그런데 악성 코드나 바이러스 등이 함께 불려온다면 오토캐드의 기본 기능이 작동하지 않는 등의 오작동이 나타나죠. 이를 막기 위해 미리 지정되어 있는 [신뢰할 수 있는 위치]에서만 불러오도록 설정되어 있습니다.

▶ 환경 변수인 [SECURELOAD]의 값을 [0]으로 바꾸면, 모든 폴더의 파일을 불러옵니다. 하지만 권장하지는 않습니다.

불러올 수 없다는 메시지가 나타난다면, 리습 파일이 [신뢰할 수 있는 위치] 외의 다른 폴더에 저장되어 있는 것입니다. 499쪽을 참조해 위치를 추가하세요.

---

03. 자동으로 리습 불러오기

매번 불러오는 불편함을 줄이려면 [시작하기 세트]에 추가해야 합니다. ❶ [목차] 버튼을 클릭하고 ❷ [시작하기 세트] 대화 상자에서 [추가] 버튼을 클릭합니다. ❸ 저장해 둔 리습 파일을 찾아 선택하고 ❹ [열기] 버튼을 클릭합니다. ❺ 선택한 파일이 리스트에 추가되었습니다. ❻ [닫기] 버튼을 클릭해 창을 닫으면, 오토캐드를 새로 시작하거나 새 도면을 열 때마다 자동으로 불러옵니다.

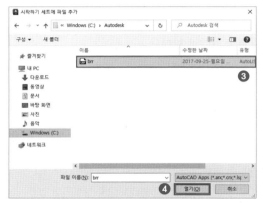

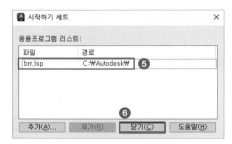

⑤ 여러 명령어 연속 실행하기

준비 파일 • 새 메모장에서 시작합니다.
완성 파일 • xxx.lsp

아주 간단한 리습을 만들어 봤는데, 이 방법으로 여러 명령어를 만들 수 있습니다. 심지어 여러 명령어가 순차적으로 실행되도록 만들 수도 있죠. [기술 지원 편 04]에서 오토캐드의 기본 기능으로 도면을 검사해 용량을 줄이는 내용을 알아보았는데, 이 내용을 간단한 명령어 하나로 줄일 수도 있습니다. [감사(AUDIT)], [소거(PURGE)], [주석 축척 리스트(SCALELISTEDIT)]의 재설정, [중복 객체 삭제]의 네 과정을 하나의 명령어로 만들면, 도면을 쉽게 정리할 수 있겠죠?

01. 다시 메모장을 열어 만들어 봅시다. 명령어를 [XXX]로 지정하기 위해 아래와 같이 입력합니다.

```
📄 제목 없음 - 메모장
파일(F) 편집(E) 서식(O) 보기(V) 도움말(H)
(defun c:xxx( )
```

02. [감사] 기능 입력하기

[감사(AUDIT)] 기능을 쓰도록 수식을 입력합니다. 실행 순서는 [AUDIT] → Enter → [Y] → Enter 였죠.

```
📓 제목 없음 - 메모장
파일(F)  편집(E)  서식(O)  보기(V)  도움말(H)
(defun c:xxx()
(command "audit" "y")
```

03. [소거] 기능 사용해 보기

그런 다음, [소거(PURGE)] 기능을 사용해야 합니다. 그런데 이 기능은 대화 상자가 나타납니다. ❶ 대화 상자 없이 사용하려면, [-]를 명령어 앞에 붙여야 합니다. ❷ 잠시 오토캐드로 돌아가 명령어를 입력해 사용해 보면 수많은 옵션이 나타납니다. 모두 검사하기 위해 [전체(A)] 옵션을 사용합니다. ❸ 그러면 검사할 이름을 입력하라고 하는데, 기본값인 [*]을 그대로 사용하면 모든 객체를 검사합니다. [*]이 기본값이므로 Enter 만 입력해도 되겠네요. ❹ 그런 다음, 지울 것인지의 여부를 점검할 것인지 선택해야 합니다. 점검하지 않고 모두 제거하기 위해 [N]을 입력하고 Enter 를 누릅니다.

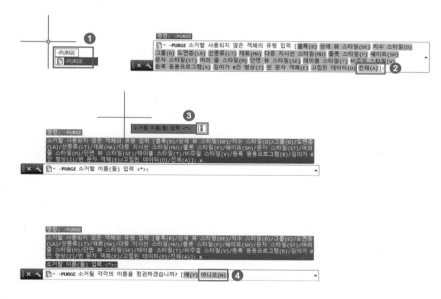

04. [소거] 기능 입력하기

이 과정을 [감사(AUDIT)] 이후 연이어 사용되도록 정리하면 아래와 같습니다.

```
📓 제목 없음 - 메모장
파일(F)  편집(E)  서식(O)  보기(V)  도움말(H)
(defun c:xxx()
(command "audit" "y")
(command "-purge" "a" "" "n")
```

05. [주석 축척 리스트] 기능 사용해 보기

세 번째로 [주석 축척 리스트(SCALELISTEDIT)]를 재설정해야 합니다. 이 기능도 [-]를 추가해 입력하면 되죠. ❶ 오토캐드에서 명령어로 [-SCALELISTEDIT]를 입력하고 [Enter]를 누르면 ❷ 옵션이 나타나는데, 그중에 [R]을 입력하고 [Enter]를 눌러 재설정합니다. ❸ 그런 다음, 진짜 재설정할 것인지 한 번 더 물어보는데, [Y]를 입력하고 [Enter]를 누릅니다. ❹ 재설정이 끝나면, [E]를 입력하고 [Enter]를 눌러 기능을 마칩니다.

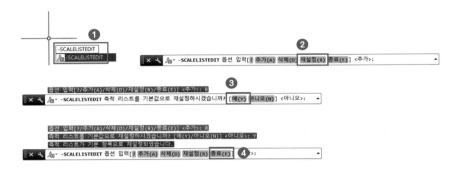

06. [주석 축척 리스트] 기능 입력하기

이 과정을 리습에서 자동으로 실행되도록 정리하면, 아래와 같습니다.

```
(defun c:xxx()
(command "audit" "y")
(command "-purge" "a" "" "n")
(command "-scalelistedit" "r" "y" "e")
```

07. [중복 객체 삭제] 기능 사용해 보기

마지막으로 [중복 객체 삭제(OVERKILL)]를 사용하면 되는데, 이 기능도 대화 상자가 있죠. ❶ 명령어로 [-OVERKILL]을 입력하고 [Enter]를 눌러 기능을 실행합니다. ❷ 이제 객체를 선택해야 합니다. 아무런 옵션이 나타나지 않는데, 리습을 사용할 때마다 객체를 선택해야 할까요?

08. 객체를 선택할 때 사용하는 옵션은 오토캐드에서 숨겨져 있습니다. 이를 확인하려면 지정되어 있지 않은 특수 문자나 명령어를 입력해 보면 됩니다. [*]을 입력하고 [Enter]를 눌러보니 [유효하지 않다]는 메시지와 함께 사용할 수 있는 옵션이 표시되네요. [모두(ALL)] 옵션을 사용하면 될 것 같습니다.

09. ❶ [ALL]을 입력하고 [Enter]를 누릅니다. ❷ 모든 객체가 선택되었네요. 다시 한 번 [Enter]를 눌러 객체 선택을 마칩니다. ❸ 어떤 특성을 무시하고 지울 것인지 선택할 수 있도록 옵션이 나타나는데, 원본을 보존하기 위해 [Enter]를 한 번 더 눌러 기능을 마칩니다.

10. [중복 객체 삭제] 기능 입력하기

이 과정을 리습에서 실행되도록 정리하면 아래와 같습니다.

```
📄 제목 없음 - 메모장
파일(F)  편집(E)  서식(O)  보기(V)  도움말(H)
(defun c:xxx()
(command "audit" "y")
(command "-purge" "a" "" "n")
(command "-scalelistedit" "r" "y" "e")
(command "-overkill" "all" "" "")
```

11. 리습 마무리하기

여기까지만 하면 끝일까요? 아니죠. [command] 함수의 괄호는 모두 닫았지만, [defun] 함수의 괄호는 아직 닫지 않았습니다. 마지막으로 괄호를 닫고, 저장하면 끝입니다. 이렇게 [command] 함수 하나만으로도 여러 기능을 엮어 사용할 수 있습니다. 다양하게 활용할 수 있겠죠? 앞에서

```
📄 제목 없음 - 메모장
파일(F)  편집(E)  서식(O)  보기(V)  도움말(H)
(defun c:xxx()
(command "audit" "y")
(command "-purge" "a" "" "n")
(command "-scalelistedit" "r" "y" "e")
(command "-overkill" "all" "" "")
)
```

버튼으로 만들었던 [다른 DWG 파일을 블록으로 집어넣기]와 같은 기능도 가능합니다. 자주 사용하는 명령어를 직접 만들어 보세요!

6 이렇게 활용해 보세요

도면을 검사한 후에 자동으로 저장하도록 만들기

리습을 좀 더 익히면, 더 사용하기 편한 리습을 만들 수도 있습니다. [저장(SAVE)]하는 명령어를 추가로 사용하면 도면이 저장되겠죠. 하지만 원본은 그대로 두고, 다른 이름을 지정해서 저장하려면 조금은 복잡한 내용을 넣어야 합니다. '도면의 이름'을 다르게 만들어야 하는데, 여기에 일정 규칙을 줘야 하기 때문이지요.

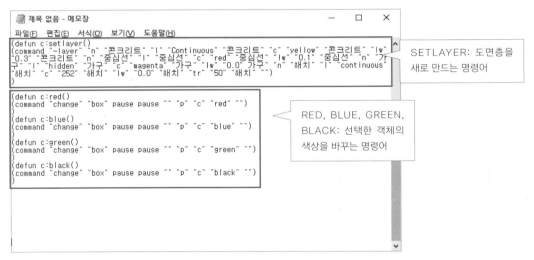

```
📄 제목 없음 - 메모장                                    ─
파일(F)  편집(E)  서식(O)  보기(V)  도움말(H)
(defun c:xxx()
(command "audit" "y")
(command "-purge" "a" "" "n")
(command "-scalelistedit" "r" "y" "e")
(command "-overkill" "all" "")
(setq dwg-name (substr (getvar "dwgname") 1 (- (strlen (getvar "dwgname")) 4)))

(setq rev-name (strcat dwg-name "_rev"))
(command "_saveas" "2013" rev-name)
)

(command "+saveas" "g" "2013" "lt2013" rev-name)
)
```

❶ ❷ ❸ ❹

◉ [_saveas]를 이렇게 바꿔 쓸 수도 있습니다.

위의 예제는 도면의 이름 뒤에 '_rev'를 붙여 저장하도록 만든 예시입니다. 환경 변수인 [DWG NAME]에는 확장자가 포함된 도면 이름이 저장되기 때문에 ❶ strlen 함수로 도면의 이름이 몇 글자인지를 알아 낸 후 ❷ [.DWG]의 네 글자를 뺀 문자의 개수를 구합니다. ❸ 그런 다음, substr로 [DWGNAME]에 저장되어 있는 문자열의 첫 번째부터 앞에서 구한 문자의 개수만큼만 [DWG-NAME]으로 저장합니다. ❹ 마지막으로 [DWG-NAME]의 뒤에 [_REV]를 붙여 [REV-NAME]이라는 변수로 저장합니다. 그리고 도면을 저장할 때 이름으로 지정하도록 만든 수식입니다.

[command] 함수 응용하기

이렇게 [command] 함수 하나만으로도 여러 가지 기능을 만들 수 있습니다. 다음과 같은 예제로도 활용할 수 있죠. 직접 필요한 여러 명령어를 만들어 보세요.

```
📄 제목 없음 - 메모장                          ─    □    ×
파일(F)  편집(E)  서식(O)  보기(V)  도움말(H)
(defun c:setlayer()
(command "-layer" "n" "콘크리트" "l" "Continuous" "콘크리트" "c" "yellow" "콘크리트" "lw"
"0.3" "콘크리트" "n" "중심선" "l" "중심선" "c" "red" "중심선" "lw" "0.1" "중심선" "n" "가
구" "l" "hidden" "가구" "c" "magenta" "가구" "lw" "0.0" 가구" "n" "해치" "l" "continuous"
"해치" "c" "252" "해치" "lw" "0.0" "해치" "tr" "50" "해치" "")
)

(defun c:red()
(command "change" "box" pause pause "" "p" "c" "red" "")
)

(defun c:blue()
(command "change" "box" pause pause "" "p" "c" "blue" "")
)

(defun c:green()
(command "change" "box" pause pause "" "p" "c" "green" "")
)

(defun c:black()
(command "change" "box" pause pause "" "p" "c" "black" "")
)
```

SETLAYER: 도면층을 새로 만드는 명령어

RED, BLUE, GREEN, BLACK: 선택한 객체의 색상을 바꾸는 명령어

◉ [BOX] 옵션을 사용하고 [PAUSE]를 두 번 사용해 객체를 선택했습니다. [SSGET] 등의 함수를 활용해도 되겠죠?

09 | 오토캐드 초기화하기

오토캐드에는 수많은 설정이 있습니다. 너무 많은 환경 변수와 세팅이 있어서 사용 중 문제가 생겼을 때 정확한 해답을 찾기가 쉽지 않죠. 게다가 인터넷에서 구한, 검증되지 않은 리습이나 소스를 자주 사용하다 보면 오작동을 일으키곤 합니다. 빈번하게 발생하는 오작동은 이 책의 부록이나 간단한 인터넷 검색으로 해답을 찾을 수 있지만, 그렇지 않은 경우도 생각보다 많습니다.

오토캐드가 이상하게 작동할 때, 오토캐드의 설정을 처음 설치했던 상태로 초기화하면 빠르게 다시 작업할 수 있습니다. 간혹 오토캐드를 지웠다가 다시 설치하는 사용자들이 있는데, 이 방법을 쓰는 게 훨씬 빠릅니다.

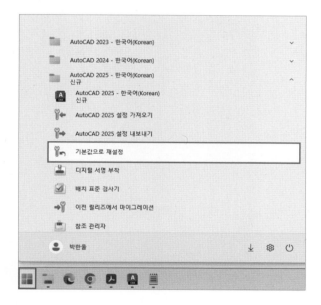

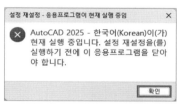

▶ 오토캐드를 완전히 끄고 [기본값으로 재설정]을 클릭해야 합니다.

방법도 어렵지 않습니다. 윈도우의 시작 버튼을 누르면 나타나는 창에서 오토캐드가 설치되어 있는 폴더를 찾고, 그 안에 있는 [기본값으로 재설정] 버튼만 클릭하면 됩니다.

[기본값으로 재설정] 버튼을 클릭하면, '현재 설정을 백업 파일로 만들 것인지를 물어보는 창이 나옵니다. [사용자 설정 백업 및 재설정]을 클릭하면, 오토캐드에서 사용 중인 파일들 중에서 기본 설정을 제외한 나머지 파일을 압축 파일로 저장한 후에 초기화합니다. 원래 사용하던 설정을 모아 압축 파일로 만들어 주기 때문에 다시 오토캐드를 세팅할 때 매우 편리합니다. 하지만 이 파일들 중에는 오류를 일으켰던 파일이 포함되어 있을 수도 있으니 주의해야 합니다.

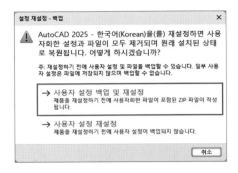

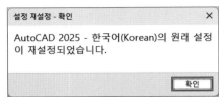

[사용자 설정 재설정] 버튼을 클릭하면, 백업하는 과정 없이 바로 초기화해 버립니다. 다시 오토캐드를 세팅하려면 원래 파일을 구해야 해서 조금 번거로울 수는 있습니다. 하지만 백업하는 과정이 없어서 훨씬 빨리 초기화할 수 있습니다.

부록 01 | 속성! 오토캐드 설치하기

오토캐드는 오토데스크 홈페이지(http://autodesk.co.kr)에서 다운로드 받을 수 있습니다. 홈페이지 아래쪽의 [무료 체험판] 버튼을 클릭하면 받을 수 있는 프로그램들이 표시됩니다. 여기에서 [AutoCAD]를 클릭하면 최신 버전의 오토캐드를 다운로드 받을 수 있습니다.

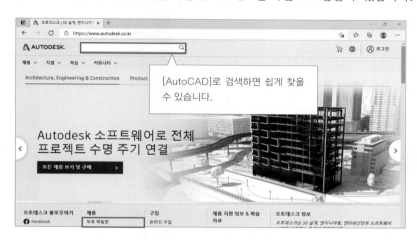

◗ 오토데스크의 정책에 따라 페이지의 구성이 바뀔 수도 있습니다. 그럴 땐 맨 위쪽이나 맨 아래쪽에서 [무료 체험판] 메뉴를 찾아 보세요.

◗ 체험판을 사용하기 위해선 오토데스크의 계정이 필요합니다.

◗ 매년 지속적인 업데이트를 통해 기능이 계속 추가되고 있습니다. 버전 별로 버튼의 위치나 사용할 수 있는 기능이 조금씩 다를 수 있지만, 기본 기능은 동일합니다.

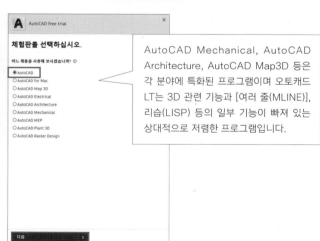

AutoCAD Mechanical, AutoCAD Architecture, AutoCAD Map3D 등은 각 분야에 특화된 프로그램이며 오토캐드 LT는 3D 관련 기능과 [여러 줄(MLINE)], 리습(LISP) 등의 일부 기능이 빠져 있는 상대적으로 저렴한 프로그램입니다.

01. 오토캐드 2021버전부터 설치 과정이 간소화되었습니다. 다운로드한 파일을 실행하면 이용 약관이 표시되는데, 약관에 체크하고 [다음] 버튼을 클릭합니다.

02. 설치할 위치를 설정하고 [설치] 버튼을 클릭합니다.

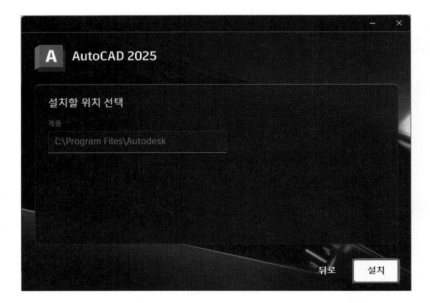

03. 2022 버전에서는 추가로 설치할 수 있는 프로그램 목록이 나타나며, 마우스 커서를 잠시 올려 두면 어떤 프로그램인지 간단한 설명이 표시됩니다. 추가 구성요소를 설치하지 않아도 오토캐드를 사용하는 데는 문제가 없어요. 사용하고 싶은 프로그램만 선택하고 [설치]를 클릭합니다.

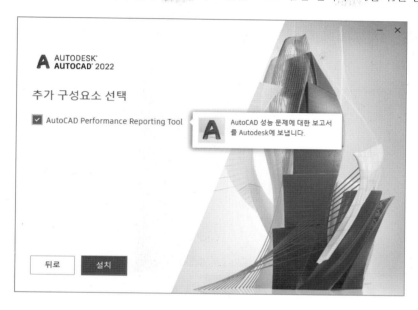

04. 잠시 기다리면 설치가 끝납니다. [시작] 버튼을 클릭하면 오토캐드를 사용할 수 있습니다.

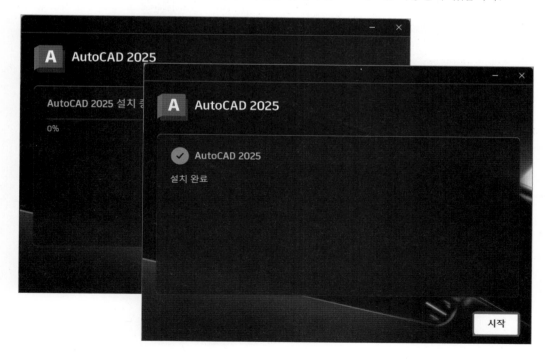

05. 2021 이하의 버전에서도 설치하는 순서는 비슷한데, [Express Tools]를 설치하려면 직접 추가
해야 합니다. 설치할 수 있는 프로그램 목록에서 [Autodesk AutoCAD] 아래의 작은 삼각형을 클릭
합니다.

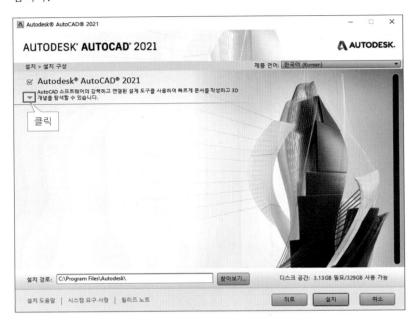

06. 스크롤을 내려서 [Express Tools]에 체크합니다. [Express Tools]는 오토캐드에서 사용할 수
있는 추가 기능인데 유용한 기능이 많아요. 체크했다면 [설치] 버튼을 클릭합니다.

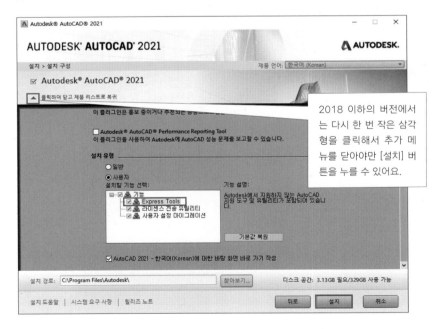

부록 02 | 실전! 단축 명령어 모음

1 꼭 알아야 하는 필수 단축 명령어

분류	기능	명령어	단축 명령어	비고
그리기	선	LINE	L	sub 옵션 : C(닫기)
	폴리선	POLYLINE	PL	sub 옵션 : W(폭), C(닫기)
	원	CIRCLE	C	
	호	ARC	A	
	타원	ELLIPSE	EL	
	사각형	RECTANG	REC	
	폴리곤	POLYGON	POL	
	해치	HATCH	H	
	구름형 수정 기호	REVCLOUD		
	경계	BOUNDARY	BO	
수정	이동	MOVE	M	
	회전	ROTATE	RO	sub 옵션 : C(복사), R(참조)
	자르기	TRIM	TR	
	연장	EXTEND	EX	
	복사	COPY	CO, CP	
	대칭	MIRROR	MI	
	모깎기	FILLET	F	R(반지름)=0으로 설정하면 각처리됨
	분해	EXPLODE	X	
	신축	STRETCH	S	
	축척	SCALE	SC	sub 옵션 : C(복사), R(참조)
	지우기	ERASE	E	
	배열	ARRAY	AR	
	간격 띄우기	OFFSET	O	
	폴리선 편집	PEDIT	PE	sub 옵션 : J(결합), W(폭)

주석	단일 행 문자	DTEXT	DT	
	여러 줄 문자	MTEXT, TEXT	MT, T	
	문자 정렬	TEXTALIGN	TA	오토캐드 2015 이상의 버전에서 사용 가능
	선형 치수	DIMLINEAR	DLI	아이콘 사용 권장
	정렬 치수	DIMALIGNED	DAL	아이콘 사용 권장
	스마트 치수	DIM		모든 치수 작성 기능이 통합된 명령어
	문자 스타일	STYLE	ST	
	치수 스타일	DIMSTYLE	D	
도면층	도면층 특성 관리자	LAYER	LA	
	도면층 켜기	LAYON		
	도면층 끄기	LAYOFF		
블록	작성	BLOCK	B	
	삽입	INSERT	I	
	블록 편집기	BEDIT	BE	블록을 더블 클릭하는 것을 권장
	블록 쓰기	WBLOCK	W	선택한 객체를 독립 dwg 파일로 추출
특성	특성 일치	MATCH	MA	
외부 참조	외부 참조 관리자	XREF	ER, XR	
기타	화면 확대	ZOOM	Z	sub 옵션 : A(전체), O(객체)

2 알아 두면 유용한 단축키

단축키	기능	단축키	기능	
F1	도움말	Ctrl + C	객체 복사	
F2	명령행 확장	Ctrl + X	객체 잘라내기	
F3	객체 스냅 켜기/끄기	Ctrl + V	붙여 넣기	
F7	그리드 켜기/끄기	Ctrl + Shift + C	기준점 지정해 객체 복사하기	
F8	직교 모드 켜기/끄기	Ctrl + Shift + X	기준점 지정해 객체 잘라내기	
Ctrl + O	도면 열기	Ctrl + Shift + V	복사한 객체를 블록으로 붙여 넣기	
Ctrl + S	도면 저장	Ctrl + P	출력	
Ctrl + Shift + S	다른 이름으로 도면 저장	Ctrl + Z	마지막 명령 취소	
Ctrl + A	도면 내의 모든 객체 선택	Ctrl + Y	명령 복구	

부록 03 | 단축 명령어 추가/수정하기 — PGP 편집

오토캐드는 버튼을 눌러서 기능을 사용할 수도 있지만, 더 빠른 작업을 위해 단축 명령어를 많이 사용합니다. 하지만 모든 단축 명령어가 사용하기 편하진 않습니다. 자주 사용하는 [복사(COPY)]는 [CO]나 [CP]를 입력해야 하는데, 키보드의 배열 때문에 입력하기가 힘들죠. 단축 명령어가 없는 경우도 있습니다. 이렇게 단축 명령어가 사용하기 불편하거나 원하는 기능에 대한 단축 명령어가 없을 때, 단축 명령어가 저장되어 있는 [ACAD.PGP] 파일을 수정해 직접 만들 수 있습니다.

■1 단축 명령어가 저장된 ACAD.PGP 파일을 여는 방법

이 파일은 사용자 환경이 저장되어 있는 폴더에서 찾을 수 있습니다. 경로에 윈도우 계정의 이름과 AutoCAD의 버전이 들어가 있기 때문에 조금 다를 수 있지만, 다음의 경로에서 찾을 수 있습니다.

C:\Users\윈도우 계정\AppData\Roaming\Autodesk\AutoCAD 버전\릴리즈 번호\kor\Support

예시)
C:\Users\hupark\AppData\Roaming\Autodesk\AutoCAD 2018\R22.0\kor\Support
C:\Users\hupark\AppData\Roaming\Autodesk\AutoCAD 2023\R24.2\kor\Support

오토캐드에서 이 파일을 직접 열 수도 있습니다. 리본 메뉴의 [관리] 탭에서 [사용자화] 패널에 있는 [별칭 편집] 버튼을 클릭하면, 메모장에서 [ACAD.PGP] 파일이 바로 열립니다.

② 단축 명령어를 추가, 수정하는 방법

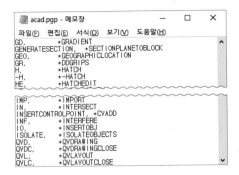

[ACAD.PGP] 파일에는 오토캐드에서 사용하는 모든 단축 명령어가 저장되어 있는데, [단축 명령어,*전체 명령어]의 규칙으로 입력해 필요한 단축 명령어를 간단하게 등록할 수 있습니다. 예를 들어 [구름형 수정 기호(REVCLOUD)]는 단축 명령어가 없는데, [RV]로 등록하려면 다음과 같이 입력하고 저장하면 됩니다.

[사용할 단축 명령어,*전체 명령어]

예시)
[RV,*REVCLOUD]

대소문자를 가리지 않으며, 쉼표(,)와 별(*) 사이에 띄어 쓰기가 없어도 괜찮습니다.

오토캐드는 단축 명령어를 위에서부터 차례대로 읽습니다. 만약, 중복되어 있는 단축 명령어가 있다면, 더 아래쪽에 입력한 것을 사용합니다. 예를 들어 다음과 같이 [RV]에 2개의 명령어가 지정되어 있다면, 더 아래쪽에 위치한 [COPY]를 사용합니다.

❸ 새로 지정한 단축 명령어를 사용하려면?

단축 명령어를 추가하고 [Ctrl] + [S]를 눌러 [ACAD.PGP] 파일을 저장합니다. 이렇게 저장한 내용을 사용하려면 오토캐드를 껐다가 다시 켜야 합니다. 만약 바로 사용하길 원한다면, PGP 파일을 다시 불러와야 합니다.

> ◇ **재초기화**
> ❶ 이 기능은 디지타이저와 PGP 파일을 다시 로드하는 기능입니다. 명령어로만 사용할 수 있습니다.
>
> • **명령어** [REINIT]
> • **실행 방법** [REINIT] → [Enter] → 초기화할 항목 선택 → [확인] 클릭

PGP 파일을 다시 불러오려면 [REINIT]를 입력하고 [Enter]를 누르면 나타나는 [재-초기화] 대화상자에서 [PGP 파일(F)]에 체크한 다음 [확인] 버튼을 클릭하면 됩니다.

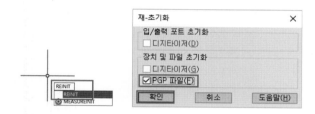

한글을 단축 명령어로 사용할 수도 있습니다

문자를 자주 사용하다 보면, [한/영]을 깜빡할 수 있습니다. 그러면 명령어가 한글로 입력되서 기능이 실행되지 않는데, 단축 명령어를 한글로 등록해 사용할 수도 있습니다.

PGP 파일에서는 오토캐드의 명령어만 사용할 수 있습니다

PGP 파일에서는 오토캐드의 명령어만 단축 명령어로 지정할 수 있습니다. 예를 들어 폴리선의 단축 명령어를 [PP]로 지정하려면, [PP,*PLINE]라고 입력해야 합니다. [PP,*PL]로 정의하면, 사용할 수 없습니다.

그리고 옵션에 대한 설정도 넣을 수 없습니다. 예를 들어 [간격 띄우기(O)]를 할 때에 '원본 객체를 지우는 [지우기(E)] 옵션'을 사용하도록 지정할 수 없습니다. 이렇게 명령어에 옵션 설정까지 넣으려면, 리습(LISP)을 사용해야 합니다.

❍ 리습(LISP)을 사용하는 방법은 [기술 지원 편 08]을 참조하세요.

찾아 보기

찾아 보기

오토캐드 2025 신기능 PDF

《Do it! 오토캐드》는 매 버전마다 신기능 PDF 파일을 제공합니다.
이번 2025 버전의 신기능이 궁금하다면 아래 안내를 따라 내려받으세요.

• 내려받는 방법: www.easyspub.co.kr → [자료실]에서 'Do it! 오토캐드' 검색

Do it!
오토캐드 2025
특별판

오토캐드 2017~2025
핵심 신기능

《Do it! 오토캐드 2025》 책의 특별판입니다. 불법 복제 및 배포를 금...

2025 신기능!
영상으로 확인해요!

01 | 오토캐드 2025 버전의 신기능

링크 클릭!

• 동영상 링크: https://youtu.be/_v8MeqhOaeA

2025 버전 신기능 둘러보기

오토캐드 2025 버전에 많은 기능이 추가되진 않았지만, 오랫동안 사용자들이 필요하다고 생각했던 기능이 추가되었습니다. 현재 도면에 반복 사용되고 있는 형상을 블록으로 만드는 [스마트 블록 : 검색 및 변환]이죠.

ⓒ 이번에 추가된 [스마트 블록 : 검색 및 변환]과 [스마트 블록 : 객체 탐지]는 모두 반복 사용되는 형상을 블록으로 만드는 기능입니다. 하지만 [스마트 블록 : 객체 탐지]는 기술 미리보기(Tech Preview)라서 완성도가 낮아 당장 활용하기는 힘들어요.

그리고 해치를 직접 작성하는 옵션이 추가되었습니다. 지금까지 해치는 닫힌 영역 내부의 점을 지정하거나, 경계로 사용할 객체를 직접 선택해서 작성해야 했습니다. 해치를 직접 그릴 수는 없었죠. 2025 버전에서는 도형이나 폴리선을 그리듯 다각형, 사각형, 원형의 해치를 직접 그릴 수 있도록 옵션이 추가되었습니다.

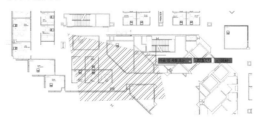

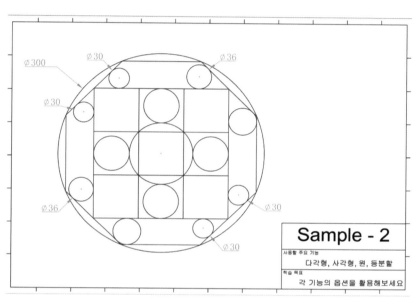

Sample - 2

사용할 주요 기능
다각형, 사각형, 원, 등분할

학습 목표
각 기능의 옵션을 활용해보세요

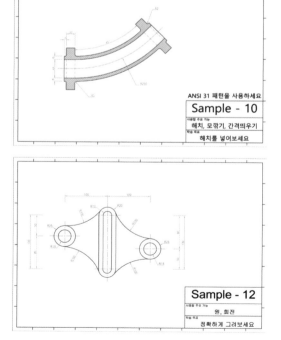

ANSI 31 패턴을 사용하세요
Sample - 10

사용할 주요 기능
해치, 모깎기, 간격띄우기

학습 목표
해치를 넣어보세요

Sample - 12

사용할 주요 기능
원, 회전

학습 목표
정확하게 그려보세요

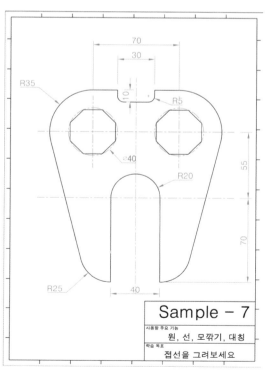

Sample - 7

사용할 주요 기능
원, 선, 모깎기, 대칭

학습 목표
접선을 그려보세요

캐드 고수가 추천하는 필수 단축키

• 더 자세한 단축키가 궁금하다면 575쪽 [부록 02]를 참고하세요.

기능	명령어	단축 명령어
선	LINE	L
이동	MOVE	M
회전	ROTATE	RO
자르기	TRIM	TR
연장	EXTEND	EX
복사	COPY	CO, CP
대칭	MIRROR	MI
모깎기	FILLET	F
해치	HATCH	H
배열	ARRAY	AR
간격 띄우기	OFFSET	O
단일 행 문자	DTEXT	DT
문자 스타일	STYLE	ST
스마트 치수	DIM	
치수 스타일	DIMSTYLE	D
도면층 특성 관리자	LAYER	LA
블록 만들기	BLOCK	B

단축키	기능	단축키	기능
F3	객체 스냅	Ctrl + Shift + C	기준점 지정해 객체 복사하기
F7	그리드	Ctrl + Shift + V	복사한 객체를 블록으로 붙여 넣기
F8	직교 모드	Ctrl + Z	마지막 명령 취소
Ctrl + P	출력	Ctrl + Y	명령 복구